Saint-Malo 1944: Marie-Laure, ein junges, blindes Mädchen, ist mit ihrem Vater aus dem besetzten Paris zu ihrem kauzigen Onkel in die Stadt am Meer geflohen. Werner Hausner, ein schmächtiger Waisenjunge aus dem Ruhrgebiet, wird wegen seiner technischen Begabung gefördert, auf eine Napola geschickt und dann in eine Wehrmachtseinheit gesteckt, die mit Peilgeräten Feindsender aufspürt, über die sich der Widerstand organisiert.
Während Marie-Laures Vater von den Deutschen verschleppt und verhört wird, dringt Werners Einheit nach Saint-Malo vor, auf der Suche nach dem Sender, über den Etienne, Marie-Laures Onkel, die Résistance mit Daten versorgt …

ANTHONY DOERR, 1973 in Cleveland geboren, gilt seit der Veröffentlichung des Erzählbands «Der Muschelsammler» als literarisches Talent. Für «Alles Licht, das wir nicht sehen» wurde er unter anderem mit dem renommierten Pulitzer-Preis ausgezeichnet. Das Buch stand auf Platz eins der New York Times-Bestsellerliste. Für seine Erzählungen hat er bislang vier Mal den renommierten O. Henry Prize erhalten. Er lebt mit seiner Frau und zwei Söhnen in Boise, Idaho.

Anthony Doerr

Alles Licht,
das wir nicht sehen

Roman

Aus dem Englischen
von Werner Löcher-Lawrence

btb

Die Originalausgabe erschien 2014 unter dem Titel
«All the Light We Cannot See» bei Scribner, a Division of
Simon & Schuster, Inc., New York.

Aus dem folgenden Werk wurde mit freundlicher Genehmigung zitiert:
Jules Verne: *Zwanzigtausend Meilen unter dem Meer.*
Ausgabe in zwei Bänden.
Band 1: Aus dem Französischen übersetzt von Peter Laneaus.
Band 2: Aus dem Französischen übersetzt von Peter G. Hubler.
Copyright der deutschsprachigen Übersetzung: © 1966/1976
Diogenes Verlag AG, Zürich.

Verlagsgruppe Random House FSC® N001967

3. Auflage
Genehmigte Taschenbuchausgabe August 2016,
btb Verlag in der Verlagsgruppe Random House GmbH,
Neumarkter Str. 28, 81673 München
Copyright © 2014 by Anthony Doerr
Copyright © der deutschsprachigen Ausgabe
Verlag C.H.Beck oHG, München, 2014
Umschlaggestaltung: Geviert, Grafik & Typografie, Christian Otto
Umschlagabbildung: Ansicht von Saint-Malo © Manuel Clauzier
Druck und Einband: GGP Media GmbH, Pößneck
LW · Herstellung: sc
Printed in Germany
ISBN 978-3-442-74985-0

www.btb-verlag.de
www.facebook.com/btbverlag
Besuchen Sie auch unseren LiteraturBlog www.transatlantik.de!

Für Wendy Weil
1940–2012

«Im August 1944 brannte das alte Saint-Malo, das strahlendste Juwel an der Smaragdküste der Bretagne, fast völlig nieder … Von den 865 Häusern innerhalb der Stadtmauern blieben nur 182 stehen, unversehrt blieb nicht eines.»

Philip Beck

«Ja, man kann, ohne zu übertreiben sagen, dass die deutsche Revolution sich mindestens nicht in den Formen, in denen sie sich abgespielt hat, hätte abspielen können, hätte es kein Flugzeug und keinen Rundfunk gegeben.»

Joseph Goebbels

Inhalt

Null

7. August 1944

Flugblätter 14 Bomber 15 Das Mädchen 16
Der Junge 18 Saint-Malo 21 4, Rue Vauborel 23
Der Keller 25 Bombardement 27

Eins

1934

Muséum national d'Histoire naturelle 30
Zollverein 35 Schlüssel 38 Radio 43
Bring uns nach Hause 46 Etwas entsteht 48 Licht 51
Unsere Fahne flattert uns voran 53 In achtzig Tagen um die
Welt 55 Der Professor 58 Das Meer der Flammen 61
Öffne deine Augen 64 Verblassen 66 Die Prinzipien
der Mechanik 68 Gerüchte 70 Größer, schneller, heller 72
Zeichen der Bestie 75 Guten Abend, oder Heil Hitler!,
wenn es dir lieber ist 78 Tschüss, blindes Mädchen 80
Strümpfe stricken 83 Flucht 84 *Herr Siedler* 88
Der Auszug 96

Zwei

8. August 1944

Saint-Malo 102 4, Rue Vauborel 103
Hôtel des Abeilles 105 Fünf Stockwerke hinunter 107
In der Falle 109

Drei

Juni 1940

Das Château 112 Aufnahmeprüfung 117 Bretagne 122
Madame Manec 125 Du bist berufen 128 *Occuper* 131
Erzähl keine Lügen 136 Etienne 139 *Jungmänner* 142
Wien 146 *Les Boches* 149 Hauptmann 153

Fliegendes Sofa 155   Die Summe der Winkel 158
Der Professor 162   Parfümhändler 170
Die Zeit der Strauße 172   Der Schwächste 174
Zwingende Aufgabe 177   Museum 179
Der Schrank 187   Amseln 189   Bad 193
Der Schwächste (Nr. 2) 197   Die Verhaftung 202

Vier

8. August 1944

Das Fort de La Cité 206   *Atelier de Réparation* 209
Zwei Dosen 211   4, Rue Vauborel 213
Was sie haben 215   Die Klingel 217

Fünf

Januar 1941

Januarferien 220   Er kommt nicht zurück 228
Der Gefangene 230   Plage du Môle 233
Edelsteinschleifer 237   Entropie 241
Rundgänge 244   *Nadel im Heuhaufen* 248   Vorschlag 252
Du hast andere Freunde 254   Der Widerstandsclub der alten
Damen 256   Diagnose 258   Der Schwächste (Nr. 3) 260
Die Grotte 263   Berauscht 266   Die Klinge und das
Wellhorn 269   Lebe, bevor du stirbst 273
Kein Weg hinaus 276   Das Verschwinden Hervé Bazins 278
Alles vergiftet 280   Besucher 283
Der Frosch wird gekocht 288   Befehle 290
Lungenentzündung 292   Behandlungen 294
Der Himmel 295   Frederick 298   Rückfall 302

Sechs

8. August 1944

Jemand im Haus 304   Der Tod Walter Bernings 307
Das Zimmer im fünften Stock 309   Das Funkgerät bauen 311
Auf dem Dachboden 313

Sieben

August 1942

Gefangene 316   Der Kleiderschrank 319   Osten 323
Ein einfaches Brot 326   Volkheimer 328   Herbst 330
Sonnenblumen 333   Steine 339   Die Grotte 340
Jagen 342   Mitteilungen 345   Loudenvielle 348
Grau 351   Fieber 353   Der dritte Stein 356
Die Brücke 358   Rue des Patriarches 360
Die weiße Stadt 363   Zwanzigtausend Meilen
unter dem Meer 369   Das Telegramm 371

Acht

9. August 1944

Fort National 374   Auf dem Dachboden 375
Die Köpfe 378   Delirium 381   Wasser 382
Die Balken 385   Der Sender 387   Die Stimme 389

Neun

Mai 1944

Am Rand der Welt 392   Zahlen 395   Mai 397
Jagen (wieder) 399   *Clair de Lune* 401   Die Antenne 403
Der Dicke Claude 405   *Boulangerie* 406   Die Grotte 409
Platzangst 412   Nichts 414   Vierzig Minuten 416
Das Mädchen 418   Das kleine Haus 420   Zahlen 423
Das Meer der Flammen 424   Die Verhaftung
Etienne LeBlancs 427   7. August 1944 428   Flugblätter 432

Zehn

12. August 1944

Begraben 436   Fort National 438   Kapitän Nemos
letzte Worte 440   Der Besucher 442   Das letzte Urteil 444
Musik (Nr. 1) 446   Musik (Nr. 2) 448   Musik (Nr. 3) 450
Hinaus 451   Der Schrank 454   Kameraden 456
Die Gleichzeitigkeit der Augenblicke 459   Bist du da? 461
Die zweite Dose 462   *Birds of America* 465
Waffenruhe 467   Schokolade 471   Licht 472

Elf

1945

Berlin 478   Paris 483

Zwölf

1974

Volkheimer 486   Jutta 489   Der Beutel 494
Saint-Malo 496   Das Labor 500   Die Besucherin 504
Papierflugzeug 507   Der Schlüssel 508
Das Meer der Flammen 509   Frederick 510

Dreizehn

2014

Dank 519

Null

7. August 1944

Flugblätter

Bei Tagesanbruch regnen sie vom Himmel. Sie wehen über die Befestigungsmauern, fliegen radschlagend über die Dächer und flattern in die Schluchten zwischen den Häusern. Ganze Straßen sind von ihren Wirbeln erfüllt, weiß blitzen sie auf dem Pflaster. *Dringende Mitteilung an die Bewohner dieser Stadt,* steht auf ihnen. *Begeben Sie sich sofort aufs offene Land.*

Die Flut steigt. Klein, gelb und bucklig hängt der Mond am Himmel. Auf den Dächern des Strandhotels im Osten und in den Gärten dahinter lädt ein halbes Dutzend amerikanischer Artillerie-Einheiten ihre Mörser mit Brandgranaten.

Bomber

Sie überqueren den Kanal um Mitternacht. Es sind zwölf, und sie sind nach Liedern benannt: *Stardust* und *Stormy Weather*, *In the Mood* und *Pistol-Packin' Mama*. Das Meer gleitet tief unter ihnen her, übersät mit zahllosen weißen, zackigen Schaumkronen. Bald schon können die Navigatoren die flachen, mondbeschienenen Umrisse von Inseln ausmachen.

Frankreich.

Funkgeräte knistern. Bedächtig, fast gemächlich verlieren die Bomber an Höhe. Rote Lichtstrahlen steigen von den Flugabwehrstellungen entlang der Küste auf. Dunkle Schiffswracks tauchen auf, versenkt oder zerschossen, eines mit abgetrenntem Bug, ein zweites brennt flackernd. Auf einer weit der Küste vorgelagerten Insel rennen verschreckte Schafe zwischen Felsen umher.

In jedem Flugzeug sitzt ein Bombenschütze, sieht durchs Zielfenster und zählt bis zwanzig. Vier, fünf, sechs, sieben. Für die Schützen sieht die näher kommende, ummauerte Stadt auf ihrer granitenen Landzunge wie ein fürchterlicher Zahn aus, schwarz und gefährlich, ein letzter Abszess, der weggeschnitten werden muss.

Das Mädchen

In einer Ecke der Stadt, in dem hohen, schmalen Haus mit der Nummer 4 in der Rue Vauborel, kniet die blinde sechzehnjährige Marie-Laure LeBlanc im fünften und obersten Stock über einem niedrigen Tisch, der ganz von einem Modell bedeckt ist. Es ist eine Miniaturausgabe der Stadt, in der sie kniet, mit maßstabsgetreuen Nachbildungen der Häuser, Läden und Hotels innerhalb der Stadtmauern. Hier ist die Kathedrale mit dem durchbrochenen Turm, dort das wuchtige alte Château von Saint-Malo, und rundum ranken sich die Reihen zum Meer gewandter Häuser mit ihren Schornsteinen. Ein schmaler hölzerner Steg ragt von der Plage du Môle ins Wasser, über dem Fischmarkt wölbt sich ein zartes, netzartiges Dach, und auf den kleinen öffentlichen Plätzen stehen winzige Bänke, kaum größer als Apfelkerne.

Marie-Laure fährt mit den Fingerspitzen über die zentimeterbreite Brüstung oben auf der Mauer, die einen unregelmäßigen Stern um das Modell zeichnet. Sie findet die Öffnung auf der Mauer, wo die vier Böllerkanonen aufs Meer hinausdeuten. «Bastion de la Hollande», flüstert sie, und ihre Finger wandern eine kleine Treppe hinunter, zur anderen Seite. «Rue des Cordiers. Rue Jacques Cartier.»

In einer Ecke des Zimmers stehen zwei verzinkte, bis an den Rand mit Wasser gefüllte Eimer. Fülle sie, wann immer du kannst, hat ihr Großonkel gesagt, und die Badewanne im dritten Stock auch. Wer weiß, wann das Wasser wieder versiegt.

Ihre Finger wandern zurück zum Turm der Kathedrale. Nach Süden zum Tor von Dinan. Den ganzen Abend schon durchstreift sie das Modell und wartet auf ihren Großonkel Etienne, dem das Haus gehört. Gestern Nacht ist er weggegangen, als sie schlief, und noch nicht zurückgekommen. Und jetzt wird es wieder Nacht, der Zeiger hat das Zifferblatt ein weiteres Mal umkreist, in den Häusern ringsum ist es ruhig, und sie kann nicht schlafen.

Sie hört die Bomber, als sie bis auf fünf Kilometer herangekommen sind. Ein lauter werdendes Summen. Das Rauschen in einer Muschel.

Als sie das Schlafzimmerfenster öffnet, wird der Flugzeuglärm lauter. Ansonsten ist die Nacht schrecklich still: keine Motoren, keine Stimmen, kein Geklapper. Keine Sirenen, keine Schritte auf dem Pflaster. Nicht mal Möwen sind zu hören. Nur die Flut, die einen Block weiter und fünf Stockwerke tiefer gegen den Fuß der Stadtmauer schlägt.

Und noch etwas.

Da raschelt etwas. Leise und sehr nahe. Sie öffnet den linken Fensterladen und fährt mit der Hand hinaus über die Latten des rechten. Da steckt ein Blatt Papier.

Sie hält es sich an die Nase. Es riecht nach frischer Tinte. Vielleicht auch Benzin. Das Papier ist trocken, es hat nicht lange dort gesteckt.

Marie-Laure steht zögernd am Fenster, in Strümpfen, das Zimmer im Rücken. Muscheln und Schneckenhäuser sind auf dem Schrank aufgereiht, Steine entlang der Fußleiste. Ihr Stock steht in der Ecke, der große Roman in Blindenschrift liegt umgedreht auf dem Bett. Das Dröhnen der Flugzeuge wird lauter.

Der Junge

Fünf Straßen weiter nördlich wird der achtzehnjährige, weißhaarige deutsche Gefreite Werner Hausner von einem schwachen, abgehackten Brummen geweckt. Kaum mehr als ein Summen. Fliegen an einer weit entfernten Fensterscheibe.

Wo ist er? Der süße, leicht chemische Geruch von Gewehröl hängt in der Luft, der Holzgeruch frisch gezimmerter Granatenkisten, das Mottenkugelaroma alter Bettwäsche – er ist in einem Hotel. Dem Hôtel des Abeilles, dem Hotel der Bienen.

Es ist immer noch Nacht. Immer noch früh.

Vom Meer her erklingen Pfiffe und Explosionen. Flak-Feuer.

Der Feldwebel des Luftabwehrkommandos läuft über den Korridor zur Treppe. «Runter in den Keller», ruft er über die Schulter. Werner schaltet seine Lampe ein, rollt die Decke in sein Bündel und macht sich auf den Weg.

Vor noch gar nicht so langer Zeit war das Hôtel des Abeilles ein fröhlicher Ort, hellblaue Fensterläden schmückten die Fassade, im Café gab es Austern auf Eis, und hinter der Theke standen bretonische Kellner mit Fliegen und polierten Gläsern. Das Hotel hatte einundzwanzig Gästezimmer, alle mit Seeblick, und der Kamin in der Halle war groß wie ein Lastwagen. Wochenendausflügler aus Paris nahmen hier einen Aperitif, vor ihnen waren es gelegentlich Abgesandte der Republik gewesen, Minister und Vizeminister, Äbte und Admiräle, und in den Jahrhunderten davor windgegerbte Korsaren: Mörder, Plünderer, Piraten, Seefahrer.

Noch früher, bevor es zu einem Hotel wurde, vor gut fünfhundert Jahren, war es das Heim eines wohlhabenden Privatiers gewesen, der das Schiffekapern aufgegeben hatte, um die Bienen auf den Weiden außerhalb von Saint-Malo zu studieren, seine Beobachtungen in Notizbüchern festzuhalten und den Honig direkt aus den Waben zu essen. In den aus Eichenholz geschnitzten Wappen über den Türstöcken sind immer noch Hummeln zu erkennen, und der mit Efeu überwucherte Brunnen im Hof hat die Form eines Bienenstocks. Am besten gefallen Werner fünf verblichene Fresken an den Decken der schönsten Räume oben, auf denen kindsgroße Bienen vor einem blauen Hintergrund schweben, große, faule Drohnen und Arbeiterinnen mit durchscheinenden Flügeln, und über einer achteckigen Badewanne windet sich eine einzelne, fast drei Meter lange Königin über die Decke. Sie hat zahllose Augen und einen pelzigen Leib.

Während der letzten vier Wochen ist das Hotel zu etwas anderem geworden: einer Festung. Ein österreichisches Flugabwehrkommando hat die Fenster vernagelt und die Betten beiseitegeräumt. Sie haben die Eingangstür verstärkt und die Treppe kistenweise mit Artilleriegranaten vollgestellt. Der dritte Stock des Hotels, dessen «Gartenzimmer» mit ihren großen Balkontüren direkt auf die Befestigungsmauer hinausführen, ist das Zuhause einer alternden Hochgeschwindigkeits-Flak geworden, einer Acht-Acht, deren Zehn-Kilo-Granaten eine Reichweite von fünfzehn Kilometern haben.

Ihre Majestät nennen die Österreicher ihre Kanone, und während der letzten Woche haben die Männer sie umsorgt, wie Arbeiterbienen eine Königin umsorgen. Sie haben sie mit Öl gefüttert, ihren Lauf frisch lackiert und die Räder geschmiert. Sandsäcke haben sie wie Opfergaben um sie herum angeordnet.

Die königliche Acht-Acht, die tödliche Monarchin, die sie alle beschützen soll.

Werner ist auf der Treppe, auf halbem Weg nach unten, als die Acht-Acht in schneller Folge zweimal feuert. Es ist das erste Mal, dass er die Kanone aus solcher Nähe feuern hört, und es klingt, als wäre der obere Teil des Hotels weggesprengt worden. Er stolpert, reißt die Arme hoch und drückt sich die Hände auf die Ohren. Die Wände erbeben bis hinunter ins Fundament, und von dort wieder herauf.

Werner kann die Österreicher zwei Stockwerke über sich herumrennen hören, wie sie nachladen, und dazu das abschwellende Kreischen der beiden übers Meer schießenden Granaten, die bereits vier, fünf Kilometer entfernt sind. Einer der Soldaten singt, vielleicht sind es auch mehrere. Vielleicht singen sie alle. Acht Männer der Luftwaffe, die keine Stunde mehr zu leben haben, singen ihrer Königin ein Liebeslied.

Werner folgt dem Lichtkegel seiner Lampe durch die Hotelhalle. Die mächtige Kanone detoniert ein drittes Mal, nicht weit zerspringt Glas. Ein Schwall Ruß rauscht den Kamin herunter, und die Wände des Hotels dröhnen wie eine angeschlagene Glocke. Werner fürchtet, der Lärm könne ihm die Zähne aus dem Mund reißen.

Er zieht die Kellertür auf und hält einen Moment lang inne, sein Blick verschwimmt. «Ist es so weit?», fragt er. «Kommen sie wirklich?»

Aber wer soll ihm darauf antworten?

Saint-Malo

Überall in den Straßen schrecken die letzten, nicht evakuierten Bewohner aus dem Schlaf, stöhnen, seufzen. Alte Jungfern, Prostituierte, Männer über sechzig. Zauderer, Kollaborateure, Ungläubige, Trinker. Nonnen jeden Ordens. Die Armen. Die Sturen. Die Blinden.

Einige eilen in die Luftschutzkeller. Einige sagen sich, es ist nur eine Übung. Einige nehmen noch schnell eine Decke mit, ein Gebetbuch, ein Kartenspiel.

D-Day, der Tag der Invasion, liegt zwei Monate zurück. Cherbourg ist befreit, Caen ist befreit und auch Rennes. Die Hälfte West-Frankreichs ist befreit. Im Osten haben die Russen Minsk zurückerobert, in Warschau rebelliert die Polnische Heimatarmee. Einige Zeitungen sind so kühn zu behaupten, das Blatt habe sich gewendet.

Aber nicht hier. Nicht in dieser letzten Zitadelle am Rande des Kontinents, diesem letzten deutschen Bollwerk an der bretonischen Küste.

Hier, flüstern die Leute, haben die Deutschen zwei Kilometer unterirdischer Gänge unter den mittelalterlichen Mauern instand gesetzt. Sie haben neue Verteidigungsanlagen gebaut, neue Verbindungen, neue Fluchtwege, haben unterirdische Strukturen von verblüffender Komplexität geschaffen. Unter der Halbinsel-Feste von La Cité im Süden gibt es Lager mit Verbandszeug, Lager mit Munition, sogar ein unterirdisches Lazarett, heißt es. Da haben sie eine Belüftungsanlage, einen zweihunderttausend Liter fassenden Wassertank und eine direkte Telefonverbindung mit Berlin. Da gibt es Flammenwerferfallen und ein ganzes Bunkernetz mit Periskopen. Die Deutschen haben genug Nachschub angesammelt, um rund um die Uhr mit Granaten das Meer zu beharken, Tag für Tag, ein ganzes Jahr lang.

Hier, so flüstern sie, sind tausend Deutsche bereit zu sterben. Vielleicht auch fünftausend. Vielleicht auch mehr.

Saint-Malo: Wasser umgibt die Stadt auf vier Seiten. Ihre Verbindung mit dem Rest Frankreichs ist schmal, ein Damm, eine Brücke, ein Streifen Sand. Zunächst einmal sind wir Malouins, sagen die Bewohner von Saint-Malo. Dann Bretonen. Und wenn dann noch etwas bleibt, auch Franzosen.

Bei Sturm schimmert der Granit bläulich. Bei heftigen Springfluten dringt das Meer bis in die Keller im Zentrum der Stadt. Zieht es sich besonders weit zurück, ragen die muschelüberzogenen Gerippe Tausender Schiffswracks aus dem Wasser.

Über dreitausend Jahre lang ist diese Landspitze immer wieder belagert worden.

Aber nie wie dieses Mal.

Eine Großmutter drückt sich ein quengelndes Kleinkind an die Brust. Ein, zwei Kilometer weiter, in einer Gasse außerhalb von Saint-Servan, uriniert ein Betrunkener in eine Hecke und zieht ein Blatt Papier daraus hervor. *Dringende Mitteilung an die Bewohner dieser Stadt*, steht darauf. *Begeben Sie sich sofort aufs offene Land.*

Über den Flugabwehrbatterien auf den vorgelagerten Inseln blitzt es auf, und die großen deutschen Kanonen in der Altstadt jagen eine weitere heulende Salve aufs Meer hinaus. Dreihundertachtzig französische Gefangene hocken im mondhellen Hof des Fort National, einer Inselfeste vierhundert Meter vor dem Strand, und sehen zum Himmel.

Vier Jahre Besatzung, und was bedeutet das Dröhnen der herannahenden Bomber? Erlösung? Auslöschung?

Das Knattern von Gewehrfeuer. Das rasselnde Trommeln der Flak. Ein Dutzend Tauben hockt auf der Spitze der Kathedrale, stürzt am Turm herunter und schwenkt aufs Meer hinaus.

4, Rue Vauborel

Marie-Laure LeBlanc steht allein in ihrem Zimmer und riecht an dem Flugblatt, das sie nicht lesen kann. Sirenen heulen. Sie schließt Fensterläden und Fenster. Mit jeder Sekunde kommen die Flugzeuge näher, jede Sekunde ist eine verlorene Sekunde. Sie sollte nach unten laufen. Sie sollte in die Küche laufen, in deren Ecke es durch eine Falltür in einen staubigen Keller mit von Mäusen angefressenen Teppichen und uralten, seit langer Zeit nicht geöffneten Truhen geht.

Stattdessen kehrt sie zum Tisch zurück und kniet sich vor das Modell der Stadt.

Wieder tasten ihre Finger über die äußere Mauer, die Bastion de la Hollande, die kleine Treppe, die von ihr herabführt. In dem Fenster, genau da, schlägt eine Frau jeden Samstag ihre Teppiche aus, und aus dem Fenster dort schrie einmal ein Junge: *Pass auf, wo du hintrittst, bist du blind?*

Die Fensterscheiben scheppern in den Rahmen. Die Flak feuert eine weitere Salve ab. Die Erde dreht sich ein kleines Stück weiter.

Unter ihren Händen trifft die winzige Rue d'Estrées auf die winzige Rue Vauborel. Marie-Laures Finger wenden sich nach rechts, fahren an Haustüren entlang. Eins, zwei, drei. Vier. Wie oft haben sie das schon getan?

Nummer 4: das große, heruntergekommene, vogelnestartige Haus ihres Onkels Etienne, in dem sie seit vier Jahren lebt. In dem sie allein auf dem Boden des fünften Stocks kniet, während ein Dutzend amerikanische Bomber auf sie zurast.

Sie drückt gegen die winzige Haustür, und ein versteckter Riegel öffnet sich. Das kleine Haus löst sich vom Modell. In ihrer Hand ist es etwa so groß wie eine der Zigarettenschachteln ihres Vaters.

Jetzt sind die Bomber so nahe, dass der Boden unter ihren Knien zu beben beginnt. Draußen im Flur schlagen die Glasanhänger des Kronleuchters gegeneinander. Marie-Laure kippt den Kamin des winzigen Hauses zur Seite und entfernt drei Holztäfelchen, die das Dach bilden. Sie dreht das Haus herum.

Ein Stein fällt in ihre Hand.

Er ist kalt. Groß wie ein Taubenei. In der Form einer Träne.

Marie-Laure hält das kleine Haus in der einen, den Stein in der anderen Hand. Das Zimmer kommt ihr brüchig und instabil vor. Riesige Finger drohen durch die Wände zu stoßen.

«Papa?», flüstert sie.

Der Keller

Unter dem Eingang des Hôtel des Abeilles haben die Korsaren einen Keller in den Fels gemeißelt. Hinter Kisten, Schränken und hängenden Brettern voller Werkzeuge findet sich nackter Granit. Drei mächtige handbehauene Balken aus einem alten bretonischen Wald sind vor Jahrhunderten hier hineingehievt worden und stützen die Decke.

Eine einzelne Glühbirne taucht alles in wandernde Schatten.

Werner Hausner sitzt auf einem Klappstuhl vor einer Werkbank, überprüft die Ladung seiner Batterie und setzt die Kopfhörer auf. Das Funkgerät in seinem stählernen Gehäuse hat eine 1,6-Meter-Band-Antenne, die es mit einem Funkgerät oben im Haus verbindet, mit zwei weiteren Flugabwehrbatterien innerhalb der Stadtmauern und der unterirdischen Kommandozentrale der Garnison im Süden, jenseits des Hafens.

Das Funkgerät wird summend warm. Ein Aufklärer liest Koordinaten in sein Mikrofon, und ein Artillerist wiederholt sie. Werner reibt sich die Augen. Hinter ihm türmen sich bis zur Decke konfiszierte Schätze: aufgerollte Teppiche, Standuhren, Schränke und ein riesiges, rissiges Landschaftsgemälde. Auf dem Regal gegenüber stehen acht oder neun Gipsköpfe, deren Zweck er nicht kennt.

Der riesige Oberfeldwebel Frank Volkheimer kommt die schmale hölzerne Treppe herunter und zieht den Kopf unter den Balken ein. Er lächelt Werner zu und setzt sich in einen großen, mit goldener Seide gepolsterten Sessel, das Gewehr auf den mächtigen Schenkeln, wo es wie ein Stecken wirkt.

Werner sagt: «Geht's los?»

Volkheimer nickt. Er schaltet seine Lampe aus und blinzelt mit seinen seltsam zarten Lidern ins Dämmerlicht.

«Wie lange wird es dauern?»

«Nicht lange. Hier unten sind wir sicher.»

Berning, der Ingenieur, kommt als Letzter. Er ist klein, hat mausgraues Haar und einen auseinanderstrebenden Blick. Er schließt die Kellertür hinter sich, legt einen Balken vor die Tür und setzt sich auf die hölzernen Stufen. Sein Gesicht scheint feucht, ob es Angst ist oder Schmutz, lässt sich schwer sagen.

Bei geschlossener Tür heulen die Sirenen weniger laut. Die Glühbirne über ihren Köpfen flackert.

Wasser, denkt Werner. Ich habe das Wasser vergessen.

Eine zweite Flugabwehrbatterie feuert aus einer fernen Ecke der Stadt, und schon kracht die Acht-Acht oben erneut, ohrenbetäubend, tödlich, und Werner hört die Granate in den Himmel kreischen. Staub und Sand brechen fauchend aus der Decke. In seinem Kopfhörer kann Werner die Österreicher immer noch singen hören.

«… auf d'Wulda, auf d'Wulda, da scheint d'Sunn a so gulda …»

Volkheimer kratzt schläfrig an einem Fleck auf seiner Hose. Berning bläst sich in die Hände. Im Funkgerät knistern und knacken Wind, Luftdruck und Geschosse. Werner denkt an Zuhause, sieht Frau Elena über seine kleinen Schuhe gebückt, die sie ihm mit einem extra Knoten zuschnürt. Sterne ziehen an einem Mansardenfenster vorbei. Seine kleine Schwester Jutta hat sich eine Decke um die Schultern gelegt und trägt einen Kopfhörer im linken Ohr.

Vier Stockwerke über ihm schieben die Österreicher eine weitere Granate in den rauchenden Verschluss der Acht-Acht, überprüfen die Zielrichtung und drücken sich die Hände auf die Ohren, als das Geschütz feuert, aber Werner im Keller hört nur die Radiostimmen seiner Kindheit: *Die Göttin der Geschichte sah auf die Erde hinab. Nur durch die heißesten Feuer kann Reinigung erfolgen.* Er sieht einen Wald sterbender Sonnenblumen. Ein Schwarm Amseln bricht aus einem Baum.

Bombardement

Siebzehn, achtzehn, neunzehn, zwanzig. Das Meer rast unter den Zielfenstern durch. Dann Dächer. Zwei kleinere Flugzeuge säumen den Korridor mit Rauch, der führende Bomber wirft seine Ladung ab, elf weitere folgen. Die Bomben fallen diagonal, die Bomber steigen auf.

Die Unterseite des Himmels füllt sich mit schwarzen Flecken. Marie-Laures Großonkel, der mit Hunderten anderer im Fort National vierhundert Meter vor der Küste gefangen sitzt, blickt zum Himmel auf und denkt: *Heuschrecken*, und ein Bibelspruch aus dem Alten Testament hebt sich zwischen Spinnweben aus einer lange vergangenen Unterrichtsstunde in der Gemeindeschule hervor: *Die Heuschrecken haben keinen König, und doch ziehen sie allesamt aus in geordneten Scharen.*

Eine dämonische Horde. Umgedrehte Bohnensäcke. Hundert zerrissene Rosenkränze. Es gibt tausend Metaphern, und alle sind unzureichend: vierzig Bomben pro Flugzeug, vierhundertachtzig insgesamt, zweiunddreißigtausendfünfhundert Kilogramm Sprengstoff.

Eine Lawine geht auf die Stadt nieder. Ein Orkan. Tassen treiben aus Regalen, Bilder springen von ihren Nägeln. Eine Viertelsekunde später sind die Sirenen nicht mehr zu hören. Nichts ist zu hören. Das Donnern ist laut genug, um Trommelfelle platzen zu lassen.

Die Flugabwehrkanonen feuern ihre letzten Geschosse ab. Zwölf Bomber drehen ab und steigen unversehrt in die blaue Nacht auf.

Im fünften Stock von Nummer 4, Rue Vauborel kriecht Marie-Laure unter ihr Bett und drückt sich den Stein und das kleine Modell ihres Hauses an die Brust.

Im Keller unter dem Hôtel des Abeilles verlöscht die einzige Glühbirne an der Decke.

Eins

1934

Muséum national d'Histoire naturelle

Marie-Laure LeBlanc ist eine große, sommersprossige Pariser Sechsjährige mit schnell abnehmendem Sehvermögen, als ihr Vater sie auf
eine Kinderführung durch das Museum schickt, in dem er arbeitet.
Der Führer ist ein buckliger alter Aufseher, selbst kaum größer als die
Kinder. Er klopft mit der Spitze seines Stocks auf den Boden, um ihre
Aufmerksamkeit zu erlangen, und führt die ihm anvertraute Schar
durch den Park in die Ausstellungsräume.

Die Kinder sehen Technikern zu, wie sie den versteinerten Ober-
schenkelknochen eines Dinosauriers mit Flaschenzügen anheben. Sie
bestaunen eine ausgestopfte Giraffe, deren Rückenfell langsam dünner
wird, sehen in die Schubladen eines Präparators voller Federn, Klauen
und Glasaugen und blättern durch zweihundert Jahre alte Herbari-
umsblätter mit Orchideen, Gänseblümchen und fremdartigen Kräutern.

Schließlich steigen sie die sechzehn Stufen zum Mineraliensaal hinauf. Der Führer zeigt ihnen Achat aus Brasilien, violette Amethyste
und einen Meteoriten mit winzigen weißen Einschlüssen, der auf
einem Sockel liegt und, so heißt es, so alt wie das Sonnensystem selbst
ist. Anschließend führt er sie im Gänsemarsch zwei Wendeltreppen
und verschiedene Korridore hinunter und bleibt vor einer Eisentür mit
einem einzelnen Schlüsselloch stehen. «Das ist das Ende der Führung»,
sagt er.

Ein Mädchen fragt: «Und was ist hinter der Tür da?»

«Hinter dieser Tür ist eine andere verschlossene, etwas kleinere
Tür.»

«Und was ist hinter der?»

«Eine dritte verschlossene Tür, die wiederum etwas kleiner ist.»

«Und dahinter?»

«Eine vierte Tür, und eine fünfte, und so geht es immer weiter, bis
zur dreizehnten, die ebenfalls verschlossen und nicht größer als ein
Schuh ist.»

Die Kinder beugen sich vor. «Und dann?»

«Hinter der dreizehnten Tür», sagt der Führer und fährt mit seinen unglaublich faltigen Händen durch die Luft, «liegt das Meer der Flammen.»

Verblüffung. Unruhe.

«Kommt schon, habt ihr noch nie vom Meer der Flammen gehört?»

Die Kinder schütteln die Köpfe. Marie-Laure blinzelt zu den in drei Meter Abstand von der Decke hängenden nackten Glühbirnen hinauf. Um jede von ihnen rotiert in ihren Augen eine regenbogenfarbene Aureole.

Der Führer hängt sich den Stock an das Handgelenk und reibt sich die Hände. «Das ist eine lange Geschichte. Wollt ihr sie dennoch hören?»

Sie nicken.

Er räuspert sich. «Vor Hunderten von Jahren, auf einer Insel, die wir heute Borneo nennen, fand ein Prinz einen blauen, sehr hübschen Stein in einem ausgetrockneten Flussbett, aber auf dem Weg zurück zu seinem Palast wurde er von Reitern angegriffen, die ihm ein Messer ins Herz stießen.»

«Ins Herz?»

«Ist das eine wahre Geschichte?»

Ein Junge sagt: «Pssst.»

«Die Diebe stahlen seine Ringe, sein Pferd, alles. Aber weil er den kleinen blauen Stein fest in der Hand hielt, fanden sie ihn nicht. Und der sterbende Prinz schaffte es, bis nach Hause zu kriechen. Dort verlor er das Bewusstsein und regte sich zehn Tage nicht. Am zehnten Tag dann richtete er sich zum Erstaunen seiner Pflegerinnen auf, öffnete die Hand, und da war der Stein.

Die Ärzte des Sultans sagten, es sei ein Wunder, dass der Prinz eine so schlimme Verwundung überlebt habe, und die Pflegerinnen meinten, der Stein müsse heilende Kräfte haben. Die Juweliere des Sultans sagten etwas anderes, nämlich, dass der Stein der größte Rohdiamant sei, den je ein Mensch gesehen habe. Ihr begabtester Edelsteinschleifer verbrachte achtzig Tage damit, ihn zu schleifen, und als er fertig war, leuchtete der Diamant blau wie das tropische Meer, doch in seinem Kern trug er etwas Rotes, wie eine Flamme in einem Tropfen Wasser. Der Sultan ließ den Diamanten für den Prinzen in eine Krone fassen, und man sagte, wenn der junge Prinz auf seinem Thron sitze und die

Sonne auf ihn falle, blende der Stein seine Besucher so sehr, dass sie nicht mehr zwischen seiner Gestalt und dem Licht selbst zu unterscheiden wüssten.»

«Sind Sie sicher, dass das wahr ist?», fragt ein Mädchen.

«Pssst», sagt der Junge.

«Der Stein wurde als das Meer der Flammen bekannt. Einige glaubten, der Prinz sei ein Gott, und solange er den Stein besitze, könne er nicht getötet werden. Doch dann geschah etwas Merkwürdiges: Je länger der Prinz seine Krone trug, desto mehr schwand sein Glück. Nach einem Monat verlor er zwei Brüder, der eine ertrank, der andere wurde von einer Schlange gebissen. Nach sechs Monaten starb sein Vater an einer Krankheit, und um alles noch schlimmer zu machen, berichteten die Kundschafter des Sultans, im Osten sammele sich eine riesige Armee.

Der Prinz rief die Berater seines Vaters zusammen. Alle sagten, er solle sich auf einen Krieg vorbereiten, alle bis auf einen, einen Priester, der sagte, die Göttin der Erde sei ihm im Traum erschienen und habe ihm erklärt, sie habe das Meer der Flammen ihrem Geliebten, dem Gott des Meeres, zum Geschenk machen und ihm mit dem Fluss schicken wollen. Aber der Fluss trocknete aus, der Prinz nahm den Stein, und die Göttin geriet in Wut. Sie verfluchte den Stein und den, der ihn für sich behielt.»

Alle Kinder beugten sich vor, Marie-Laure genau wie die anderen.

«Der Fluch besagte Folgendes: Wer immer den Stein besitze, solle ewig leben, aber die, die er liebe, solle als Preis dafür das Unglück in einer nicht enden wollenden Folge treffen.»

«Er soll ewig leben?»

«Erst, wenn er den Diamanten ins Meer werfe und ihn damit seinem rechtmäßigen Empfänger übergebe, werde die Göttin den Fluch aufheben. Drei Tage und drei Nächte lang überlegte der Prinz, der jetzt der Sultan war, und beschloss am Ende, den Stein zu behalten. Er hatte ihm das Leben gerettet, und der Prinz glaubte, so sei er unangreifbar. Dem Priester ließ er die Zunge aus dem Mund schneiden.»

«Autsch», sagte der kleinste Junge.

«Was für ein Fehler», sagte das größte Mädchen.

«Die Invasoren kamen», fuhr der Aufseher fort, «zerstörten den Palast und töteten jeden, den sie fanden. Der Prinz wurde nicht wieder gesehen, und zweihundert Jahre lang hörte niemand mehr etwas vom Meer der Flammen. Einige sagten, der Diamant sei in viele kleinere Steine zerteilt worden, andere meinten, der Prinz trage ihn noch immer, und dass er in Japan oder Persien sei, ein einfacher Bauer, der nicht älter zu werden scheine.

So fiel das Meer der Flammen aus der Geschichte. Bis eines Tages, vor nicht allzu langer Zeit, einem französischen Diamantenhändler auf einer Reise zu den Golconda-Minen in Indien ein mächtiger, tropfenförmig geschliffener Diamant gezeigt wurde. Einhundertdreiunddreißig Karat. Von fast vollkommener Klarheit. Groß wie ein Taubenei, schrieb er, so blau wie das Meer, und mit einem roten Flackern im Herzen. Er fertigte einen Abguss von dem Stein an und schickte ihn an einen juwelenverrückten Herzog in Lothringen, mit einer Warnung, was die Gerüchte um einen Fluch anging. Aber der Herzog wollte den Diamanten unbedingt besitzen. Also brachte der Händler ihn nach Europa, und der Herzog ließ ihn in den Griff eines Gehstocks einfassen und nahm ihn überall hin mit.

«Uuh.»

«Innerhalb eines Monats zog sich die Herzogin eine Halskrankheit zu. Zwei ihrer liebsten Bediensteten fielen vom Dach und brachen sich das Genick. Dann kam der einzige Sohn des Herzogs bei einem Reitunfall um. Obwohl alle sagten, der Herzog selbst sehe besser aus denn je, fürchtete er sich, aus dem Haus zu gehen oder Besucher zu empfangen, und war am Ende überzeugt, sein Diamant sei tatsächlich das verwünschte Meer der Flammen. Er bat den König, ihn in seinem Museum zu verschließen, und zwar tief in einer eigens gebauten Kammer, die zweihundert Jahre lang nicht geöffnet werden dürfe.»

«Und?»

«Seitdem sind einhundertsechsundneunzig Jahre vergangen.»

Die Kinder bleiben einen Moment lang stumm. Einige zählen mit den Fingern, dann heben alle gleichzeitig die Hand. «Dürfen wir ihn sehen?»

«Nein.»

«Nicht mal die erste Tür öffnen?»

«Nein.»

«Haben *Sie* ihn gesehen?»

«Nein.»

«Woher wissen Sie dann, dass er wirklich da drinnen ist?»

«Ihr müsst die Geschichte glauben.»

«Wie viel ist er wert, Monsieur? Könnte man damit den Eiffelturm kaufen?»

«Höchstwahrscheinlich könnte man mit einem so großen und seltenen Diamanten fünf Eiffeltürme kaufen.»

Sie schnappen nach Luft.

«Sind all die Türen dazu da, dass ihn kein Dieb stehlen kann?»

«Vielleicht», sagt der Führer und zwinkert ihnen zu, «sollen sie auch verhindern, dass der Fluch herauskommen kann.»

Die Kinder verstummen. Zwei, drei weichen einen Schritt zurück.

Marie-Laure nimmt die Brille ab, und die Welt verliert ihre Form. «Warum», sagt sie, «nimmt nicht jemand den Diamanten und wirft ihn ins Meer?»

Der Führer sieht sie an. Die anderen Kinder sehen sie ebenfalls an. «Wann», fragt einer der älteren Jungen, «hast du das letzte Mal jemanden fünf Eiffeltürme ins Meer werfen sehen?»

Lachen. Marie-Laure runzelt die Stirn. Es ist eine einfache Eisentür mit einem Schlüsselloch aus Messing.

Die Führung ist vorbei, die Kinder zerstreuen sich, und Marie-Laure trifft ihren Vater in der großen Ausstellungshalle. Er rückt ihr die Brille zurecht und zupft ihr ein Blatt aus den Haaren. «War es schön, *ma chérie*?»

Ein kleiner brauner Haussperling fliegt von einem der Deckenbalken herab und landet vor ihr auf den Fliesen. Marie-Laure streckt ihre geöffnete Hand aus. Der Sperling neigt den Kopf und überlegt. Dann flattert er davon.

Einen Monat später ist sie blind.

Zollverein

Werner Hausner wächst fünfhundert Kilometer nordöstlich von Paris auf dem Gelände der Zeche Zollverein auf, einem viertausend Morgen großen Kohlebergbaukomplex außerhalb von Essen. Die Gegend lebt von Stahl und Kohle, die Erde ist voller Löcher. Schornsteine rauchen, Lokomotiven pendeln auf erhöhten Trassen, und auf Abraumhalden stehen kahle Bäume wie skelettierte Hände, die sich aus der Unterwelt herausrecken.

Werner und seine jüngere Schwester Jutta leben im «Kinderhaus», einem zweistöckigen verklinkerten Waisenhaus in der Viktoriastraße, dessen Räume vom Husten kranker Kinder und dem Schreien Neugeborener widerhallen. In ramponierten Truhen schlummern die letzten Besitztümer verstorbener Eltern, ausgebesserte Kleider, angelaufene Familienbestecke, verblichene Ambrotypien von Vätern, die von den Schächten verschluckt wurden.

Werners früheste Jahre sind die magersten. Draußen vor den Toren der Zeche streiten sich Männer um Arbeit, Hühnereier kosten zwei Millionen Reichsmark pro Stück, und das rheumatische Fieber streicht wie ein Wolf ums Kinderhaus. Es gibt weder Butter noch Fleisch, und auch Obst nur mehr in der Erinnerung. Während der schlimmsten Monate hat die Leiterin des Waisenhauses an manchen Abenden nichts als Kekse aus Senfpuder und Wasser für ihre zwölf Schutzbefohlenen.

Aber der siebenjährige Werner scheint zu schweben. Er ist zu klein für sein Alter, seine Ohren stehen ab, und seine Stimme ist hoch und lieb. Das Weiß seines Haars lässt die Leute auf der Straße innehalten. Schnee, Milch und Kreide. Eine Farbe ohne jede Farbe. Jeden Morgen schnürt er sich die Schuhe, stopft sich gegen die Kälte Zeitungen in den Mantel und macht sich daran, die Welt zu befragen. Er fängt Schneeflocken, Kröten, weckt Frösche aus dem Winterschlaf und schwatzt Bäckern, die nichts zu verkaufen haben, Brot ab. Regelmäßig taucht er mit frischer Milch für die Babys in der Küche auf. Und er bastelt Dinge: Papierschachteln, einfache Doppeldecker und Spielzeugboote mit funktionierenden Rudern.

Alle paar Tage verblüfft er die Leiterin mit einer unbeantwortbaren Frage: «Warum kriegen wir Schluckauf, Frau Elena?»

«Wenn der Mond so groß ist, Frau Elena, warum sieht er dann so klein aus?»

«Frau Elena, weiß eine Biene, dass sie sterben wird, wenn sie jemanden sticht?»

Frau Elena ist eine protestantische Nonne aus dem Elsass und mag die Kinder mehr als das Beaufsichtigen. Sie singt mit greller Falsettstimme französische Volkslieder, hat eine Schwäche für Sherry und schläft oft im Stehen ein. Manchmal lässt sie die Kinder abends länger aufbleiben und erzählt ihnen auf Französisch Geschichten aus ihrer Kindheit in einem an die Berge geschmiegten Haus, das Dach meterhoch mit Schnee bedeckt, mit einem städtischen Ausrufer, in der Kälte dampfenden Bachläufen und reifbedeckten Weinreben. Geschichten aus einer weihnachtlichen Bilderbuchwelt.

«Können taube Menschen ihr Herz schlagen hören, Frau Elena?»

«Warum klebt Kleber nicht in der Tube fest, Frau Elena?»

Sie lacht, fährt Werner durchs Haar und flüstert: «Sie werden sagen, dass du zu klein bist, Werner, dass dir die Herkunft fehlt und du keine großen Träume hegen sollst. Aber ich glaube an dich. Ich glaube, du wirst einmal etwas Großes tun.» Dann schickt sie ihn in das kleine Bett, das er oben auf dem Dachboden für sich reklamiert hat, direkt unter dem Fenster.

Manchmal zeichnen er und Jutta. Seine Schwester kommt zu Werners Bett geschlichen, und sie liegen nebeneinander auf dem Bauch und reichen den Bleistift hin und her. Jutta ist zwei Jahre jünger, aber die Talentiertere. Am liebsten zeichnet sie Paris, eine Stadt, die sie von einer einzigen Fotografie kennt. Das Foto ist hinten auf einem der Liebesromane von Frau Elena: mit Mansardendächern, vernebelten großen Häusern und der Eisenkonstruktion eines fernen Turmes. Sie zeichnet sich verdrehende weiße Wohnblöcke, komplizierte Brücken und Menschen links und rechts des Ufers.

An anderen Tagen zieht Werner seine Schwester in einem selbst gebauten Bollerwagen über das Zechengelände. Sie rattern über lange Kieswege an Hütten, brennenden Tonnen und entlassenen Kumpeln vorbei, die reglos wie Statuen dahocken. Regelmäßig verlieren sie eines der Räder, und Werner kniet sich geduldig hin und befestigt es wieder an der Achse. Um sie herum strebt die zweite Schicht in die Gebäude, während die Arbeiter der ersten Schicht gebückt, müde und mit blauen Nasen nach Hause trotten, die Gesichter unter den Helmen wie geschwärzte Totenschädel. «Hallo», piepst Werner, «guten Tag», doch die Bergleute ziehen für gewöhnlich wortlos an ihm vorbei, vielleicht sehen sie ihn nicht einmal. Sie halten den Blick auf den Schmutz des Weges gerichtet, und der wirtschaftliche Zusammenbruch Deutschlands schwebt über ihnen wie die strenge Geometrie der Fördertürme.

Werner und Jutta durchsuchen schimmernde Haufen schwarzen Staubs und klettern auf die Gerippe verrostender Maschinen. Sie reißen Beeren aus Brombeergestrüpp und pflücken Löwenzahn. Manchmal finden sie Kartoffelschalen oder Möhrengrün in Mülleimern, dann wieder sammeln sie Papier, auf dem sich malen lässt, und alte Zahnpastatuben, deren Reste zu Kalk getrocknet werden können. Hin und wieder zieht Werner seine Schwester zu Schacht 9, der größten der Schachtanlagen, in Lärm gehüllt, leuchtend wie die Zündflamme mitten in einem Gasofen. Ein fünf Stockwerke hoher Förderturm erhebt sich über dem Schacht, Trossen schwingen, Hämmer schlagen, Männer rufen, und zu allen Seiten hin erstrecken sich Bauten und Geschäftigkeit. Sie sehen die Loren aus der Erde fahren, und aus dem Schuppen kommen die Kumpel mit ihren Henkelmännern und streben Richtung Aufzug wie Insekten, die in eine Lichtfalle gehen.

«Da unten», flüstert Werner seiner Schwester zu. «Da unten ist Vater gestorben.»

Und wenn es dunkel wird, zieht Werner die kleine Jutta wortlos zwischen den eng beieinanderstehenden Wohnhäusern der Zeche hindurch. Zwei Kinder mit schneeweißem Haar bewegen sich durch eine Rußlandschaft und tragen ihre armseligen Schätze in die Viktoriastraße 3, wo Frau Elena in den Kohleofen starrt und mit müder Stimme ein französisches Wiegenlied singt, während ihr ein kleines Kind an der Schürze zieht und ein anderes in ihren Armen heult.

Schlüssel

Angeborener grauer Star. Beidseitig. Unheilbar. «Kannst du das sehen?», fragen die Ärzte. «Kannst du das sehen?» Marie-Laure wird für den Rest ihres Lebens blind sein. Orte, die ihr einst vertraut waren – die Vierzimmerwohnung, in der sie mit ihrem Vater lebt, der kleine baumgesäumte Platz am Ende ihrer Straße –, sind zu Labyrinthen voller Gefahren geworden. Schubladen sind nie da, wo sie sein sollten. Die Toilette ist ein Abgrund. Ein Glas Wasser steht zu nahe oder zu weit weg, und ihre Finger sind zu groß, immer zu groß.

Was ist Blindheit? Wo eine Mauer sein sollte, greifen ihre Hände ins Leere. Wo nichts sein sollte, läuft sie gegen einen Tisch. Autos brummen durch die Straßen, Blätter flüstern am Himmel, Blut rauscht durchs Innenohr. Auf der Treppe, in der Küche, selbst neben ihrem Bett reden Erwachsenenstimmen von Verzweiflung.

«Das arme Kind.»

«Der arme Monsieur LeBlanc.»

«Er hat's nie leicht gehabt, weißt du. Im Krieg ist sein Vater gestorben, seine Frau im Kindbett. Und jetzt das?»

«Als läge ein Fluch auf ihnen.»

«Sieh sie an. Sieh ihn an.»

«Er sollte sie weggeben.»

Es sind Monate der Verletzungen und des Elends. Zimmer neigen sich wie Segelboote zur Seite, halb geöffnete Türen schlagen Marie-Laure ins Gesicht. Ihre einzige Zuflucht ist ihr Bett, den Saum der Decke am Kinn, während ihr Vater auf dem Stuhl neben ihr noch eine Zigarette raucht und eines seiner winzigen Modelle schnitzt. Der kleine Hammer macht tock, tock, tock, und das Sandpapier lässt ein rhythmisches, beruhigendes Reiben hören.

Die Verzweiflung dauert nicht an. Marie-Laure ist zu jung und ihr Vater zu geduldig. Es gibt keine Flüche, versichert er ihr. Man kann Glück haben oder auch Pech, eine leichte Neigung der Tage zu Erfolg oder Scheitern erleben: Flüche gibt es nicht.

An sechs Tagen der Woche weckt er sie vor Sonnenaufgang, und sie hält die Arme in die Höhe, während er sie anzieht. Strümpfe, Kleid, Pullover. Wenn genug Zeit ist, lässt er sie versuchen, sich die Schuhe selbst zuzubinden. Anschließend trinken sie in der Küche gemeinsam eine Tasse Kaffee, heiß, stark und mit so viel Zucker, wie sie möchte.

Um zwanzig vor sieben holt sie ihren weißen Stock aus der Ecke, schiebt einen Finger hinter den Gürtel ihres Vaters und folgt ihm drei Stockwerke nach unten und sechs Straßen weiter ins Museum.

Um Punkt sieben schließt er den Eingang Nr. 2 auf. Drinnen riecht es vertraut nach den Farbbändern von Schreibmaschinen, nach gewachsten Böden und Felsenstaub. Auch ihre Schritte durch die große Ausstellungshalle klingen vertraut. Ihr Vater begrüßt einen Nachtwächter, einen Aufseher, und sie erhalten jeweils die gleichen zwei Worte zur Antwort: «Bonjour, bonjour.»

Zweimal nach links, einmal nach rechts. Das Schlüsselbund ihres Vaters klimpert, ein Schloss öffnet sich, ein Tor schwingt auf.

In der Schlüsselausgabe, die gleichzeitig die Werkstatt ihres Vaters ist, stehen sechs Schränke mit Glastüren, in denen Tausende eiserne Schlüssel hängen. Es gibt Rohlinge und Generalschlüssel, Tonnenschlüssel und Schlüssel mit alten, viktorianischen Räuten, Aufzugschlüssel und Schrankschlüssel. Schlüssel so lang wie Marie-Laures Unterarm und andere, kürzer als ihr Daumen.

Marie-Laures Vater ist für sämtliche Schlösser des Muséum national d'Histoire naturelle verantwortlich. Er schätzt, dass es im gesamten Museumskomplex, den Werkstätten, Magazinen, vier öffentlichen Museen, der Menagerie, den Gewächshäusern und dem Jardin des Plantes mit seinen Heilkräutern, Schmuckpflanzen, Toren und Pavillons etwa zwölftausend Schlösser gibt. Niemand sonst hat den Überblick, um ihm widersprechen zu können.

Den ganzen Morgen steht er am Eingang der Schlüsselausgabe und händigt den Angestellten ihre Schlüssel aus. Erst kommen die Tierpfleger, dann die Verwaltungsangestellten, die gegen acht Uhr hereineilen. Ihnen folgen die Techniker, Bibliothekare und wissenschaftlichen Assistenten, die Wissenschaftler selbst trudeln zuletzt ein. Alles ist nummeriert und mit Farben gekennzeichnet. Jeder Angestellte, vom Aufseher bis zum Direktor, muss seine Schlüssel immer bei sich haben. Niemand darf sie mit aus dem Museum nehmen, noch dürfen sie auf einem Schreibtisch liegen bleiben. Schließlich besitzt das Museum unschätzbar wertvolle Jade aus dem dreizehnten Jahrhundert, Cavansit aus Indien und Rhodochrosit aus Colorado, und hinter einem von Marie-Laures Vater gefertigten Schloss steht eine florentinische, aus Lapislazuli geformte Apothekenschüssel, die jedes Jahr Experten aus Tausenden Kilometern Entfernung anlockt.

Ihr Vater stellt sie auf die Probe. Ist das hier ein Schlüssel für einen Tresorraum oder ein Vorhängeschloss, Marie? Für einen Schrank oder ein Bolzenschloss? Er fragt sie nach den Plätzen bestimmter Schlüssel, nach den Inhalten der Schränke. Ständig legt er ihr etwas Unerwartetes in die Hände: eine Glühbirne, einen versteinerten Fisch, eine Flamingofeder.

Jeden Morgen, auch sonntags, setzt er sie für eine Stunde hinter ihr Lehrbuch für Blindenschrift. Das *A* ist ein Punkt in der oberen Ecke, das *B* sind zwei Punkte übereinander. *Jean. Geht. Zum. Bäcker. Jean. Geht. Zum. Käseladen.*

Nachmittags nimmt er sie auf seinen Rundgang mit. Er ölt Riegel, repariert Schränke, poliert Wappen und führt sie durch einen Korridor und einen Ausstellungsraum nach dem anderen. Enge Durchgänge öffnen sich in riesige Bibliotheken, durch Glastüren gelangen sie in Gewächshäuser, in denen es intensiv nach Humus, nassen Zeitungen und Lobelien riecht. Es gibt Schreinerwerkstätten, Präparatorenstudios, endlose Regalmeter und Artenschubladen, ganze Museen innerhalb des Museums.

Manchmal lässt er Marie-Laure nachmittags bei Dr. Geffard, einem alternden Weichtierspezialisten, dessen Bart nach nasser Wolle riecht. Dr. Geffard legt dann seine Arbeit zur Seite, ganz gleich, was es ist, öffnet eine Flasche Malbec und erzählt Marie-Laure mit seiner flüsternden Stimme von den Riffen, die er als junger Mann besucht hat, vor den Seychellen, vor Belize und Sansibar. Er nennt seine Besucherin Laurette und isst jeden Tag um drei eine gebratene Ente. Sein Kopf beherbergt eine scheinbar unendliche Anzahl zweigliedriger lateinischer Namen.

An der hinteren Wand in Dr. Geffards Laboratorium stehen Schränke mit mehr Schubladen, als Marie-Laure zählen kann, und er lässt sie eine nach der anderen öffnen und die Schalentiere daraus in die Hände nehmen: Wellhornschnecken, Olivenschnecken, *Volutas imperiales* aus Thailand, Teufelskrallen aus Indonesien – das Museum besitzt mehr als zehntausend Arten, das sind über die Hälfte der bekannten Arten der Welt, und Marie-Laure befühlt den Großteil von ihnen.

«Dieses Haus hier, Laurette, gehörte einmal einer Veilchenschnecke. Sie ist blind und verbringt ihr Leben an der Meeresoberfläche. Sobald sie in den Ozean gerät, wühlt sie das Wasser auf und erzeugt viele, viele kleine Bläschen, die sie mit ihrem Schleim festhält. Die Bläschen sind ihr Floß, sie wird damit herumgeweht und ernährt sich von den wirbellosen Wassertierchen, auf die sie trifft. Sollte sie ihr Floß jemals verlieren, versinkt sie und stirbt ...»

Das Haus einer *Carinaria* ist zugleich leicht und schwer, hart und weich, glatt und rau. Mit der *Murex*, die Dr. Geffard auf seinem Schreibtisch liegen hat, kann sich Marie-Laure eine halbe Stunde lang beschäftigen. Mit ihren hohlen Stacheln, verschwielten Windungen und dem tiefen Eingang ist die Murex ein Wald aus Dornen, Höhlen und Texturen. Ein Königreich.

Marie-Laures Hände bewegen sich ohne Unterlass, sammeln, befühlen, probieren. Das Brustgefieder einer ausgestopften, auf einen Ast gesetzten Meise ist unglaublich weich, ihr Schnabel spitz wie eine Nadel. Die Pollen an den Spitzen der Staubgefäße von Tulpen sind weniger Staub- als kleine Ölkörner. Etwas wirklich zu berühren, sei es die Rinde eines Ahorns draußen, ein in der Abteilung für Entomologie aufgespießter Hirschkäfer oder das Innere einer sorgfältig polierten Jakobsmuschel, so lernt sie, ist eine Form von Liebe.

Abends zu Hause stellt ihr Vater ihre Schuhe immer in dieselbe Ecke, hängt ihre Mäntel immer an dieselben Haken. Marie-Laure überquert sechs in gleichen Abständen auf die Küchenfliesen geklebte Streifen, um zum Tisch zu gelangen, und folgt einem Zwirnsfaden, der vom Tisch zur Toilette führt. Ihr Vater serviert das Abendessen auf einem runden Teller und beschreibt die Lage der einzelnen Speisen nach den Stunden eines Zifferblatts. «Die Kartoffeln liegen auf sechs Uhr, *ma chérie*, die Pilze auf drei.» Später steckt er sich eine Zigarette an und arbeitet an der Werkbank in der Ecke der Küche an seinen Miniaturen. Er baut ein maßstabsgetreues Modell ihres ganzen Viertels, mit den großfenstrigen Häusern, den Gossen und Gullys, der *Laverie* und der *Boulangerie* sowie der kleinen *Place* am Ende der Straße mit den vier Bänken und zehn Bäumen. An warmen Abenden öffnet Marie-Laure ihr Fenster und lauscht der Dunkelheit, die sich auf die Balkone, die Giebel und Schornsteine herabsenkt, müde und friedlich, bis sich das Viertel und sein Modell in ihrem Kopf vermischen.

Dienstags ist das Museum geschlossen. Marie-Laure und ihr Vater schlafen aus. Sie trinken Kaffee mit viel Zucker, spazieren zum Panthéon, zum Blumenmarkt oder an der Seine entlang. Immer wieder besuchen sie die Buchhandlung. Er gibt ihr ein Wörterbuch, eine Zeitschrift, einen Band mit Fotos in die Hände. «Wie viele Seiten, Marie-Laure?»

Sie fährt mit einem Nagel über den Rand.

«Zweiundfünfzig?» «Siebenhundertfünf?» «Einhundertneununddreißig?»

Er schiebt ihr das Haar hinter die Ohren. Er hebt sie sich über den Kopf. Er sagt, sie sei sein *émerveillement*. Er sagt, er würde sie niemals verlassen, in einer Million Jahren nicht.

Radio

Werner ist acht Jahre alt, stöbert hinter einem Lagerschuppen im Müll herum und entdeckt etwas, das wie eine große Garnrolle aussieht. Es ist ein mit Draht umwickelter Zylinder zwischen zwei Kiefernholzscheiben. Drei ausgefranste Kabel ragen an der Seite heraus, an einem hängt ein kleiner Ohrhörer.

Die sechsjährige Jutta mit ihrem runden Gesicht und dem bauschigen Haar hockt sich neben ihren Bruder. «Was ist das?»

«Ich glaube», sagt Werner und fühlt sich dabei, als hätte sich oben im Himmel eine Tür für ihn geöffnet, «wir haben ein Radio gefunden.»

Bis jetzt hat er nur hin und wieder einen flüchtigen Blick auf ein Radio erhascht: ein großes, in einen Schrank eingebautes Gerät durch die Spitzengardinen eines höheren Angestellten, einen tragbaren Empfänger in einem Schlafsaal der Bergleute und im Gemeindesaal. Berührt hat er nie eines.

Er und Jutta schmuggeln das Ding zurück in die Viktoriastraße 3 und untersuchen es im Schein einer Lampe. Sie wischen den Schmutz ab, entwirren die Kabel und waschen die Erde aus dem Ohrhörer.

Es funktioniert nicht. Andere Kinder kommen, sehen ihnen zu und staunen, verlieren jedoch schnell das Interesse und halten die Sache für hoffnungslos. Werner nimmt das kleine Radio mit auf den Dachboden zu seinem Bett und studiert es stundenlang. Er nimmt auseinander, was sich auseinandernehmen lässt, legt die Einzelteile auf den Boden und hält sie einzeln gegen das Licht.

Drei Wochen, nachdem er den Detektorempfänger gefunden hat, an einem sonnengoldenen Nachmittag, als so gut wie jedes Kind der Zeche Zollverein draußen ist, fällt ihm auf, dass der längste Draht, eine dünne, Hunderte Male um den zentralen Zylinder gewickelte Faser, an mehreren Stellen gebrochen ist. Langsam, vorsichtig wickelt er die Spule ab und trägt das Ganze nach unten, wo er Jutta ruft, die ihm dabei helfen soll, die Unterbrechungen wieder zusammenzufügen und den Draht neu aufzuwickeln.

«Jetzt lass es uns versuchen», flüstert er, drückt sich den Hörer an das Ohr und fährt mit der Einstellnadel – das muss sie sein, hat er entschieden – über die Spule.

Er hört ein feines, statisches Rauschen, und dann dringt tief aus dem Ohrhörer ein Strom von Konsonanten. Werners Herz setzt aus, die Stimme scheint in den Winkeln seines Kopfes widerzuhallen.

Das Geräusch verblasst so schnell, wie es gekommen ist. Er verschiebt die Nadel um wenige Millimeter. Das Rauschen wird lauter. Noch ein paar Millimeter. Nichts.

Frau Elena steht in der Küche und knetet Teig, von draußen dringen Jungenrufe herein. Werner fährt mit der Nadel vor und zurück.

Rauschen, nichts als Rauschen.

Er will gerade Jutta den Ohrhörer geben, als er, etwa in der Mitte der Spule, den schnellen, heftigen Strich eines Bogens über die Saiten einer Geige hört. Er versucht, die Nadel vollkommen ruhig zu halten. Eine zweite Geige gesellt sich zur ersten. Jutta drängt sich näher heran, sie sieht ihren Bruder mit weit aufgerissenen Augen an.

Ein Klavier folgt den Geigen, Holzbläser setzen ein. Die Geigen eilen voraus, die Bläser flattern ihnen hinterher. Weitere Instrumente stimmen mit ein. Flöten? Harfen? Die Musik rast dahin und scheint sich selbst wieder einzuholen.

«Werner?», flüstert Jutta.

Er kneift kurz die Augen zu, er muss seine Tränen herunterschlucken. Der Raum sieht aus wie immer: Zwei Kinderbetten stehen unter zwei Kruzifixen, Staub treibt aus dem offenen Maul des Ofens, von den Bodendielen blättern Dutzende Farbschichten. Über dem Waschbecken hängt eine Stickarbeit, die das verschneite elsässische Dorf von Frau Elena zeigt. Und doch ist da Musik. Als wäre in Werners Kopf ein unendlich kleines Orchester zum Leben erwacht.

Der Raum scheint sich langsam in Drehung zu versetzen. Seine Schwester wiederholt seinen Namen mit mehr Nachdruck, und er drückt ihr den Hörer ans Ohr.

«Musik», sagt er.

Er hält die Nadel, so ruhig er kann. Das Signal ist so schwach, dass er, obwohl der Hörer nur Zentimeter entfernt ist, nichts mehr von der Musik hören kann. Er betrachtet das reglose Gesicht seiner Schwester, nur ihre Lider bewegen sich. In der Küche hält Frau Elena die mehlweißen Hände in die Luft, neigt den Kopf zur Seite und sieht zu den beiden hinüber, zwei ältere Jungen kommen hereingelaufen, bleiben stehen, spüren die Veränderung in der Luft, und das kleine Radio mit seinen vier Klemmen und der daliegenden Antenne steht ruhig auf dem Boden zwischen ihnen allen wie ein Wunder.

Bring uns nach Hause

Gewöhnlich vermag Marie-Laure, die hölzernen Geduldsspiel-Schachteln zu öffnen, die ihr der Vater jedes Jahr zum Geburtstag baut. Oft haben sie die Form von kleinen Häusern und enthalten ein hübsches Schmuckstück. Es herauszuholen, erfordert eine raffinierte Abfolge von Schritten: Finde mit den Fingernägeln die Fuge, schiebe den unteren Teil nach rechts, nimm die seitliche Leiste ab, öffne mit dem dahinter versteckten Schlüssel den Deckel und entdecke das Armband.

An ihrem siebten Geburtstag nimmt ein winziges hölzernes Chalet die Stelle auf dem Küchentisch ein, wo normalerweise die Zuckerdose steht. Marie-Laure zieht eine versteckte Schublade aus dem Sockel, findet darunter eine Öffnung, nimmt den darin liegenden hölzernen Schlüssel und steckt ihn in den Kamin. Im Inneren erwartet sie ein Stück Schweizer Schokolade.

«Vier Minuten», sagt ihr Vater lachend. «Im nächsten Jahr muss ich mich mehr anstrengen.»

Sein Modell ihres Viertels ergibt jedoch im Gegensatz zu den Geburtstagsschachteln lange Zeit kaum Sinn für Marie-Laure. Es ist nicht wie die Wirklichkeit. So hat die Miniaturkreuzung der Rue de Mirbel und der Rue Monge nichts mit der realen, nur einen Block von ihrer Wohnung entfernten Kreuzung zu tun, die ein Amphitheater aus Geräuschen und Gerüchen ist: Im Herbst riecht sie nach Verkehr und Rizinusöl, Brot aus der Bäckerei, Kampfer aus der Apotheke Avent, Rittersporn, Wicken und Rosen vom Blumenstand. Im Winter badet sie im Duft gerösteter Kastanien, und an Sommerabenden wird sie langsam und träge, gefüllt mit schlaftrunkenen Gesprächen und dem Kratzen schwerer metallener Stühle.

Das Modell ihres Vaters riecht nur nach getrocknetem Kleber und Sägemehl. Seine Straßen sind leer, auf den Bürgersteigen bewegt sich nichts. Für Marie-Laures Finger ist es wenig mehr als eine kleine, unzureichende Nachbildung. Aber er besteht darauf, dass sie mit den Fingern darüberfährt, um die verschiedenen Häuser zu erkennen, die Lage der Straßen. Und eines kalten Dienstags, mehr als ein Jahr nach ihrer Erblindung, führt ihr Vater sie die Rue Cuvier hinauf, bis an den Rand des Jardin des Plantes.

«Das, *ma chérie*, ist der Weg, den wir jeden Morgen gehen. Hinter den Zedern vor uns liegt die große Ausstellungshalle.

«Ich weiß, Papa.»

Er nimmt sie auf den Arm und dreht sich dreimal mit ihr im Kreis. «Und jetzt», sagt er, «bringst du uns wieder nach Hause.»

Sprachlos öffnet sie den Mund.

«Ich möchte, dass du dir das Modell vorstellst, Marie.»

«Aber das kann ich unmöglich!»

«Ich bleibe einen Schritt hinter dir. Ich passe auf, dass dir nichts passiert. Du hast deinen Stock. Du weißt, wo du bist.»

«Das weiß ich nicht!»

«Doch, das weißt du.»

Verzweiflung. Sie kann noch nicht einmal sagen, ob der Park vor oder hinter ihr liegt.

«Ganz ruhig, Marie. Zentimeter für Zentimeter.»

«Es ist weit, Papa. Es sind mindestens sechs Straßen.»

«Sechs Straßen, das stimmt genau. Denke logisch. Wohin sollen wir zuerst gehen?»

Die Welt schwankt und rumpelt. Krähen schreien, Bremsen quietschen, und links von ihr scheint jemand mit einem Hammer auf etwas Metallenes zu schlagen. Sie schiebt sich voran, bis die Spitze ihres Stocks in der Luft hängt. Der Bordstein? Ein Teich, eine Treppe, eine Klippe? Sie dreht sich um neunzig Grad. Drei Schritte vor. Jetzt findet ihr Stock einen Mauervorsprung. «Papa?»

«Ich bin hier.»

Sechs Schritte, sieben Schritte, acht. Lärm überholt sie, ein Kammerjäger, der mit dröhnender Pumpe aus einem Haus tritt. Zwölf Schritte weiter läutet die an die Klinke einer Ladentür gebundene Glocke, zwei Frauen kommen heraus und stoßen im Vorbeigehen gegen Marie-Laure.

Das Mädchen lässt den Stock fallen und fängt an zu weinen.

Der Vater nimmt seine Tochter in den Arm und drückt sie an seine Brust.

«Es ist so groß», flüstert sie.

«Du kannst das, Marie.»

Sie kann es nicht.

Etwas entsteht

Während andere Kinder Himmel und Hölle spielen oder im Kanal schwimmen, sitzt Werner allein oben im Schlafraum und experimentiert mit seinem Detektor. Nach einer Woche kann er ihn mit geschlossenen Augen auseinandernehmen und wieder zusammensetzen. Kondensator, Spule, Senderabstimmung, Ohrhörer. Ein Kabel führt in die Erde, das andere in den Himmel. Noch nie hat er etwas gesehen, das so viel Sinn ergibt.

Er sammelt Teile aus Versorgungsschuppen: Kupferdrahtstücke, Schrauben, einen verbogenen Schraubenzieher. Er bezirzt die Frau des Apothekers, die ihm einen kaputten Kopfhörer schenkt. Er rettet die Magnetspule einer weggeworfenen Klingel, lötet sie an einen Kaltleiter und baut einen Lautsprecher. Innerhalb eines Monats konstruiert er den Empfänger komplett neu, fügt hier und da zusätzliche Teile an und verbindet ihn mit einer Stromquelle.

Jeden Abend trägt er das Radio nach unten, und Frau Elena lässt ihre Schutzbefohlenen eine Stunde lang zuhören. Sie lauschen Nachrichtensendungen, Konzerten, Opern, Nationalchören, Volksliedern. Ein Dutzend Kinder sitzt im Halbkreis auf den Möbeln, Frau Elena, die selbst kaum größer ist als ein Kind, zwischen ihnen.

Um uns ist heute eine bewegte Zeit, heißt es im Radio. *Aber wir klagen nicht. Zu kämpfen sind wir gewohnt, denn aus dem Kampf sind wir gekommen. Wir wollen die Füße fest in unsere Erde stemmen, und wir werden keinem Ansturm erliegen.* Die älteren Mädchen mögen Musikratespiele, Gymnastiksendungen und einen regelmäßigen Beitrag mit dem Titel *Jahreszeitliche Tipps für Verliebte,* gegen die alle kleineren Kinder protestieren. Die Jungen mögen Hörspiele, Nachrichtensendungen und Soldatenlieder. Jutta liebt Jazz. Werner mag alles. Geigen, Hörner, Trommeln, Reden – den Mund an einem fernen Mikrofon, dessen Stimme aus ihrem Lautsprecher klingt. Der Zauber hält ihn gefesselt.

Kann es da wundernehmen, heißt es im Radio, *dass Mut, Vertrauen und Zuversicht in zunehmendem Maße im ganzen deutschen*

Volk wieder Einkehr gehalten haben? Muss nicht aus dieser Glut der Opferbereitschaft auch wieder für das ganze Volk die Flamme einer neuen Gläubigkeit emporschlagen?

Wochen vergehen, und es kommt Werner tatsächlich so vor, als entstehe da etwas Neues. Die Kohleförderung wächst, die Arbeitslosigkeit geht zurück, sonntags gibt es Fleisch zu essen. Lammfleisch, Schweinefleisch, Knackwürste. Das ist ein Luxus, der vor einem Jahr noch unerhört gewesen wäre. Frau Elena kauft ein neues, mit orangefarbenem Kord bezogenes Sofa und einen Herd mit Flammen in schwarzen Ringen, der Kirchenrat in Berlin schickt drei neue Bibeln, und an der Hintertür wird eine Waschmaschine angeliefert. Werner bekommt eine neue Hose, Jutta ein eigenes Paar Schuhe. In den Nachbarhäusern klingeln Telefone.

Eines Mittags, auf dem Heimweg von der Schule, bleibt Werner vor einem Schaufenster stehen und drückt sich die Nase an der großen Scheibe platt: Fünf Dutzend daumengroße SA-Männer marschieren da, jeder mit einem braunen Hemd und einem winzigen roten Armband, einige mit Flöten, einige mit Trommeln, und ein paar Offiziere sitzen auf glänzenden schwarzen Hengsten. Über ihnen, an einem Draht, zieht ein blechernes Wasserflugzeug mit hölzernen Schwimmkufen und einem sich drehenden Propeller elektrische, hypnotisierende Runden. Werner studiert es lange durch die Glasscheibe hindurch und versucht zu begreifen, wie es funktioniert.

Es wird Abend, im Herbst 1936, Werner trägt das Radio nach unten und stellt es auf die Anrichte. Die anderen Kinder zappeln erwartungsvoll herum. Der Empfänger wird summend warm. Werner tritt einen Schritt zurück, die Hände in den Taschen. Aus dem Lautsprecher dringt der Gesang eines Kinderchores: *Wir hoffen, nur zu arbeiten, zu arbeiten, zu arbeiten und zu arbeiten, glorreiche Arbeit für das Heimatland zu tun.* Dann beginnt ein staatlich gefördertes Stück aus Berlin, eine Geschichte von Eindringlingen, die sich nachts in ein Dorf schleichen.

Alle zwölf Kinder sitzen gebannt da. Die Eindringlinge sind hakennasige Kaufhausbesitzer, betrügerische Juweliere, unehrenhafte Bankiers, und sie verkaufen funkelnden Müll. Sie stehlen den alteingesessenen Dorfbewohnern ihre Arbeit, und bald schon hecken sie Pläne aus, deutsche Kinder in ihren Betten zu ermorden. Endlich begreift ein einfacher, aber wachsamer Dorfbewohner, was da vor sich geht. Die Polizei wird gerufen, große, bestimmt gut aussehende Wachtmeister mit wunderbaren Stimmen. Sie treten die Türen ein. Sie zerren die Eindringlinge fort. Ein patriotischer Marsch wird gespielt. Alle sind wieder glücklich.

Licht

Jeden Dienstag scheitert sie aufs Neue. Sie führt ihren Vater sechs Häuserblocks weit in die falsche Richtung, ist wütend und mutlos, und am Ende sind sie weiter von zu Hause weg als zu Anfang. Im Winter ihres achten Lebensjahres jedoch beginnt Marie-Laure, sich zu ihrer eigenen Überraschung zurechtzufinden. Sie fährt mit den Fingern über das Modell in der Küche und zählt die winzigen Bänke, die Bäume, Laternen und Eingänge. Jeden Tag entdeckt sie ein neues Detail, jeder Gully, jede Parkbank und jeder Hydrant des Modells hat sein reales Gegenstück in der Welt da draußen.

Marie-Laure schafft es, ihren Vater immer näher an ihr Haus heranzubringen, bevor sie einen Fehler macht. Vier Straßen, drei Straßen, zwei. Und an einem verschneiten Dienstag im März, als er sie wieder an einen neuen Ort führt, nahe am Ufer der Seine, sie dreimal im Kreis dreht und sagt: «Bring uns nach Hause», wird ihr bewusst, dass sie zum ersten Mal seit Beginn ihrer Übungen keine Angst im Bauch aufsteigen fühlt.

Sie geht auf dem Bürgersteig in die Hocke.

Der leicht metallene Geruch fallenden Schnees umgibt sie. *Ganz ruhig. Hör hin.*

Autos platschen über die Straße, Schmelzwasser rinnt durch die Gossen. Sie hört die Schneeflocken in den Bäumen ticken und murmeln. Sie riecht die Zedern im Jardin des Plantes, einen halben Kilometer entfernt. Die Métro rattert unter dem Gehweg: Sie sind auf dem Quai Saint-Bernard. Der Himmel weitet sich, und sie hört das Knacken von Ästen: Das ist der schmale Park hinter der Galerie de Paléontologie. Dann muss das hier, so begreift sie, die Ecke sein, wo der Quai auf die Rue Cuvier trifft.

Sechs Straßen, vierzig Häuser, zehn kleine Bäume auf einem Platz. Diese Straße kreuzt diese Straße kreuzt diese Straße. Zentimeter um Zentimeter.

Ihr Vater klimpert mit den Schlüsseln in seiner Tasche. Vor ihnen erheben sich die großen, schönen Häuser entlang des Parks und werfen das Geräusch zurück.

Sie sagt: «Wir gehen nach links.»

Sie gehen die Rue Cuvier hinunter. Drei Enten kommen geflogen, schlagen synchron mit den Flügeln und halten auf die Seine zu. Als die Vögel über sie hinwegfliegen, stellt Marie-Laure sich vor, sie kann das Licht auf ihren Flügeln fühlen, wie es jede einzelne Feder berührt.

Links in die Rue Geoffroy-Saint-Hilaire. Rechts in die Rue Daubenton. Drei Gullys, vier Gullys, fünf. Links wird der offene, schmiedeeiserne Zaun des Jardin des Plantes erscheinen, seine dünnen Stangen wie das Gitter eines riesigen Vogelkäfigs.

Gegenüber von ihr jetzt der Bäcker, der Metzger, das Feinkostgeschäft.

«Können wir hinüber, Papa?»

«Ja.»

Gut. Dann geradeaus. Sie gehen jetzt ihre Straße hinauf, da ist sie sicher. Einen Schritt hinter ihr hebt ihr Vater den Blick zum Himmel und schenkt ihm ein breites Lächeln. Marie-Laure spürt es, obwohl er hinter ihr geht, obwohl er nichts sagt und obwohl sie blind ist. Papas dichtes Haar ist feucht vom Schnee und steht wild in alle Richtungen, sein Schal liegt mit verschieden langen Enden über seinen Schultern und leuchtet zwischen den fallenden Flocken.

Sie sind die Rue des Patriarches halb hinaufgegangen. Sie stehen vor ihrem Haus. Marie-Laure findet den Stamm der Kastanie, die bis hinauf zu ihrem Fenster im zweiten Stock wächst, fühlt die Rinde unter ihren Fingern.

Alter Freund.

Schon fassen die Hände ihres Vaters sie unter den Armen, heben sie hoch, Marie-Laure lächelt, und er lacht so rein und ansteckend, dass sie sich ihr ganzes Leben daran erinnern will. Vater und Tochter drehen sich auf dem Bürgersteig vor ihrem Haus im Kreis und lachen gemeinsam, während der Schnee durch die Zweige auf sie niederfällt.

Unsere Fahne flattert uns voran

Im Zollverein, im Frühling von Werners zehntem Lebensjahr, schultern die zwei ältesten Jungen des Kinderhauses, der dreizehnjährige Hans Schilzer und der vierzehnjährige Herribert Pomsel, ihre gebrauchten Rucksäcke und marschieren hinaus in die Wälder. Als sie zurückkommen, sind sie Mitglieder der Hitlerjugend.

Sie haben Schleudern und Speere und üben sich hinter Schneeverwehungen darin, Hinterhalte zu legen. Sie schließen sich einer zornigen Bande Bergarbeitersöhne an, krempeln die Ärmel hoch und ziehen sich die kurzen Hosen bis über die Hüften. «Einen guten Abend», rufen sie den Vorbeikommenden zu, «Oder Heil Hitler!, wenn's Ihnen lieber ist».

Sie schneiden sich gegenseitig die Haare, ringen in der guten Stube miteinander und geben mit der Schießausbildung an, auf die sie sich vorbereiten, mit den Segelflugzeugen, die sie fliegen, und den Panzertürmen, die sie steuern werden. *Unsre Fahne ist die neue Zeit*, singen Hans und Herribert. *Und die Fahne führt uns in die Ewigkeit.* Bei den Mahlzeiten schelten sie die Jüngeren aus, weil die etwas Ausländisches bewundern, eine englische Autowerbung, ein französisches Bilderbuch.

Ihre Grüße sind skurril, ihr Aufzug grenzt ans Lächerliche. Frau Elena beobachtet die Jungen mit wachsamen Augen. Vor noch gar nicht so langer Zeit waren sie ungezähmte Kleinkinder, die sich in ihren Betten versteckten und nach ihren Müttern riefen. Jetzt sind es pubertierende Strolche mit aufgeschlagenen Handknöcheln und Postkarten mit dem Bild des Führers in ihren Hemdtaschen.

Frau Elena spricht immer seltener Französisch, wenn Hans und Herribert da sind. Sie sorgt sich wegen ihres Akzents, und schon der kleinste Blick eines Nachbarn gibt ihr zu denken.

Werner hält den Kopf gesenkt. Über Lagerfeuer springen, sich Ruß unter die Augen reiben, kleine Kinder drangsalieren? Juttas Zeichnungen zerknüllen? Es ist weit besser, beschließt er, sich klein zu machen und möglichst unauffällig zu bleiben. Werner geht ab und zu in den Laden und liest populäre Wissenschaftsmagazine. Ihn interessieren

Wellenturbulenzen, Schächte zum Mittelpunkt der Erde und die nigerianische Methode, Nachrichten mit Trommeln über weite Entfernungen zu übertragen. Er kauft sich ein Notizbuch und entwirft Pläne für Wolkenkammern, Ionen-Detektoren und Röntgenbrillen. Wie wäre es mit einem kleinen Motor, mit dem sich Babys in den Schlaf wiegen ließen? Was ist mit Federn an den Achsen seines Bollerwagens, die ihm helfen würden, ihn einen Berg hinaufzuziehen?

Ein Beamter aus dem Arbeitsministerium kommt ins Kinderhaus, um über Arbeitsmöglichkeiten in den Kohlegruben zu reden. Die Kinder sitzen ihm in ihren besten Sachen zu Füßen. Alle Jungen, ohne Ausnahme, erklärt der Mann, werden von ihrem fünfzehnten Lebensjahr an unter Tage fahren. Er spricht von Ruhm und Triumph, und dass sie großes Glück haben, eine sichere Arbeit zu bekommen. Als er das Radio in die Hand nimmt und es ohne einen Kommentar wieder abstellt, spürt Werner, wie die Decke auf ihn niederdrückt und die Wände näher heranrücken.

Sein Vater ist da unten, mehr als einen Kilometer unterhalb des Hauses. Sein Körper ist nie gefunden worden. Er geistert noch immer durch die Stollen.

«Aus diesem Viertel», sagt der Beamte, «aus dieser Erde erwächst die Kraft unserer Nation. Stahl, Kohle, Koks. Berlin, Frankfurt, München – ohne diesen Ort hier gäbe es sie nicht. Ihr schafft das Fundament der neuen Ordnung, die Kugeln in den Waffen, den Stahl der Panzer.»

Hans und Herribert bewundern den ledernen Pistolengürtel des Mannes mit geblendeten Augen. Auf der Anrichte plappert Werners kleines Radio.

Es sagt: *Während dieser drei Jahre hat unser Führer den Mut besessen, sich einem Europa entgegenzustellen, das in Gefahr war, zusammenzubrechen …*

Es sagt: *Ihm allein ist es zu danken, dass für deutsche Kinder das deutsche Leben wieder lebenswert ist.*

In achtzig Tagen um die Welt

Sechzehn Schritte zum Brunnen, sechzehn zurück. Zweiundvierzig zur Treppe, zweiundvierzig zurück. Marie-Laure zeichnet in ihrem Kopf eine Karte, wickelt hundert Meter eines imaginären Fadens ab, dreht um und rollt ihn wieder auf. Die Botanik riecht nach Kleber, Löschpapier und gepressten Blumen, die Paläontologie nach Stein- und Knochenstaub, die Biologie nach Formalin und altem Obst, im Übrigen steht sie voller schwerer Kühlgläser, in denen Dinge schwimmen, die sie sich eigens hat erklären lassen: die blassen, eingerollten Klapperschlangen, die abgetrennten Gorillahände. Die Entomologie riecht nach Mottenkugeln und Öl, wobei es sich, wie Dr. Geffard erklärt, um ein Konservierungsmittel namens Naphthalin handelt. Die Büros riechen nach Kohlepapier oder Zigarrenrauch, Schnaps, Parfüm. Manchmal auch nach allen vier.

Sie folgt Kabeln und Röhren, Geländern und Seilen, Hecken und Bürgersteigen. Sie überrascht die Menschen. Sie weiß nie, ob das Licht eingeschaltet ist.

Die Kinder, die sie trifft, sprudeln über vor Fragen: Tut es weh? Machst du die Augen zu, wenn du schläfst? Woher weißt du, wie viel Uhr es ist?

Es tut nicht weh, erklärt sie. Und es ist auch nicht dunkel, nicht so, wie sie es sich vorstellen. Alles besteht aus Netzen und Gittern, einem Durcheinander von Geräuschen und Texturen. Sie dreht eine Runde durch den großen Ausstellungssaal, navigiert über die knarzenden Dielen und hört Schritte auf den Museumstreppen, ein kleines Kind jammert, und eine müde Großmutter lässt sich ächzend auf eine Bank sinken.

Farben, auch damit rechnen die Leute nicht. In Marie-Laures Vorstellung, in ihren Träumen ist alles farbig. Die Museumsgebäude sind beige, kastanien- und haselnussbraun. Die Wissenschaftler sind lila, zitronengelb und fuchsbraun. Klavierakkorde treiben im Radio des Pförtnerhäuschens und rufen sattes Schwarz und komplizierte Blaus auf dem Korridor hinunter zur Schlüsselausgabe hervor. Kirchenglocken senden bronzefarbene Bögen von den Fenstern herunter. Bienen sind silbern, Tauben rötlich gelb, rotbraun und gelegentlich golden. Die riesigen Zypressen, an denen sie und ihr Vater morgens vorbeikommen, sind schimmernde Kaleidoskope, jede Nadel ein funkelndes Licht.

An ihre Mutter hat sie keine Erinnerung, stellt sie sich aber weiß vor, als ein stummes Leuchten. Ihr Vater strahlt Tausende Farben aus, Beigegrau, Erdbeerrot, ein kräftiges Rostrot, wildes Grün. Er riecht nach Öl und Metall, gibt ihr das Gefühl eines Schlüssels, der ins Schloss gleitet, seine Schlüsselbunde klingeln beim Gehen. Wenn er mit dem Abteilungsleiter redet, ist er olivgrün, und im Gespräch mit Mademoiselle Fleury von den Gewächshäusern strahlt er eine ganze Serie Orangetöne aus. Wenn er kocht, ist er hellrot, und wenn er abends an seiner Werkbank sitzt und fast lautlos vor sich hin summt, glüht er saphirblau, die Spitze seiner Zigarette glimmt prismatisch blau.

Sie verläuft sich. Sekretärinnen und Botaniker und einmal die Assistentin des Direktors bringen sie zurück zur Schlüsselausgabe. Sie ist neugierig. Sie möchte wissen, wodurch sich eine Alge von einer Flechte unterscheidet, ein *Diplodon charruanus* von einem *Diplodon delodontus*. Berühmte Männer fassen sie am Ellbogen, begleiten sie durch die Gärten und führen sie Treppen hinauf. «Ich habe auch eine Tochter», sagen sie, oder: «Ich habe sie bei den Kolibris gefunden.»

«Toutes mes excuses», sagt ihr Vater. Er steckt sich eine Zigarette an und holt Schlüssel um Schlüssel aus ihren Taschen. «Was», flüstert er, «soll ich nur mit dir machen?»

Als sie an ihrem neunten Geburtstag aufwacht, findet sie zwei Geschenke. Das erste ist eine hölzerne Schachtel, in der sie keine Öffnung finden kann. Sie dreht sie in alle Richtungen und braucht eine Weile, bis sie begreift, dass eine Seite einen Federverschluss hat. Sie drückt darauf, und die Schachtel öffnet sich. Drinnen liegt ein einzelnes Stück cremiger Camembert, das sie sich direkt in den Mund steckt.

«Zu einfach!», lacht ihr Vater.

Das zweite Geschenk ist schwer, in Papier gewickelt und verschnürt. Drinnen ist ein mächtiges, spiralgebundenes Buch. In Blindenschrift.

«Sie sagen, es ist ein Buch für Jungen. Oder sehr abenteuerlustige Mädchen.» Sie hört sein Lächeln.

Marie-Laure fährt mit den Fingerspitzen über das Titelblatt. *In. Achtzig. Tagen. Um. Die. Welt.* «Papa, das ist doch viel zu teuer.» «Das lass mal meine Sorge sein.»

An diesem Morgen verkriecht sich Marie-Laure unter der Theke der Schlüsselausgabe, legt sich auf den Bauch und setzt alle zehn Fingerspitzen in einer Linie auf die Seite vor sich. Das Französisch fühlt sich altmodisch an, und die Punkte sind weit enger gedruckt, als sie es gewohnt ist. Aber nach einer Woche wird es leicht. Sie greift nach dem Band, das sie als Lesezeichen benutzt, öffnet das Buch, und das Museum um sie herum verschwindet.

Der geheimnisvolle Mr. Fogg lebt sein Leben wie eine Maschine. Jean Passepartout wird sein gehorsamer Diener. Als sie nach zwei Monaten die letzte Zeile des Romans erreicht, blättert sie zurück zur ersten Seite und beginnt von vorn. Am Abend fährt sie mit den Fingerspitzen über das Modell ihres Vaters, den Glockenturm, die Schaufenster. Sie stellt sich vor, dass Jules Vernes Helden durch die kleinen Straßen gehen und in den Läden ein Schwätzchen halten. Ein zentimetergroßer Bäcker holt krümelkleine Brote aus seinem Ofen. Drei winzige Einbrecher brüten einen Plan aus, während sie langsam an einem Juwelier vorbeifahren. Kleine, brummende Autos drängen durch die Rue de Mirbel, und ihre Scheibenwischer bewegen sich hin und her. Hinter dem Fenster im dritten Stock in der Rue des Patriarches sitzt eine Miniaturausgabe ihres Vaters in ihrer Miniaturwohnung an seiner Miniaturwerkbank und schleift genau wie im richtigen Leben ein winzig kleines Stück Holz glatt. Auf der anderen Seite des Zimmers sitzt ein Miniaturmädchen, mager, gewitzt, mit einem offenen Buch auf dem Schoß. In seiner Brust pulsiert etwas Großes, voller Sehnsucht, ohne Angst.

Der Professor

«Du musst es schwören», sagt Jutta. «Schwörst du?» Zwischen rostigen Fässern, alten Fahrradschläuchen und Würmern hatte sie im Matsch eines Bachs zehn Meter Kupferdraht entdeckt. Ihre Augen sind leuchtende Tunnel.

Werner sieht zu den Bäumen hinüber, zum Bach und wieder zu seiner Schwester: «Ich schwöre.»

Gemeinsam schmuggeln sie den Draht nach Hause, fädeln ihn draußen vor dem Dachbodenfenster durch Nagellöcher in der Dachtraufe und schließen ihn an ihr Radio an. Fast sofort hören sie auf einem Kurzwellenband jemanden in einer fremden Sprache voller Z und S reden. «Ist das Russisch?»

Werner denkt, es ist Ungarisch.

Jutta macht in der dämmrigen Hitze große Augen. «Wie weit weg ist Ungarn?»

«Tausend Kilometer?»

Sie sperrt staunend den Mund auf.

Wie sich herausstellt, dringen von überall auf dem Kontinent Stimmen in den Zollverein, durch die Wolken, den Kohlenstaub, das Dach. Es wimmelt nur so von ihnen. Jutta zeichnet eine Skala für die Senderabstimmung und schreibt sorgfältig die Namen der Städte auf, aus denen sie Sender empfangen. *Verona 65*, *Dresden 88*, *London 100*. Rom. Paris. Lyon. Die Kurzwelle ist bei Nacht ein Land der Wanderer und Träumer, der Irren, Schwätzer und Prediger.

Nach dem Beten, wenn das Licht aus ist, schleicht Jutta nach oben zu ihrem Bruder, und statt zusammen zu zeichnen, liegen sie eng nebeneinander und lauschen bis Mitternacht, bis eins, bis zwei. Sie hören englische Nachrichten, die sie nicht verstehen, hören eine Berlinerin dozieren, wie man sich angemessen für eine Cocktailparty schminkt.

Eines Nachts stoßen Werner und Jutta auf eine von einem Kratzen durchsetzte Sendung, in der ein junger Mann über das Licht spricht. Sein Französisch ist leicht und zart, mit einem besonderen Akzent.

Das Gehirn ist natürlich in völlige Dunkelheit eingeschlossen, Kinder, sagt die Stimme. *Es treibt in klarer Flüssigkeit im Inneren des Schädels, nie im Licht. Und doch leuchtet die Welt, die es in unseren Gedanken schafft. Sie fließt über mit Farbe und Bewegung. Und wie, Kinder, erschafft uns das Gehirn, das ohne einen Funken Licht lebt, diese helle, strahlende Welt?*

Im Lautsprecher pfeift und knallt es.

«Was ist das?», flüstert Jutta.

Werner antwortet nicht. Die Worte des Franzosen sind aus Samt. Sein Französisch klingt ganz anders als das von Frau Elena, und doch ist seine Stimme so leidenschaftlich, so hypnotisierend, dass Werner jedes Wort versteht. Der Franzose spricht von optischen Täuschungen und Elektromagnetismus, es gibt eine Unterbrechung und ein Rauschen, als drehte jemand eine Schallplatte um, und dann schwärmt er von Kohle.

Stellt euch ein einzelnes Stück Kohle daheim in eurem Ofen vor, wie es glimmt. Seht ihr es, Kinder? Dieses Stück Kohle war einmal eine grüne Pflanze, ein Farn oder ein Schilfrohr, das vor einer Million Jahren auf unserer Erde wuchs, vielleicht auch vor zwei Millionen oder hundert Millionen Jahren. Könnt ihr euch hundert Millionen Jahre vorstellen? Jeden Sommer, solange die Pflanze lebte, haben ihre Blätter so viel Licht aufgefangen wie nur möglich und die Energie der Sonne in sich selbst verwandelt. In Rinde, Äste, Stängel. Weil Pflanzen Licht essen, so wie wir Nahrung zu uns nehmen. Aber dann starb die Pflanze, fiel wahrscheinlich ins Wasser und zersetzte sich zu Torf, und der Torf wurde in der Erde eingeschlossen, für Jahre über Jahre, ganze Weltalter, in denen ein Monat oder ein Jahrzehnt, dein ganzes Leben nur ein Windstoß gewesen wäre. Ein Fingerschnippen. Und am Ende trocknete der Torf und wurde zu Stein, und jemand grub ihn aus, und der Kohlenmann brachte ihn zu dir nach Hause, und vielleicht hast du selbst ihn zum Ofen getragen. Und jetzt wärmt jenes Sonnenlicht, das Licht von vor hundert Millionen Jahren dein Zuhause ...

Die Zeit verlangsamt sich. Die Dachkammer verschwindet. Jutta verschwindet. Hat jemals jemand so eindringlich über die Dinge gesprochen, die Werner so ungeheuer interessieren?

Öffnet eure Augen, endet der Mann, *und seht, was ihr sehen könnt, bevor sie sich für immer schließen*; und dann folgt Klaviermusik, ein einsames Stück, das für Werner wie ein goldenes, über einen dunklen Fluss fahrendes Schiff klingt, eine Sequenz von Harmonien, die den Zollverein verwandeln: Momente später sind die Häuser zu Nebel geworden, die Schachtanlagen gefüllt, die Schornsteine gefallen, ein uraltes Meer spült durch die Straßen, und die Luft ist voller Möglichkeiten.

Das Meer der Flammen

Gerüchte gehen im Pariser Museum um, bewegen sich schnell, so schnell und leuchtend bunt wie Halstücher. Das Museum überlegt, einen bestimmten Edelstein auszustellen, ein Juwel, das wertvoller ist als alles andere in den Sammlungen.

«Wie man sagt», hört Marie-Laure einen Präparator einem anderen erklären, «stammt der Stein aus Japan. Er ist uralt und hat einem Shogun aus dem elften Jahrhundert gehört.»

«Ich habe gehört», sagt der andere, «dass er schon ewig in unserem Tresor liegt, wir ihn aber aus rechtlichen Gründen nicht zeigen durften.» Einmal ist es ein Klumpen Magnesium Hydroxycarbonat, dann wieder ein Sternsaphir, der die Hand des Menschen in Brand setzt, der ihn berührt. Schließlich wird es ein Diamant, ganz bestimmt ein Diamant. Einige nennen ihn den «Schäferstein», andere den «Khon-Ma», aber bald schon ist er für alle das «Meer der Flammen».

Marie-Laure denkt: Vier Jahre sind vergangen.

«Unglück», sagt ein Aufseher in der Wachstube. «Er bringt jedem, der ihn bei sich trägt, Unglück. Ich habe gehört, dass die letzten neun Besitzer alle Selbstmord begangen haben.»

Eine zweite Stimme sagt: «Ich habe gehört, jeder, der ihn unge-schützt in der bloßen Hand hält, stirbt binnen einer Woche.»

«Nein, nein, wenn du ihn hast, kannst du *nicht* sterben, aber die Menschen um dich herum sterben innerhalb eines Monats. Oder viel-leicht ist es auch ein Jahr.»

«Den sollte ich mir schnappen!», sagt eine dritte Stimme lachend.

Marie-Laures Herz rast. Sie ist zehn Jahre alt und vermag wirklich alles auf die schwarze Tafel ihrer Vorstellung zu projizieren: eine Segeljacht, einen Schwertkampf, ein Kolosseum der Farben. Sie hat *In achtzig Tagen um die Welt* gelesen, bis die Blindenschrift weich wurde und verging. Zu ihrem diesjährigen Geburtstag hat ihr Vater ihr ein noch dickeres Buch geschenkt, *Die drei Musketiere* von Dumas.

Marie-Laure hört, der Diamant sei hellgrün und groß wie ein Man-telknopf. Dann hört sie, er sei groß wie ein Streichholzbriefchen. Am nächsten Tag ist er blau und groß wie eine Kinderfaust. Sie stellt sich eine wütende Göttin vor, die auf den Gängen lauert und Flüche in die Ausstellungsräume schickt, wie Giftwolken. Ihr Vater sagt, sie solle ihre Phantasie zügeln. Steine sind nicht mehr als Steine, so, wie Regen einfach nur Regen ist und Unglück einfach Pech. Nur sind einige Dinge seltener als andere, und deshalb gibt es Schlösser.

«Aber, Papa, glaubst du, dass es ihn gibt?»

«Den Diamanten oder den Fluch?»

«Beides. Oder eins von beiden.»

«Das sind nichts als Geschichten, Marie.»

Und doch, wenn etwas schiefgeht, flüstern die Angestellten, der Diamant sei der Grund. Der Strom fällt eine Stunde lang aus: Grund ist der Diamant. Ein undichtes Wasserrohr zerstört ein ganzes Regal gepresster botanischer Ausstellungsstücke: Grund ist der Diamant. Als die Frau des Direktors auf einem vereisten Stück der Place des Vosges ausrutscht und sich das Handgelenk zweimal bricht, kocht die Gerüchteküche des Museums über.

In diesen Tagen wird Marie-Laures Vater nach oben in das Büro des Direktors gerufen. Zwei Stunden bleibt er dort. Kann sie sich daran erinnern, dass ihr Vater schon einmal zu einer zweistündigen Besprechung beim Direktor war? Nein, nicht ein einziges Mal.

Fast sofort danach beginnt der Vater mit einer Arbeit tief in der Abteilung für Mineralogie. Über Wochen fährt er Karren voller verschiedener Ausrüstungsgegenstände in und aus seiner Werkstatt und arbeitet noch lange, nachdem das Museum seine Pforten geschlossen hat. Jeden Abend kommt er in die Schlüsselausgabe zurück und riecht nach verschiedenen Metallen und Sägemehl, und immer, wenn sie fragt, ob sie am nächsten Tag mit ihm kommen könne, hat er Einwände. Es sei das Beste, sagt er, wenn sie mit ihren Lehrbüchern in Blindenschrift in der Schlüsselausgabe bleibe oder nach oben ins Weichtierlabor gehe.

Beim Frühstück schon liegt sie ihm in den Ohren: «Du baust bestimmt einen speziellen Kasten, in dem der Diamant ausgestellt werden soll. Eine Art durchsichtigen Tresor.»

Ihr Vater zündet sich eine Zigarette an. «Bitte, hol dein Buch, Marie. Es ist Zeit, dass wir gehen.»

Dr. Geffards Antworten sind kaum besser. «Weißt du, wie Diamanten und alle anderen Kristalle wachsen, Laurette? Indem sie sich mikroskopisch dünne Schichten hinzufügen, jeden Monat ein paar Tausend Atome, eines über das andere. Jahrtausend um Jahrtausend. Und so wachsen auch Geschichten heran. All die alten Edelsteine sind Geschichtensammler. Das kleine Stück Fels, das dich so interessiert, könnte gesehen habe, wie Alarich Rom geplündert hat. Vielleicht hat er auch für die Augen von Pharaonen geglitzert. Skythische Königinnen können Nächte mit ihm durchtanzt haben. Womöglich sind Kriege um ihn geführt worden.»

«Papa sagt, Flüche seien nichts als Geschichten, die erfunden wurden, um Diebe abzuschrecken. Er sagt, hier gebe es fünfundsechzig Millionen Ausstellungsstücke, und mit dem richtigen Lehrer könne jedes Einzelne von ihnen so interessant sein wie das andere.»

«Trotzdem», sagt Dr. Geffard, «bestimmte Dinge faszinieren die Leute. Perlen zum Beispiel, und linksdrehende Schneckenhäuser. Selbst die größten Wissenschaftler verspüren hin und wieder den Drang, sich etwas in die Tasche zu stecken. Dass etwas so Kleines so schön sein kann. So wertvoll. Nur die stärksten Menschen können sich von solchen Gefühlen befreien.»

Eine Weile lang schweigen sie.

Marie-Laure sagt: «Ich habe gehört, der Diamant sei wie ein Stück Licht aus der ursprünglichen Welt. Bevor sie zu Fall kam. Ein Stück Licht, das von Gott auf die Erde geregnet ist.»

«Du willst wissen, wie er aussieht. Deshalb bist du so neugierig.»

Sie rollt eine Murex-Schnecke zwischen den Fingern hin und her. Hält sie sich ans Ohr. Zehntausend Schubladen, zehntausendfaches Flüstern in zehntausend Schneckenhäusern und Muscheln.

«Nein», sagt sie. «Ich will glauben, dass Papa nicht in seine Nähe gekommen ist.»

Öffne deine Augen

Werner und Jutta stoßen immer wieder auf die Sendungen des Franzosen. Immer zur Schlafenszeit, immer mitten in einem zunehmend vertrauten Text.

Betrachten wir heute die wirbelnde Maschinerie, Kinder, die sich in eurem Kopf in Gang setzen muss, damit ihr euch die Augenbraue reiben könnt ... Sie hören eine Sendung über Meereslebewesen, eine andere über den Nordpol. Jutta mag die über Magneten besonders, Werners Lieblingssendung ist die über das Licht, über Sonnen- und Mondfinsternisse, Sonnenuhren, Polarlichter und Wellenlängen. *Wie nennen wir sichtbares Licht? Farbe nennen wir es. Aber das elektromagnetische Spektrum reicht in der einen Richtung bis Null und in der anderen in die Unendlichkeit, und so ist alles Licht, Kinder, mathematisch am Ende unsichtbar.*

Werner sitzt gerne in seinem Schlafraum und stellt sich die Radiowellen wie kilometerlange Harfensaiten vor, die über dem Zollverein wogen und vibrieren, durch Wälder fliegen, durch Städte und Mauern. Um Mitternacht streift er mit Jutta durch die Ionosphäre und sucht nach jener großzügigen, durchdringenden Stimme. Wenn sie darauf stoßen, hat Werner das Gefühl, in eine andere Existenz einzutreten, an einen geheimen Ort zu gelangen, an dem große Entdeckungen möglich sind und an dem selbst eine Waise aus einem Bergbaugebiet die grundlegenden Rätsel der materiellen Welt lösen kann.

Er und seine Schwester machen die Experimente des Franzosen nach, bauen aus Streichhölzern Schnellboote und machen Nähnadeln zu Magneten.

«Warum sagt er nicht, wo er ist, Werner?»

«Vielleicht will er nicht, dass wir es erfahren?»

«Er klingt reich. Und einsam. Ich wette, er sendet seine Programme aus einem riesigen Herrenhaus, so groß wie die ganze Zeche, einem Haus mit tausend Zimmern und tausend Bediensteten.»

Werner lächelt. «Könnte sein.»

Die Stimme, und wieder das Klavier. Vielleicht bildet Werner es sich nur ein, doch mit jeder neuen Sendung, die er hört, scheint die Qualität etwas schlechter zu werden, die Lautstärke schwächer: als kämen die Programme des Franzosen von einem Schiff, das sich langsam entfernte.

Während die Wochen vergehen und Jutta schlafend neben ihm liegt, sieht Werner hinauf in den Nachthimmel. Rastlosigkeit erfüllt ihn. Das Leben: Es findet jenseits der Zechenanlagen statt, jenseits der Tore. Da draußen jagen die Leute Fragen von großer Wichtigkeit nach. Er stellt sich vor, ein hochgewachsener Ingenieur mit einem weißen Kittel zu sein und durch ein Labor zu wandern. Kessel dampfen, Apparaturen rumpeln, und an den Wänden hängen komplizierte Tabellen und Pläne. Er hält eine Laterne in Händen, trägt sie eine sich in die Höhe windende Wendeltreppe hinauf in ein sternenbeleuchtetes Observatorium und blickt durch das Okular eines mächtigen Teleskops, das in die Schwärze gerichtet ist.

Verblassen

Vielleicht war der alte Museumsführer nicht mehr ganz bei Verstand. Vielleicht hat es das Meer der Flammen überhaupt nie gegeben, vielleicht gibt es keine Flüche, und vielleicht hat ihr Vater ja recht: Die Erde besteht aus Magma, kontinentaler Kruste und Ozeanen. Schwerkraft und Zeit. Steine sind Steine, Regen ist nichts als Regen, und Unglücke sind einfach nur Pech.

Ihr Vater kommt abends früher in die Schlüsselausgabe zurück, und bald nimmt er Marie-Laure zu verschiedenen Besorgungen mit, neckt sie wegen der Unmengen Zucker, die sie sich in den Kaffee löffelt, und spaßt mit den Wärtern darüber, wer denn nun die beste Zigarettenmarke raucht. Kein überwältigender neuer Edelstein wird ausgestellt. Keine Plagen regnen auf die Museumsangestellten herab. Marie-Laure fällt keinem Schlangenbiss zum Opfer, stürzt in keinen Gully und bricht sich auch nicht das Rückgrat.

Am Morgen ihres elften Geburtstages wacht sie auf und findet zwei Pakete an der Stelle, an der die Zuckerdose stehen sollte. Das erste enthält einen lackierten Holzwürfel, der ganz aus Schiebeelementen besteht. Er lässt sich in dreizehn Schritten öffnen, und sie findet die Abfolge in weniger als fünf Minuten heraus.

«Großer Gott», sagt ihr Vater, «du bist ein echter Tresorknacker!»

Im Würfel befinden sich zwei Barnier-Bonbons. Sie wickelt beide aus ihrem Papier und steckt sie sich zusammen in den Mund.

In zweiten Paket: ein dicker Stapel gebundener Blätter mit Blindenschrift auf der ersten Seite. *Zwanzigtausend. Meilen. Unter. Dem. Meer.*

«Der Buchhändler sagt, es seien zwei Teile, und dies ist der erste. Ich dachte, wenn wir genug sparen, können wir nächstes Jahr den zweiten kaufen ...»

Sie fängt sofort an. Der Erzähler, ein berühmter Meeresbiologe namens Pierre Aronnax, arbeitet im selben Museum wie ihr Vater! Rund um die Welt, so erfährt er, werden Schiffe gerammt, eines nach dem anderen. Im Anschluss an eine wissenschaftliche Expedition nach

Amerika grübelt Aronnax über die wahre Natur der Vorfälle nach. Ist es ein wanderndes Riff? Ein gigantischer Narwal mit Stoßzähnen? Ein mythischer Krake?

Aber ich lasse mich da zu Spekulationen hinreißen, die meine Sache nicht sind, schreibt Aronnax. *Schluss mit den Schimären ...*

Marie-Laure liegt den ganzen Tag auf dem Bauch und liest. Logik, Vernunft, reine Wissenschaft, das sind die richtigen Mittel, darauf besteht Aronnax, um das Rätsel zu lösen. Keine Fabeln und Märchen. Ihre Finger folgen dem Drahtseil der Sätze, und in ihrer Phantasie läuft sie über die Decks der *Abraham Lincoln*, der schnellen Fregatte mit den zwei Schornsteinen. Sie sieht, wie New York in der Ferne verschwindet, die Garnisonen in New Jersey schießen zum Abschied Salut, Bojen markieren die Fahrrinne und heben und senken sich in der Dünung. Sie passieren ein Feuerschiff mit doppeltem Signalfeuer, während Amerika immer kleiner wird. Vor ihnen warten die großen, glitzernden Weiten des Atlantik.

Die Prinzipien der Mechanik

Ein stellvertretender Minister und seine Frau besuchen das Kinderhaus. Frau Elena sagt, sie würden eine Rundreise durch Waisenhäuser machen.

Alle waschen sich, alle benehmen sich. Vielleicht, flüstern die Kinder, denken die beiden ja darüber nach, jemanden zu adoptieren. Die älteren Mädchen servieren auf den letzten nicht angeschlagenen Tellern des Hauses Pumpernickel und Gänseleber, während der beleibte Vizeminister und seine streng dreinblickende Gattin den Wohnraum wie Obrigkeiten inspizieren, die es in eine widerwärtige, winzige Hütte verschlagen hat. Zum Essen setzt sich Werner mit einem Buch auf dem Schoß ans Jungenende des Tisches. Jutta sitzt bei den Mädchen am anderen Ende, das krause Haar verstrubbelt und hellweiß hochstehend, sodass es wie elektrisiert aussieht.

Herr, segne uns und diese deine Gaben. Frau Elena hängt für den Herrn Vizeminister noch ein zweites Gebet an. Alle beginnen zu essen.

Die Kinder sind nervös, selbst Hans Schilzer und Herribert Pomsel hocken stumm in ihren braunen Hemden da. Die Frau des Vizeministers sitzt so aufrecht, dass es scheint, als wäre ihr Rückgrat aus Eiche geschnitzt.

Ihr Mann sagt: «Und alle Kinder helfen mit?»

«Sicher. Claudia zum Beispiel hat den Brotkorb gemacht. Und die Zwillinge haben die Leber gekocht.»

Die große Claudia Förster wird rot. Die Zwillinge senken den Blick.

Werners Gedanken treiben dahin. Das Buch auf seinem Schoß, *Die Prinzipien der Mechanik* von Heinrich Hertz, hat er im Keller der Kirche gefunden, voller Wasserflecken und vergessen, jahrzehntealt, und es vom Pfarrer geschenkt bekommen. Frau Elena hatte nichts dagegen, dass er es behält, und seit Wochen jetzt kämpft sich Werner durch die widrige Mathematik. Elektrizität, so lernt er, kann statisch sein. Aber verbinde sie mit Magnetismus, und plötzlich hast du Bewegung – Wellen. Felder und Kreisläufe, Konduktion und Induktion.

Raum, Zeit, Masse. Die Luft ist so voller Dinge, die man nicht sehen kann. Wie sehr er sich wünschte, Augen zu haben, mit denen er ultraviolette Wellen sehen könnte, infrarote Wellen, Augen, mit denen er die Radiowellen am dunkler werdenden Himmel erkennen könnte, und wie sie durch die Wände des Hauses dringen.

Als er den Blick hebt, sehen ihn alle an. Frau Elenas Augen sind vor Schreck geweitet.

«Es ist ein Buch, Herr Minister», verkündet Hans Schilzer. Er zieht es Werner vom Schoß. Der Band ist so schwer, dass er beide Hände braucht, um ihn in die Luft zu heben.

Falten bilden sich auf der Stirn der Gattin des Vizeministers. Werner spürt, wie seine Wangen rot anlaufen.

Der Vizeminister streckt die pummelige Hand aus. «Gib her.»

«Ist das ein Judenbuch?», fragt Herribert Pomsel. «Das ist ein Judenbuch, stimmt's?»

Frau Elena sieht aus, als wollte sie etwas sagen, überlegt es sich dann aber offenbar anders.

«Hertz wurde in Hamburg geboren», sagt Werner.

Wie aus dem Nichts heraus verkündet Jutta: «Mein Bruder ist so schnell beim Rechnen. Er ist schneller als alle Lehrer. Wahrscheinlich gewinnt er eines Tages einen Preis. Er sagt, wir würden nach Berlin gehen und er würde bei den großen Wissenschaftlern studieren.»

Die kleineren Kinder sperren den Mund auf, die größeren kichern. Der Vizeminister zieht die Brauen zusammen, als er durch das Buch blättert. Hans Schilzer tritt Werner vors Schienbein und hustet.

Frau Elena sagt: «Jutta, das reicht.»

Die Frau des Vizeministers steckt eine Gabel Leber in den Mund, kaut und schluckt und fährt sich mit der Serviette an die Mundwinkel. Der Vizeminister legt die *Prinzipien der Mechanik* zur Seite, schiebt sie weg und sieht seine Hände an, als hätte er sie sich schmutzig gemacht. Er sagt: «Der einzige Ort, an den dein Bruder gehen wird, Kleine, sind die Kohlenflöze da unten. Sobald er fünfzehn wird. Genau wie alle anderen Jungen in diesem Haus.»

Jutta macht ein finsteres Gesicht, und Werner starrt auf die hart gewordene Leber auf seinem Teller. In seinen Augen brennt es, in seiner Brust zieht sich etwas zusammen, und für den Rest des Essens hört man nur noch Schneiden, Kauen und Schlucken.

Gerüchte

Es gibt neue Gerüchte. Sie rascheln über die Wege des Jardin des Plantes, winden sich durch die Ausstellungsräume und hallen in den hohen, verstaubten Redouten wider, in denen runzlige alte Botaniker exotische Moose untersuchen. Es heißt, die Deutschen kommen.

Die Deutschen, behauptet ein Gärtner, verfügen über sechzigtausend Lastensegler, können tagelang marschieren, ohne zu essen, und schwängern jedes Schulmädchen, dem sie begegnen. Eine Frau, die an der Kasse arbeitet, sagt, die Deutschen hätten Nebelpillen dabei und trügen Raketengürtel. Ihre Uniformen, flüstert sie, seien aus einem Spezialstoff, der stärker sei als Stahl.

Marie-Laure sitzt auf der Bank neben der Weichtier-Schautafel und lauscht den vorbeikommenden Gruppen. Ein Junge plappert: «Sie haben eine Bombe, die ‹Geheimes Signal› heißt. Sie macht ein Geräusch, und alle, die es hören, machen sich auf der Stelle in die Hose!»

Lachen.

«Ich habe gehört, dass sie vergiftete Schokolade verteilen.»

«Und ich, dass sie überall, wo sie hinkommen, Krüppel und Schwachsinnige einsperren.»

Jedes Mal, wenn Marie-Laure ihrem Vater von einem neuen Gerücht berichtet, sagt er «Deutschland» mit einem Fragezeichen dahinter, als spräche er das Wort zum allerersten Mal aus. Er sagt, der Anschluss Österreichs sei nichts, weswegen man sich Sorgen machen müsse. Er sagt, alle könnten sich noch an den letzten Krieg erinnern, und niemand sei verrückt genug, sich das noch einmal anzutun. Der Direktor mache sich keine Sorgen, sagt er, und auch keiner der Abteilungsleiter, und deshalb sollten es auch kleine Mädchen nicht tun, die zu lernen haben.

Es scheint wahr zu sein: Nur die Wochentage ändern sich, sonst nichts. Jeden Morgen wacht Marie-Laure auf, zieht sich an und folgt ihrem Vater durch den Eingang Nr. 2. Sie hört, wie er den Nachtwächter und den Aufseher begrüßt.

Bonjour, bonjour. Bonjour, bonjour. Die Wissenschaftler und Bibliothekare holen immer noch ihre Schlüssel ab, studieren immer noch ihre alten Elefantenzähne, ihre exotischen Quallen, ihre Herbariumsbögen. Die Sekretärinnen reden immer noch über Mode, die Direktoren kommen in zweifarbigen Delage-Limousinen an, und mittags schieben die afrikanischen Sandwichverkäufer ihre Karren über die Gänge und flüstern von Roggen und Ei, Roggen und Ei.

Marie-Laure liest ihren Jules Verne in der Schlüsselausgabe, auf der Toilette, auf den Gängen. Sie liest ihn auf den Bänken der großen Ausstellungshalle und draußen auf den hundert Kieswegen des Parks. Sie liest den ersten Teil von *Zwanzigtausend Meilen unter dem Meer* so oft, dass sie ihn praktisch auswendig kennt.

Das Meer ist alles für mich! Es bedeckt sieben Zehntel der Erdoberfläche ... Ein übernatürliches wunderbares Dasein rührt sich im Meer; es ist nur Bewegung und Liebe, lebendige Unendlichkeit ...

Nachts in ihrem Bett fährt Marie-Laure im Bauch von Kapitän Nemos *Nautilus* unter den Stürmen durch, während Korallenbaldachine über sie hinwegziehen.

Dr. Geffard lehrt sie die Namen von Seeschnecken und Muscheln – *Lambis lambis, Cypraea moneta, Lophiotoma acuta* – und lässt sie die Stacheln, Öffnungen und Wirbel fühlen. Er erklärt ihr die Verästelungen der Evolution und die Abfolge der geologischen Zeitalter. An ihren besten Tagen scheinen die grenzenlosen Millennien hinter ihr auf: Millionen und Abermillionen von Jahren.

«Fast alle Arten, die jemals gelebt haben, sind ausgestorben, Laurette. Es gibt keinerlei Grund zu der Annahme, dass es mit den Menschen anders sein wird!» Dr. Geffard hebt das fast genüsslich hervor, schenkt sich Wein nach, und sie stellt sich seinen Kopf als einen Schrank mit zehntausend kleinen Schubladen vor.

Den ganzen Sommer über wehen die Gerüche von Nesseln, Gänseblümchen und Regenwasser durch den Park. Marie-Laure und ihr Vater backen einen Birnenkuchen und lassen ihn aus Versehen anbrennen. Ihr Vater öffnet die Fenster, um den Rauch hinauszulassen, und Marie-Laure hört Geigenmusik von der Straße aufsteigen. Und doch sieht sie im Frühherbst ein-, zweimal in der Woche in bestimmten Momenten, wenn sie zwischen den riesigen Hecken im Jardin des Plantes sitzt oder neben der Werkbank ihres Vaters liest, von ihrem Buch auf und glaubt, Benzingeruch im Wind ausmachen zu können. Als bewegte sich ein großer Strom von Maschinen langsam und unwiderruflich auf sie zu.

Größer, schneller, heller

Die Mitgliedschaft in der Hitlerjugend wird verpflichtend. Die Jungen in Werners Kameradschaften lernen Parademanöver, werden auf ihre körperliche Konstitution untersucht und müssen sechzig Meter in zwölf Sekunden rennen können. Alles ist Ruhm und Stärke und Vaterland, Wettkampf und Opferbereitschaft.

Treu leben, singen die Jungen, wenn sie sich am Rand der Siedlung sammeln, *tapfer kämpfen – lachend sterben.*

Schularbeiten, häusliche Pflichten, sportliche Übungen. Werner bleibt lange auf, hört Radio oder arbeitet sich durch die komplizierte Mathematik, die er aus den *Prinzipien der Mechanik* herausgeschrieben hat, bevor ihm das Buch weggenommen wurde. Beim Essen gähnt er und ist den jüngeren Kindern gegenüber wenig geduldig. «Ist alles in Ordnung?», fragt Frau Elena und sieht ihn an. Werner weicht ihrem Blick aus. «Ja.»

Die Hertz'schen Theorien sind interessant, aber am liebsten baut Werner Dinge, gebraucht seine Hände und verbindet sie mit der Maschinerie seines Geistes. Er repariert die Nähmaschine der Nachbarin und die Standuhr des Kinderhauses, konstruiert ein Rollensystem, um die getrocknete Wäsche aus der Sonne zurück ins Haus zu holen, und baut mit einer Batterie, einer Klingel und einem Draht eine einfache Alarmanlage, damit Frau Elena hört, wenn eines der kleinen Kinder nach draußen läuft. Er erfindet eine Maschine zum Möhren-Kleinschneiden: Bewege einen Hebel nach oben, neunzehn Klingen senken sich herab, und die Möhre wird in zwanzig ordentliche Stücke zerteilt.

Eines Tages setzt das Radio eines Nachbarn aus, und Frau Elena schlägt vor, dass Werner es sich ansieht. Er schraubt die Rückwand ab und überprüft den Sitz der einzelnen Röhren. Eine hat sich gelockert, und er drückt sie zurück in die Halterung. Das Radio erwacht zu neuem Leben, und der Nachbar stößt einen Freudenschrei aus. Es dauert nicht lange, und die Leute kommen zum Kinderhaus und fragen nach dem Radiomechaniker. Wenn sie den dreizehnjährigen Werner mit der selbst gemachten Werkzeugtasche in der Hand von oben herunterkommen und sich die Augen reiben sehen, das buschige weiße Haar zerzaust, überzieht sich ihr Gesicht mit einem skeptischen Grinsen.

Die älteren Apparate sind am leichtesten zu reparieren, sie haben einfachere Schaltkreise und alle die gleichen Röhren. Vielleicht ist Wachs vom Kondensator getropft, oder an einem Kaltleiter hat sich Ruß gebildet. Und selbst bei den neuesten Apparaten findet Werner für gewöhnlich eine Lösung. Er baut die Radios auseinander, studiert die Schaltkreise und folgt mit seinen Fingern den Wegen der Elektronen. Stromquelle, Triode, Kaltleiter, Spule. Lautsprecher. Werners Gedanken umkreisen das Problem, Unordnung wird zu Ordnung, das Hindernis gibt sich zu erkennen, und es dauert nicht lange, und das Radio funktioniert wieder.

Manchmal bezahlen sie ihn mit ein paar Mark. Manchmal brät ihm eine Mutter eine Wurst oder packt ihm ein paar Plätzchen in eine Serviette, für seine Schwester. Es dauert nicht lange, und Werner hat eine Karte mit den Standorten so gut wie aller Radios in ihrer Gegend im Kopf: In der Küche eines Apothekers steht ein selbst gebastelter Kristalldetektor, ein hübscher Radioschrank mit einem Zehn-Röhren-Apparat im Haus eines Bürovorstehers. Das Ding hat seinem Besitzer einen elektrischen Schlag versetzt, als er den Sender wechseln wollte. Und selbst in den ärmlichsten Häusern gibt es für gewöhnlich einen staatlich subventionierten Volksempfänger, den VE301, ein in Massenproduktion hergestelltes Radio mit Adler und Hakenkreuz, mit dem sich keine Kurzwellensender, sondern nur deutsche Frequenzen empfangen lassen.

Das Radio bindet Millionen von Ohren an einen einzigen Mund. Aus den Lautsprechern überall auf dem Gelände der Zeche Zollverein wächst die Stakkatostimme des Reichs wie ein unerschütterlicher Baum, und die Untertanen beugen sich zu seinen Ästen hin, als wären es die Lippen Gottes. Und wenn Gott aufhört zu flüstern, suchen sie verzweifelt nach jemandem, der den Defekt zu reparieren weiß.

Sieben Tage in der Woche fördern die Kumpel Kohle ans Licht, die Kohle wird zerkleinert und in die Koksöfen eingespeist, der Koks ausgedrückt, in riesigen Löschtürmen abgekühlt und zu den Hochöfen geschafft, um Eisen zu schmelzen, und wenn das Eisen zu Stahl verfeinert ist, verfrachten sie es auf Lastkähne und schaffen es hinein in den riesigen hungrigen Schlund des Landes. *Nur durch die heißesten Feuer*, flüstert das Radio, *kann Reinigung erfolgen. Nur durch die härtesten Prüfungen können die Erwählten Gottes aufsteigen.*

Jutta erzählt ihm flüsternd: «Heute ist ein Mädchen aus dem Schwimmloch geworfen worden. Inge Hachmann. Sie haben gesagt, sie wollen uns nicht mit einem Halbblut zusammen schwimmen lassen, das sei unhygienisch. Ein Halbblut, Werner. Sind wir das nicht auch? Sind wir nicht zur Hälfte unsere Mutter und zur Hälfte unser Vater?»

«Sie meinen, eine Halbjüdin. Red nicht so laut. Wir sind keine Halbjuden.»

«Wir müssen aber etwas halb sein.»

«Wir sind völlig deutsch, nichts Halbes.»

Herribert Pomsel ist jetzt fünfzehn, zieht in ein Bergarbeiterheim und arbeitet in der zweiten Schicht als Feuerschutzmann. Damit ist Hans Schilzer der älteste Junge im Haus. Hans macht Hunderte Liegestütze und will an einem Aufmarsch in Essen teilnehmen. Dabei kommt es zu Schlägereien, und hinterher heißt es, Hans habe ein Auto angesteckt. Eines Nachts hört Werner ihn unten Frau Elena anschreien. Die Eingangstür knallt zu, die Kinder drehen sich in ihren Betten um, und Frau Elena geht im Gemeinschaftsraum auf und ab. Ihre Hausschuhe flüstern links und flüstern rechts. Kohleloren kreischen durch die feuchte Dunkelheit. In der Ferne dröhnen Maschinen, Kolben pochen, Bänder laufen. Ruhig. Verrückt.

Zeichen der Bestie

November 1939. Ein kalter Wind treibt große, trockene Platanen-
blätter über die Kieswege des Jardin des Plantes. Marie-Laure liest
wieder in den *Zwanzigtausend Meilen – Ich sah große Tangfelder,*
kugelförmig geballt die einen, wie Röhren gestreckt die anderen,
gefiederte Rotalgen, Seequirl mit feinem Blattwerk – und ist nicht
weit vom Tor zur Rue Cuvier entfernt, als eine Gruppe Kinder durch
das Laub gestapft kommt.

Eine Jungenstimme sagt etwas, mehrere andere Jungen lachen.
Marie-Laure nimmt die Fingerspitzen von ihrem Roman. Das
Lachen dreht sich, wendet, und plötzlich ist die erste Stimme direkt
neben ihrem Ohr. «Sie sind verrückt nach blinden Mädchen, weißt
du?»

Sein Atem geht schnell. Sie streckt den Arm in den Raum neben
sich, berührt jedoch nichts.

Sie kann nicht sagen, wie viele bei ihm sind. Drei oder vier vielleicht. Er hat die Stimme eines Zwölf- oder Dreizehnjährigen. Sie steht
auf, drückt sich ihr großes Buch an die Brust und hört ihren Stock
über den Rand der Bank rollen und auf die Erde fallen.

Jemand anders sagt: «Wahrscheinlich nehmen sie die blinden Mädchen vor den verkrüppelten.»

Der erste Junge ächzt grotesk. Marie-Laure hebt ihr Buch, als wolle
sie sich damit schützen.

Der zweite Junge sagt: «Sie zwingen sie dazu, Dinge zu tun.»
«Eklige Dinge.»

Eine Erwachsenenstimme ruft aus der Ferne: «Louis, Pierre?»
«Wer seid ihr?», zischt Marie-Laure.
«Tschüss, blindes Mädchen.»

Dann: Ruhe. Marie-Laure lauscht dem Rascheln der Bäume, das
Blut pocht ihr in den Schläfen. Eine lange, panikerfüllte Minute
kriecht sie zwischen den Blättern vor der Bank herum, bis ihre Finger
den Stock finden.

In den Geschäften gibt es Gasmasken zu kaufen. Die Nachbarn

kleben Pappe an die Fenster. Jede Woche kommen weniger Besucher ins Museum.

«Papa?», fragt Marie-Laure. «Wenn es einen Krieg gibt, was geschieht dann mit uns?»

«Es gibt keinen Krieg.»

«Aber wenn doch?»

Seine Hand auf ihrer Schulter, das vertraute Geräusch der Schlüssel an seinem Gürtel. «Uns wird nichts geschehen, *ma chérie*. Der Direktor hat bereits eine Eingabe gemacht, damit ich nicht in die Reserve komme. Ich gehe nirgends hin.»

Aber sie hört, wie er die Zeitungsseiten umblättert, wie angespannt er ist. Er steckt sich Zigarette um Zigarette an und hört kaum je auf zu arbeiten. Wochen vergehen, die Bäume verlieren ihr Laub, und ihr Vater fragt sie nicht ein einziges Mal, ob sie mit ihm durch den Park spazieren möchte. Wenn sie nur ein unangreifbares Unterseeboot wie die *Nautilus* hätten.

Die rauchigen Stimmen der Mädchen aus den Büros wirbeln am offenen Fenster der Schlüsselausgabe vorbei. «Sie schleichen sich nachts in die Wohnungen und bauen Sprengfallen in Küchenschränke, Toilettenschüsseln und Büstenhalter. Du machst deine Wäscheschublade auf, und es reißt dir die Finger ab.»

Sie hat Albträume. Stumme Deutsche rudern die Seine hinauf und tauchen die Ruder rhythmisch ins Wasser. Ihre Boote scheinen durch Öl zu gleiten. Geräuschlos fliegen sie unter den Brücken her. Sie haben Bestien an Ketten bei sich, die Bestien springen aus den Booten und rennen an den Blumenhügeln vorbei, an den Hecken entlang. Auf der Treppe zur großen Ausstellungshalle heben sie die Nasen in die Luft. Geifernd. Heißhungrig. Sie stürmen ins Museum, zerstreuen sich in die Abteilungen. Die Fenster schwärzen sich mit Blut.

Lieber Herr Professor,
ich weiß nicht, ob Sie diese Briefe bekommen, ob der Radiosender sie an Sie weiterschickt oder ob es überhaupt einen Sender gibt. Wir haben seit wenigstens zwei Monaten nichts mehr von Ihnen gehört. Haben Sie mit Ihren Sendungen aufgehört, oder liegt das Problem vielleicht bei uns? Es gibt einen neuen Radiosender in Brandenburg, den Deutschlandsender 3, sagt mein Bruder, und dass er dreihundertdreißig und noch was Meter hoch und damit die zweithöchste von Menschen gebaute Konstruktion der Welt sei. Der verdränge so gut wie alles von der Skala. Die alte Frau Stresemann, eine unserer Nachbarinnen, sagt, sie könne die Nachrichten des Deutschlandsenders in ihren Zahnfüllungen hören. Mein Bruder sagt, das könne sein, wenn man eine Antenne hat, einen Gleichrichter und etwas, das als Lautsprecher dient. Er sagt, man könne auch ein Stück Drahtzaun benutzen, um ein Radiosignal aufzufangen, und vielleicht geht das ja auch mit einem Silberzahn. Der Gedanke gefällt mir. Ihnen nicht, Herr Professor? Lieder in Ihren Zähnen? Frau Elena sagt, wir müssten jetzt immer gleich von der Schule nach Hause kommen. Sie sagt, wir seien zwar keine Juden, aber wir sind arm, und das sei fast genauso gefährlich. Es ist jetzt vom Gesetz verboten, ausländische Sender zu hören. Dafür kann man in ein Arbeitslager kommen und muss fünfzehn Stunden am Tag Steine klopfen. Oder Nylonstrümpfe machen oder im Bergwerk arbeiten. Niemand wird mir helfen, diesen Brief aufzugeben, nicht mal mein Bruder, also mache ich es selbst …

Guten Abend, oder Heil Hitler!,
wenn es dir lieber ist

Sein vierzehnter Geburtstag ist im Mai. Es ist das Jahr 1940, und niemand lacht mehr über die Hitlerjugend. Frau Elena kocht einen Pudding, Jutta wickelt ein Stück Quarz in Zeitungspapier, und die Zwillinge Hanna und Susanne Gerlitz marschieren wie Soldaten durch den Raum. Der fünfjährige Rolf Hupfauer sitzt in der Ecke des Sofas und kann kaum die Augen offen halten. Ein Neuankömmling, ein wenige Monate altes Mädchen, sitzt auf Juttas Schoß und kaut auf ihren Fingern. Draußen vor dem Fenster, hinter der Gardine, weit weg, schlägt und zittert die Abfackelflamme über den Halden.

Die Kinder singen und schlingen den Pudding herunter, Frau Elena sagt: «Die Zeit ist um», und Werner schaltet den Empfänger aus. Alle beten. Sein ganzer Körper fühlt sich schwer an, als er das Radio hinauf auf den Dachboden trägt. Da draußen gehen fünfzehnjährige Jungen zu den Aufzügen, die in die Schächte hinunterfahren, und stellen sich mit ihren Helmen und Lampen vor den Türen an. Er versucht, sich die Fahrt in die Tiefe vorzustellen, die sporadisch vorbeikommenden Lichter, die ratternden Seile, alle sind stumm und sinken hinunter in die ewige Dunkelheit, wo sie sich mit Hacken durch die Flöze kämpfen, einen Kilometer Stein und Erde über sich.

Noch ein Jahr. Dann geben sie auch ihm einen Helm und eine Lampe und sperren ihn mit den anderen in den Aufzugskorb.

Es ist Monate her, seit er den Franzosen auf Kurzwelle gehört hat, ein Jahr, seit sie ihm das wassergewellte Exemplar der *Prinzipien der Mechanik* weggenommen haben. Bis vor Kurzem noch hat er von Berlin und den großen Wissenschaftlern dort geträumt, von Fritz Haber, dem Erfinder des Düngers, Hermann Staudinger, dem Erfinder des Plastiks, und natürlich von Hertz, der das Unsichtbare sichtbar gemacht hat. All die großen Männer, die dort arbeiten. *Ich glaube an dich*, hat Frau Elena immer gesagt. *Ich glaube, dass du einmal etwas Großes schaffst.* Heute bewegt er sich in seinen Albträumen durch Schächte und Flöze. Die Decke ist glatt und schwarz. Brocken stürzen daraus auf ihn herunter, die Wände brechen ein. Er geht in die Hocke, kriecht, kann bald schon nicht mehr den Kopf heben, die Arme bewegen. Die Decke wiegt zehn Millionen Tonnen und ist fürchterlich kalt. Sie treibt seine Nase in den Boden. Kurz bevor er aufwacht, spürt er, wie ihm der Schädel zersplittert.

Regen fällt aufs Dach und gurgelt an der Traufe herunter. Werner drückt die Stirn ans Fenster und linst durch die Tropfen. Ihr Dach ist nur eines von einer ganzen Ansammlung nasser Dächer, die von den riesigen Mauern von Kokerei, Hütte und Gaswerk eingefasst werden. Türme zeichnen sich vorm Himmel ab, Grube und Hütte arbeiten ohne Unterlass, und auch dahinter, wohin er längst nicht mehr sehen kann, geht es weiter – weiter zu den Dörfern und Städten der sich stetig beschleunigenden, wachsenden Maschine Deutschlands. Und Millionen Menschen sind bereit, ihr Leben dafür zu geben.

Guten Abend, denkt er, oder: Heil Hitler! Alle entscheiden sich für Letzteres.

Tschüss, blindes Mädchen

Der Krieg verliert sein Fragezeichen. Mitteilungen werden verteilt, die Sammlungen müssen geschützt werden. Eine kleine Truppe Transporteure hat angefangen, einzelne Dinge auf Landgüter zu schaffen. Schlösser und Schlüssel sind gefragter denn je. Marie-Laures Vater arbeitet bis Mitternacht und länger. Jede Kiste braucht ein Vorhängeschloss, jede Transportliste muss an einem sicheren Ort aufbewahrt werden. Gepanzerte Transporter fahren vor, Fossilien werden in Sicherheit gebracht, alte Manuskripte, Perlen, Goldklumpen und ein Saphir groß wie eine Maus. Und vielleicht auch, denkt Marie-Laure, das Meer der Flammen.

In gewisser Hinsicht wirkt der Frühling so ruhig, warm, zart, und die Nächte sind leicht und voller Düfte. Und doch strahlt alles Anspannung aus, als stünde die Stadt auf einem Ballon, den jemand so weit aufbläst, dass er zu platzen droht.

Bienen arbeiten sich durch die blühenden Streifen des Jardin des Plantes. Die Platanen schicken ihre Samen aus, Flaum treibt über die Wege.

Falls sie angreifen. Warum sollten sie angreifen? Sie wären doch verrückt.

Sich zurückzuziehen heißt, Leben zu retten.

Lieferungen werden eingestellt, an den Museumstoren stapeln sich Sandsäcke. Auf dem Dach der Paläontologie stehen zwei Soldaten mit Fernrohren. Aber die große Himmelskuppel bleibt leer. Keine Zeppeline, keine Bomber, keine übermenschlichen Fallschirmjäger. Die letzten Singvögel kehren aus ihren Winterquartieren heim, und die quecksilbrigen Winde des Frühlings werden zu den schwereren, grüneren Brisen des Sommers.

Gerüchte, Licht, Luft. Der Mai scheint schöner als jeder andere, an den Marie-Laure sich erinnern kann. Am Morgen ihres zwölften Geburtstags steht keine Rätselschachtel am Platz der Zuckerdose, als sie aufwacht. Ihr Vater hatte nicht die Zeit dafür. Aber ein Buch liegt dort, der zweite Teil von *Zwanzigtausend Meilen unter dem Meer*, in Blindenschrift, dick wie ein Sofakissen.

Ein Kitzel fährt ihr in die Fingerspitzen. «Wie ...?»

«Es kommt von Herzen, Marie.»

Die Wände ihrer Wohnung erbeben, als die Möbel verschoben werden, die Kisten gepackt, die Fenster vernagelt. Sie gehen zum Museum, und ihr Vater sagt wie beiläufig zu dem Wärter, der sie an der Tür empfängt: «Es heißt, wir halten den Fluss.»

Marie-Laure sitzt auf dem Boden der Schlüsselausgabe und öffnet ihr Buch. Am Ende des ersten Teils hatte Professor Aronnax sechstausend Meilen hinter sich gebracht. Er hat noch so viele vor sich. Aber etwas Seltsames geschieht, die Worte verbinden sich nicht. Sie liest: *Während dieser Fahrt gab uns eine ansehnliche Schar Haifische das Geleit*, doch die Logik, die ein Wort mit dem nächsten verknüpfen sollte, lässt sie im Stich.

Jemand sagt: «Ist der Direktor weg?»

Und ein anderer: «Vor Ende der Woche.»

Die Kleider ihres Vaters riechen nach Stroh, seine Hände nach Öl. Arbeit, noch mehr Arbeit, dann ein paar Stunden erschöpfter Schlaf, bevor er bei Tagesanbruch ins Museum zurückkehrt. Lastwagen bringen Skelette davon, Meteoriten, in Gläsern schwimmende Tintenfische, Herbariumsbögen, ägyptisches Gold, südafrikanisches Elfenbein und permische Fossilien.

Am ersten Juni überqueren Flugzeuge die Stadt. Sie fliegen extrem hoch, kriechen durch die Stratuswolken. Als der Wind nachlässt und niemand irgendeine Maschine in der Nähe laufen lässt, kann die draußen vor der Zoologie stehende Marie-Laure sie hören: ein kilometerhohes Summen. Am folgenden Tag verschwinden die Radiosender. Die Männer in der Wachstube schlagen gegen die Seite ihres Apparats, halten ihn hierhin und dorthin, aber aus dem Lautsprecher kommt nur noch Rauschen. Es ist, als wären die Sendemasten im Land Kerzenflammen und zwei riesige Finger wären erschienen und hätten sie ausgedrückt.

In diesen letzten Pariser Nächten, wenn sie mit ihrem Vater gegen Mitternacht zurück nach Hause geht, das große Buch an die Brust gedrückt, hat Marie-Laure das Gefühl, sie könne ein Zittern unterhalb der Luft spüren, in den Pausen zwischen dem Zirpen der Insekten. Es ist wie das spinnennetzförmige Reißen des Eises, wenn ein zu großes Gewicht darauf drückt. Als wäre die Stadt die ganze Zeit nur ein Modell ihres Vaters gewesen, und der Schatten einer großen Hand fiele darüber.

Hatte sie nicht gedacht, sie würde für den Rest ihres Lebens mit ihrem Vater in Paris leben? Dass sie nachmittags immer bei Dr. Geffard säße? Jedes Jahr zu ihrem Geburtstag eine neue Schachtel und einen weiteren Roman bekäme und so nach und nach alles von Jules Verne und Dumas, und vielleicht sogar von Balzac und Proust läse? Dass ihr Vater abends auf ewig summen und kleine Häuser bauen würde, sie immer wüsste, wie viele Schritte es von ihrer Haustüre zur Bäckerei (vierzig) und wie viele mehr zur Brasserie (dreiunddreißig) wären, und dass stets Zucker auf dem Tisch stünde, den sie nach dem Aufwachen in ihren Kaffee löffeln könnte?

Bonjour, bonjour.

Kartoffeln auf sechs Uhr, Marie. Pilze auf drei.

Und jetzt? Was passiert jetzt?

Strümpfe stricken

Werner wacht nach Mitternacht auf und sieht die elfjährige Jutta auf dem Boden neben seinem Bett hocken. Sie hält das Radio auf dem Schoß, und neben ihr liegt ein Stück Zeichenpapier mit einer halb fertigen vielfenstrigen Phantasiestadt.

Jutta nimmt den Hörer aus dem Ohr und blinzelt. Im Dämmerlicht strahlen die wilden Haarwirbel heller denn je, wie ein angerissenes Streichholz.

«Im Bund Deutscher Mädel», flüstert sie, «müssen wir ständig Strümpfe stricken. Warum so viele Strümpfe?»

«Das Reich wird sie brauchen.»

«Wofür?»

«Für Füße, Jutta. Für die Soldaten. Lass mich schlafen.» Wie aufs Stichwort schreit der kleine Siegfried Fischer unten auf, dann noch zweimal, und Werner und Jutta warten, bis sie Frau Elenas Füße auf der Treppe und ihre beruhigenden Worte hören. Dann ist es im Haus wieder still.

«Du kümmerst dich nur um deine Mathematik», flüstert Jutta. «Und Radios. Willst du nicht wissen, was vorgeht?»

«Was hörst du gerade?»

Sie steckt den Hörer zurück ins Ohr, verschränkt die Arme vor der Brust und antwortet nicht.

«Hörst du etwas, was du nicht hören sollst?»

«Was kümmert dich das?»

«Es ist gefährlich, deshalb.»

Sie steckt sich einen Finger in das andere Ohr.

«Den anderen Mädchen scheint es nichts auszumachen», flüstert er. «Strümpfe zu stricken, meine ich. Und Zeitungen sammeln und all das.»

«Wir werfen Bomben auf Paris», sagt sie. Ihre Stimme ist laut, und er widersteht dem Drang, ihr den Mund zuzuhalten.

Jutta sieht ihn trotzig an. Sie sieht aus, als stünde sie in einem unsichtbaren arktischen Wind. «Das höre ich mir an, Werner. Unsere Flugzeuge bombardieren Paris.»

Flucht

In ganz Paris räumen die Leute ihr Porzellan in die Keller, nähen Perlen in Säume und verstecken goldene Ringe in Buchrücken. Aus den Büros des Museums werden die Schreibmaschinen weggebracht. Die Ausstellungsräume werden zu Packstationen, die Böden liegen voller Stroh, Sägemehl und Schnur.

Zur Mittagszeit wird Marie-Laures Vater ins Büro des Direktors gerufen. Marie-Laure sitzt im Schneidersitz auf dem Boden der Schlüsselausgabe und versucht, ihren Roman zu lesen. Kapitän Nemo will mit Professor Aronnax und seinen Begleitern einen Unterwasserspaziergang durch Austernbänke machen, um nach Perlen zu suchen, aber Aronnax hat Angst vor Haien. Marie-Laure möchte unbedingt wissen, wie es weitergeht, doch die Sätze zerfallen auf der Seite. Die Worte werden zu bloßen Buchstabenfolgen, die Buchstaben zu nicht entzifferbaren Punkten. Es ist, als hätte ihr jemand dicke Winterhandschuhe angezogen.

Ein Stück den Gang hinunter, in der Wachstube, dreht einer der Wärter an den Knöpfen des Radios, findet jedoch nur Zischen und Rauschen. Als er den Apparat abstellt, senkt sich Stille über das Museum.

Bitte, lass das alles ein Rätsel sein, ein kompliziertes Rätsel, das Papa konstruiert hat und das ich lösen muss. An der ersten Tür ein Kombinationsschloss, an der zweiten ein Riegel. Die dritte wird sich öffnen, wenn ich ein Zauberwort durchs Schlüsselloch flüstere. Krieche durch dreizehn Türen, und alles ist wieder normal.

Draußen in der Stadt schlagen die Kirchen ein Uhr. Halb zwei. Immer noch kommt ihr Vater nicht zurück. Später dringen dumpfe Schläge ins Museum, aus dem Park oder den Straßen dahinter. Es ist, als werfe jemand Zementsäcke aus den Wolken. Bei jedem Schlag zittern Tausende Schlüssel in den Schränken.

Niemand läuft den Gang entlang. Eine zweite Serie Schläge ertönt, näher, schwerer. Die Schlüssel klingeln, der Boden knarzt, und Marie-Laure glaubt, riechen zu können, wie Staub von der Decke rieselt.

«Papa?»

Nichts. Keine Wärter, keine Hausmeister, keine Schreiner, kein Absatzklappern der Sekretärinnen.

Sie können tagelang marschieren, ohne etwas zu essen. Sie schwängern jedes Schulmädchen, dem sie begegnen.

«Hallo?» Wie schnell ihre Stimme verschluckt wird, wie leer die Gänge klingen. Es macht ihr Angst.

Einen Moment später hört sie Schlüsselrasseln, Schritte, und ihr Vater ruft ihren Namen. Alles geht so schnell. Er zieht große, niedrige Schubladen auf und hantiert mit einem Dutzend Schlüsselbunde.

«Papa, ich habe gehört ...»

«Beeil dich.»

«Mein Buch ...»

«Lass es besser hier. Es ist zu schwer.»

«Ich soll mein Buch hier lassen?»

Er zieht sie aus der Tür und schließt die Schlüsselausgabe hinter sich ab. Draußen scheinen Schreckenswellen durch die Bäume zu branden, den Erschütterungen eines Erdbebens gleich.

Ihr Vater sagt: «Wo ist der Wachmann?»

Stimmen vom Bordstein her. Soldaten.

Marie-Laures Sinne sind verwirrt. Dröhnen da Flugzeuge? Riecht es nach Rauch? Spricht da einer Deutsch?

Sie kann hören, wie ihr Vater ein paar Worte mit einem Fremden wechselt und ihm einige Schlüssel gibt. Schon bewegen sie sich eilig am Tor vorbei in die Rue Cuvier, wo sie zwischen etwas hindurchstreifen, ob es nun Sandsäcke sind, Polizisten oder sonst etwas, das man soeben mitten auf den Bürgersteig gestellt hat.

Sechs Straßen, achtunddreißig Gullys. Sie zählt sie alle. Wegen der Holzfurnierplatten, die ihr Vater vor die Fenster genagelt hat, ist es in der Wohnung stickig und heiß. «Es dauert nur einen Moment, Marie-Laure. Dann erkläre ich dir alles.» Ihr Vater stopft Dinge in etwas hinein, das sein Leinenrucksack sein könnte. *Essen*, denkt sie und versucht, alles anhand der Geräusche zu identifizieren. Kaffee. Zigaretten. Brot?

Wieder ein Schlag, und die Fensterscheiben erzittern. In den Schränken klappern die Teller. Autos hupen. Marie-Laure geht zum Modell ihres Viertels und fährt mit den Fingern über die Häuser. Alles noch da. Noch da. Noch da.

«Geh zur Toilette, Marie.»

«Ich muss nicht.»

«Es könnte etwas dauern, bis du wieder gehen kannst.»

Er knöpft ihr den Wintermantel zu, obwohl es Mitte Juni ist, und sie eilen nach unten. Auf der Rue des Patriarches hört sie ein fernes Trampeln, als bewegten sich Tausende Leute voran. Sie geht neben ihrem Vater, den Stock zusammengeschoben in der einen Hand, die andere auf seinem Rucksack, alles von jeder Logik losgelöst, wie in einem Albtraum.

Rechts, links. Zwischen dem Abbiegen gibt es lange Pflasterstrecken. Bald schon folgen sie Straßen, in denen Marie-Laure, da ist sie sicher, noch niemals war, Straßen, die jenseits der Grenzen des Modells ihres Vaters liegen. Marie-Laure zählt ihre Schritte schon lange nicht mehr. Sie gehen, bis sie eine so dichte Menge von Menschen erreichen, dass sie die von ihnen ausgestrahlte Wärme spürt.

«Im Zug wird es kühler, Marie. Der Direktor hat Karten für uns besorgt.»

«Können wir einsteigen?»

«Die Tore sind verschlossen.»

Die Spannung der Menge ist so groß, dass Marie-Laure übel wird.

«Ich habe Angst, Papa.»

«Halt dich an mir fest.»

Er führt sie in eine neue Richtung. Sie durchqueren einen vor Menschen wimmelnden Durchgang und gehen eine Gasse hinauf, die wie ein morastiger Graben riecht. Ständig klappern die Werkzeuge im Rucksack ihres Vaters, nicht weit hupen Autos.

Eine Minute später schon finden sie sich in einer anderen Ansammlung wieder. Stimmen hallen von einer hohen Mauer wider, es riecht nach nassen Kleidern. Jemand ruft mit einem Megafon Namen aus.

«Wo sind wir, Papa?»

«Am Bahnhof Saint-Lazare.»

Ein Baby schreit. Sie riecht Urin.

«Sind hier Deutsche, Papa?»

«Nein, *ma chérie.*»

«Aber bald?»

«So heißt es.»

«Was werden sie tun, wenn sie hier sind?»

«Da sitzen wir längst im Zug.»

Rechts von ihnen schreit ein Kind. Ein Mann mit Panik in der Stimme verlangt von den Leuten, Platz zu machen. Eine Frau ganz in der Nähe stöhnt: «Sébastien? Sébastien?», wieder und wieder.

«Ist es schon Nacht?»

«Es wird gerade erst dunkel. Ruhen wir uns einen Moment aus und verschnaufen.»

Jemand sagt: «Die zweite Armee aufgerieben, die neunte abgeschnitten. Frankreichs beste Flotten zerstört.»

Jemand sagt: «Wir werden überrannt.»

Kisten werden über Fliesen geschoben, ein kleiner Hund japst, und ein Schaffner bläst in seine Pfeife. Eine große Maschine springt an und erstirbt wieder. Marie-Laure versucht, ihren Magen zu beruhigen.

«Aber wir haben Fahrkarten, Himmel noch mal!», ruft jemand hinter ihr.

Es gibt ein Handgemenge, Hysterie wogt durch die Menschenmasse.

«Wie sieht es aus, Papa?»

«Was, Marie?»

«Der Bahnhof. Der Abend.»

Sie hört sein Feuerzeug, das Saugen und Aufglühen des Tabaks, als er sich eine Zigarette anzündet.

«Nun … Die Stadt ist dunkel. Die Laternen sind aus, kein Licht in den Fenstern. Hin und wieder schwenken Suchscheinwerfer über den Himmel. Sie suchen nach Flugzeugen. Eine Frau ist im Bademantel, eine andere hat einen Stapel Teller dabei.»

«Und die Armeen?»

«Es gibt hier keine Armeen, Marie.»

Seine Hand findet ihre. Ihre Angst nimmt etwas ab. Regenwasser tropft durch ein Fallrohr.

«Was machen wir jetzt, Papa?»

«Wir hoffen auf einen Zug.»

«Was machen die anderen?»

«Sie hoffen auch.»

Herr Siedler

Ein Klopfen nach Beginn der Sperrstunde. Werner und Jutta machen zusammen mit einem halben Dutzend anderer Kinder am langen Holztisch des Aufenthaltsraums ihre Schularbeiten. Frau Elena steckt ihr Parteiabzeichen an, bevor sie die Tür öffnet.

Ein Obergefreiter mit einer Pistole am Gürtel und einer Hakenkreuzbinde am linken Arm kommt aus dem Regen herein. Unter der niedrigen Decke wirkt der Mann absurd groß. Werner denkt an das Kurzwellenradio in dem alten hölzernen Erste-Hilfe-Schränkchen neben seinem Bett. Er denkt: *Sie wissen Bescheid.*

Der Obergefreite sieht sich um. Sein Blick fährt so herablassend wie feindselig über den Ofen, die aufgehängte Wäsche und die schmächtigen Kinder. Seine Pistole ist schwarz und scheint alles Licht im Zimmer auf sich zu ziehen.

Werner riskiert einen einzigen Blick zu seiner Schwester. Ihre Aufmerksamkeit bleibt auf den Besucher gerichtet. Der Obergefreite nimmt ein Buch vom Tisch, ein Kinderbuch über einen Zug, der sprechen kann, und blättert jede einzelne Seite um, bevor er es wieder weglegt. Dann sagt er etwas, das Werner nicht verstehen kann.

Frau Elena faltet die Hände über ihrer Schürze, und Werner sieht, dass sie es tut, um nicht zu zittern. «Werner», ruft sie mit langsamer, traumgleicher Stimme, ohne den Blick von dem Obergefreiten zu wenden. «Dieser Mann sagt, er habe ein Radio, das repariert ...»

«Nimm dein Werkzeug mit», sagt der Mann.

Auf dem Weg sieht sich Werner nur ein einziges Mal um. Jutta drückt Stirn und Hände gegen die Fensterscheibe. Das Licht hinter ihr blendet ihn, sie ist zu weit weg, und er kann ihren Gesichtsausdruck nicht erkennen. Dann verschwindet sie hinter einem Regenschleier.

Werner ist nur gut halb so groß wie der Obergefreite, und er muss für jeden von dessen Schritten zwei machen. Er folgt ihm an den Werkswohnungen und dem Wachposten am Fuß des Hügels vorbei zu den Häusern, in denen die Leute der Zechenleitung wohnen. Der Regen treibt schräg durchs Licht der Laternen. Die wenigen Passan-

ten, die ihnen begegnen, machen einen weiten Bogen um den Obergefreiten.

Werner riskiert keine einzige Frage. Mit jedem Herzschlag verspürt
er das heftige Verlangen, davonzulaufen.

Sie nähern sich dem Tor des größten Hauses der Kolonie, eines
Hauses, das er schon tausendmal gesehen hat, aber nie von so nahe.
Eine große blutrote Flagge hängt regenschwer von einer Fensterbank
im ersten Stock.

Der Obergefreite klopft an eine Hintertür. Ein Hausmädchen in
einem hochtaillierten Kleid nimmt ihre Mäntel, schüttelt gekonnt den
Regen ab und hängt sie über einen Ständer mit Messingfüßen. Aus der
Küche riecht es nach Kuchen.

Der Obergefreite schiebt Werner ins Esszimmer, wo eine schmal-
gesichtige Frau mit drei frischen Gänseblümchen im Haar sitzt und in
einer Zeitschrift blättert. «Zwei nasse Enten», sagt sie und schaut
wieder in ihre Zeitschrift, ohne ihnen einen Platz anzubieten.

Ein dicker roter Teppich saugt an den Sohlen von Werners Schuhen.
Elektrische Birnen brennen in einem Kronleuchter über dem Tisch.
Rosen ranken über die Tapete, und im Kamin schwelt ein Feuer. An
allen vier Wänden hängen gerahmte Fotografien finster dreinblicken-
der Vorfahren. Werden hier Jungen verhaftet, deren Schwestern
ausländische Sender hören? Die Frau blättert in ihrer Zeitschrift,
immer weiter. Ihre Fingernägel sind hellrosa.

Ein Mann kommt die Treppe herunter. Er trägt ein extrem weißes
Hemd. «Gott, ist der klein, was?», sagt er zu dem Obergefreiten. «Du
bist also der berühmte Radiotechniker?» Das schwarze Haar des
Mannes wirkt wie auf seinen Schädel lackiert. «Rudolf Siedler», sagt
er und verabschiedet den Obergefreiten mit einer kleinen Kinnbe-
wegung.

Werner versucht auszuatmen. Herr Siedler knöpft sich die Man-
schetten und betrachtet sich in einem matten Spiegel. Seine Augen
sind tiefblau. «Du bist kein Freund langer Vorreden, was? Da steht
der kaputte Kasten.» Er deutet auf ein riesiges amerikanisches Philco-
Radio im angrenzenden Raum. «Zwei Burschen haben sich schon daran versucht, dann haben wir von dir gehört. Den Versuch ist es wert,
oder? Sie …», er nickt zu der Frau hin, «möchte unbedingt ihre Sendung hören. Die Nachrichten natürlich.»

An seiner Art zu reden versteht Werner, dass die Frau nicht wirklich Nachrichten hören will. Sie sieht nicht auf. Herr Siedler lächelt, als wollte er sagen: *Du und ich, mein Sohn, wir wissen, dass die Geschichte lange Wege geht, stimmt's?* Seine Zähne sind sehr klein. «Nimm dir Zeit.»

Werner hockt sich vor den Apparat und versucht, seine Nerven zu beruhigen. Er schaltet ihn ein, wartet, bis die Röhren warm werden, und fährt vorsichtig mit der Senderwahl von rechts nach links und wieder zurück. Nichts.

Es ist das beste Radio, das er je gesehen hat: mit abgeschrägter Senderwahlskala, Magnetabstimmung, groß wie ein Kühlschrank. Zehn Röhren, alle Wellen, mit einem Überlagerungsempfänger, und das Ganze in einem zweifarbigen Gehäuse aus Walnussholz mit elegant verzierten Rändern. Das Radio hat etliche Kurzwellenbänder, ein großes Dämpfungselement – so ein Apparat kostet mehr als alles, was es im Kinderhaus gibt, zusammengenommen. Herr Siedler könnte wahrscheinlich auch afrikanische Sender hören, wenn er wollte.

Grüne und rote Buchrücken bedecken die Wände. Der Obergefreite ist weg. Herr Siedler steht im Licht einer Lampe im Nebenraum und spricht in ein schwarzes Telefon.

Sie wollen ihn nicht verhaften. Er soll nur dieses Radio reparieren.

Werner schraubt die hintere Wand auf und sieht ins Innere. Die Röhren sind alle in Ordnung, nichts scheint locker oder an der falschen Stelle zu sitzen. «Also gut», murmelt er. «Denk nach.» Er sitzt im Schneidersitz da und inspiziert die Schaltkreise. Der Mann und die Frau, die Bücher und der Regen draußen verschwinden im Hintergrund, Werner sieht nur noch das Radio und seine Drähte. Er versucht, sich die belebten Wege der Elektronen vorzustellen, die Signalkette wie einen Pfad durch eine übervolle Stadt. Da kommt das Signal herein, durchläuft ein Netz von Verstärkern, wandert weiter zu den regelbaren Kondensatoren, zu den Umwandler-Spulen …

Da sieht er es. Es sind zwei Unterbrechungen in den Kaltleiterdrähten. Werner blickt nach nebenan. Links liest die Frau ihre Zeitschrift, rechts telefoniert Herr Siedler: Wieder und wieder streicht er mit Daumen und Zeigefinger über die Bügelfalte seiner Nadelstreifenhose und schärft sie.

Können zwei Männer etwas so Eindeutiges übersehen haben? Es

fühlt sich wie ein Geschenk an. Es ist so leicht! Werner repariert den Draht und steckt das Radio wieder ein. Als er es einschaltet, rechnet er fast damit, dass eine Flamme herausschlägt, aber stattdessen: das rauchige Murmeln eines Saxofons.

Die Frau am Tisch lässt die Zeitschrift sinken und legt alle zehn Finger an die Wangen. Werner klettert hinter dem Radio hervor. Einen Moment lang empfindet er nichts als Triumph.

«Er hat es einfach nur durch Nachdenken repariert!», ruft die Frau. Herr Siedler legt die Hand über den Hörer und sieht zu ihr herüber. «Wie eine kleine Maus hat er da gesessen und nachgedacht, und eine halbe Minute später war es repariert!» Sie gestikuliert, ihre Fingernägel leuchten, und sie bricht in ein kindliches Lachen aus.

Herr Siedler legt den Hörer auf. Die Frau kommt ins Wohnzimmer und kniet sich vor den Apparat. Sie ist barfuß, und ihre glatten weißen Waden schauen unter dem Saum ihres Rocks hervor. Sie dreht an dem Knopf, es kratzt, dann kommt ein Strom klarer Musik. Das Radio hat einen strahlenden, vollen Klang, Werner hat so etwas noch nie gehört.

«Oh!» Wieder lacht sie.

Werner sammelt sein Werkzeug ein. Herr Siedler steht vor dem Radio und scheint ihm den Kopf tätscheln zu wollen. «Herausragend», sagt er, schiebt Werner zum Esstisch und ruft dem Mädchen zu, Kuchen zu bringen. Vier Stücke auf einem einfachen weißen Teller werden hereingebracht, jedes ist mit Puderzucker bestreut und trägt einen Klecks Schlagsahne. Werner staunt, Herr Siedler lacht. «Sahne ist verboten, ich weiß, aber …», er legt einen Zeigefinger an die Lippen, «so was lässt sich umgehen. Los doch.»

Werner nimmt ein Stück. Der Puderzucker staubt ihm übers Kinn. Nebenan dreht die Frau an der Senderwahl, Stimmen erklingen aus dem Lautsprecher. Sie kniet barfuß da, hört eine Weile zu und applaudiert schließlich. Die strengen Gesichter auf den Fotografien starren von den Wänden.

Werner isst ein Stück Kuchen, dann noch eines und nimmt sich schließlich ein drittes. Herr Siedler sieht ihm mit leicht zur Seite geneigtem Kopf zu, amüsiert, und scheint zu überlegen. «Du bietest schon einen Anblick, was? Und die Haare. Als hättest du dich fürchterlich erschrocken. Wer ist dein Vater?»

Werner schüttelt den Kopf.

«Richtig. Das Kinderhaus. Wie dumm von mir. Iss noch eins. Und nimm mehr Sahne.»

Die Frau klatscht wieder in die Hände. Werner hört seinen Magen ächzen und spürt den Blick des Mannes auf sich.

«Die Leute sagen, das könne doch kein toller Posten sein, hier in der Zeche», sagt Herr Siedler. «Sie sagen: Wärst du nicht lieber in Berlin? Oder Frankreich? Wärst du nicht lieber ein Hauptmann an der Front und sähst zu, wie wir vorrücken, fern von all dem …», er macht eine ausholende Bewegung Richtung Fenster, «all dem Ruß hier? Aber ich sage ihnen, dass ich hier im Zentrum von allem sitze. Ich sage ihnen, hier kommt der Brennstoff her, und auch der Stahl. Hier steht der Schmelzofen des Landes.»

Werner räuspert sich. «Wir handeln im Interesse des Friedens.» Das ist ein Satz, den er und Jutta so, wörtlich, vor drei Tagen im Deutschlandsender gehört haben. «Im Interesse der Welt.»

Herr Siedler lacht. Wieder staunt Werner, wie viele kleine Zähne er hat.

«Kennst du die größte Lehre der Geschichte? Sie lautet, dass die Geschichte am Ende das ist, was die Sieger sagen. Das ist ihre Lehre. Wer immer gewinnt, entscheidet die Geschichte. Wir handeln in unserem eigenen Interesse. Natürlich tun wir das. Nenn mir eine Person oder eine Nation, die das nicht tut. Der Trick ist, dir darüber klar zu werden, worin deine Interessen bestehen.»

Ein Stück Kuchen ist noch übrig. Das Radio summt, die Frau lacht, und Herr Siedler, sagt sich Werner, hat kaum Ähnlichkeit mit seinen Nachbarn und ihren vorsichtigen, ängstlichen Gesichtern, den Gesichtern von Menschen, die ihre Liebsten jeden Morgen in den Gruben verschwinden sehen. Sein Gesicht ist sauber und verbindlich. Er ist ein Mann, dem seine Privilegien große Selbstsicherheit schenken, und keine fünf Meter von ihm entfernt kniet diese Frau mit den lackierten Nägeln und den haarlosen Waden, eine Frau, die für Werner so fern jeder Erfahrung ist, als käme sie von einem anderen Planeten. Als wäre sie dem großen Philco selbst entstiegen.

«Geschickt mit Werkzeugen», sagt Herr Siedler, «ungewöhnlich klug für dein Alter. Es gibt Bedarf für Jungen wie dich. General Heiß-meyers Schulen, das Beste vom Besten. Unterrichten auch Maschinenbauer und Ingenieure. Dekodierung, Raketenantriebe, von allem das Neueste.»

Werner weiß nicht, wohin er den Blick wenden soll. «Wir haben kein Geld.»

«Genau das ist das Großartige an diesen Einrichtungen. Sie wollen die Arbeiterklassen, die Leute aus dem Volk. Junge Kerle, die nicht …», Herr Siedler zieht die Brauen zusammen, «von all dem Mittelklasse-Müll verdorben sind. Den Kinos und all dem. Die wollen fleißige Burschen. Außergewöhnliche Burschen.»

«Ja, Herr Siedler.»

«Außergewöhnlich», wiederholt er, nickt und scheint mit sich selbst zu reden. Er lässt einen Pfiff hören, und der Obergefreite kommt wieder herein, seinen Helm in der Hand. Der Blick des Soldaten schießt zu dem übrig gebliebenen Stück Kuchen und gleich wieder weg. «Es gibt eine Rekrutierungsstelle in Essen», sagt Herr Siedler. «Ich schreibe dir einen Brief. Und nimm das hier.» Er gibt Werner fünfundsiebzig Mark, die der Junge, so schnell es geht, in der Tasche verschwinden lässt.

Der Obergefreite lacht. «Sieht aus, als hätte es ihm die Finger verbrannt!»

Herr Siedler ist mit den Gedanken anderswo. «Ich werde Heißmeyer einen Brief schreiben», wiederholt er. «Das ist gut für uns und gut für dich. Wir handeln im Interesse der Welt, was?» Er zwinkert Werner zu. Dann gibt der Obergefreite Werner einen Sperrstundenpass und bringt ihn hinaus.

Werner spürt den Regen nicht. Er versucht, das Ausmaß dessen zu erfassen, was da eben geschehen ist. Neun Reiher stehen wie Blumen im Kanal bei der Kokerei, ein Lastkahn lässt sein Horn ertönen, Kohleloren fahren hin und her, und das Arbeiten der gesamten Maschinerie wummert durch die Düsternis.

Im Kinderhaus liegen alle längst im Bett. Frau Elena sitzt direkt hinter der Tür, hat einen Haufen gewaschener Strümpfe auf dem Schoß und eine Flasche Koch-Sherry zwischen den Füßen. Jutta sitzt hinter ihr am Tisch und sieht mit gespannter Aufmerksamkeit zu Werner herüber.

Frau Elena sagt: «Was wollte er?»

«Ich sollte nur das Radio reparieren.»

«Sonst nichts?»

«Nein.»

«Hat er dir Fragen gestellt? Über dich? Über die Kinder?»

«Nein, Frau Elena.»

Frau Elena atmet geräuschvoll aus, als hätte sie die letzten zwei Stunden die Luft angehalten. *«Dieu merci.»* Sie reibt sich die Schläfen mit beiden Händen. «Du kannst jetzt schlafengehen, Jutta», sagt sie.

Jutta zögert.

«Ich hab's repariert», sagt Werner.

«Gut gemacht.» Frau Elena nimmt einen großen Schluck Sherry, schließt die Augen und legt den Kopf in den Nacken. «Wir haben dir etwas zu essen aufbewahrt.» Jutta geht zur Treppe, sie scheint verunsichert.

Die Küche ist so eng, und alles wirkt rußig. Frau Elena bringt einen Teller mit einer in zwei Hälften geschnittenen Kartoffel.

«Danke», sagt Werner. Er hat noch den Kuchengeschmack im Mund. Das Pendel der alten Standuhr schwingt und schwingt. Der Kuchen, die Schlagsahne, der dicke Teppich, die rosafarbenen Fingernägel und die langen Waden von Frau Siedler, all das wirbelt wie auf einem Karussell durch Werners Kopf. Er muss daran denken, wie er Jutta Abend für Abend auf dem Bollerwagen zu Schacht 9 gezogen hat, in dem ihr Vater verschwunden ist: als könnte er plötzlich wieder aus dem Aufzug steigen.

Licht, Elektrizität, Äther. Raum, Zeit, Masse. Heinrich Hertz' *Prinzipien der Mechanik.* Heißmeyers berühmte Schulen. *Dekodierungen, Raketenantriebe, immer das Neueste.*

Öffnet eure Augen, hat der Franzose im Radio immer gesagt, *und seht mit ihnen, was ihr könnt, bevor sie sich für immer schließen.*

«Werner?»

«Ja?»

«Hast du keinen Hunger?»

Frau Elena, sie ist fast so etwas wie eine Mutter für ihn. Werner isst, obwohl er keinen Hunger hat. Dann gibt er ihr die fünfundsiebzig Mark, und sie schaut ihn staunend an und gibt ihm fünfzig zurück.

Oben, nachdem Frau Elena auf der Toilette war und er sie in ihr Bett hat steigen hören, worauf es im Haus völlig ruhig wird, zählt

Werner bis hundert, steht auf und holt sein kleines Kurzwellenradio aus dem Erste-Hilfe-Schrank. Sechs Jahre ist es alt, voller Verbesserungen und neuer Drähte. Auch eine neue Spule hat es bekommen, und Juttas Senderskala windet sich um das Abstimmungselement. Jetzt trägt Werner das Radio auf den Weg hinter dem Haus und zerschlägt es mit einem Stein.

Der Auszug

Die Pariser drängen weiter durch die Tore. Gegen ein Uhr nachts haben die Gendarmen jede Kontrolle verloren. Seit mehr als vier Stunden ist kein einziger Zug mehr angekommen oder abgefahren. Marie-Laure schläft an der Schulter ihres Vaters. Der Schlosser hört kein Pfeifen, keine Waggonkupplungen, keinen Zug. Im Morgengrauen beschließt er, es zu Fuß zu versuchen.

Sie gehen den ganzen Morgen über. Paris dünnt stetig weiter aus, die Häuser werden kleiner, hier und da gibt es noch einen Laden, Bäume säumen die Straßen. Mittags bahnen sie sich einen Weg durch den völlig festgefahrenen Verkehr auf einer neuen breiten Straße bei Vaucresson, fünfzehn Kilometer westlich von ihrer Wohnung. So weit war Marie-Laure noch nie weg von zu Hause.

Oben auf einer kleinen Anhöhe blickt ihr Vater über die Schulter. So weit er sehen kann, stauen sich die Autos, Personenwagen, Transporter, und zwischen zwei Eselskarren steht eine schnittige neue V-12-Limousine mit einem Stoffdach. Einige Wagen haben Holzachsen, einige sind offenbar liegen geblieben, weil ihnen das Benzin ausgegangen ist. Auf etlichen Dächern türmen sich Möbel, und manch ein Anhänger scheint das gesamte Kleinvieh eines Bauernhofes zu transportieren, Hühner, Schweine, die Kühe trotten nebenher. Hinter den Scheiben hecheln Hunde.

Die gesamte Prozession bewegt sich kaum schneller als im Schritttempo voran. Beide Fahrbahnen sind verstopft, alle wollen nach Westen, weg aus Paris. Eine Frau auf einem Fahrrad trägt Dutzende elegante Halsketten. Ein Mann zieht einen Ledersessel mit einer sich die Pfoten leckenden schwarzen Katze auf einem Karren hinter sich her. Frauen schieben Kinderwagen mit Porzellan, Kristallgläsern und Vogelkäfigen. Ein Mann im Frack ist ebenfalls zu Fuß unterwegs und ruft: «Lassen Sie mich doch um Himmels willen durch», aber niemand macht ihm Platz, und er bewegt sich nicht schneller voran als alle anderen.

Marie-Laure hält sich an der Seite ihres Vaters, den Stock in der Hand. Mit jedem neuen Schritt dringt eine neue Frage von irgendwoher zu ihr durch: *Wie weit noch nach Saint-Germain? Gibt es was zu essen, Tantchen? Wer hat Benzin?* Sie hört Männer, die ihre Frauen anschreien, hört, dass weiter vorn ein Kind von einem Lastwagen überfahren wurde. Nachmittags donnern Flugzeuge in einer Dreier-formation über sie hinweg, laut, schnell und niedrig, und die Leute ducken sich und schreien. Einige springen in den Graben und drücken die Gesichter ins Grün.

Bei Einbruch der Dämmerung sind sie westlich von Versailles. Marie-Laures Fersen bluten, ihre Strümpfe sind zerrissen, und alle hundert Schritt stolpert sie. Als sie sagt, dass sie nicht mehr kann, trägt ihr Vater sie von der Straße einen blumenbewachsenen Hügel hinauf, bis sie zu einer ein paar Hundert Meter von einem kleinen Bauernhaus entfernten Wiese kommen. Die Wiese ist halb gemäht, das Gras nicht zusammengerecht und gebündelt, ganz so, als sei der Bauer mitten in der Arbeit geflohen.

Marie-Laures Vater holt einen Laib Brot aus dem Rucksack, dazu etwas Wurst, und sie essen stumm, dann hebt er Marie-Laures Füße auf seinen Schoß. Im Abendlicht kann er nach Osten hin den grauen Verkehrsstrom auf der Straße ausmachen. Das dünne, entsetzte Blö-ken von Autohupen. Jemand ruft etwas, als wäre ein Kind verloren gegangen, und der Wind trägt die Worte davon.

«Brennt da etwas, Papa?»

«Nein, da brennt nichts.»

«Ich rieche Rauch.»

Er zieht ihr die Strümpfe aus und untersucht ihre Füße. In seinen Händen sind sie leicht wie Vögelchen.

«Was ist das für ein Geräusch?»

«Das sind Grashüpfer.»

«Ist es dunkel?»

«Das Licht schwindet langsam.»

«Wo sollen wir schlafen?»

«Hier.»

«Gibt es hier Betten?»

«Nein, *ma chérie*.»

«Wohin gehen wir, Papa?»

«Der Direktor hat mir die Adresse von jemandem gegeben, der uns helfen wird.

«Wo?»

«In einer Stadt, die Evreux heißt. Da gehen wir zu einem Monsieur Giannot. Er ist ein Freund des Museums.»

«Wie weit ist es bis nach Evreux?»

«Zu Fuß brauchen wir zwei Jahre.»

Sie fasst seinen Arm.

«Ich mache Spaß, Marie. Es ist nicht so weit. Wenn wir eine Transportmöglichkeit finden, kommen wir morgen an. Du wirst sehen.»

Sie schafft es, ein Dutzend Herzschläge lang ruhig zu bleiben. Dann sagt sie: «Und jetzt?»

«Jetzt schlafen wir.»

«Ohne Betten?»

«Das Gras ist unser Bett. Vielleicht gefällt es dir sogar.»

«Aber in Evreux bekommen wir Betten?»

«Ich denke schon.»

«Was, wenn er nicht will, dass wir da bleiben?»

«Er wird es wollen.»

«Aber wenn nicht?»

«Dann gehen wir zu meinem Onkel, deinem Großonkel. In Saint-Malo.»

«Onkel Etienne? Du hast gesagt, er ist verrückt.»

«Ein wenig, ja. Vielleicht zu sechsundsiebzig Prozent.»

Sie lacht nicht. «Wie weit ist es nach Saint-Malo?»

«Genug mit der Fragerei, Marie. Monsieur Giannot wird uns in Evreux behalten wollen. Mit großen weichen Betten.»

«Wie viel zu essen haben wir noch, Papa?»

«Schon noch etwas. Bist du hungrig?»

«Nein, ich will das Essen aufsparen.»

«Gut. Sparen wir das Essen auf. Und jetzt lass uns ausruhen.»

Sie legt sich hin. Er steckt sich eine Zigarette an. Sechs hat er noch. Fledermäuse schießen herab und wischen durch Mückenwolken, die Insekten treiben auseinander und finden sich wieder. *Wir sind Mäuse*, denkt er, *und der Himmel ist voller Habichte.*

«Du bist sehr tapfer, Marie-Laure.»

Das Mädchen ist bereits eingeschlafen. Die Nacht wird dunkler. Als seine Zigarette verlöscht ist, hebt er Marie-Laures Füße von seinem Schoß, deckt sie mit ihrem Mantel zu und öffnet den Rucksack.

Er tastet darin herum und findet die Schachtel mit den Holzwerkzeugen: kleinen Sägen, Klammern, Sticheln, Meißeln, feinem Sandpapier. Vieles davon hat seinem Großvater gehört. Die Schachtel ist mit Stoff ausgeschlagen, unter dem er einen kleinen Beutel aus dickem Leinen hervorzieht, der mit einer Schnur verschlossen ist. Er öffnet ihn und schüttelt sich den Inhalt in die Hand.

Der Stein hat etwa die Größe einer Kastanie, und selbst zu dieser späten Stunde, im letzten Licht des Tages, schimmert er majestätisch blau. Und merkwürdig kalt.

Der Direktor hat gesagt, es gäbe drei Nachbildungen. Zusammen mit dem echten Diamanten sind es also vier Steine. Einer bleibe im Museum, die anderen würden in drei verschiedene Richtungen geschickt. Einer mit einem jungen Geologen nach Süden, ein anderer mit dem Sicherheitschef nach Norden. Und einer ist hier, auf einer Wiese westlich von Versailles, im Werkzeugkasten von Daniel LeBlanc, dem leitenden Schlosser des Muséum national d'Histoire naturelle.

Drei Fälschungen. Einer ist echt. Es sei das Beste, hat der Direktor gesagt, wenn keiner wisse, ob er nun den echten Diamanten oder nur eine Nachbildung bei sich trage. Sie alle, hat er gesagt und sie bedeutungsschwer angesehen, sollten auf jeden Fall so tun, als trügen sie das Original bei sich.

Marie-Laures Vater sagt sich, dass sein Stein nicht der echte sein kann. Der Direktor würde doch einem Handwerker wie ihm niemals einen Einhundertdreißig-Karat-Diamanten anvertrauen und ihn damit aus der Stadt wandern lassen. Und doch starrt er den Stein an und kann der Frage nicht ausweichen: *Könnte es sein?*

Er lässt den Blick über die Wiese schweifen. Bäume, Himmel, Heu. Wie Samt senkt sich die Dunkelheit herab. Schon sind ein paar Sterne zu erkennen. Marie-Laure atmet ruhig. *Jeder von Ihnen soll so tun, als trüge er den echten Stein bei sich.* Marie-Laures Vater schiebt den Stein in seinen Beutel und steckt ihn zurück in den Rucksack. Er kann das kleine Gewicht darin fühlen, ganz so, als befände es sich in seinen Gedanken: ein Knoten.

Stunden später sieht er den Umriss eines Flugzeugs vor den Sternen herfliegen. Es rast nach Osten, zieht mit ohrenbetäubendem Lärm über sie hinweg und verschwindet. Augenblicke später bebt die Erde.

Über einer Wand aus Bäumen blüht eine Ecke des Nachthimmels

rot auf. Im gespenstisch flackernden Licht sieht er, dass das Flugzeug nicht allein war, der Himmel ist voll von ihnen, ein Dutzend kommt tiefer, rast vor und zurück, fliegt in alle Richtungen, und in einem Augenblick der Desorientierung hat er das Gefühl, nicht nach oben, sondern nach unten zu sehen, als richtete sich sein Blick auf einen Streifen blutrotes Wasser und der Himmel wäre das Meer, die Flugzeuge hungrige Fische, die in der Finsternis ihre Beute hetzen.

Zwei

8. August 1944

Saint-Malo

Türen reißen aus ihren Rahmen. Ziegel verwandeln sich in Staub. Mächtige, aufwallende Wolken aus Kreide, Erde und Granit schießen in den Himmel. Alle zwölf Bomber haben bereits kehrtgemacht, sind wieder aufgestiegen und haben sich hoch über dem Kanal neu ausgerichtet, als die letzten Ziegelsplitter zurück in die Straßen fallen.

Flammen jagen die Mauern hoch. Geparkte Automobile fangen Feuer, genau wie Vorhänge und Lampenschirme, Sofas und Matratzen und der Großteil der zwanzigtausend Bände der öffentlichen Bibliothek. Die Feuer finden sich und schreiten fort, wie die Flut branden sie an den Befestigungsmauern auf, schwappen durch die Gassen, über die Dächer, einen Parkplatz. Der Rauch wirbelt Staub auf, die Asche folgt dem Rauch, ein Zeitungsstand treibt brennend dahin.

Aus Kellern und Krypten in der ganzen Stadt schicken die Malouins Stoßgebete zum Himmel: *O Herr, unser Gott, beschütze diese Stadt und die Menschen in ihr und übersehe auch uns nicht, in Deinem Namen, bitte. Amen.* Alte Männer halten Sturmlaternen gepackt, Kinder kreischen, Hunde jaulen. Von einem Augenblick auf den anderen stehen vierhundert Jahre alte Balken in ganzen Häuserfluchten in Flammen. Der Teil der Altstadt, der sich an die westlichen Mauern schmiegt, geht in einem Feuersturm auf, dessen Flammenspitzen bis zu hundert Meter in die Höhe schlagen und dessen Sauerstoffhunger so groß ist, dass selbst noch Dinge schwerer als Hauskatzen in ihn hineingesogen werden. Ladenschilder recken sich an ihren Stangen der Hitze entgegen, eine in Blumenkübeln wachsende Hecke rutscht über die Trümmer und kippt um. Aus Schloten aufgejagte Segler fangen Feuer, wehen wie verblasene Funken über die Mauern und löschen sich selbst im Meer.

Das Hôtel des Abeilles in der Rue de la Crosse wird einen Moment lang fast schwerelos, wird in einer Feuerspirale in die Luft gewirbelt und regnet in Trümmern zurück auf die Erde.

4, Rue Vauborel

Marie-Laure rollt sich unter ihrem Bett zu einer Kugel zusammen, den Stein in der linken, das kleine Haus in der rechten Hand. Die Nägel im Holz kreischen und ächzen. Putz-, Ziegel- und Glassplitter regnen auf den Boden, auf das Modell auf dem Tisch und die Matratze über ihrem Kopf.

«Papa, Papa, Papa, Papa», sagt Marie-Laure, doch ihr Körper scheint sich von ihrer Stimme gelöst zu haben, und die Worte bilden eine ferne, verzweifelte Kadenz. In ihr entsteht die Vorstellung, dass die Erde unter Saint-Malo vom Wurzelwerk eines riesigen Baumes zusammengehalten wird, der mitten in der Stadt auf einem Platz wächst, auf den nie jemand mit ihr gegangen ist, und dass dieser mächtige Baum jetzt von Gott entwurzelt wird und der Granit mit in die Höhe kommt. Unmengen Steine werden in Klumpen und Schollen zusammen mit dem Stamm in die Höhe gerissen, gefolgt von den zähen Wurzeltrossen – das Wurzelwerk ist wie ein zweiter Baum, der umgedreht in die Erde gestoßen wurde, würde Dr. Geffard es nicht so beschreiben? –, die Befestigungsmauern zerfallen, Straßen sacken weg, ganze Häuserzeilen fallen wie Spielzeuge um.

Langsam, dankbar, beruhigt sich die Welt. Von draußen dringt ein leises Klingeln herein, Glasscherben vielleicht, die auf die Straße fallen. Es klingt gleichzeitig schön und merkwürdig, als regneten Edelsteine vom Himmel.

Wo immer ihr Großonkel sein mag, kann er das überlebt haben?

Kann das irgendwer?

Und sie?

Das Haus ächzt, tropft, stöhnt. Dann hört sie ein Geräusch, als führe Wind durch hohes Gras, nur hungriger. Es zieht an den Vorhängen, an den zarten Teilen in ihren Ohren.

Sie riecht den Rauch und begreift. Feuer. Das Glas ihres Fensters ist zerschlagen, und was sie hört, ist das Geräusch eines Brandes draußen vor den Fensterläden. Etwas Riesiges brennt da. Das Viertel. Die ganze Stadt.

Die Wand, der Boden und die Unterseite ihres Bettes bleiben kühl. Ihr Haus brennt noch nicht. Aber wie lange bleibt das so?

Beruhige dich, denkt sie. Konzentriere dich darauf, deine Lungen zu füllen und sie wieder zu entleeren. Wieder zu füllen. Sie bleibt unter dem Bett. Sie sagt: «*Ce n'est pas la réalité.*»

Hôtel des Abeilles

Woran erinnert er sich? Er hat Berning, den Ingenieur, bei der Kellertür auf den Stufen sitzen sehen. Den gigantischen Frank Volkheimer
in dem goldenen Sessel, wie er an seiner Hose herumgezupft hat.
Dann ging die Deckenbirne aus, Volkheimer schaltete seine Feldlampe
ein, und ein Dröhnen fuhr auf sie nieder, so laut, als wäre es die Waffe
selbst, verschlang alles und erschütterte die Erdkruste. Einen Moment
lang konnte Werner nur sehen, dass Volkheimers Licht wie ein er-
schreckter Käfer davonjagte.

Sie wurden zu Boden geworfen, und für einen Augenblick, eine
Stunde, einen Tag – wer konnte schon sagen, wie lange? –, war Werner
zurück im Zollverein und stand an einem Grab, das ein Bergmann am
Rande eines Feldes für zwei Maultiere gegraben hatte. Es war Winter,
Werner nicht älter als fünf Jahre, und das Fell der Maultiere schien
fast durchsichtig, sodass man verschwommen die Knochen im Inneren
sehen konnte. Kleine Erdklumpen klebten in ihren offenen Augen,
und Werner war hungrig genug, um sich zu fragen, ob da noch was an
ihnen dran wäre, das sich zu essen lohnte.

Er hörte eine Schaufel auf Kiesel treffen.

Er hörte seine Schwester Luft holen.

Und dann, ganz so, als hätte seine Halteleine ihr Ende erreicht, riss
ihn etwas zurück in den Keller des Hôtel des Abeilles.

Der Boden ruckt nicht mehr, doch der Lärm ist immer noch da. Er
drückt die Hand auf sein rechtes Ohr. Das Dröhnen bleibt, das Summen von tausend Bienen, ganz nahe.

«Ist da ein Lärm?», fragt er, aber er kann sich nicht fragen hören.
Die linke Seite seines Gesichts ist nass, der Kopfhörer ist weg. Wo ist
die Werkbank, wo das Funkgerät? Was sind das für Gewichte auf
ihm?

Von seinen Schultern, der Brust und aus dem Haar pflückt er sich
heiße Stein- und Holzsplitter. Die Lampe suchen, nach den anderen
sehen, nach dem Funkgerät. Nach dem Ausgang suchen. Herausfinden, was mit seinem Gehör nicht stimmt. Das sind die vernünftigen

Schritte. Er versucht, sich aufzusetzen, aber die Decke ist zu niedrig, und er stößt sich den Kopf.

Hitze. Es wird heißer. Er denkt: Wir sind in eine Kiste gesperrt, und die Kiste ist in den Schlund eines Vulkans geworfen worden.

Sekunden vergehen, vielleicht sind es Minuten. Werner bleibt auf den Knien. Die Lampe. Dann die anderen. Der Ausgang. Sein Gehör. Wahrscheinlich arbeiten sich die Männer von der Luftwaffe oben schon durch die Trümmer, um zu helfen. Aber er kann seine Feldlampe nicht finden. Er kann noch nicht einmal aufstehen.

Die völlige Schwärze ist von Tausenden roten und blauen Fetzen durchzogen. Flammen? Phantome? Sie lecken über den Boden, heben sich zur Decke, glühen merkwürdig, heiter.

«Sind wir tot?», schreit er in die Finsternis. «Sind wir gestorben?»

Fünf Stockwerke hinunter

Kaum ist das Dröhnen der Bomber verklungen, pfeift eine Artillerie-granate über das Haus und explodiert nicht weit entfernt mit einem dumpfen Knall. Dinge klacken aufs Dach – Granatsplitter? Schlacke? –, und Marie-Laure sagt laut: «Du bist zu hoch oben im Haus», und zwängt sich unter dem Bett hervor. Sie hat schon zu viel Zeit verloren. Sie legt den Stein zurück in das kleine Haus, bringt die hölzernen Schieber in ihre Ausgangsposition, dreht den Schornstein und steckt das Häuschen in die Tasche ihres Kleides.

Wo sind ihre Schuhe? Sie kriecht über den Boden, aber ihre Finger stoßen nur auf Holzsplitter und wahrscheinlich Scherben der Fenster-scheibe. Sie findet ihren Stock, tritt auf Strümpfen durch die Tür und geht den Flur hinunter. Der Rauchgeruch ist hier draußen stärker, Boden und Wände sind aber immer noch kühl. Sie erleichtert sich auf der Toilette und widersteht ihrem Instinkt, die Spülung zu betätigen, da sie weiß, dass sie sich nicht wieder auffüllen wird. Sie prüft die Luft, um sich zu versichern, dass sie nicht wärmer wird, bevor sie weitergeht.

Sechs Schritte bis zur Treppe. Eine weitere Granate kreischt über das Haus, und Marie-Laure schreit auf. Der Kronleuchter über ihrem Kopf klingelt, als die Granate etwas weiter im Meer detoniert.

Ziegel regnen herab, Kiesel, und langsamer: Ruß. Acht sich win-dende Stufen nach unten, die zweite und fünfte Stufe knarzen. Um den Pfosten herum, acht weitere Stufen. Der dritte Stock. Der zweite. Hier überprüft sie den Klingeldraht, den ihr Großonkel unter dem Telefontisch befestigt hat. Die Klingel ist abgestellt, aber der Draht ist noch da und verschwindet in dem Loch, das er in die Wand gebohrt hat.

Acht Schritte den Flur hinunter zum Bad im zweiten Stock. Die Wanne ist voll. Dinge schwimmen darin, vielleicht Splitter vom Deckenputz. Der Boden ist mit Steinchen und Staub bedeckt, sie spürt es unter den Knien. Trotzdem senkt sie die Lippen auf die Wasser-oberfläche und trinkt so viel, wie sie kann.

Zurück zur Treppe und hinunter in den ersten Stock, ins Erdgeschoss. Reben sind ins Geländer geschnitzt. Der Kleiderständer ist
umgefallen. Scherben liegen in der Diele, Geschirr, denkt sie, aus dem
Schrank im Esszimmer, und tritt so vorsichtig auf, wie es nur geht.

Auch hier unten müssen ein paar Fenster eingedrückt worden sein:
Der Rauchgeruch ist stärker. Der Wollmantel ihres Großonkels hängt
an seinem Haken, sie zieht ihn an. Auch hier findet sie ihre Schuhe
nicht. Was hat sie mit ihnen gemacht? Die Küche ist ein Durcheinander umgestürzter Regale und Töpfe. Ein Kochbuch liegt ihr wie ein
erschossener Vogel im Weg. Im Schrank findet sie einen halben Laib
Brot vom Vortag.

Im Küchenboden ist die Kellerklappe mit ihrem metallenen Ring.
Sie schiebt den kleinen Tisch zur Seite und hievt die Klappe auf.

Das Zuhause von Mäusen, der Gestank gestrandeter Schalentiere,
als wäre vor Jahrzehnten eine riesige Woge hereingeschwappt und
hätte ewig gebraucht, um wieder abzulaufen. Marie-Laure zögert
über der offenen Tür, riecht die Feuer draußen und den feuchtkalten,
fast entgegengesetzten Geruch, der aus dem Keller heraufzieht. Rauch.
Ihr Großonkel sagt, es seien schwebende Teilchen, unzählige Kohle-
partikel. Teile von Wohnzimmern, Cafés, Bäumen. Von Menschen.

Eine dritte Granate kreischt von Osten auf die Stadt zu. Marie-
Laure fühlt nach dem kleinen Haus in der Tasche ihres Kleides. Dann
nimmt sie das Brot und ihren Stock, steigt die Leiter hinunter und
schließt die Klappe.

In der Falle

Ein Licht taucht auf, keine Flamme, betet Werner inständig, ein bernsteinfarbener Strahl, der durch den Staub wandert. Er pendelt über die Trümmer, erleuchtet ein eingestürztes Stück Wand, fällt auf ein verbogenes Regal und streicht über zwei metallene Schränke, die zerdrückt und verbogen sind, als hätte die Hand eines Riesen in den Keller gelangt und sie zerknüllt und zerrissen. Das Licht fällt auf umgestürzte Werkzeugkisten und ein Dutzend unzerbrochener Krüge voller Schrauben und Nägel.

Volkheimer. Er hat seine Feldlampe bei sich und fährt mit ihrem Lichtkegel mehrmals über einen dichten Trümmerhaufen in der gegenüberliegenden Ecke. Steine, Zement, zersplittertes Holz. Werner braucht einen Augenblick, um zu begreifen, dass das die Treppe ist.

Was von ihr noch übrig ist.

Die ganze Ecke des Kellers ist weg. Das Licht verharrt dort einen Moment, als wollte es Werner die Gelegenheit geben, die Situation zu erfassen, streicht nach rechts und schwankt zu etwas näherbei: Durch verschiedene Schichten Staub kann Werner im zurückgeworfenen Licht den mächtigen Umriss Volkheimers sehen, der sich geduckt und stolpernd durch herunterhängenden Baustahl und Rohrleitungen voranarbeitet. Endlich verharrt das Licht. Mit der Lampe im Mund, in dem körnigen, aufgeworfenen Schatten stehend, räumt Volkheimer Ziegel, Mörtel und Putz beiseite, Stück für Stück, zersplitterte Bretter und Putzstücke. Darunter liegt etwas, sieht Werner, begraben unter dem schweren Schutt nimmt es Gestalt an.

Der Ingenieur. Berning.

Bernings Gesicht ist weiß von Staub, nur die Augen bilden zwei Öffnungen, der Mund ist ein rötlich braunes Loch. Berning schreit, doch durch das ohrenbetäubende, in seinen Ohren eingenistete Dröhnen kann Werner ihn nicht hören. Volkheimer hebt den Ingenieur hoch, und der ältere Mann wirkt wie ein Kind in den Armen des Oberfeldwebels. Die Lampe noch zwischen den Zähnen, trägt Volkheimer ihn quer durch den zerstörten Raum, duckt sich unter der herunterhängenden Decke durch und setzt ihn in den goldenen Sessel, der immer noch aufrecht in der Ecke steht, aber ebenfalls mit weißem Staub überzogen ist.

Volkheimer legt seine große Hand unter Bernings Kinn und schließt sanft dessen Mund. Werner ist nur ein Stück entfernt, kann aber keine Veränderung in der Luft hören.

Die Struktur um sie herum erbebt ein weiteres Mal und lässt überall heißen Mörtel herabregnen.

Bald darauf beschreibt Volkheimers Lampe einen Bogen über das, was von der Decke geblieben ist. Die drei massiven Holzbalken sind gebrochen, aber keiner von ihnen hat ganz nachgegeben. Der Putz zwischen ihnen ist voller Risse, und an zwei Stellen ragen Rohre daraus hervor. Das Licht dreht hinter ihn, beleuchtet die umgestürzte Werkbank und das zertrümmerte Gehäuse des Funkgeräts, und dann endlich findet es ihn. Werner hebt eine Hand, um nicht geblendet zu werden.

Volkheimer kommt herüber. Sein großes, bekümmertes Gesicht nähert sich. Breit, vertraut, die Augen unter dem Helm tief in ihren Höhlen. Die hohen Wangenknochen und die lange Nase, an der Spitze mit zwei Höckern, wie das untere Ende eines Oberschenkelknochens. Ein Kinn wie ein ganzer Kontinent. Mit bedächtiger Sorge berührt Volkheimer Werners Wange. Seine Fingerspitze ist rot, als er sie zurückzieht.

Werner sagt: «Wir müssen hier raus. Wir müssen einen anderen Ausgang finden.»

Raus?, sagen Volkheimers Lippen. Er schüttelt den Kopf. *Es gibt keinen zweiten Weg hinaus.*

Drei

Juni 1940

Das Château

Zwei Tage nach ihrer Flucht aus Paris kommen Marie-Laure und ihr Vater nach Evreux. Die Restaurants sind entweder mit Brettern vernagelt oder brechend voll. Zwei Frauen in Abendkleidern kauern nebeneinander auf den Stufen zur Kathedrale. Ein Mann liegt bäuchlings zwischen zwei Marktständen, bewusstlos oder schlimmer.

Es gibt keinen Postdienst mehr, die Telegrafenleitungen sind tot, die neueste Zeitung ist sechsunddreißig Stunden alt. Vor der Präfektur stehen die Leute für Benzingutscheine an. Die Schlange reicht aus der Tür und windet sich einmal um den Block.

Die ersten beiden Hotels sind voll. Das dritte will die Tür nicht öffnen. Immer wieder ertappt sich Marie-Laures Vater dabei, wie er sich über die Schulter sieht.

«Papa», murmelt Marie-Laure verunsichert. «Meine Füße.»

Er steckt sich eine Zigarette an, bleiben noch drei. «Es ist nicht mehr weit, Marie.»

Am westlichen Rand von Evreux leert sich die Straße, und die Landschaft wird flacher. Wieder und wieder überprüft er die Adresse, die der Direktor ihm gegeben hat. *Monsieur François Giannot, 9 Rue St. Nicolas.* Aber als sie Monsieur Giannots Haus erreichen, steht es in Flammen. In der windstillen Dämmerung wallen düstere Rauchwolken durch die Bäume. Ein Auto ist seitlich ins Pförtnerhaus gerammt und hat das Tor aus den Angeln gerissen. Das Haus – oder der Rest davon – ist eindrucksvoll: Zwanzig bis zum Boden reichende Fenster mit großen, frisch gestrichenen Fensterläden schmücken die Fassade, und die Hecke ist penibel geschnitten. *Ein Château.*

«Ich rieche Rauch, Papa.»

Er führt Marie-Laure den Kies hinauf. Sein Rucksack, vielleicht ist es auch der Stein darin, scheint mit jedem Schritt schwerer zu werden. Keine Pfütze schimmert im Kies, keine Feuerwehr schwärmt ums Haus. Auf den Eingangsstufen liegen zwei umgestürzte Zwillingsurnen. Dahinter ein zerschlagener Kronleuchter.

«Was brennt da, Papa?»

Ein Junge kommt ihnen im rauchigen Dämmerlicht entgegen, nicht älter als Marie-Laure und rußverschmiert. Er schiebt einen Servierwagen durch den Kies. Silberne Zangen und Löffel hängen daran und klingeln und klacken, die Räder mahlen und knirschen durch die Steine. Eine kleine polierte Putte grinst an jeder seiner Ecken.

Ihr Vater sagt: «Ist das das Haus von Monsieur Giannot?»

Der Junge schenkt weder der Frage noch dem Fragenden Beachtung und geht an ihnen vorbei.

«Weißt du, was hier passiert ist …?»

Das Geräusch des Wagens wird schwächer.

Marie-Laure zieht an seinem Ärmel. «Papa, bitte.»

In ihrem Mantel und vor den schwarzen Bäumen scheint sie blasser und verängstigter, als er sie je erlebt hat. Hat er ihr jemals so viel abverlangt?

«Ein Haus ist abgebrannt, Marie, und die Leute stehlen die Sachen daraus.»

«Was für ein Haus?»

«Das Haus, zu dem wir wollten.»

Über ihrem Kopf kann er die schwelenden Reste von Türrahmen glimmen und in einem Luftzug aufglühen sehen. Ein Loch im Dach umrahmt den dunkler werdenden Himmel.

Zwei weitere Jungen kommen aus dem Ruß hervor und tragen ein Porträt in einem vergoldeten Rahmen, das doppelt so groß ist wie sie selbst, das Gesicht eines lange verstorbenen Urgroßvaters, der in die Nacht hinausstarrt. Marie-Laures Vater hebt die Hände, um die beiden aufzuhalten. «Waren es Flugzeuge?»

Einer sagt: «Da ist noch viel mehr drin.» Die Leinwand des Gemäldes wellt sich.

«Wisst ihr, wo Monsieur Giannot ist?»

Der andere sagt: «Er ist gestern davongelaufen. Mit dem Rest. Nach London.»

«Sag ihm nichts», sagt der Erste.

Die Jungen laufen mit ihrer Beute den Weg hinunter und werden von der Dämmerung verschluckt.

«London?», flüstert Marie-Laure. «Der Freund des Direktors ist in London?»

Geschwärztes Papier weht an ihren Füßen vorbei, in den Bäumen flüstern Schatten. Eine zertrümmerte Melone liegt auf der Auffahrt, wie ein abgeschlagener Kopf. Marie-Laures Vater sieht zu viel. Den ganzen Tag, Kilometer um Kilometer, hat er sich vorgestellt, mit Essen begrüßt zu werden. Kleinen, heißen Kartoffeln, die er und Marie-Laure gabelweise mit Butter füllen würden. Schalotten, Pilzen, hart gekochten Eiern und Béchamelsoße. Kaffee und Zigaretten. Dass er Monsieur Giannot den Stein geben und Giannot seinen Messingkneifer aus der Brusttasche ziehen, ihn sich vor die ruhigen Augen setzen und ihm sagen würde, ob es der echte Diamant oder eine der Nachbildungen ist. Anschließend würde Giannot ihn im Garten vergraben oder hinter einer Wandplatte im Haus verstecken, womit die Sache erledigt wäre, die Aufgabe erfüllt. *Je ne m'en occupe plus.* Sie beide, er und Marie-Laure, bekämen ein eigenes Zimmer und nähmen ein Bad. Vielleicht würde sogar jemand ihre Kleider waschen, und vielleicht würde Monsieur Giannot lustige Geschichten über seinen Freund, den Direktor, erzählen, und am Morgen sängen die Vögel, und die neue Zeitung verkündete das Ende der Invasion, gegen vernünftige Konzessionen. Bald schon ginge es zurück in seine Schlüsselausgabe, und er verbrächte die Abende wieder damit, winzige Schiebefenster in kleine hölzerne Häuser zu bauen. *Bonjour, bonjour.* Alles wie zuvor.

Aber nichts ist wie zuvor. Die Bäume wogen hin und her, das Haus brennt, und dort auf dem Kies der Einfahrt, im letzten Licht des Tages, kommt Marie-Laures Vater ein beunruhigender Gedanke: Jemand könnte hinter uns her sein. Jemand könnte wissen, was ich bei mir habe.

Er führt seine Tochter im Laufschritt zurück Richtung Straße.

«Papa, meine Füße.»

Er hängt sich den Rucksack vor den Bauch, schlingt sich Marie-Laures Arme um den Hals und trägt sie auf dem Rücken. Sie kommen am kaputten Pförtnerhaus mit dem hineingerammten Wagen vorbei und wenden sich nicht nach Osten zurück ins Zentrum von Evreux, sondern nach Westen. Gestalten auf Fahrrädern überholen sie. Verkniffene Gesichter voller Argwohn, Angst oder auch beidem. Vielleicht kommt es ihm aber auch nur so vor.

«Nicht so schnell», bettelt Marie-Laure.

Etwa zwanzig Schritte abseits der Straße ruhen sie sich auf einer Wiese aus. Um sie herum ist nichts als die Nacht, Eulen rufen aus den Bäumen, und über dem Graben entlang der Straße fangen Fledermäuse Insekten. Ein Diamant, ruft sich der Schlosser in Erinnerung, ist nur ein Stück Kohle, das Ewigkeiten lang im Innern der Erde zusammengepresst und schließlich durch eine vulkanische Öffnung an die Oberfläche getragen wurde. Jemand schleift ihn, jemand poliert ihn, und er kann genauso wenig einen Fluch in sich tragen wie ein Blatt, ein Spiegel oder ein Leben. Es gibt nur Zufälle auf dieser Welt, Zufälle und die Physik.

Und was er bei sich trägt, ist sowieso nur ein Stück Glas. Eine Ablenkung.

Hinter ihm, über Evreux, leuchtet eine Wolkenwand auf, einmal, zweimal. Blitze? Vor ihnen, entlang der Straße, sieht er nichts als ungemähte Wiesen und die weichen Umrisse eines Bauernhofes. Ein Haus und eine Scheune. Nichts regt sich.

«Marie, ich sehe ein Hotel.»

«Du hast gesagt, die Hotels seien belegt.»

«Das dort sieht freundlich aus. Komm, es ist nicht weit.»

Wieder trägt er seine Tochter. Noch einen knappen Kilometer. Die Fenster des Hauses sind dunkel. Die Scheune steht etwa hundert Meter dahinter. Er lauscht, gegen das Rauschen des Bluts in seinen Ohren. Keine Hunde, keine Lampen. Wahrscheinlich sind die Bauern ebenfalls geflohen. Er setzt Marie-Laure vor dem Scheunentor ab, klopft vorsichtig, wartet und klopft noch einmal.

Das Vorhängeschloss ist ein neues, einfaches Burguet-Schloss. Mit seinen Werkzeugen bekommt er es problemlos auf. Drinnen gibt es Hafer, Wassereimer und müde herumfliegende Bremsen, aber keine Pferde. Er öffnet eine Box, hilft Marie-Laure hinein und zieht ihr die Schuhe aus.

«*Voilà*», sagt er. «Einer der Gäste hat gerade sein Pferd mit in die Hotelhalle gebracht, also könnte es einen Moment lang riechen. Aber jetzt scheuchen sie ihn auch schon wieder hinaus. Siehst du, da verschwindet er. Auf Wiedersehen, Pferdchen! Schlaf bitte im Stall!»

Marie-Laure ist weit weg. Verloren.

Hinter dem Haus liegt ein Gemüsegarten. In der Düsternis kann er Rosen, Lauch und Salat erkennen. Erdbeeren, die meisten noch grün. Zarte weiße Karotten mit schwarzer Erde. Nichts rührt sich, kein Bauer erscheint mit einem Gewehr am Fenster. Marie-Laures Vater füllt sein Hemd mit Gemüse und trägt es in die Scheune, füllt einen

Blecheimer mit Wasser, zieht die Tür zu und füttert seine Tochter im Dunkeln. Dann faltet er seinen Mantel zusammen, bettet ihren Kopf darauf und wischt ihr mit dem Hemd das Gesicht ab.

Zwei Zigaretten noch. Einatmen, ausatmen.

Gehe die Wege der Logik. Jedes Ergebnis hat seinen Grund, jede Zwangslage einen Ausweg. Jedes Schloss hat seinen Schlüssel. Du kannst zurück nach Paris, du kannst hierbleiben, oder du kannst weiterziehen.

Draußen rufen die Eulen. Dazu erklingt fernes Donnergrollen oder Artillerie, vielleicht auch beides. Er sagt: «Dieses Hotel ist sehr billig, *ma chérie*. Der Gastwirt sagte, es kostet vierzig Francs die Nacht, aber nur zwanzig, wenn wir uns das Bett selbst machen.» Er lauscht ihrem Atem. «Darauf habe ich gesagt: ‹Oh, das können wir natürlich.› Und er sagte: ‹Gut, ich bringe euch ein paar Nägel und Holz.›»

Marie-Laure lächelt immer noch nicht. «Gehen wir jetzt zu Onkel Etienne?»

«Ja, Marie.»

«Der zu sechsundsiebzig Prozent verrückt ist?»

«Er war bei deinem Großvater, seinem Bruder, als der starb. Im Krieg. ‹Hat ein wenig Gas abbekommen›, haben sie damals gesagt. Hinterher hat er Dinge gesehen.»

«Was für Dinge?»

Das Donnergrollen kommt näher. Die Scheune erzittert leicht.

«Dinge, die nicht da waren.»

Spinnen spannen ihre Netze zwischen den Balken auf. Motten fliegen gegen die Fenster. Es fängt an zu regnen.

Aufnahmeprüfung

Die Aufnahmeprüfungen für die Nationalpolitischen Erziehungsanstalten finden in Essen statt, knapp dreißig Kilometer südlich von der Zeche Zollverein, in einer überhitzten Tanzhalle mit drei lastwagengroßen Heizkörpern an der hinteren Wand. Einer der Heizkörper klackt und dampft trotz aller Versuche, ihn abzustellen, den ganzen Tag. Flaggen des Kriegsministeriums, groß wie Panzer, hängen von den Deckenbalken.

Es gibt einhundert Bewerber, alles Jungen. Ein Vertreter der Schule in schwarzer Uniform ordnet sie in vier Reihen an. Orden glänzen auf seiner Jacke, als er vor ihnen entlanggeht. «Ihr habt den Wunsch», erklärt er, «in eine der besten Eliteschulen der Welt einzutreten. Die Prüfungen werden acht Tage dauern. Wir nehmen nur die Reinsten, nur die Stärksten.» Ein zweiter Vertreter der Schule verteilt weiße Hemden, weiße Shorts, weiße Socken. Die Jungen steigen, wo sie stehen, aus ihren Kleidern.

Werner zählt noch sechsundzwanzig andere in seiner Altersgruppe. Alle bis auf zwei sind größer als er. Alle bis auf drei sind blond. Keiner trägt eine Brille.

Die Jungen verbringen den gesamten ersten Vormittag in ihren neuen weißen Sachen, halten Klemmbretter in den Händen und füllen Fragebögen aus. Nur das Kratzen von Bleistiften, die Schritte der Prüfer und das Klacken der riesigen Heizung sind zu hören.

Wo wurde dein Großvater geboren? Welche Farbe haben die Augen deines Vaters? Hat deine Mutter schon einmal in einem Büro gearbeitet? Von einhundertzehn Fragen zu seiner Abstammung kann Werner nur sechzehn genau beantworten. Beim Rest muss er raten.

Woher stammt deine Mutter?

Für die Vergangenheit ist kein Platz. Er schreibt: *Deutschland.*

Woher stammt dein Vater?

Deutschland.

Welche Sprachen spricht deine Mutter?

Deutsch.

Er erinnert sich an Frau Elena, wie sie heute Morgen aussah in ihrem Nachthemd neben der Lampe im Flur, als sie mit seiner Tasche herumhantierte und alle anderen Kinder noch schliefen. Sie schien verloren, benommen, als käme sie mit dem Tempo nicht mit, mit dem sich die Dinge um sie herum verändern. Sie sagte, sie sei stolz auf ihn. Sie sagte, Werner solle sein Bestes geben. «Du bist ein kluger Junge», sagte sie. «Du wirst deine Sache ordentlich machen.» Sie wollte nicht aufhören, an seinem Kragen zu zupfen. Als sie sagte: «Es ist ja nur für eine Woche», füllten sich ihre Augen mit Tränen, als drohte eine innere Flut sie zu überwältigen.

Am Nachmittag rennen die Bewerber. Sie kriechen unter Hindernissen durch, machen Liegestütze und klettern an Seilen hoch, die von der Decke herabhängen. Einhundert Kinder bewegen sich in ihren weißen Uniformen geschmeidig und austauschbar wie Nutztiere vor den Augen der Prüfer hin und her. Beim Laufen wird Werner Neunter, beim Seilklettern Zweitletzter. Er wird niemals gut genug sein.

Am Abend strömen die Jungen aus der Halle, einige werden von ihren stolz aussehenden Eltern mit Automobilen abgeholt, andere verschwinden zielgerichtet zu zweit oder zu dritt in die Straßen. Alle scheinen zu wissen, wohin sie wollen. Werner geht zu einer spartanischen Unterkunft sechs Straßen weiter, wo er für zwei Mark pro Nacht ein Bett bekommen hat, liegt zwischen brummenden Wanderarbeitern und lauscht den Tauben, den Glocken und dem dröhnenden Verkehr der Stadt Essen. Es ist die erste Nacht, die er außerhalb des Zollvereins verbringt, und er muss immerzu an Jutta denken, die, seit er ihr Radio zerschlagen hat, kein Wort mehr mit ihm wechselt. Sie hat ihn so anklagend angesehen, dass er den Blick abwenden musste. Ihre Augen sagten: *Du hast mich verraten*, aber beschützt er sie nicht nur?

Am zweiten Morgen stehen rassische Untersuchungen an. Sie verlangen von Werner wenig mehr, als dass er die Arme hebt und nicht blinzelt, während ihm einer der Ärzte mit einer kleinen Taschenlampe in die Tunnel seiner Pupillen leuchtet. Er schwitzt und verlagert das Gewicht. Sein Herz schlägt viel zu schnell. Ein Techniker mit Zwiebelatem, der einen Laborkittel trägt, vermisst den Abstand zwischen Werners Schläfen, den Umfang seines Kopfes und die Dicke und Form seiner Lippen. Mit Schiebern messen sie die Größe seiner Füße, die Länge seiner Finger und den Abstand zwischen Augen und Bauchnabel. Seinen Penis messen sie ebenfalls, und mit einem hölzernen Winkelmesser auch die Neigung seiner Nase.

Ein weiterer Techniker stuft Werners Augenfarbe auf einer chromatischen Skala ein, die etwa sechzig Blauschattierungen umfasst. Werners Augen sind *himmelblau*. Um die Haarfarbe genau einzustufen, schneidet der Mann Werner eine Strähne ab und vergleicht sie mit etwa dreißig von Hell nach Dunkel auf einer Tafel angeordneten Locken.

«Schnee», murmelt der Techniker und macht sich eine Notiz. Schnee. Werners Haar ist heller als die hellste Locke auf der Tafel.

Sie prüfen seine Augen, nehmen ihm Blut und seine Fingerabdrücke ab. Als es Mittag wird, fragt er sich, ob es noch etwas gibt, was sie vermessen könnten.

Es folgen mündliche Prüfungen. Wie viele Nationalpolitische Erziehungsanstalten gibt es? Zwanzig. Wer sind unsere größten Olympioniken? Er weiß es nicht. Wann hat der Führer Geburtstag? Am 20. April. Wer ist unser größter Schriftsteller, was ist der Versailler Vertrag, wie heißt das schnellste Flugzeug unserer Nation?

Am dritten Tag wird wieder gerannt, geklettert und gesprungen. Alle Zeiten werden gestoppt. Die Techniker, Schulvertreter und Prüfer tragen Uniformen in leicht unterschiedlichen Schattierungen und verzeichnen die Ergebnisse auf Millimeterpapier mit einem sehr kleinen Maßstab. Seite um Seite werden in lederne Ordner geheftet, auf die vorn ein goldener Blitz gedruckt ist.

Die Jungen stellen untereinander flüsternd Vermutungen an.

«Die Schulen sollen eigene Segelboote, Falknereien und Schießstände haben.»

«Ich habe gehört, aus jeder Altersgruppe werden nur sieben genommen.»

«Ich glaube, nur vier.»

So sehnsüchtig wie angeberisch reden sie von den Schulen. Alle wollen verzweifelt aufgenommen werden. Werner sagt sich: *Ich auch. Ich auch.*

Und doch wird ihm zwischendurch trotz seines Ehrgeizes immer wieder schwindelig. Dann sieht er Jutta mit ihrem zertrümmerten Radio und spürt, wie sich ihm vor Unsicherheit der Magen zusammenkrampft.

Die Jungen klettern Mauern hinauf, machen einen Sprint nach dem anderen. Am fünften Tag geben drei auf, am sechsten vier weitere.

Mit jeder Stunde scheint es in der Tanzhalle heißer zu werden, sodass am achten Tag Luft, Wände und Boden mit einem strengen, allgegenwärtigen Jungengeruch gesättigt sind. In der letzten Prüfung müssen die Vierzehnjährigen eine an die Wand genagelte Leiter hinaufklettern, oben, in siebeneinhalb Metern Höhe, auf eine winzige Plattform steigen und mit geschlossenen Augen in die Tiefe springen, wo sie in einer von Dutzenden anderen Jungen gehaltenen Flagge aufgefangen werden.

Als Erster soll ein stämmiger Bauernjunge aus Herne springen. Er klettert die Leiter, ohne zu zögern, hinauf, doch als er oben über allen auf der Plattform steht, wird er bleich. Seine Knie beginnen, gefährlich zu wackeln.

Einer murmelt: «Schisser.»

Der Junge neben Werner flüstert: «Höhenangst.»

Ein Prüfer sieht unbewegt zu. Der Junge auf der Plattform blickt über den Rand, als täte sich dort ein wirbelnder Abgrund auf, und schließt die Augen. Er wankt vor und zurück. Endlose Sekunden vergehen. Der Prüfer sieht auf seine Stoppuhr. Werner hält den Saum der Flagge gepackt.

Bald sieht keiner in der Halle mehr zur Plattform hinauf, selbst die Jungen der anderen Altersgruppen nicht. Der Junge wankt noch zweimal, bis klar ist, dass er ohnmächtig werden wird, doch selbst da kommt ihm niemand zu Hilfe.

Als er fällt, fällt er zur Seite. Den Jungen unten gelingt es noch, die Fahne rechtzeitig in Position zu bringen, doch das Gewicht des Fallenden reißt sie ihnen aus den Händen, und er schlägt mit den Armen voraus auf den Boden, dass es klingt, als würde jemand ein Bündel Anmachholz über dem Knie zerbrechen.

Der Junge setzt sich auf. Beide Unterarme stehen in widernatürlichen Winkeln ab. Er starrt sie neugierig einen Moment lang an, als suchte er in seiner Erinnerung nach einem Hinweis darauf, wie er nach hier unten gelangt ist.

Dann fängt er an zu schreien. Werner wendet den Blick ab. Vier Jungen bekommen den Befehl, den Verletzten hinauszutragen.

Einer nach dem anderen klettern die verbliebenen Vierzehnjährigen die Leiter hinauf, zittern und springen. Einer schluchzt von Beginn an, ein anderer verstaucht sich bei der Landung den Fuß. Der Nächste wartet bestimmt volle zwei Minuten, bevor er springt. Der fünfzehnte Junge sieht quer durch die Halle, als blickte er auf ein ödes, kaltes Meer hinaus, und klettert wieder nach unten.

Werner sieht von seinem Platz an der Flagge aus zu. Als er selbst an die Reihe kommt, sagt er sich, dass er nicht zaudern darf. Hinter seinen Lidern sieht er die miteinander verbundenen Konstruktionen des Zollvereins, sieht die Feuer atmenden Hütten, die Männer, die ameisengleich aus den Aufzugsschächten kommen, den Schlund von Schacht 9, in dem sein Vater umgekommen ist. Er sieht Jutta am Fenster des Aufenthaltsraums, hinter dem Regen versteckt, als er dem Obergefreiten zu Herrn Siedlers Haus gefolgt ist, sieht die schlanken Waden von Frau Siedler und spürt den Geschmack von Schlagsahne und Puderzucker auf der Zunge.

Herausragend. Unerwartet.

Wir nehmen nur die Reinsten, nur die Stärksten.

Der einzige Ort, an den dein Bruder gehen wird, Kleine, sind die Kohlenflöze.

Werner huscht die Leiter hinauf. Die Sprossen sind grob gesägt, sodass er sich einen Splitter nach dem anderen in die Hand reißt. Von oben wirkt die purpurrote Flagge mit dem weißen Rund und dem schwarzen Kreuz unerwartet klein. Ein blasser Kreis Gesichter starrt zu ihm herauf. Hier oben ist es noch heißer, es glüht, und der Schweißgeruch macht ihn benommen.

Ohne zu zögern, tritt Werner an den Rand der Plattform, schließt die Augen und springt. Er trifft die Flagge genau in der Mitte, und die Jungen, die sie halten, lassen ein gemeinsames Ächzen hören.

Er rollt unverletzt auf die Beine. Der Prüfer drückt die Stoppuhr, schreibt etwas auf sein Blatt und sieht auf. Eine halbe Sekunde lang treffen sich ihre Blicke. Vielleicht kürzer. Der Mann wendet sich wieder seinen Papieren zu.

«Heil Hitler!», ruft Werner.

Der nächste Junge klettert die Leiter hinauf.

Bretagne

Am Morgen nimmt sie ein Möbelwagen mit. Ihr Vater hebt sie hinten auf die Ladefläche, wo etwa ein Dutzend Leute unter der gewachsten Plane hockt. Der Motor dröhnt und spuckt, und der Lastwagen fährt kaum einmal schneller als Schrittgeschwindigkeit.

Eine Frau mit einem normannischen Akzent betet, jemand verteilt Pastete. Alles riecht nach Regen. Keine Stukas fliegen über sie weg, es gibt auch kein Maschinengewehrfeuer. Niemand hat bisher einen Deutschen zu Gesicht bekommen. Den halben Morgen über versucht sich Marie-Laure einzureden, dass die letzten Tage nur eine komplizierte Prüfung waren, die sich ihr Vater ausgedacht hat, und der Lastwagen nicht weiter von Paris wegfährt, sondern dorthin zurück und sie am Abend nach Hause kommen. Das Modell wird auf seiner Bank in der Ecke stehen und die Zuckerdose mitten auf dem Tisch, der kleine Löffel über den Rand hinausragen. Durchs offene Fenster wird sie den Käseverkäufer in der Rue des Patriarches seine Tür verschließen und die wunderbaren Gerüche hinter den Fensterläden einfangen hören, wie er es an fast jedem Abend getan hat, an den sie sich erinnern kann. Und die Blätter des Kastanienbaums werden rascheln und murmeln, und ihr Vater wird Kaffee kochen, ihr ein heißes Bad einlassen und sagen: «Das hast du gut gemacht, Marie-Laure. Ich bin stolz auf dich.»

Der Lastwagen holpert von der Landstraße auf eine Nebenstraße und dann auf einen Feldweg. Büsche schlagen gegen die Seiten. Weit nach Mitternacht, westlich von Cancale, geht ihnen das Benzin aus.

«Es ist nicht mehr weit», flüstert ihr Vater.

Marie-Laure schlurft im Halbschlaf dahin. Die Straße scheint kaum breiter als ein Fußweg. Es riecht nach nassem Korn und geschnittenen Hecken, und zwischen ihren Schritten kann sie ein tiefes, fast nur fühlbares Tosen hören. Sie zieht ihren Vater am Ärmel. «Eine Armee.»

«Das Meer.»

Sie legt den Kopf schräg.

«Es ist das Meer, Marie. Ich verspreche es.»

Er trägt sie auf dem Rücken. Jetzt hören sie das Schreien der Möwen, es riecht nach nassen Steinen, nach Vogeldreck und Salz, wobei sie nie wusste, dass Salz einen Geruch hat. Das Meer murmelt in einer Sprache, die durch Steine, Luft und Himmel dringt. Was hat Kapitän Nemo gesagt? *Das Meer ist außerhalb der Macht der Tyrannen.*

«Wir gehen jetzt nach Saint-Malo hinüber», sagt ihr Vater, «in den Teil, den sie die Stadt innerhalb der Mauern nennen.» Er erzählt ihr, was er sieht: ein Fallgitter, Verteidigungsmauern, die man Befestigungsanlagen nennt, granitene Häuser, einen Turm hoch über den Dächern. Das Geräusch seiner Schritte hallt von großen Häusern wider und regnet auf sie herab. Er müht sich mit ihrem Gewicht, und sie ist alt genug, um zu argwöhnen, dass das, was er als idyllisch und einladend beschreibt, tatsächlich quälend und fremd wirkt.

Erstickt schreien Vögel hoch über ihnen. Ihr Vater wendet sich nach links, nach rechts, und Marie-Laure hat das Gefühl, als hätten sie sich in den letzten vier Tagen auf das Zentrum eines verblüffenden Irrgartens zubewegt und schlichen sich gerade auf Zehenspitzen an den Wächtern der letzten inneren Zelle vorbei. In der womöglich eine schreckliche Bestie schlummert.

«Die Rue Vauborel», sagt ihr Vater keuchend. «Hier muss es sein. Oder hier?» Er dreht sich, geht zurück, läuft eine Gasse entlang, dreht sich.

«Ist da niemand, den man fragen kann?»

«Es brennt kein einziges Licht, Marie. Alle schlafen oder tun so.»

Endlich erreichen sie das Tor, und er setzt sie auf dem Bordstein ab und drückt eine elektrische Klingel. Sie kann sie tief im Innern des Hauses hören. Nichts. Er drückt noch einmal. Wieder nichts. Er drückt ein drittes Mal.

«Das ist das Haus deines Onkels?»

«Ja, das ist es.»

«Er kennt uns nicht», sagt sie.

«Er schläft. Was auch wir eigentlich sollten.»

Sie setzen sich und lehnen den Rücken gegen das Tor. Schmiedeeisern und kühl. Gleich dahinter ist eine schwere hölzerne Tür. Sie legt den Kopf an seine Schulter, und er zieht ihr die Schuhe aus. Die Welt scheint sich sacht vor und zurück zu wiegen, als triebe die Stadt langsam davon und ganz Frankreich drüben auf dem Festland könne nur noch an den Nägeln beißen, fliehen und stolpern, weinen und wie betäubt auf den grauen Morgen warten, unfähig zu glauben, was da geschieht. Wem gehören jetzt die Straßen? Und die Felder? Die Bäume?

Ihr Vater zieht seine letzte Zigarette aus der Tasche und steckt sie an.

Tief im Haus hinter ihnen sind Schritte zu hören.

Madame Manec

Sobald ihr Vater seinen Namen sagt, wird das Atmen hinter der Tür zu einem Schnaufen und hält inne. Die Tür hinter dem Tor knarzt und öffnet sich. «Heilige Mutter Gottes», sagt eine Frauenstimme. «Du warst noch so klein ...»

«Meine Tochter, Madame. Marie-Laure, das ist Madame Manec.»

Marie-Laure versucht einen Knicks. Die Hand, die sich auf ihre Wange legt, ist kräftig. Es ist die Hand einer Geologin oder Gärtnerin.

«Mein Gott, man kann sich nicht so fern sein, dass einen das Schicksal nicht wieder zusammenführen könnte. Aber mein liebes Kind, deine Strümpfe. Und deine Fersen! Du musst ja völlig ausgehungert sein.»

Sie treten in den engen Eingang. Marie-Laure hört, wie das Tor hinter ihnen zuklackt, dann verschließt die Frau die Tür. Zwei Riegel, eine Kette. Sie werden in einen Raum geführt, der nach Kräutern und frischem Teig riecht, eine Küche. Ihr Vater knöpft Marie-Laure den Mantel auf und hilft ihr, sich zu setzen. «Wir sind sehr dankbar, ich weiß, wie spät es ist», sagt er, und die alte Frau, Madame Manec, ist forsch, tatkräftig und überwindet offenbar ihre anfängliche Verblüffung. Sie tut seinen Dank ab und schiebt Marie-Laures Stuhl an den Tisch heran. Ein Streichholz wird angerissen, Wasser in einen Topf gefüllt, ein Kühlschrank öffnet und schließt sich. Das Zischen von Gas ist zu hören, das Ticken sich erwärmenden Metalls, und im nächsten Moment spürt Marie-Laure ein warmes Handtuch auf ihrem Gesicht. Vor ihr steht ein Krug mit kühlem, süßem Wasser. Jeder Schluck ist ein Segen.

«Oh, die Stadt ist absolut am Überlaufen», sagt Madame Manec in ihrem Märchenerzählerinnen-Ton, während sie sich in der Küche hin und her bewegt. Sie scheint klein zu sein und klobige, schwere Schuhe zu tragen. Ihre Stimme ist tief, voller Kiesel, es ist eine Seemannsstimme oder die eines Rauchers. «Einige können sich ein Hotel leisten oder etwas mieten, aber viele schlafen in den Lagerhäusern, auf Stroh, und haben nicht genug zu essen. Ich würde sie ja aufnehmen, aber dein Onkel, weißt du, es könnte ihn durcheinanderbringen. Es gibt keinen Diesel, kein Benzin. Die englischen Schiffe sind längst weg. Sie haben alles verbrannt, was sie zurücklassen mussten. Erst konnte ich es nicht glauben, aber Etienne, er hört den ganzen Tag Radio ...»

Eier werden aufgeschlagen, Butter brutzelt in einer heißen Pfanne. Ihr Vater gibt einen kurzen Bericht ihrer Flucht, von Bahnhöfen, verängstigten Menschenmengen, Evreux, aber bald schon wird Marie-Laures Aufmerksamkeit ganz von den Gerüchen in Anspruch genommen, die sie umgeben: Ei, Spinat, schmelzender Käse.

Ein Omelett wird vor sie hingestellt, und sie hält ihr Gesicht in den Dampf. «Dürfte ich eine Gabel haben?»

Die alte Frau lacht. Es ist ein Lachen, das Marie-Laure gleich mag. Schon spürt sie das Metall in ihrer Hand.

Die Eier schmecken wie Wolken. Wie gesponnenes Gold. Madame Manec sagt: «Ich glaube, sie mag es», und lacht wieder.

Ein zweites Omelett wird fertig. Jetzt ist es ihr Vater, der schnell isst. «Wie wäre es mit Pfirsichen, Schatz?», murmelt Madame Manec, und Marie-Laure kann hören, wie ein Einmachglas geöffnet wird und Saft in eine Schüssel schwappt. Sekunden später isst sie Stücke nassen Sonnenlichts.

«Marie», murmelt ihr Vater. «Deine Manieren.»

«Aber sie ...»

«Wir haben genug, iss nur weiter, Kind. Ich mache sie jedes Jahr ein.» Als Marie-Laure zwei ganze Gläser Pfirsiche gegessen hat, wäscht ihr Madame Manec die Füße mit einem Tuch, schüttelt ihren Mantel aus, stellt das Geschirr in die Spüle und sagt: «Zigarette?», worauf ihr Vater vor Dankbarkeit stöhnt. Ein Streichholz faucht, und die Erwachsenen rauchen.

Eine Tür öffnet sich, oder ein Fenster, und Marie-Laure kann die hypnotische Stimme des Meeres hören.

«Und Etienne?», sagt ihr Vater.

Madame sagt: «An manchen Tagen ist er stumm wie eine Leiche, dann isst er wieder wie ein Albatros.»

«Er ist immer noch nicht ...»

«Seit zwanzig Jahren nicht.»

Wahrscheinlich flüstern sich die Erwachsenen noch mehr zu. Wahrscheinlich sollte Marie-Laure neugieriger sein, was ihren Großonkel betrifft, der Dinge sieht, die nicht da sind, neugieriger auf das Schicksal all derer und all dessen, die und das sie kennt. Aber ihr Bauch ist voll, das Blut fließt ihr warm und golden durch die Adern, und draußen vorm offenen Fenster, hinter den Mauern, kracht das Meer gegen das Land. Zwischen ihr und dem Wasser gibt es nur noch ein paar aufgetürmte Steine, den Rand der Bretagne, die entlegenste Fensterbank Frankreichs. Vielleicht rücken die Deutschen ja unaufhaltsam wie Lava vor, aber Marie-Laure gleitet in so etwas wie einen Traum, vielleicht auch die Erinnerung an einen Traum: Sie ist sechs oder sieben, gerade erblindet, und ihr Vater sitzt auf einem Stuhl neben ihrem Bett und schnitzt an einem kleinen Stück Holz, raucht eine Zigarette, und der Abend senkt sich auf die hunderttausend Dächer und Schornsteine von Paris herab. Alle Mauern um sie herum lösen sich auf, die Decken ebenfalls, die ganze Stadt wird zu Rauch, und endlich fällt der Schlaf wie ein Schatten auf sie.

Du bist berufen

Alle wollen Werners Geschichten hören. Was für Prüfungen waren es, was musstest du tun, erzähle uns alles. Die jüngeren Kinder ziehen ihn an den Ärmeln, die älteren sind ehrerbietig. Der schneehaarige Träumer wurde aus dem Ruß gepflückt.

«Es heißt, sie nehmen nur zwei aus meiner Altersgruppe, vielleicht drei.» Er spürt Juttas glühende Aufmerksamkeit am anderen Ende des Tisches. Mit dem Rest des Geldes von Herrn Siedler hat er einen deutschen Kleinempfänger für 34,80 RM gekauft, ein Zwei-Röhren-Radio mit niedriger Spannung, das noch billiger war als die vom Staat geförderten Volksempfänger, die er in den Häusern der Nachbarn repariert. Nach wie vor kann der Apparat nur die großen nationalen Programme des Deutschlandsenders empfangen, keine Kurzwelle. Nichts Ausländisches.

Die Kinder jubeln, als er damit ankommt. Jutta zeigt kein Interesse.

Martin Sachse fragt: «Gab es viel Mathe?»

«Habt ihr Käse bekommen? Kuchen?»

«Durftet ihr mit Gewehren schießen?»

«Seid ihr Panzer gefahren? Ich wette, ihr seid Panzer gefahren.»

Werner sagt: «Die Hälfte der Fragen konnte ich nicht beantworten. Ich werde niemals genommen.»

Aber das stimmt nicht, fünf Tage nach seiner Rückkehr aus Essen wird der Brief von einem speziellen Boten ins Kinderhaus gebracht. Ein Adler und ein Kreuz sind auf dem festen Umschlag. Keine Briefmarke. Wie eine Nachricht von Gott.

Frau Elena ist mit der Wäsche beschäftigt, und die kleinen Jungen sitzen um das Radio gedrängt und hören eine halbstündige Sendung im Kinderfunk. Jutta und Claudia Förster sind mit drei der jüngeren Mädchen bei einem Puppentheater auf dem Markt. Jutta hat seit Werners Rückkehr nicht mehr als sechs Worte an ihn gerichtet.

Du bist berufen, heißt es in dem Brief. Werner hat sich in der Nationalpolitischen Erziehungsanstalt Nr. 6 in Schulpforta einzufinden. Er steht im Gemeinschaftsraum des Kinderhauses und versucht, es zu begreifen. Die rissigen Wände, die durchhängende Decke, die beiden Bänke, auf denen Kind um Kind um Kind gesessen haben, seit die Zeche Waisen produziert. Er hat einen Weg hinaus gefunden.

Schulpforta. Es ist ein winziger Punkt auf der Karte, bei Naumburg in Sachsen. Gut dreihundert Kilometer östlich. Nur in seinen kühnsten Träumen hat er sich die Hoffnung erlaubt, einmal so weit zu reisen. Wie benommen trägt er das Stück Papier nach draußen, wo Frau Elena in dichten Dampfschwaden steht und Bettwäsche kocht.

Sie liest den Brief mehrere Male. «Das können wir nicht bezahlen.»

«Wir müssen nichts bezahlen.»

«Wie weit ist es?»

«Fünf Stunden mit dem Zug. Sie haben die Karte bereits gekauft.»

«Wann musst du los?»

«In zwei Wochen.»

Frau Elena: nasse Haarsträhnen auf den Wangen, dunkelrote Ringe unter den Augen, rosafarbene Ränder um die Nasenlöcher. Ein schmales Kreuz klebt an ihrem Hals. Ist sie stolz? Sie reibt sich die Augen und nickt gedankenverloren. «Das werden sie feiern.» Sie gibt ihm den Brief zurück und starrt die Gasse hinunter, auf die eng gespannten Wäscheleinen und die Kohleneimer.

«Wer?»

«Alle. Die Nachbarn.» Sie lacht auf, so plötzlich wie überraschend. «Leute wie der stellvertretende Minister. Der dir das Buch weggenommen hat.»

«Jutta nicht.»

«Nein. Jutta nicht.»

Er übt in Gedanken die Begründung ein, die er seiner Schwester geben wird. Die Pflicht. Jeder Deutsche erfüllt seine Pflicht. Zieh deine Stiefel an und geh zur Arbeit. *Ein Volk, ein Reich, ein Führer.* Wir alle haben unsere Rolle zu übernehmen, meine kleine Schwester. Aber noch bevor die Mädchen zurückkommen, hat sich die Nachricht im Viertel verbreitet. Die Nachbarn treffen nacheinander ein, lassen erstaunte Ausrufe hören und wissen sich kaum zu halten. Bergarbeiterfrauen bringen Schweinehaxen und Käse. Sie reichen Werners Aufnahmebrief herum, und die, die lesen können, lesen ihn den anderen vor. Als Jutta nach Hause kommt, ist der Raum voller beschwingter Leute. Die Zwillinge Hanna und Susanne Gerlitz hüpfen aufgeregt um das Sofa, und der sechsjährige Rolf Hupfauer singt: *Steht auf!* *Steht auf! Aller Ruhm dem Vaterland!* Etliche Kinder stimmen mit ein, und Werner sieht nicht, wie Frau Elena in der Ecke mit Jutta spricht und Jutta nach oben läuft.

Als die Glocke zum Abendessen ruft, kommt sie nicht herunter. Frau Elena bittet Hanna Gerlitz vorzubeten und sagt Werner, dass sie mit Jutta reden werde, er solle unten bleiben, all die Leute seien seinetwegen da. Alle paar Atemzüge flackern die Worte wie Funken in seinem Kopf auf: *Du bist berufen.* Jede Minute, die vergeht, ist eine Minute weniger in diesem Haus. In diesem Leben.

Nach dem Essen kommt der kleine Siegfried Fischer, nicht älter als fünf, um den Tisch herumgelaufen, zupft Werner am Ärmel und gibt ihm eine Fotografie, die er aus einer Zeitung gerissen hat. Sechs Kampfbomber fliegen über eine Wolkenwand, und auf ihren Rümpfen funkelt die Sonne. Die Schals der Piloten flattern hinter ihren Köpfen.

Siegfried Fischer sagt: «Du wirst es ihnen zeigen, oder?» Aus seinen Augen spricht ein leidenschaftlicher Glaube, der einen Kreis um all die Stunden zu ziehen scheint, die Werner im Kinderhaus verbracht und auf etwas Größeres gehofft hat.

«Das werde ich», sagt Werner. Die Blicke aller Kinder ruhen auf ihm. «Das werde ich unbedingt.»

Occuper

Marie-Laure erwacht vom Glockengeläut – zwei, drei, vier, fünf. Ein leicht muffiger Geruch. Uralte Federkissen, die ihre Luftigkeit verloren haben. Hinter dem klumpigen Bett, auf dem sie sitzt, eine Seidentapete. Wenn sie beide Arme ausstreckt, kann sie fast die Wände links und rechts berühren.

Der Widerhall der Glocken lässt nach. Sie hat fast den ganzen Tag geschlafen. Was ist das für ein gedämpftes Dröhnen, das sie da hört? Sind das Menschen? Oder ist es immer noch das Meer?

Sie stellt die Füße auf den Boden. In den Wunden an ihren Fersen pocht es. Wo ist ihr Stock? Sie schiebt die Füße vorsichtig voran, um nicht mit den Schienbeinen gegen etwas zu stoßen. Das Fenster hinter den Vorhängen ist so hoch, dass sie nicht bis an seinen oberen Rand kommt. Gegenüber davon findet sie eine Kommode, deren Schubladen sich nicht ganz öffnen lassen, da das Bett im Weg ist.

Das Wetter hier, man kann es zwischen den Fingern fühlen.

Sie tastet sich durch die Tür, wo hinein? In einen Flur? Hier ist das Dröhnen schwächer, kaum mehr ein Murmeln.

«Hallo?»

Stille. Dann dringt von unten geschäftiges Treiben herauf, die schweren Schuhe von Madame Manec erklimmen schmale, sich windende Stufen, ihr Raucheratem kommt näher, ein Stockwerk, zwei Stockwerke, wie groß ist dieses Haus? Jetzt ruft Madames Stimme: «Mademoiselle», und Marie-Laure wird bei der Hand gefasst, zurück ins Zimmer geführt, in dem sie aufgewacht ist, und auf den Rand des Bettes gesetzt. «Musst du auf die Toilette? Bestimmt, dann ein Bad, du hast ausgezeichnet geschlafen. Dein Vater ist in der Stadt, er will zum Telegrafenamt, obwohl ich ihm versichert habe, dass es so lohnend sein wird wie der Versuch, Federn aus Melasse zu fischen. Hast du Hunger?»

Madame Manec schüttelt Kissen auf und faltet die Decke zusammen. Marie-Laure versucht, sich auf etwas Kleines, Konkretes zu konzentrieren. Das Modell daheim in Paris. Eine Schnecke aus Dr. Geffards Schubladen.

«Gehört dieses ganze Haus meinem Großonkel Etienne?»

«Jedes einzelne Zimmer.»

«Wie hat er es bezahlt?»

Madame Manec lacht. «Du kommst gleich auf den Punkt, wie? Dein Großonkel hat das Haus von seinem Vater geerbt, deinem Urgroßvater. Der war sehr erfolgreich und hatte viel Geld.»

«Sie haben ihn gekannt?»

«Ich war schon in diesem Haus, als Monsieur Etienne noch ein kleiner Junge war.»

«Meinen Großvater auch? Kannten Sie ihn auch?»

«Ja, ihn auch.»

«Lerne ich Onkel Etienne jetzt kennen?»

Madame Manec zögert. «Wahrscheinlich nicht.»

«Aber er ist hier?»

«Ja, Kind. Er ist immer hier.»

«Immer?»

Madame Manecs große, kräftige Hände umschließen Marie-Laures. «Kümmern wir uns erst einmal um dein Bad. Dein Vater wird dir alles erklären, wenn er zurückkommt.»

«Papa erklärt nichts. Er sagt, der Onkel war mit meinem Großvater im Krieg.»

«Das stimmt, und als dein Großonkel zurück nach Hause kam», Madame sucht nach den richtigen Worten, «war er nicht mehr derselbe.»

«Sie meinen, er hatte größere Angst vor den Dingen?»

«Ich meine, er war wie verloren. Eine Maus in der Falle. Er sah Tote durch Wände gehen, schreckliche Dinge in den Ecken der Straßen. Seitdem geht dein Großonkel nicht mehr hinaus.»

«Niemals?»

«Seit Jahren schon nicht mehr. Aber Etienne ist ein Wunder, du wirst es sehen. Er weiß alles.»

Marie-Laure lauscht dem Knarzen des Holzes, den Möwenschreien und dem sanften Dröhnen draußen vor dem Fenster. «Sind wir hoch in der Luft, Madame?»

«Wir sind im fünften Stock. Es ist ein gutes Bett, oder? Ich dachte, du und dein Papa, ihr würdet euch gut darin ausruhen können.»

«Kann man das Fenster aufmachen?»

«Das kann man, Schatz. Aber wahrscheinlich ist es besser, die Läden nicht zu öffnen, während ...»

Marie-Laure steht bereits auf dem Bett und streicht mit den Händen über die Wand. «Kann man das Meer dadurch sehen?»

«Wir sollen die Fensterläden und Fenster geschlossen halten. Aber vielleicht für eine Minute.» Madame Manec dreht den Griff, zieht die beiden Fensterflügel auf und drückt einen der Fensterläden nach außen. Wind: plötzlich, klar, süß, salzig, strahlend. Das Dröhnen hebt und senkt sich.

«Gibt es da draußen Schnecken, Madame?»

«Schnecken? Im Meer?» Wieder ihr Lachen. «So viele wie Regentropfen. Interessierst du dich für Schnecken?»

«Ja, ja, ja. Ich habe schon Baumschnecken und Weinbergschnecken gefunden, Meeresschnecken aber noch nie.»

«Nun», sagt Madame Manec. «Da bist du hier richtig.»

Madame lässt ihr im zweiten Stock ein warmes Bad ein. Aus der Wanne hört Marie-Laure, wie sie die Tür schließt und das vollgestellte Bad unter dem Gewicht des Wassers stöhnt. Die Wände knarzen, als läge sie in einer Kabine von Kapitän Nemos *Nautilus*. Der Schmerz in ihren Fersen vergeht. Sie senkt den Kopf unter die Wasseroberfläche. Niemals aus dem Haus zu gehen! Sich für Jahrzehnte in diesem seltsamen, schmalen Haus zu verstecken!

Zum Abendessen wird sie in ein gestärktes Kleid aus einem lange vergangenen Jahrzehnt gesteckt. Sie sitzen am quadratischen Küchentisch, ihr Vater und Madame links und rechts, Knie an Knie, die Fenster und Fensterläden fest geschlossen. Im Radio murmelt eine gehetzte, abgehackte Stimme die Namen von Ministern. De Gaulle ist in London, Pétain ersetzt Reynaud. Sie essen einen Fischeintopf mit grünen Tomaten. Ihr Vater sagt, seit drei Tagen würden keine Briefe mehr befördert. Die Telegrafenleitungen sind außer Betrieb, die neueste Zeitung ist sechs Tage alt. Im Radio werden jetzt private Meldungen durchgegeben.

Monsieur Cheminoux, nach Orange geflüchtet, sucht seine drei Kinder, die mit dem Gepäck in Ivry-sur-Seine zurückgeblieben sind.

Francis in Genf sucht Informationen über Marie-Jeanne, zuletzt in Gentilly gesehen.

Mutter schließt Luc und Albert in ihre Gebete ein, wo immer sie sind.

L. Rabier sucht nach seiner Frau, die er zuletzt an der Gare d'Orsay gesehen hat.

A. Cotteret möchte seiner Mutter sagen, dass er in Laval in Sicherheit ist.

Madame Meyzieu versucht, den Aufenthaltsort von sechs Töchtern in Erfahrung zu bringen, die mit dem Zug nach Redon geschickt wurden.

«Alle haben jemanden verloren», murmelt Madame Manec, und Marie-Laures Vater schaltet das Radio aus. Die Röhren klicken beim Abkühlen. Weiter oben im Haus hört man schwach, wie die Stimme weiter Namen vorliest. Oder bildet Marie-Laure sich das nur ein? Sie hört Madame Manec aufstehen, die Teller einsammeln und ihren Vater seinen Zigarettenrauch ausatmen, als liege dieser schwer in seiner Lunge und er sei froh, ihn loszuwerden.

Später steigen Marie-Laure und ihr Vater die enge, gewundene Treppe hinauf in das Zimmer im fünften Stock, um dort Seite an Seite unter der zerfasernden Seidentapete im selben klumpigen Bett zu schlafen. Ihr Vater hantiert mit seinem Rucksack herum, mit dem Türriegel und seinen Streichhölzern. Bald schon umgibt sie der vertraute Zigarettengeruch. Seine Gauloises bleues. Sie hört Holz knacken und ächzen, als sich die Fensterflügel öffnen. Das willkommene Windgeräusch weht herein, oder vielleicht ist es auch das Meer zusammen mit dem Wind, ihre Ohren können es nicht auseinanderhalten. Mit herein wehen die Gerüche von Salz und Heu, von Fischmärkten und fernen Marschen, und absolut nichts davon erinnert sie an Krieg.

«Können wir morgen ans Meer gehen, Papa?»

«Morgen wahrscheinlich nicht.»

«Wo ist Onkel Etienne?»

«Ich nehme an, in seinem Zimmer im Stock unter uns.»

«Sieht er wieder Dinge, die es nicht gibt?»

«Es ist ein Glück, dass wir ihn haben, Marie.»

«Und auch Madame Manec. Sie kann toll kochen, oder, Papa? Vielleicht ist sie sogar ein winziges bisschen besser als du.»

«Ein ganz kleines, winziges bisschen.»

Marie-Laure ist froh, das Lächeln in seiner Stimme zu hören. Aber darunter spürt sie seine Gedanken, die wie gefangene Vögel herumflattern. «Was bedeutet das, Papa, dass sie uns *besetzen* werden?»

«Es bedeutet, dass sie ihre Lastwagen auf den Plätzen parken.»

«Werden sie uns zwingen, ihre Sprache zu sprechen?»

«Vielleicht müssen wir die Uhren eine Stunde vorstellen.»

Das Haus knarzt. Möwen schreien. Er steckt sich noch eine Zigarette an.

«Meint ihr das mit *occupation*, Papa? Wie ein Beruf, den jemand hat?»

«Das bedeutet militärische Kontrolle, Marie. Das sind jetzt erst einmal genug Fragen.»

Stille. Zwanzig Herzschläge. Dreißig.

«Wie kann ein Land ein anderes dazu zwingen, die Uhren umzustellen? Was, wenn sich alle weigern?»

«Dann kommen viele Leute zu früh. Oder zu spät.»

«Erinnerst du dich an unsere Wohnung, Papa? Mit meinen Büchern und unserem Modell und all den Kiefernzapfen auf der Fensterbank?»

«Natürlich erinnere ich mich.»

«Ich habe die Zapfen der Größe nach geordnet.»

«Sie sind noch da.»

«Denkst du?»

«Ich weiß es.»

«Du weißt es nicht.»

«Ich weiß es nicht, aber ich glaube es.»

«Steigen jetzt die deutschen Soldaten in unsere Betten, Papa?»

«Nein.»

Marie-Laure versucht, ganz still zu liegen. Sie kann die Gedankenmaschinerie im Kopf ihres Vaters förmlich hören. «Es kommt alles in Ordnung», flüstert sie. Ihre Hand findet seinen Unterarm. «Wir bleiben eine Weile hier, und dann fahren wir zurück in unsere Wohnung, und die Kiefernzapfen liegen immer noch so da, wie wir sie zurückgelassen haben. Und die *Zwanzigtausend Meilen unter dem Meer* sind noch in der Schlüsselausgabe, und niemand hat sich in unseren Betten breitgemacht.»

Der ferne Lobgesang des Meeres. Das Klappern von Stiefelabsätzen tief unter ihnen. Sie wünscht sich so sehr, dass ihr Vater sagt, ja, genau so wird es sein, *ma chérie*, doch er bleibt stumm.

Erzähl keine Lügen

Er kann sich weder auf seine Hausarbeiten konzentrieren, noch auf einfache Unterhaltungen oder Frau Elenas Aufgaben. Jedes Mal, wenn er die Augen schließt, überwältigt ihn eine Vision der Schule in Schulpforta: zinnoberrote Flaggen, muskulöse Pferde, glänzende Labors. Die besten Jungen Deutschlands. In gewissen Augenblicken sieht er sich als ein Symbol des Möglichen, auf das sich alle Augen richten, dann wieder scheint das Bild des dicklichen Jungen bei der Aufnahmeprüfung vor ihm auf, das Gesicht hoch oben auf der Plattform, aus dem alles Blut gewichen ist. Wie er in die Tiefe gestürzt ist. Wie niemand etwas unternommen hat, um ihm zu helfen.

Warum kann sich Jutta nicht für ihn freuen? Warum muss sich selbst noch im Moment seiner Flucht eine unerklärliche Warnung in einem fernen Bereich seines Denkens bemerkbar machen?

Martin Sachse sagt: «Erzähl uns noch einmal von den Handgranaten!»

Siegfried Fischer sagt: «Und den Falknereien!»

Dreimal versucht er, ihr seine Gründe zu erklären, und dreimal dreht sich Jutta auf dem Absatz um und geht davon. Stunde um Stunde hilft sie Frau Elena mit den kleineren Kindern, muss zum Markt oder findet eine andere Ausrede, muss helfen, ist beschäftigt, muss weg.

«Sie will nicht zuhören», sagt Werner zu Frau Elena.

«Versuche es weiter.»

Ehe er sich versieht, ist es nur noch ein Tag bis zu seiner Abreise. Er wacht vor Sonnenaufgang auf und findet Jutta in ihrem Bett im Mädchenschlafraum. Sie hat die Arme um den Kopf geschlungen, ihre Wolldecke ist um ihren Leib gewickelt, und ihr Kissen steckt in der Spalte zwischen Matratze und Wand. Selbst im Schlaf sieht man ihr die Anspannung an. Über ihrem Bett hängen die phantastischen Bleistiftzeichnungen von Frau Elenas Dorf und von einem Paris mit tausend weißen Türmen, über denen Vogelschwärme wirbeln.

Er sagt ihren Namen.

Sie wickelt sich fester in ihre Decke.

«Kommst du mit?»

Zu seiner Überraschung setzt sie sich auf. Sie gehen hinaus, bevor sonst jemand aufwacht. Er läuft ohne ein Wort voraus. Sie klettern über einen Zaun und noch einen. Juttas offene Schuhriemen rutschen durch den Schmutz, Disteln stechen ihnen in die Knie. Die aufgehende Sonne brennt ein Loch in den Horizont.

Am Rand eines Entwässerungskanals bleiben sie stehen. In früheren Wintern hat er sie in ihrem Bollerwagen genau an diese Stelle gezogen, und dann haben sie den Schlittschuhläufern auf dem Eis zugesehen, Bauern, die sich Kufen unter die Schuhe gebunden hatten, Eis in den Bärten, zu fünft oder sechst kamen sie vorbeigefahren, eng beieinander, in einem Zehn-, Fünfzehn-Kilometer-Rennen zwischen zwei Städten. Der Ausdruck in den Augen der Schlittschuhläufer war der von Pferden, die einen langen Weg hinter sich hatten, und Werner fand es immer aufregend, sie zu sehen, den Luftzug zu spüren, den sie verursachten, und das Geräusch ihrer Schlittschuhe zu hören, das nur langsam verging. Es war ein Gefühl, als könnte sich seine Seele aus seinem Körper befreien und mit ihnen fliegen, doch sobald sie hinter der nächsten Biegung verschwunden waren und nichts als ihre weißen Kratzer im Eis hinterlassen hatten, verblasste die Erregung, und er zog Jutta zum Kinderhaus zurück und fühlte sich einsam und verlassen und noch mehr in seinem Leben gefangen als zuvor.

Er sagt: «Im letzten Winter waren keine Schlittschuhläufer hier.»

Seine Schwester starrt in den Graben. Ihre Augen sind malvenfarben, die Haare zerzaust, unzähmbar und vielleicht noch weißer als seine. Schnee.

Sie sagt: «In diesem Jahr werden auch keine kommen.»

Der Zechenkomplex liegt wie ein schwelender schwarzer Gebirgszug hinter ihr. Selbst jetzt kann Werner das mechanische Wummern in der Ferne hören. Die erste Schicht steigt in die Körbe, während die Eulenschicht nach oben kommt. All die Jungen mit den müden Augen und den rußverschmierten Gesichtern fahren mit den Aufzügen nach oben zur Sonne, und einen Augenblick lang nimmt er eine riesige, schreckliche Präsenz wahr, die hinter diesem Morgen lauert.

«Ich weiß, du bist wütend ...»

«Du wirst wie Hans und Herribert werden.»

«Das werde ich nicht.»

«Wenn du nur genug Zeit mit Jungen wie denen verbringst, wirst du auch so.»

«Willst du, dass ich bleibe? Und in die Schächte hinunterfahre?»

Sie sehen einen Fahrradfahrer weit unten auf dem Weg. Jutta klemmt ihre Hände unter die Achseln. «Weißt du, was ich immer gehört habe? In unserem Radio? Bevor du es kaputt gemacht hast?»

«Psst, Jutta. Bitte.»

«Nachrichten aus Paris. Sie sagen das Gegenteil von dem, was der Deutschlandsender sagt. Sie sagen, wir sind Teufel. Dass wir *Gräueltaten* begehen. Weißt du, was Gräueltaten sind?»

«Bitte, Jutta.»

«Ist es richtig», sagt Jutta, «etwas zu tun, nur weil alle anderen es auch tun?»

Zweifel, wie Aale schleichen sie sich ein. Werner stößt sie zurück. Jutta ist kaum zwölf Jahre alt, immer noch ein Kind.

«Ich werde dir jede Woche schreiben, zwei Mal, wenn ich kann. Du musst die Briefe nicht Frau Elena zeigen, wenn du nicht willst.»

Jutta schließt die Augen.

«Es ist nicht für immer, Jutta. Zwei Jahre vielleicht. Die Hälfte der Jungen, die zugelassen werden, schaffen den Abschluss nicht. Aber vielleicht kann ich etwas lernen, vielleicht machen sie einen richtigen Ingenieur aus mir. Vielleicht kann ich lernen, wie man ein Flugzeug fliegt, wie der kleine Siegfried sagt. Schüttele nicht den Kopf, wir wollten doch immer in einem Flugzeug sitzen, oder? Ich fliege uns nach Westen, dich und mich, und Frau Elena auch, wenn sie will. Oder wir könnten den Zug nehmen. Wir fahren durch Wälder und *villages de montagne*, an all die Orte, von denen Frau Elena uns erzählt hat, als wir klein waren. Vielleicht kommen wir bis nach Paris.»

Das hervorbrechende Licht. Das sanfte Rauschen des Grases. Jutta öffnet die Augen, aber sieht ihn nicht an. «Erzähle keine Lügen! Belüge dich selbst, Werner, aber nicht mich!»

Zehn Stunden später sitzt er im Zug.

Etienne

Drei Tage lang lernt sie ihren Großonkel nicht kennen. Dann, als sie sich am vierten Morgen nach ihrer Ankunft zur Toilette tastet, tritt sie auf etwas Kleines, Hartes. Sie geht in die Hocke und befühlt es.

Gedreht und glatt. Eine Skulptur vertikaler Falten, durchzogen von einer sich verjüngenden Spirale. Die Öffnung ist weit und oval. «Eine Wellhornschnecke», flüstert sie.

Einen Schritt nach dem ersten Schneckenhaus findet sie ein weiteres. Dann ein drittes und ein viertes. Die Schneckenhausspur biegt auf den Treppenabsatz und ein Stockwerk hinunter zu der geschlossenen Tür im vierten Stock, von der sie mittlerweile weiß, dass es seine ist, und hinter der leise, mehrstimmige Klaviermusik flüstert. Eine Stimme sagt: «Komm herein.»

Sie rechnet mit Moder- und Altersgeruch, doch der Raum riecht nach Seife, Büchern und getrockneten Algen. Fast wie Dr. Geffards Labor.

«Großonkel?»

«Marie-Laure.» Seine Stimme ist tief und sanft, ein Stück Seide, das man in der Schublade aufbewahrt, nur um es von Zeit zu Zeit hervorzuholen und zu befühlen. Sie greift in den Raum, und kühle, vogelknochige Finger fassen ihre Hand. Er fühle sich besser, sagt er. «Es tut mir leid, aber ich habe dich nicht eher begrüßen können.»

Die Klaviere spielen leise weiter. Es klingt, als spielte gleich ein ganzes Dutzend und als kämen die Klänge von überallher.

«Wie viele Radios hast du, Onkel?»

«Ich zeige sie dir.» Er legt ihre Hand auf ein Regal. «Das hier ist ein Stereogerät. Ein Heterodynempfänger. Ich habe ihn selbst gebaut.» Sie stellt sich einen winzigen Pianisten vor, mit Frack, der in dem Apparat spielt. Als Nächstes legt er ihre Hand auf ein großes Schrankradio, dann auf ein drittes, das nicht größer als ein Toaster ist. Insgesamt sind es elf Radios, sagt er, und ein jungenhafter Stolz schleicht sich in seine Stimme. «Ich kann Schiffe auf dem Meer hören. Madrid, Brasilien, London. Einmal habe ich Indien hereinbekommen. Hier am

Rand der Stadt und so hoch im Haus haben wir einen ausgezeichneten Empfang.»

Er lässt sie mit der Hand durch eine Schachtel Sicherungen fahren, und durch eine mit Schaltern. Danach führt er sie ans Bücherregal: Hunderte von Buchrücken. Ein Vogelbauer. Käfer in Streichholzschachteln. Eine elektrische Mausefalle. Ein gläserner Briefbeschwerer, in den, wie er ihr erklärt, ein Skorpion eingeschlossen ist. Gläser mit verschiedenen Steckverbindungen. Und hundert Dinge mehr, die sie nicht identifizieren kann.

Er hat den gesamten vierten Stock, ein einziges großes Zimmer, bis auf den Treppenabsatz, ganz für sich. Drei Fenster gehen nach vorn auf die Rue Vauborel hinaus, drei weitere auf die Gasse hinter dem Haus. Es gibt ein schmales, altes Bett, die Decke ist weich und fest gespannt. Einen aufgeräumten Schreibtisch: «einen Davenport».

«So weit die Führung», sagt er und flüstert fast. Ihr Großonkel scheint gutherzig, neugierig und völlig gesund zu sein. Stille, die strahlt er vor allem aus. Die Stille eines Baumes. Einer Maus, die in die Dunkelheit blinzelt.

Madame Manec bringt Sandwiches. Etienne hat keinen Jules Verne, aber Darwin, sagt er, und er liest ihr aus *The Voyage of the Beagle* vor und übersetzt dabei das Englische ins Französische: *Die Verschiedenheit der Arten unter den springenden Spinnen scheint fast unendlich zu sein* ... Musik schraubt sich aus den Radios, und es ist wunderbar, warm und genährt auf dem Davenport zu dämmern und zu spüren, wie die Sätze sie in die Höhe heben und an einen anderen Ort tragen.

Sechs Straßen weiter im Telegrafenamt drückt Marie-Laures Vater das Gesicht gegen das Fenster und sieht zwei deutsche Motorräder mit Seitenwagen durch die Porte Saint-Vincent knattern. Die Fensterläden der Stadt sind geschlossen, aber durch die Latten über den Fensterbänken sehen tausend Augen nach draußen. Den Motorrädern folgen zwei Lastwagen, und als Letztes gleitet ein einzelner schwarzer Mercedes heran. Die Sonne blitzt auf den Chromverzierungen und dem Haubenschmuck, während die kleine Prozession auf der kiesbestreuten, gewundenen Auffahrt vor den steil aufsteigenden, mit Flechten überzogenen Mauern des Château de Saint-Malo zum Stehen kommt. Ein älterer, unnatürlich gebräunter Mann – der Bürgermeister, erklärt jemand – trägt ein weißes Taschentuch in seinen großen Seemannspranken, und ein kaum merkliches Schütteln bewegt seine Handgelenke.

Die Deutschen klettern aus ihren Fahrzeugen, es sind mehr als ein Dutzend. Ihre Stiefel glänzen, und ihre Uniformen sind gepflegt. Zwei tragen Nelken im Knopfloch, einer zieht einen Beagle an einer Leine hinter sich her. Einige starren mit offenem Mund die Fassade des Châteaus an.

Ein kleiner Mann in der Uniform eines Leutnants steigt hinten aus der Limousine und wischt sich etwas Unsichtbares vom Ärmel seines Mantels. Er wechselt ein paar Worte mit einem dünnen Adjutanten, der für den Bürgermeister übersetzt. Der Bürgermeister nickt, dann verschwindet der kleine Mann durch die riesigen Türen. Minuten später öffnet der Adjutant die Fensterläden eines der oberen Fenster und sieht einen Moment lang über die Dächer, bevor er eine rote Flagge über den Ziegeln ausrollt und sie an der Fensterbank befestigt.

Jungmänner

Es ist ein Schloss wie aus einem Märchenbuch, acht oder neun steinerne Gebäude im Schutz der Berge, rostfarbene Dächer, schmale Fenster, Türme und Türmchen. Unkraut sprießt unter den Dachziegeln hervor. Ein hübscher kleiner Fluss windet sich durch Sportanlagen hindurch. Nicht in der klarsten Stunde am klarsten Tag hat Werner im Zollverein so eine staubfreie Luft geatmet.

Ein einarmiger Quartiermeister legt ihnen in einem aggressiven Redeschwall die Regeln dar: «Das ist eure Paradeuniform, das die Felduniform und das eure Sportuniform. Die Hosenträger kreuzen sich im Rücken, vorne verlaufen sie parallel. Die Ärmel werden bis zu den Ellbogen aufgekrempelt. Jeder Junge trägt einen Dolch in einer Scheide rechts am Gürtel. Hebt den rechten Arm, wenn ihr aufgerufen werden wollt. Stellt euch immer in Zehnerreihen auf. Keine Bücher, keine Zigaretten, kein Essen, keine persönlichen Dinge gehören in euren Spind, nur Uniformen, Stiefel, Dolch und Schuhcreme. Kein Wort mehr nach Verlöschen des Lichts. Briefe nach Hause werden mittwochs aufgegeben. Ihr werdet eure Schwäche ablegen, eure Feigheit, euer Zögern. Ihr werdet wie ein Wasserfall sein, eine Gewehrsalve. Ihr alle werdet in die gleiche Richtung marschieren, im gleichen Tempo, aufs gleiche Ziel zu. Bequemlichkeiten werdet ihr aufgeben, ihr werdet allein für die Pflicht leben. Ihr werdet Heimat essen und Nation atmen.»

Verstehen sie das?

Die Jungen rufen Ja, sie verstehen es. Sie sind vierhundert, dazu kommen dreißig Lehrer und fünfzig weitere Angestellte, Unteroffiziere und Köche, Stallburschen, Gärtner, Hausmeister. Einige der Jungen sind erst neun Jahre alt, die ältesten siebzehn. Germanische Gesichter, betonte Nasen, spitze Kinne. Blaue Augen, alle.

Werner schläft in einem winzigen Schlafraum mit sieben anderen Vierzehnjährigen. Im Bett über ihm liegt Frederick, durchdringende Stimme, dünn wie ein Grashalm, die Haut blass wie Sahne. Frederick ist ebenfalls neu, er kommt aus Berlin. Sein Vater ist der Assistent eines Botschafters. Wenn Frederick redet, richtet sich seine Aufmerksamkeit nach oben, als suchte er den Himmel nach etwas ab.

Er und Werner essen zum ersten Mal in ihren gestärkten neuen Uniformen, an einem langen Holztisch im Speisesaal. Einige Jungen unterhalten sich flüsternd, andere sitzen allein, wieder andere schlingen ihr Essen herunter, als hätten sie seit Tagen nichts bekommen. Durch drei Bogenfenster schickt die Dämmerung einen Fächer heilig wirkender goldener Strahlen.

Frederick spielt mit den Fingern und sagt: «Magst du Vögel?»

«Klar.»

«Kennst du dich mit Nebelkrähen aus?»

Werner schüttelt den Kopf.

«Nebelkrähen sind schlauer als die meisten Säugetiere, selbst als Affen. Ich habe gesehen, wie sie Nüsse, die sie nicht knacken konnten, auf die Straße gelegt und darauf gewartet haben, dass Autos über sie fuhren, damit sie an die Kerne kamen. Werner, du und ich, wir werden dicke Freunde, da bin ich sicher.»

Ein Porträt des finster blickenden Führers hängt in jedem Klassenzimmer. Das Lernen findet auf Bänken ohne Rückenlehne statt, an hölzernen Tischen, in die sich die Langeweile zahlloser Jungen vor ihnen eingekerbt hat. Knappen, Mönche, Rekruten, Kadetten. An Werners erstem Tag kommen sie an der halb offenen Tür eines Labors vorbei, groß wie die Apotheke im Zollverein, und er erhascht einen Blick auf neue Waschbecken und Schränke mit Glastüren, hinter denen glitzernde Bechergläser, Messzylinder, Waagen und Brenner stehen. Frederick muss ihn weiterziehen.

Am zweiten Tag hält ein verhutzelter Phrenologe einen Vortrag vor der gesamten Schülerschaft. Die Lichter im Speisesaal werden heruntergedreht, ein Projektor beginnt zu surren, und an der Wand leuchtet eine Karte voller Kreise auf. Der alte Mann unter der Leinwand fährt mit einem Billardstock über die Einteilungen: «Die weißen Kreise stehen für rein germanisches Blut. Kreise mit Schwarz deuten auf den Anteil ausländischen Blutes hin. Werfen Sie einen Blick auf Gruppe zwei, Nummer fünf.» Er stößt mit seinem Stock vor die Leinwand, die Wellen wirft. «Ehen zwischen rein germanischem und vierteljüdischem Blut sind noch erlaubt, sehen Sie?»

Eine halbe Stunde später lesen Werner und Frederick im Deutschunterricht Goethe. Dann magnetisieren sie Nadeln in Physik. Der Quartiermeister verkündet Stundenpläne, die überquellen: Montags gibt es Physik, Staatskunde und Rassenkunde, dienstags Reiten, Orientierungslauf und Militärgeschichte. Alle, selbst die Neunjährigen, werden lernen, einen Mauser-Karabiner zu zerlegen, zu säubern und damit zu schießen.

Nachmittags binden sie sich mehrere Patronengurte um und rennen. Sie rennen durch Mulden, rennen zur Flagge, rennen bergauf. Sie rennen mit einem Kameraden auf dem Rücken oder halten ihr Gewehr über den Kopf gereckt. Sie rennen, sie kriechen, sie schwimmen. Und rennen noch mehr.

Die sternenklaren Nächte, die taufeuchten Morgendämmerungen, die gedämpften Geräusche auf den Gängen, die erzwungene Askese, noch nie hat sich Werner als Teil einer so zielgerichteten Sache gefühlt. Nie hat er so einen Hunger darauf verspürt, dazuzugehören. In den Reihen der Schlafsäle gibt es Jungen, die vom Skifahren in den Alpen erzählen, von Duellen, Jazzclubs, Hauslehrerinnen und Wildschweinjagden. Jungen, die Schimpfworte mit virtuoser Fertigkeit benutzen, und Jungen, die von nach Filmstars benannten Zigaretten reden. Jungen, die sagen, sie wollen «den Oberst anrufen», und Jungen mit einer Baronin als Mutter. Es gibt Jungen, die nicht zugelassen wurden, weil sie irgendetwas besonders gut können, sondern weil ihre Väter in einem Ministerium arbeiten. Und wie sie reden: «Man kann von Disteln keine Feigen erwarten.» «Die würde ich im Handumdrehen besamen, du Scheißer.» «Kopf hoch und durch, Jungs!» Es gibt Schüler, die alles richtig machen. Sie haben die perfekte Haltung, sind die besten Schützen, und ihre Stiefel sind so sauber poliert, dass sich die Wolken darin spiegeln. Andere haben eine Haut wie Butter, Augen wie Saphire, und über ihre Handrücken ziehen sich äußerst feine Netze blauer Äderchen. Im Moment jedoch, unter der Knute der Schule, sind alle gleich, alle Jungmänner. Sie eilen zusammen durchs Tor, schlingen im Speisesaal gemeinsam Spiegeleier herunter, marschieren durch den Innenhof, stellen sich zum Appell auf, grüßen die Fahne, üben sich im Schießen, rennen, baden und leiden zusammen. Sie alle sind ein Haufen Ton, und der Töpfer, der füllige Anstaltsleiter mit dem glänzenden Gesicht, formt daraus vierhundert identische Gefäße.

Jugend! Jugend!, singen sie. *Träger der kommenden Taten. Ja, durch unsere Fäuste fällt, wer sich uns entgegenstellt.*

Werner schwankt zwischen Erschöpfung, Verwirrung und Hochgefühl. Dass sein Leben eine so völlige Wende genommen hat, erstaunt ihn. Aber er hält alle Zweifel im Zaum, indem er die Texte lernt, sich die Wege zu den Unterrichtsräumen merkt und sich immer wieder das Bild des naturwissenschaftlichen Labors vor Augen ruft: neun Tische, dreißig Stühle und in den glänzenden Schränken verschlossene Spulen, verstellbare Kondensatoren, Verstärker, Batterien und Lötzinn.

Über ihm, in seinem Bett kniend, sieht Frederick mit einem alten Feldstecher aus dem Fenster und notiert auf dem Bettrand, welche Vögel er sieht. Ein Strich unter «Rothalstaucher», sechs unter «Sprosser». Eine Gruppe Zehnjähriger marschiert mit Fackeln und Hakenkreuzfahnen zum Fluss. Der Zug hält inne, und eine Böe zerrt an den Flammen. Dann marschieren sie weiter, und ihr Lied weht wie eine helle, pulsierende Wolke durchs Fenster herein.

> O nehmt mich, nehmt mich mit in die Reihen auf,
> Damit ich einst nicht sterbe gemeinen Tods!
> Umsonst zu sterben, lieb ich nicht, doch
> Lieb ich, zu fallen am Opferhügel
>
> Fürs Vaterland, zu bluten des Herzens Blut
> Fürs Vaterland –

Wien

Stabsfeldwebel Reinhold von Rumpel ist einundvierzig und damit nicht so alt, dass er nicht mehr befördert werden könnte. Er hat feuchte rote Lippen, blasse, fast durchsichtige Wangen wie rohe Schollenfilets, und sein Instinkt für korrektes Verhalten lässt ihn selten im Stich. Seine Frau erträgt sein Fernsein ohne Klagen und ordnet auf den verschiedenen Ablagen in ihrem Stuttgarter Wohnzimmer Porzellankätzchen nach Farben an, von Hell nach Dunkel. Von Rumpel hat zudem zwei Töchter, die er seit neun Monaten nicht gesehen hat. Die ältere, Veronika, ist ein zutiefst ernstes Mädchen. In ihren Briefen an ihn finden sich Ausdrücke wie *heilige Entschlossenheit*, *stolze Vollendung* und *ohne Beispiel in der Geschichte*.

Von Rumpel besitzt ein besonderes Talent für Diamanten: Er kann Steine so gut wie jeder andere arische Juwelier Europas schleifen und polieren und erkennt Fälschungen meist auf den ersten Blick. In München hat er Kristallografie studiert, bei einem Edelsteinschleifer in Antwerpen gelernt und es an einem glorreichen Nachmittag sogar in die Londoner Charterhouse Street geschafft, wo er in einem anonymen Haus gebeten wurde, seine Taschen auf links zu ziehen, um anschließend drei Stockwerke höher, und hinter drei verschlossenen Türen, an einem Tisch Platz zu nehmen, wo ihn ein Mann mit einem messerscharf gewachsten Schnauzbart einen zweiundneunzigkarätigen Rohdiamanten aus Südafrika begutachten ließ.

Vor dem Krieg war Reinhold von Rumpels Leben durchaus angenehm. Der Edelsteinexperte arbeitete als Gutachter im ersten Stock eines Hauses hinter der alten Kanzlei in Stuttgart. Die Leute kamen mit ihren Edelsteinen, und er sagte ihnen, was sie wert waren. Manchmal schnitt er Diamanten auch neu oder wurde zu wichtigen Schleifaufgaben hinzugezogen. Wenn er gelegentlich einen Kunden betrog, sagte er sich, dass das zum Geschäft gehöre.

Durch den Krieg hat sich seine Arbeit ausgeweitet. Heute hat Stabsfeldwebel von Rumpel die Möglichkeit, zu tun, was seit Jahrhunderten niemand getan hat, nicht seit dem Mogulreich, nicht seit den

Khans. Vielleicht nie in der Geschichte dieser Welt. Die Kapitulation Frankreichs liegt gerade ein paar Wochen zurück, und schon hat er Dinge gesehen, von denen er sich nie hätte träumen lassen, auch in sechs Leben nicht, einen Globus aus dem siebzehnten Jahrhundert zum Beispiel, groß wie ein kleines Auto, mit Rubinen anstelle von Vulkanen, Saphiren an den Polen und Diamanten, um die Hauptstädte zu markieren. Zudem hat er den Griff eines Dolches in Händen gehalten – in seinen eigenen Händen! –, der wenigstens vierhundert Jahre alt war, aus weißer Jade mit eingearbeiteten Smaragden. Gestern erst, auf dem Weg nach Wien, hat er ein fünfhundertsiebzigteiliges Porzellanservice in Besitz genommen, dessen Teller im Rand alle eine Diamant-Navette tragen. Wo die Polizei diesen Schatz konfisziert hat und von wem, will er nicht wissen. Er hat das Service persönlich in einer Kiste verpackt, zugebunden, mit einer weißen Nummer versehen und zugesehen, wie es in einem Waggon verstaut wurde, in dem es rund um die Uhr bewacht wird.

Er wartet darauf, zum Oberkommando geschickt zu werden. Er wartet auf mehr.

An diesem besonderen Sommernachmittag befindet sich Stabsfeldwebel von Rumpel in einer staubigen geologischen Wiener Bibliothek und folgt einer untergewichtigen Mitarbeiterin durch Stapel von Zeitschriften. Die Frau trägt braune Schuhe, braune Strümpfe, einen braunen Rock und eine braune Bluse, schiebt einen Tritthocker vor ein Regal, klettert hinauf und reckt die Arme.

Taverniers *Six voyages* von 1676.

P. S. Pallas' *Bemerkungen auf einer Reise in die südlichen Statthalterschaften des Russischen Reichs, in den Jahren 1793 und 1794.*

Streeters *Precious Stones and Gems* in einer Ausgabe von 1898.

Es geht das Gerücht, dass der Führer eine Wunschliste mit wertvollen Objekten aus ganz Europa und Russland zusammenstellt und aus Linz eine empyreische Stadt machen will, die kulturelle Hauptstadt der Welt. Mit einer gewaltigen Promenade, einem Mausoleum, einer Akropolis, einem Planetarium, einer Bibliothek und einem Opernhaus, alles aus Marmor und Granit, alles makellos sauber. Im Herzen dieses neuen Linz soll ein kilometerlanges Museum entstehen, eine Schatztruhe mit den größten Errungenschaften der menschlichen Kultur.

Das Dokument ist echt, hat von Rumpel gehört. Vierhundert Seiten. Er sitzt an einem Tisch zwischen den Stapeln und versucht, ein Bein über das andere zu schlagen, doch dabei macht ihm eine kleine Schwellung in der Leiste Schwierigkeiten: komisch, aber nicht schmerzhaft. Die verhuschte Bibliothekarin bringt die Bücher. Er blättert langsam durch den Tavernier, durch Streeter und Malcoms *Sketches of Persia*. Er liest Einträge über den dreihundertkarätigen Orlow-Diamanten aus Moskau, den Nur-al-Ain und den Dresdner Grünen Diamanten mit einundvierzigeinhalb Karat. Gegen Abend findet er sie, die Geschichte eines Prinzen, der nicht getötet werden konnte, eines Priesters, der vor dem Fluch einer Göttin warnte, und eines französischen Prälaten, der glaubte, den Stein, der hinter all dem steckte, Jahrhunderte später gekauft zu haben.

Das Meer der Flammen. Graublau mit einer roten Tönung im Kern, den Aufzeichnungen nach ein Einhundertdreiunddreißig-Karäter. Entweder ging er verloren oder wurde 1738 dem König von Frankreich unter der Bedingung vermacht, ihn zweihundert Jahre unter Verschluss zu halten.

Er hebt den Blick. Lampen hängen von der Decke, Reihen um Reihen von Buchrücken verbleichen staubig golden. Ganz Europa, und er versucht, einen einzelnen Kiesel in seinen Falten zu finden.

Les Boches

Ihr Vater sagt, ihre Waffen schimmern, als wären sie nie benutzt worden. Er sagt, ihre Stiefel sind sauber und ihre Uniformen makellos. Er sagt, sie sehen aus, als wären sie gerade einem klimatisierten Zug entstiegen.

Die Frauen aus der Stadt, die allein und zu zweit an Madame Manecs Küchentür haltmachen, sagen, die Deutschen (sie nennen sie *les Boches*) kaufen alle Ansichtskarten aus den Läden. Sie sagen, die Boches kaufen Strohpuppen, kandierte Aprikosen und den vertrockneten Kuchen aus dem Fenster der Konditorei. Die Boches kaufen Hemden von Monsieur Verdier und *lingerie* von Monsieur Morvan. Die Boches verlangen absurde Mengen Butter und Käse. Die Boches haben jede einzelne Flasche Champagner getrunken, die der *caviste* ihnen verkaufen wollte.

Hitler, flüstern die Frauen, besichtigt die Pariser Sehenswürdigkeiten.

Ausgangssperren werden eingerichtet, Musik, die man bis auf die Straße hören kann, und öffentliche Tanzveranstaltungen sind verboten. Das Land trauert, und wir müssen uns respektvoll verhalten, sagt der Bürgermeister, auch wenn nicht klar ist, welche Befugnisse er noch hat.

Jedes Mal, wenn sie in Hörweite kommt, vernimmt Marie-Laure das *Fssst*, mit dem ihr Vater sich ein weiteres Streichholz anreißt. Seine Hände zucken zwischen seinen Taschen hin und her. Morgens ist er entweder in Madame Manecs Küche, im Tabakladen oder bei der Post, wo er in endlosen Schlangen steht, um das Telefon benutzen zu können. Nachmittags repariert er Dinge in Etiennes Haus: eine lockere Schranktür, eine knarzende Treppenstufe. Er fragt Madame Manec, wie verlässlich die Nachbarn sind. Er klappt die Verschlusslasche seiner Werkzeugkiste hin und her, bis Marie-Laure ihn bittet, damit aufzuhören.

An einem Tag sitzt Etienne mit Marie-Laure zusammen und liest ihr mit seiner fedrigen Stimme vor, am nächsten Tag leidet er an Kopfschmerzen, wie er es nennt, und bleibt hinter der verschlossenen Tür seines Zimmers verborgen. Madame Manec steckt Marie-Laure Schokolade und Kuchenstücke zu. An diesem Morgen pressen sie Zitronen aus und geben den Saft zusammen mit Zucker in ein Glas Wasser, und Madame Manec lässt Marie-Laure so viel trinken, wie sie mag.

«Wie lange bleibt er da drin, Madame?»

«Manchmal ein oder zwei Tage», sagt Madame Manec. «Manchmal länger.»

Aus einer Woche in Saint-Malo werden zwei. Marie-Laure hat das Gefühl, dass ihr Leben, ganz so wie Jules Vernes *Zwanzigtausend Meilen unter dem Meer*, in zwei Bände aufgeteilt wurde. Im ersten Band lebte sie mit ihrem Vater in Paris, wo er im Museum gearbeitet hat, und jetzt sind sie in Band zwei, in dem die Deutschen mit ihren Motorrädern durch diese merkwürdigen, engen Straßen fahren und ihr Onkel in seinem eigenen Haus verschwindet.

«Papa, wann fahren wir wieder?»

«Sobald ich etwas aus Paris höre.»

«Warum müssen wir in diesem kleinen Zimmer schlafen?»

«Ich bin sicher, wir könnten auch unten ein Zimmer für uns zurechtmachen, wenn du willst.»

«Was ist mit dem Zimmer auf der anderen Seite des Flurs?»

«Etienne und ich haben beschlossen, es nicht zu benutzen.»

«Warum nicht?»

«Es war das Zimmer deines Großvaters.»

«Wann kann ich ans Meer?»

«Heute nicht, Marie.»

«Können wir nicht einen kleinen Spaziergang durch die Straßen machen?»

«Das ist zu gefährlich.»

Sie könnte platzen. Was für Gefahren warten da? Wenn sie das Schlafzimmerfenster öffnet, hört sie kein Schreien und keine Explosionen, nur die Vögel, die ihr Onkel Tölpel nennt, und das Meer. Und gelegentlich das Dröhnen eines über sie hinwegfliegenden Flugzeugs.

Sie verbringt ihre Stunden damit, das Haus kennenzulernen. Das Erdgeschoss gehört Madame Manec, es ist sauber, allgemein zugänglich und voller Besucher, die durch die Küchentür hereinkommen, um die neuesten Kleinstadtgerüchte auszutauschen. Daneben gibt es das

Esszimmer, die Diele und im Flur ein Vertiko mit alten Tellern, die klirren, wenn jemand daran vorbeigeht. Aus der Küche führt eine Tür in Madames Zimmer mit Bett, Waschbecken und Nachttopf.

Über elf sich windende Stufen geht es hinauf in den ersten Stock, der voller Gerüche verblassten Glanzes ist. Da finden sich ein altes Nähzimmer und ein früheres Hausmädchen-Zimmer. Direkt dort auf dem Treppenabsatz, erzählt Madame Manec, hätten die Träger den Sarg von Etiennes Großtante fallen lassen. «Das Ding überschlug sich und rutschte bis ins Erdgeschoss. Alle waren entsetzt, aber sie sah völlig unberührt aus!»

Krempel im zweiten Stock: Kisten mit Töpfen, Gefäßen, Metall-scheiben und rostigen Sägen. Eimer voller elektrischer Bauteile, Stapel von Bauanleitungen um eine Toilettenschüssel herum. Im dritten Stock dann türmt es sich überall, in den Zimmern, auf den Gängen und entlang der Treppe: Körbe mit Maschinenteilen, was sonst sollte das sein?, Schuhkartons voller Schrauben, alte Puppenstuben, die ihr Urgroßvater gebaut hat. Etiennes großes Arbeitszimmer nimmt den gesamten vierten Stock ein und ist entweder völlig still oder voller Stimmen, Musik oder statischem Rauschen.

Es folgt der fünfte Stock mit dem ordentlichen Schlafzimmer ihres Großvaters links, geradeaus der Toilette und rechts dem kleinen Zimmer, in dem Marie-Laure zusammen mit ihrem Vater schläft. Wenn es windig ist, und das ist es fast immer, wenn die Wände ächzen und die Fensterläden knallen, wirkt das Haus mit seinen überladenen Zimmern und der Treppe, die sich eng durch die Mitte windet, wie das materielle Ebenbild des inneren Zustandes ihres Onkels: beklommen, isoliert, aber voller spinnwebiger Wunder.

Madame Manecs Freundinnen in der Küche machen ein ziemliches Aufheben um Marie-Laures Haare und ihre Sommersprossen. In Paris, erzählen die Frauen, stehen die Leute fünf Stunden für einen Laib Brot an, und die Leute essen ihre Haustiere und erschlagen Tauben, um daraus Suppe zu kochen. Es gibt weder Schweine- noch Kanin-chenfleisch und auch keinen Blumenkohl. Die Scheinwerfer der Autos mussten alle blau angestrichen werden, sagen sie, und nachts ist die Stadt still wie ein Friedhof. Es fahren keine Busse, keine Züge, und Benzin gibt es sowieso kaum. Marie-Laure sitzt am quadratischen Küchentisch, einen Teller mit Keksen vor sich, und stellt sich die alten

Frauen mit ihren von Adern bedeckten Händen vor, mit ihren milchigen Augen und übergroßen Ohren. Durch das Küchenfenster klingt das *wit-wit-wit* einer Rauchschwalbe, sie hört Schritte auf den Befestigungsmauern, Leinen schlagen gegen Fahnenmasten, im Hafen knarzen Scharniere und Ketten. Geister. Deutsche. Schnecken.

Hauptmann

Ein rotwangiger, zwergenhafter Physiklehrer namens Dr. Hauptmann zieht seinen mit Messingknöpfen besetzten Mantel aus und hängt ihn über die Rückenlehne seines Stuhls. Er befiehlt den Schülern aus Werners Klasse, die Metallkisten mit den Scharnierdeckeln aus dem verschlossenen Schrank hinten im Labor zu holen.

In den Kisten sind Zahnräder, Linsen, Sicherungen, Federn, Schäkel und Kaltleiter, eine dicke Rolle Kupferdraht, ein winziger Instrumentenhammer und eine schuhgroße Batterie mit zwei Anschlüssen. So gutes Material hat Werner noch nie zur Verfügung gehabt. Der kleine Lehrer stellt sich an die Tafel und zeichnet einen Schaltplan für ein einfaches Morsecode-Übungsgerät. Er legt die Kreide zur Seite, setzt die schlanken Fingerspitzen aufeinander, fünf auf fünf, und sagt seinen Schülern, sie sollen das Gerät mit den Bauteilen aus ihren Kisten zusammensetzen. «Ihr habt eine Stunde.»

Die meisten Jungen werden bleich. Sie schütten alles auf den Tisch vor sich hin und stöbern durch die Sachen, als wären sie aus einer zukünftigen Zeit hergebracht worden. Frederick nimmt einzelne Teile in die Hand und hält sie gegen das Licht.

Einen Moment lang ist Werner wieder auf dem Dachboden des Kinderhauses, und in seinem Kopf wirbeln die alten Fragen: *Was sind Blitze? Wie hoch könntest du springen, wenn du auf dem Mars lebtest? Was ist der Unterschied zwischen zwei mal fünfundzwanzig und zwei mal fünf und zwanzig?* Dann nimmt er die Batterie, zwei rechteckige Metallplatten, ein paar kleine Nägel und den Instrumentenhammer aus seiner Kiste. In weniger als einer Minute hat er einen Oszillator zusammengebaut, der dem Schema entspricht.

Der kleine Lehrer zieht die Brauen zusammen. Er probiert Werners Apparat aus. Er funktioniert.

«Gut», sagt er, steht vor Werners Tisch und verschränkt die Hände hinter dem Rücken. «Als Nächstes nehmt den scheibenförmigen Magneten aus eurer Kiste, einen Draht, eine Schraube und die Batterie.» Obwohl sich seine Instruktionen an die ganze Klasse zu richten scheinen, sieht er nur Werner an. «Mehr dürft ihr nicht benutzen. Wer kann damit einen einfachen Motor bauen?»

Einige Jungen suchen halbherzig in ihren Teilen herum. Die meisten sehen einfach zu.

Werner spürt Dr. Hauptmanns Aufmerksamkeit wie einen Strahler auf sich. Er steckt den Magneten auf den Schraubenkopf und hält die Spitze der Schraube an den positiven Pol der Batterie. Als er den Draht vom negativen Pol der Batterie zum Kopf der Schraube führt, beginnen sich Schraube und Magnet zu drehen.

Dr. Hauptmanns Mund steht leicht offen. Seine Stimme klingt belegt, wie nach einem Adrenalinschub.

«Wie heißt du, Junge?»

«Hausner, Herr Doktor.»

«Was kannst du sonst noch bauen?»

Werner betrachtet die Teile auf seinem Tisch. «Eine Türklingel, Herr Doktor? Eine Morsestation? Einen Widerstandsmesser?»

Die anderen Jungen recken die Hälse. Dr. Hauptmanns Lippen sind rosafarben und seine Augenlider unglaublich dünn. Fast scheint es so, als betrachtete er Werner durch alle Wimpernschläge hindurch.

«Bau mir das alles», sagt er.

Fliegendes Sofa

Plakate werden auf dem Markt aufgehängt, an den Bäumen auf der Place Chateaubriand. Es geht um die freiwillige Herausgabe sämtlicher Feuerwaffen. Alle, die der Aufforderung nicht folgen, werden erschossen. Am Mittag des folgenden Tages kommen verschiedene Bretonen, um ihre Waffen abzugeben, Bauern auf Eselskarren von kilometerweit entfernten Höfen, schwerfällige alte Seemänner mit uralten Pistolen, ein paar Jäger mit Empörung in den zu Boden blickenden Augen, als sie ihre Gewehre abgeben.

Am Ende ist es ein ärmlicher Haufen. Vielleicht sind es insgesamt dreihundert Waffen, die Hälfte von ihnen verrostet. Zwei junge Gendarmen laden sie hinten auf einen Lastwagen, fahren die enge Straße hinunter, über den Damm und sind verschwunden. Keine Ansprachen, keine Erklärungen.

«Bitte, Papa, kann ich nicht hinausgehen?»

«Bald, mein Täubchen.» Aber er ist abgelenkt. Er raucht so viel, dass es scheint, als werde er selbst zu Asche. Seit Kurzem bleibt er lange auf und arbeitet fieberhaft an einem Modell von Saint-Malo, von dem er behauptet, dass es für sie sei, fügt jeden Tag neue Häuser hinzu, baut Befestigungsmauern und kartiert Straßen, sodass sie die Stadt so gut kennenlernen kann, wie sie ihr Viertel in Paris kennengelernt hat. Holz, Leim, Nägel, Sandpapier: Statt sie zu beruhigen, machen die Geräusche und Gerüche seines manischen Eifers sie umso ängstlicher. Warum muss sie die Straßen von Saint-Malo auswendig lernen? Wie lange werden sie noch bleiben?

Im Zimmer im vierten Stock lauscht Marie-Laure ihrem Großonkel, der ihr eine weitere Seite der *Reise der Beagle* vorliest. In Patagonien hat Darwin Nandus gejagt, außerhalb von Buenos Aires Eulen studiert und auf Tahiti einen Wasserfall erklommen. Ihn interessieren Sklaven, Felsen, Blitze, Finken und die neuseeländischen Nasenküsse. Ganz besonders gern hört sie von den dunklen Küsten Südamerikas mit ihren undurchdringlichen Wänden aus Bäumen und Grün, dem ablandig dahinwehenden Gestank verrottenden Seetangs und dem

Schreien gebärender Seehunde. Sie liebt es, sich Darwin bei Nacht vorzustellen, wie er sich über die Reling des Schiffes lehnt, hinunter in die biolumineszenten Wellen sieht und den Wegen der Pinguine folgt, die kräftige grüne Spuren ins Wasser zeichnen.

«*Bonsoir*», sagt sie zu Etienne, auf dem Davenport seines Zimmers stehend. «Ich mag ja erst zwölf sein, aber ich bin ein mutiger französischer Entdecker, der gekommen ist, Ihnen bei Ihren Abenteuern zu helfen.»

Etienne nimmt einen englischen Akzent an. «*Good evening, Mademoiselle*, warum kommen Sie nicht mit mir in den Dschungel und essen diese Schmetterlinge, die groß wie Teller und vielleicht nicht giftig sind, wer weiß?»

«Ich würde Ihre Schmetterlinge sehr gerne essen, Monsieur Darwin, aber erst esse ich diese Kekse.»

An anderen Abenden ist der Davenport ein fliegendes Sofa. Sie klettern auf ihn, setzen sich nebeneinander, und Etienne sagt: «Wohin heute Abend, Mademoiselle?»

«In den Dschungel!», «Nach Tahiti!», oder: «Nach Mosambik!»

«Oh, das ist heute aber eine weite Reise», sagt Etienne dann mit völlig anderer Stimme, weich, samtig, wie ein Schaffner. «Das da tief unter uns ist der Atlantik, er leuchtet im Mondlicht, können Sie ihn riechen? Können Sie fühlen, wie kalt es hier oben ist? Spüren Sie den Wind in Ihrem Haar?»

«Wo sind wir jetzt, Onkel?»

«Wir sind über Borneo, merkst du das nicht? Wir streifen über Baumwipfel, große Blätter schimmern unter uns, und da drüben stehen Kaffeepflanzen. Kannst du sie riechen?», und Marie-Laure riecht tatsächlich etwas. Ob es nun daran liegt, dass ihr Onkel ihr Kaffeemehl unter der Nase herführt, oder weil sie tatsächlich über die Kaffeepflanzen von Borneo fliegen, das will sie nicht entscheiden.

Sie besuchen Schottland, New York, Santiago, und mehr als einmal ziehen sie ihre Wintermäntel an und fliegen zum Mond. «Spürst du, wie leicht wir hier sind, Marie? Du kannst dich bewegen, indem du nur ganz leicht mit einem Muskel zuckst!» Er setzt sie auf seinen Schreibtischstuhl mit Rädern und keucht, während er sie in Kreisen herumwirbelt, bis sie vor Lachen nicht mehr kann.

«Hier, probier ein Stück von dem schönen, frischen Mondfleisch», sagt er und steckt ihr etwas in den Mund, das ziemlich nach Käse schmeckt. Am Ende sitzen sie wieder nebeneinander, klopfen auf die Kissen, und langsam kehrt das Zimmer um sie herum zurück. «Ah», sagt er, ruhiger, sein Akzent verblasst, und ein Hauch von Schrecken kehrt in seine Stimme zurück, «da sind wir ja wieder. Zu Hause.»

Die Summe der Winkel

Werner wird in das Arbeitszimmer des Physiklehrers gerufen. Drei schlanke, langbeinige Jagdhunde umkreisen ihn, als er eintritt. Der Raum wird von zwei Bankierslampen mit grünen Schirmen erleuchtet, und in den Schatten kann Werner Regale voller Enzyklopädien, Windmühlenmodelle, kleiner Teleskope und Prismen erkennen. Dr. Hauptmann steht hinter einem enormen Schreibtisch und trägt seinen Mantel mit den Messingknöpfen, gerade so, als wäre auch er in diesem Moment erst hereingekommen. Kleine Locken umrahmen seine elfenbeinfarbene Stirn, und er zieht sich die Lederhandschuhe aus, indem er Finger für Finger aus ihnen befreit. «Wirf bitte ein zusätzliches Scheit aufs Feuer.»

Werner geht durchs Zimmer und stochert im Feuer. In der Ecke sitzt, wie er jetzt sieht, noch eine dritte Person, eine kräftige Gestalt, die schläfrig in einem für sie viel zu kleinen Sessel hockt. Es ist Frank Volkheimer, ein Schüler aus einer der oberen Klassen, siebzehn Jahre alt, ein mächtiger, massiger Kerl aus einem Dorf im Norden, der unter den Jüngeren fast schon eine Art Legendenstatus hat. Es heißt, Volkheimer habe drei Erstklässler auf einmal durch den Fluss getragen, wobei er sie sich hoch über den Kopf gehalten habe, und dann soll er den Wagen des Anstaltsleiters hoch genug in die Höhe gehoben haben, dass die Hinterachse aufgebockt werden konnte. Im Übrigen geht das Gerücht, er habe einem Kommunisten mit bloßen Händen die Luftröhre zerquetscht, und er soll einen streunenden Hund bei der Schnauze gepackt und ihm die Augen herausgeschnitten haben, nur um sich an das Leiden anderer Geschöpfe zu gewöhnen.

Sie nennen ihn den «Riesen», und selbst im schwachen, flackernden Licht kann Werner die Adern erkennen, die sich wie Schlinggewächse über Volkheimers Arme ziehen.

«Mir hat hier noch niemals ein Schüler einen Motor gebaut», sagt Dr. Hauptmann, Volkheimer zum Teil den Rücken zugewandt. «Nicht ohne Hilfe.»

Werner weiß nicht, was er antworten soll, er bleibt stumm. Er wirft ein frisches Scheit aufs Feuer, Funken stieben in den Kamin hinauf.

«Kennst du dich mit Trigonometrie aus, Hausner?»

«Ich weiß nur, was ich mir selbst habe beibringen können, Herr Doktor.»

Dr. Hauptmann nimmt ein Blatt Papier aus einer Schublade und schreibt etwas darauf. «Kennst du das?»

Werner blinzelt.

$$\ell = \frac{d}{\tan \alpha} + \frac{d}{\tan \beta}$$

«Das ist eine Formel, Herr Doktor.»

«Verstehst du, wozu sie benutzt wird?»

«Ich glaube, damit lässt sich durch zwei bekannte Punkte ein dritter, unbekannter Punkt bestimmen.»

Dr. Hauptmanns blaue Augen glitzern. Er sieht aus, als hätte er etwas sehr Wertvolles direkt vor sich auf dem Boden entdeckt. «Wenn ich dir die Werte gebe, Hausner, und den Abstand, kannst du die Aufgabe dann lösen? Kannst du das Dreieck zeichnen?»

«Ich glaube, ja.»

«Setz dich an meinen Tisch, Hausner. Auf meinen Stuhl. Hier ist ein Stift.»

Werner setzt sich auf den Schreibtischstuhl und reicht mit seinen Stiefeln nicht bis auf den Boden. Das Feuer pumpt Wärme in den Raum. Blende den riesigen Frank Volkheimer mit seinen Mammutstiefeln und seinem Ziegelkinn aus. Blende den kleinen vornehmen, vor dem Kamin auf und ab gehenden Lehrer aus, denk nicht an die späte Stunde, die Hunde und die Regale voller interessanter Dinge. Es geht nur um das:

$$\tan \alpha = \frac{\sin \alpha}{\cos \alpha}$$

und:

$$\sin (\alpha + \beta) = \sin \alpha \cdot \cos \beta + \cos \alpha \cdot \sin \beta$$

Damit kann d auf die linke Seite gebracht werden.

$$d = \frac{\ell \cdot \sin \alpha \cdot \sin \beta}{\sin (\alpha + \beta)}$$

Werner setzt Dr. Hauptmanns Werte in die Gleichung ein. Er stellt sich zwei Beobachter auf einem Feld vor, die den Abstand zwischen sich mit Schritten ausmessen und dann den Blick auf einen fernen Orientierungspunkt richten: ein Segelschiff oder einen Schornstein. Als Werner um einen Rechenschieber bittet, legt Dr. Hauptmann gleich einen auf den Tisch. Er hat mit der Bitte gerechnet. Werner nimmt ihn, ohne aufzusehen, und berechnet die Sinuswerte.

Volkheimer sieht zu. Der kleine Doktor läuft wieder auf und ab, die Hände hinter dem Rücken. Das Feuer spuckt. Daneben sind nur das Atmen der Hunde und das Reiben des Rechenschiebers zu hören.

Am Ende sagt Werner: «Sechzehn Komma vier drei, Herr Doktor.» Er zeichnet das Dreieck, beschriftet die Entfernungen und gibt das Blatt zurück. Dr. Hauptmann sieht etwas in einem ledergebundenen Buch nach. Volkheimer setzt sich in seinem Sessel zurecht. Sein Blick ist gleichzeitig interessiert und träge. Der Erzieher drückt die Handflächen auf die Tischplatte, während er liest, und runzelt gedankenverloren die Stirn, als warte er auf einen Gedanken. Werner wird plötzlich von einer ängstlichen Ahnung erfasst, doch dann sieht Dr. Hauptmann ihn an, und das Gefühl verblasst.

«In deinen Aufnahmeunterlagen steht, dass du nach der Schule in Berlin Elektromechanik studieren willst. Du bist eine Waise, stimmt das?»

Wieder ein Blick zu Volkheimer hinüber. Werner nickt. «Meine Schwester ...»

«Die Arbeit eines Wissenschaftlers wird von zwei Dingen bestimmt: seinen Interessen und den Interessen der Zeit. Verstehst du das?»

«Ich denke, ja.»

«Wir leben in außergewöhnlichen Zeiten, Hausner.»

Ein Schauer erfüllt Werners Brust. Von Kaminfeuern erleuchtete Räume voller Bücher, das sind die Orte, an denen wichtige Dinge geschehen.

«Du wirst nach dem Abendessen im Labor arbeiten. Jeden Abend, auch sonntags.»

«Ja, Herr Doktor.»

«Morgen fängst du an.»

«Ja, Herr Doktor.»

«Volkheimer wird ein Auge auf dich haben. Hier, nimm die Kekse.»
Der Erzieher holt eine Dose mit einem Bogen darauf hervor. «Und
atme, Hausner. Du kannst nicht ständig die Luft anhalten, wenn du in
meinem Labor bist.»

«Ja, Herr Doktor.»

Ein kalter Wind pfeift durch die Gänge und ist so rein, dass Werner
schwindelig wird. Drei Motten schwirren an der Decke seines Schlaf-
raums. Er schnürt die Stiefel auf, legt die Hose im Dunkeln zusammen und stellt die Keksdose darauf. Frederick sieht über den Rand
seines Betts. «Wo warst du?»

«Ich habe Kekse gekriegt», flüstert Werner.

«Ich habe heute Abend einen Uhu gehört.»

«Pssst», zischt ein Junge zwei Betten weiter.

Werner reicht einen Keks nach oben. Frederick flüstert: «Kennst du
Uhus? Sie sind sehr selten. Groß wie Segelflugzeuge. Der heute war ein
junges Männchen auf der Suche nach einem neuen Revier. Er saß in
einer der Pappeln beim Paradeplatz.»

«Oh», sagt Werner. Griechische Buchstaben ziehen durch seinen
Blick, gleichschenklige Dreiecke, Betas, Sinuskurven. Er sieht sich in
einem weißen Kittel, wie er an Maschinen vorbeigeht.

Eines Tages gewinnt er wahrscheinlich einen großen Preis.
Dekodierungen, Raketenantriebe, von allem das Neueste.
Wir leben in außergewöhnlichen Zeiten.

Auf dem Gang sind die Schritte des Quartiermeisters zu hören. Frederick sinkt auf sein Bett zurück. «Ich habe ihn nicht sehen können»,
flüstert er, «aber deutlich gehört.»

«Schnauze!», sagt ein zweiter Junge. «Du sorgst noch dafür, dass
wir Prügel beziehen.»

Frederick sagt nichts mehr. Werner hört auf zu kauen. Die Schritte
des Quartiermeisters verstummen: Entweder ist er weg, oder er steht
vor der Tür. Draußen spleißt jemand Holz. Werner hört, wie der Vor-
schlaghammer auf den Keil trifft, und dazu den schnellen, ängstlichen
Atem der Jungen um sich herum.

Der Professor

Etienne liest Marie-Laure gerade aus Darwins Buch vor, als er mitten im Wort innehält.

«Onkel?»

Er atmet nervös, mit vorgeschobenen Lippen, als bliese er auf einen Löffel heißer Suppe. Er flüstert: «Da ist jemand.»

Marie-Laure kann nichts hören. Keine Schritte, kein Klopfen. Madame Manec fegt ein Stockwerk höher den Treppenabsatz. Etienne gibt Marie-Laure das Buch. Sie kann hören, wie er den Radiostecker aus der Wand zieht und sich in den Kabeln verheddert. «Onkel?», sagt sie wieder, aber er verlässt das Zimmer und stolpert nach unten. Sind sie in Gefahr? Sie folgt ihm in Richtung Küche, wo sie ihn den Tisch aus dem Weg schieben hört.

Er zieht an einem Ring im Boden. Unter einer Klappe tut sich ein quadratisches Loch auf, aus dem feuchter, furchterregender Geruch dringt. «Sprosse für Sprosse, schnell.»

Ist das ein Keller? Was hat ihr Onkel gesehen? Marie-Laure hat bereits einen Fuß oben auf die Leiter gesetzt, als Madame Manecs klobige Schuhe in die Küche gepoltert kommen. «Wirklich, Monsieur Etienne, bitte!»

Etiennes Stimme von unten: «Ich habe etwas gehört. Jemanden.»

«Sie machen dem Mädchen Angst. Es ist nichts, Marie-Laure. Komm.»

Marie-Laure weicht zurück. Unter ihr flüstert sich ihr Großonkel Kinderreime vor.

«Ich kann eine Weile bei ihm sitzen, Madame. Vielleicht könnten wir noch weiter in unserem Buch lesen, Onkel?»

Der Keller, nimmt sie an, ist nicht mehr als ein nasskaltes Loch in der Erde. Sie setzen sich auf eine Teppichrolle, die Falltür ist offen, und sie lauschen Madame Manec, die in der Küche über ihnen Tee kocht. Etienne neben ihr zittert leicht.

«Weißt du, dass die Wahrscheinlichkeit, von einem Blitz getroffen zu werden, bei eins zu einer Million liegt? Dr. Geffard hat mir das gesagt.»

«In einem Jahr oder in einem ganzen Leben?»

«Ich bin nicht sicher.»

«Du hättest ihn fragen sollen.»

Wieder dieses schnelle Ausatmen mit vorgeschobenen Lippen. Als drängte ihn sein ganzer Körper zu fliehen.

«Was passiert, wenn du aus dem Haus gehst, Onkel?»

«Mir wird unbehaglich.» Seine Stimme ist kaum zu hören.

«Aber woran liegt das?»

«Am Draußen-Sein.»

«Was daran magst du nicht.»

«Die großen, offenen Räume.»

«Nicht alles draußen ist groß. Eure Straße zum Beispiel nicht, oder?»

«Sie ist sicher nicht so groß wie die Straßen, die du gewohnt bist.»

«Du magst Eier und Feigen. Und Tomaten. Die waren in unserem Mittagessen, und sie wachsen draußen.»

Er lacht leise. «Natürlich tun sie das.»

«Vermisst du die Welt nicht?»

Er bleibt still, sie auch. Beide folgen den Windungen der Erinnerung.

«Ich habe die ganze Welt hier», sagt er und klopft auf den Buchdeckel von Darwin. «Und in meinen Radios. Direkt bei mir.»

Ihr Onkel scheint fast so etwas wie ein Kind zu sein, mönchisch in der Bescheidenheit seiner Bedürfnisse und völlig unabhängig von zeitlichen Verpflichtungen. Und doch spürt sie, dass er von so großen Ängsten getrieben wird, so vielzähligen, dass sie den Schrecken in ihm fast pulsieren hören kann. Als atmete ständig ein wildes Tier gegen die Fenster seines Denkens.

«Könntest du bitte etwas mehr lesen?», fragt sie ihn, und Etienne öffnet das Buch und flüstert: *«Selbst Entzücken ist nur ein schwacher Ausdruck zur Wiedergabe all der Gefühle eines Naturforschers, der zum ersten Mal allein in einem brasilianischen Walde gewandert ist ...»*

Nach ein paar Absätzen sagt Marie-Laure unversehens: «Erzähle mir bitte von dem Zimmer oben. Gegenüber von dem, in dem ich schlafe.»

Er hält inne. Wieder sein schnelles, nervöses Atmen.

«Hinten im Zimmer ist eine kleine Tür», sagt sie, «aber sie ist verschlossen. Was ist dahinter?»

Er schweigt lange genug, dass sie Angst hat, ihn aus der Fassung gebracht zu haben, doch dann steht er auf, und seine Knie knacken wie Äste.

«Bekommst du eine deiner Migränen, Onkel?»

«Komm mit.»

Sie gehen die Treppe bis ganz nach oben. Im fünften Stock wenden sie sich nach links, und er drückt die Tür des Zimmers auf, das einmal ihrem Großvater gehörte. Sie hat schon oft mit den Händen über die Dinge darin gestrichen: ein hölzernes, an die Wand genageltes Ruder, das Fenster mit den langen Vorhängen. Das einzelne Bett und das Schiffsmodell auf dem Regal. Hinten steht ein so großer Kleiderschrank, dass sie nicht bis an den oberen Rand kommt oder mit ausgestreckten Armen die ganze Front umfassen kann.

«Sind das seine Sachen?»

Etienne öffnet den Riegel der kleinen Tür neben dem Schrank. «Los doch.»

Sie tastet sich hindurch. Trockene, stickige Hitze. Mäuserascheln. Ihre Finger finden eine Leiter.

«Sie führt auf den Dachboden. Es ist nicht hoch.»

Sieben Sprossen. Auf der obersten bleibt sie stehen und spürt einen langen, von Dachschrägen eingefassten Raum, der sich unter den Giebel drückt. Er ist kaum höher als sie selbst.

Etienne klettert hinter ihr her und fasst sie bei der Hand. Ihre Füße stoßen gegen auf dem Boden liegende Kabel, die sich zwischen staubigen Kisten durchschlängeln und über einen Sägebock führen. Er hilft ihr durch ein ganzes Dickicht von ihnen bis zu etwas, das sich wie eine Klavierbank anfühlt, und lässt sie sich setzen.

«Das ist der Dachboden. Lege die Hände auf den Tisch, so ist es gut.» Metallkisten bedecken den Tisch, Röhren, Spulen, Schalter, Skalen und wenigstens ein Grammofon. Dieser ganze Teil des Dachbodens, so begreift sie, ist eine Art Maschine. Die Sonne brennt auf die Ziegel über ihren Köpfen. Etienne setzt Marie-Laure einen Kopfhörer auf, und sie kann hören, wie er eine Kurbel betätigt und etwas anschaltet, dann spielt ein Klavier mitten in ihrem Kopf ein hübsches, einfaches Stück.

Die Musik versiegt, und eine kratzende Stimme sagt: *Stellt euch ein einzelnes Stück Kohle daheim in eurem Ofen vor, wie es glimmt. Seht ihr es, Kinder? Dieses Stück Kohle war einmal eine grüne Pflanze, ein Farn oder ein Schilfrohr, das vor einer Million Jahren auf unserer Erde wuchs, vielleicht auch vor zwei Millionen oder hundert Millionen Jahren ...*

Nach einer kleinen Weile tritt erneut Klaviermusik an die Stelle der Stimme. Ihr Onkel nimmt Marie-Laure die Kopfhörer ab.

«Als Junge», sagt er, «konnte mein Bruder so gut wie alles, aber seine Stimme gefiel den Leuten am besten. Die Nonnen von Saint-Vincent wollten Chöre darum bilden. Wir hatten einen gemeinsamen Traum, Henri und ich: Wir wollten Aufnahmen machen und sie verkaufen. Er hatte die Stimme, und ich wusste, wie man es machte. Damals wollten alle Grammofone, aber kaum jemand machte Programme für Kinder. Also haben wir uns an eine Aufnahmegesellschaft in Paris gewandt, und die zeigte Interesse. Ich schrieb verschiedene Texte über die Wissenschaften, Henri übte sie ein, und dann haben wir sie aufgenommen. Dein Vater war damals noch ein Junge, aber er kam und hörte zu. Es war eine der glücklichsten Zeiten meines Lebens.»

«Und dann kam der Krieg.»

«Wir wurden Fernmelder. Unsere Aufgabe, meine und die deines Großvaters, bestand darin, Fernsprechdrähte aus den Kommandostationen hinter der Front zu den Offizieren in vorderster Reihe zu legen. In den meisten Nächten schoss der Feind Leuchtpatronen über die Gräben, kurzlebige Sterne, die mit Fallschirmen vom Himmel sanken und dazu dienten, mögliche Ziele für Scharfschützen auszuleuchten. Jeder Soldat in Reichweite des Lichts erstarrte, solange es leuchtete. Manchmal wurden achtzig, neunzig dieser Leuchtpatronen in der Stunde abgeschossen, eine nach der anderen, und im Gleißen des Magnesiums wurde die Nacht nackt und schonungslos. Es war so still, nur das Zischen der Leuchtgeschosse war zu hören, und dann das Pfeifen der Kugeln von den Scharfschützen. Aus der Finsternis schossen sie heran und bohrten sich in die Erde. Wir blieben so nahe zusammen, wie es nur ging, aber es kam vor, dass ich vollkommen gelähmt war und nicht mal mehr einen Finger bewegen konnte. Nicht mal die Augenlider. Henri blieb neben mir und rezitierte die Texte.

Die, die wir aufgenommen hatten. Manchmal die ganze Nacht hindurch. Wieder und wieder. Als webten sie eine Art Schutzschirm um uns. Bis der Morgen kam.»

«Aber er ist gestorben.»

«Und ich nicht.»

Das, so begreift sie, ist der Grund seiner Angst, aller Angst. Dass sich ein Licht, das sich nicht aufhalten lässt, auf dich richtet und eine Kugel in sein Zentrum schickt.

«Wer hat das alles hier gebaut, Onkel? Diese Maschine?»

«Ich. Nach dem Krieg. Jahre habe ich dafür gebraucht.»

«Wie funktioniert sie?»

«Es ist ein Radiosender. Mit dem Schalter hier ...», er führt ihre Hand zu ihm hin, «stellt man das Mikrofon an, mit dem hier das Grammofon. Das hier ist der Vorverstärker, das sind die Elektronenröhren und das die Spulen. Die Antenne wird am Kamin entlang ausgefahren. Zwölf Meter. Fühlst du den Hebel hier? Denk dir die Energie als eine Welle: Der Sender schickt glatte Formen der Wellen aus, und deine Stimme verändert sie ...»

Sie hört nicht mehr zu. Es ist alles so staubig und verwirrend, und gleichzeitig faszinierend. Wie alt muss diese Anlage sein? Zehn Jahre? Zwanzig Jahre? «Was habt ihr gesendet?»

«Die Aufnahmen meines Bruders. Die Grammofon-Gesellschaft in Paris hatte das Interesse verloren, aber ich habe jede Nacht die zehn Aufnahmen, die wir gemacht hatten, gesendet, bis die meisten von ihnen nicht mehr gut genug waren. Und sein Stück.»

«Das Klavier?»

«Debussys *Clair de Lune*.» Er legt seine Hand auf einen metallenen Trichter. «Ich habe einfach das Mikrofon in den Schalltrichter gehängt, *et voilà*.»

Sie beugt sich über das Mikrofon und sagt: «Hallo, da draußen», und er lacht sein fedriges Lachen. «Und haben dir Kinder zugehört?»

«Ich weiß es nicht.»

«Wie weit reicht der Sender, Onkel?»

«Weit.»

«Bis nach England?»

«Sicher.»

«Nach Paris?»

«Ja. Aber ich wollte nicht nach England senden. Oder Paris. Ich habe mir vorgestellt, wenn das Signal kraftvoll genug wäre, könnte mein Bruder mich hören. Dass ich ihm etwas Frieden bringen und ihn so beschützen könnte, wie er mich immer beschützt hat.»

«Du hast deinem Bruder seine eigene Stimme vorgespielt? Als er tot war?»

«Und Debussy.»

«Hat er je geantwortet?»

Der Dachboden tickt. Was für Geister drücken sich an den Wänden entlang und versuchen mitzuhören? Fast kann sie die Furcht ihres Großonkels in der Luft schmecken.

«Nein», sagt er. «Das hat er nie.»

An meine liebe Schwester Jutta.

*Einige von den Jungen flüstern sich zu, dass Dr. Hauptmann Ver-
bindungen zu sehr mächtigen Ministern hat. Er antwortet nicht
▬▬▬▬▬▬▬▬▬▬▬▬▬▬▬▬▬▬ Aber er will, dass ich
ihm die ganze Zeit assistiere! Ich gehe abends in seine Werkstatt und
muss an Schaltungen für ein Radio arbeiten, das er testet. Und
Trigonometrie muss ich üben. Er sagt, ich muss so kreativ sein,
wie ich kann. Er sagt, die Kreativität ist der Treibstoff des Reiches.
Und ein großer Schüler aus der letzten Klasse, sie nennen ihn den
«Riesen», muss mit der Stoppuhr messen, wie schnell ich rechnen
kann. Dreiecke, Dreiecke, Dreiecke. Wahrscheinlich rechne ich jeden
Abend fünfzig Aufgaben durch. Warum, sagt er mir nicht. Du würdest nicht glauben, wie viel Kupferdraht es hier gibt, sie haben
▬▬▬▬▬▬▬▬▬▬▬▬▬▬▬▬▬ Alle gehen aus dem Weg,
wenn der Riese kommt.*

*Dr. Hauptmann sagt, wir können alles machen, alles bauen. Er
sagt, der Führer hat Wissenschaftler um sich versammelt, die ihm
helfen sollen, das Wetter zu kontrollieren. Er sagt, der Führer wird
eine Rakete entwickeln, die bis nach Japan fliegen kann. Er sagt, der
Führer wird eine Stadt auf dem Mond bauen.*

An meine liebe Schwester Jutta.

*Heute hat uns der Anstaltsleiter bei den Übungen draußen von
Reiner Schicker erzählt. Er war ein junger Hauptgefreiter, und sein
Hauptmann brauchte jemanden, der sich hinter die feindlichen Linien schlich, um ihre Verteidigungsanlagen auszukundschaften. Der
Hauptmann fragte nach Freiwilligen, und Reiner Schicker war der
Einzige, der aufstand. Aber am nächsten Tag geriet er in Gefangen-
schaft. Am nächsten Tag schon! Die Polen fingen ihn und folterten
ihn mit Elektroschocks. Sie haben so viel Strom in ihn gejagt, dass
sich sein Gehirn verflüssigt hat, sagt der Anstaltsleiter. Aber vorher
hat Reiner Schicker noch was Erstaunliches gesagt. Er sagte: «Das*

Einzige, was ich bedaure, ist, dass ich nur ein Leben für mein Vaterland geben kann.»

Alle sagen, es gibt eine große Prüfung. Eine, die schwerer ist als
alle anderen.

Frederick sagt, die Geschichte von Reiner Schicker ist ███████████
██

███████ Schon, weil der Riese (er heißt Frank Volkheimer) immer bei
mir ist, behandeln mich die anderen Jungen mit Respekt. Dabei rei-
che ich ihm praktisch nur bis zur Taille. Er ist wie ein Mann, nicht
wie ein Junge, und er hat die Treue von Reiner Schicker, in seinen
Händen, seinem Herzen und seinen Knochen. Bitte, sage Frau Elena,
dass ich hier eine Menge zu essen bekomme, aber keiner macht Kuchen so wie sie, oder überhaupt welche. Sage dem kleinen Siegfried,
er soll munter aussehen. Ich denke jeden Tag an dich. Sieg Heil.

An meine liebe Schwester Jutta.

Gestern war Sonntag, und wir sind bei den Geländeübungen in
den Wald gegangen. Die meisten Jäger sind an der Front, und so sind
die Wälder voller Marder und Wild. Die anderen Jungen haben sich
in Deckung gelegt und von den großartigen Siegen erzählt, und dass
wir bald den Kanal überqueren und die ███████████████████████
████████████████████ zerstören und Dr. Hauptmanns Hunde kamen
mit drei Kaninchen zurück, jeder mit einem, aber Frederick, der kam
mit Tausenden Beeren in seinem Hemd, und die Ärmel, die hatte er
sich in den Brombeeren zerrissen, und seine Fernglastasche war aufgerissen, und ich sagte, du wirst dein blaues Wunder erleben, und er
sah an sich herunter, als fiele es ihm jetzt erst auf! Frederick erkennt
alle Vögel allein an ihrem Gesang. Über dem See haben wir Lerchen
gehört und Kiebitze, Regenpfeifer und eine Kornweihe. Und dazu
wahrscheinlich noch zehn andere, die ich vergessen habe. Ich glaube,
du würdest Frederick mögen. Er sieht, was andere nicht sehen. Ich
hoffe, dein Husten ist besser und Frau Elenas auch. Sieg Heil!

Parfümhändler

Er heißt Claude Levitte, aber alle nennen ihn den Dicken Claude. Seit zehn Jahren hat er eine Parfümerie in der Rue Vauborel, doch der Laden hat zu kämpfen und läuft nur gut, wenn der Kabeljau gepökelt wird und selbst noch die Steine der Stadt zu stinken beginnen.

Aber jetzt gibt es neue Möglichkeiten, und der Dicke Claude ist niemand, der sich etwas entgehen lässt. Er kauft von Bauern in der Nähe von Cancale Lämmer und Kaninchen und lässt sie gleich schlachten. Das Fleisch packt er in die farblich zusammenpassenden Kunststoffkoffer seiner Frau und bringt es mit dem Zug nach Paris. Die Sache ist einfach, in manchen Wochen verdient er so fünfhundert Francs. Angebot und Nachfrage. Natürlich gibt es immer Papierkram. Irgendein Beamter weiter oben kriegt Wind von der Sache und will einen Anteil. Man braucht einen Kopf wie Claude, um die Komplexitäten des Geschäfts zu umschiffen.

Heute ist ihm viel zu heiß, der Schweiß läuft ihm am Körper herunter. Saint-Malo brät in der Hitze. Es ist Oktober, klare, kühle Winde sollten vom Atlantik heranwehen, Blätter durch die Straßen geblasen werden, aber der Wind kam und ist gleich wieder verschwunden. Als hätte er beschlossen, dass ihm die Veränderungen hier nicht gefallen.

Den ganzen Nachmittag hockt Claude in seinem Laden mit Hunderten winziger Flaschen. Blumendüften, Orientalischem, *Fougères*. In Rosa, Karmin und Babyblau. Seine Vitrine ist bestens gefüllt, doch niemand kommt herein. Ein hin und her schwenkender Ventilator bläst ihm Luft ins Gesicht, von links nach rechts, von rechts nach links. Claude liest nicht und bewegt sich nicht, sondern fährt nur regelmäßig mit der Hand unter seinen Hocker, holt eine Handvoll Kekse aus einer großen, runden Dose und stopft sie sich in den Mund.

Gegen vier Uhr spaziert eine kleine Gruppe deutscher Soldaten die Rue Vauborel herauf. Sie sind schlank, lachsgesichtig und ernst. Ihre Augen sind ernst. Sie tragen ihre Waffen mit den Läufen nach unten, wie Klarinetten an den Schultern hängend. Sie lachen einander zu und scheinen unter ihren Helmen mit Gold gesegnet.

Claude weiß, dass er sie verabscheuen sollte, aber er bewundert ihre Tüchtigkeit und ihre Manieren, die klare Eindeutigkeit, mit der sie sich bewegen. Sie scheinen immer ein Ziel zu haben und nie daran zu zweifeln, dass es der richtige Ort ist, auf den sie zustreben. Das ist etwas, was seinem eigenen Land fehlt.

Die Soldaten biegen in die Rue St. Philippe und verschwinden aus seinem Blick. Claudes Finger malen Ovale auf die Glasplatte seiner Vitrine. Oben im Haus hat seine Frau den Staubsauger eingeschaltet, er kann hören, wie sie ihre Runden dreht. Er schläft schon fast, als er den Mann aus Paris, der seit einiger Zeit bei Etienne LeBlanc wohnt, das Haus verlassen sieht, einen dünnen, hakennasigen Mann, der sich viel vor dem Telegrafenbüro herumdrückt und kleine hölzerne Schachteln schnitzt.

Der Pariser geht in die gleiche Richtung wie die deutschen Soldaten und setzt dabei Fuß vor Fuß, stellt die Ferse des einen vor die Zehen des anderen. Am Ende der Straße angekommen, schreibt er etwas auf einen Zettel, dreht sich um und kommt zurück. Weiter unten starrt er das Haus der Ribaults an und macht sich noch ein paar Notizen. Sieht nach oben, nach unten. Nimmt Maß und beißt auf den Radiergummi am Ende seines Bleistifts, als fühlte er sich unwohl.

Der Dicke Claude tritt ans Fenster. Auch das könnte eine Möglichkeit sein. Die Besatzungsbehörden sollte es interessieren, dass da ein Fremder Straßen vermisst und Zeichnungen von Häusern anfertigt. Sie werden wissen wollen, wie er aussieht und wer seine Aktivitäten bezahlt. Wer sie genehmigt hat.

Das ist gut. Das ist ausgezeichnet.

Die Zeit der Strauße

Immer noch kehren sie nicht nach Paris zurück. Immer noch gehen sie nicht hinaus. Marie-Laure zählt jeden Tag, den sie in Etiennes Haus eingeschlossen ist. Einhundertzwanzig sind es jetzt. Sie denkt an den Sender auf dem Dachboden und wie er die Stimme ihres Großvaters – *Stellt euch ein einzelnes Stück Kohle daheim in eurem Ofen vor ...* – über das Meer hat fliegen lassen, gerade so, wie Darwin von Plymouth nach Kap Verde gesegelt ist, Patagonien und den Falkland-Inseln, über Wellen, über Grenzen hinweg.

«Wenn du mit deinem Modell fertig bist», fragt sie ihren Vater, «darf ich dann hinaus?»

Sein Sandpapier hält nicht inne.

Die Geschichten, die Madame Manecs Besucher in die Küche tragen, sind erschreckend und nur schwer zu glauben. Pariser Cousins, von denen jahrzehntelang niemand gehört hat, schreiben plötzlich Briefe und bitten um Kapaune, Schinken und Hühner. Der Zahnarzt verkauft Wein, per Post. Der Parfümhändler lässt Lämmer schlachten und bringt sie in Koffern mit dem Zug nach Paris, wo er das Fleisch mit enormem Gewinn verkauft.

Die Bürger von Saint-Malo müssen Strafe zahlen, wenn sie ihre Türen abschließen, Tauben halten oder Fleisch horten. Trüffel verschwinden. Champagner verschwindet. Die Leute sehen sich auf der Straße nicht an, halten keinen Schwatz vor der Tür. Niemand liegt in der Sonne, singt, und abends spazieren keine Liebespaare über die Befestigungsmauern – das alles folgt keinen niedergeschriebenen Regeln, aber es scheint sie dennoch zu geben. Kalte Winde blasen vom Atlantik heran, und Etienne verbarrikadiert sich im alten Zimmer seines Bruders, während Marie-Laure das langsame Verrieseln der Stunden damit durchsteht, mit den Händen über die Muscheln im Zimmer des Onkels zu streichen und sie nach Größe und Art zu ordnen, nach ihrer Form, und wieder und wieder überprüft sie ihr Werk und versucht, sich zu versichern, dass sie nicht eine einzige falsch eingeordnet hat.

Sie könnte doch bestimmt eine halbe Stunde draußen spazieren gehen? Am Arm ihres Vaters? Und doch hallt jedes Mal, wenn ihr Vater sie aufs Neue vertröstet, eine Stimme in einer Kammer ihres Gedächtnisses nach: *Wahrscheinlich nehmen sie die blinden Mädchen vor den verkrüppelten.*

Sie zwingen sie dazu, Dinge zu tun.

Draußen vor den Stadtmauern fahren Schiffe der Marine hin und her. Flachs wird gebündelt, verschifft und zu Leinen, Tauen und Fallschirmschnüren verwoben. Möwen lassen Austern und Muscheln hoch aus der Luft fallen, und das plötzliche Klacken aufs Dach lässt Marie-Laure im Bett hochfahren. Der Bürgermeister verkündet eine neue Steuer, und einige von Madame Manecs Freundinnen murmeln, dass er sie verkauft und sie einen *homme à poigne* brauchen, aber andere fragen, was der Bürgermeister denn machen soll. Man spricht von der Zeit der Strauße.

«Stecken wir unsere Köpfe in den Sand, Madame? Oder die anderen?»

«Vielleicht alle», murmelt sie.

Madame Manec schläft seit einiger Zeit immer am Tisch neben Marie-Laure ein. Sie braucht lange, um das Essen die vier Stockwerke hinauf in Etiennes Zimmer zu bringen, sie keucht den ganzen Weg über. Meist backt Madame morgens schon, wenn alle anderen noch schlafen. Vormittags geht sie in die Stadt, eine Zigarette im Mund, und bringt den Kranken und Gestrandeten Kuchen und Eintöpfe. Währenddessen schleift, nagelt, schnitzt und misst Marie-Laures Vater oben an seinem Modell. Jeden Tag arbeitet er fieberhafter, als rückte ein Stichtag näher, den nur er kennt.

Der Schwächste

Für die Sport- und Außenübungen ist der Anstaltsleiter zuständig, ein SS-Obersturmführer und übereifriger Schulmeister namens Bastian mit ausladendem Gang, Kugelbauch, pockennarbigem Gesicht und einem Mantel, auf dem Kriegsorden zittern. Seine Schultern scheinen aus weichem Ton geformt. Er trägt ständig genagelte Reitstiefel, und die Schüler scherzen, dass er sich damit schon den Weg aus dem Mutterleib freigetreten hat.

Bastian verlangt, dass sie Karten auswendig lernen, den Sonnenwinkel studieren und sich eigene Gürtel aus Rindsleder schneiden. Jeden Nachmittag, ganz gleich, wie das Wetter ist, steht er draußen auf dem Feld und brüllt staatlich verordnete Weisheiten: «Wohlstand fußt auf Brutalität. Das Einzige, was euren lieben Großmüttern ihren Kaffee und ihren Kuchen gewährleistet, sind die Fäuste am Ende eurer Arme.»

Eine alte Pistole baumelt an seinem Gürtel, und die eifrigsten unter den Jungen sehen mit glänzenden Augen zu ihm auf. Werner scheint er zu schwerer, exzessiver Gewalt fähig.

«Die Truppe ist ein Körper», erklärt er und wirbelt ein Stück Gummischlauch durch die Luft, der wenige Zentimeter vor der Nase eines Jungen herfährt. «Insofern unterscheidet sie sich nicht vom Körper eines Mannes. Genau, wie wir von euch verlangen, das Schwache aus euch wegzuhämmern, so müsst ihr lernen, die Schwäche aus der Truppe zu hämmern.»

An einem Nachmittag im Oktober holt Bastian einen knickfüßigen Jungen aus den Reihen der angetretenen Schüler. «Du als Erster. Wie heißt du?»

«Becker, Herr Obersturmführer.»

«Becker. Sag uns, Becker, wer ist der Schwächste in dieser Gruppe?»

Werners Mut sinkt. Er ist mit Abstand der Kleinste seines Jahrgangs. Er versucht, die Brust aufzublähen und reckt sich, so gut er kann. Beckers Blick streift über die Reihen. «Der da, Herr Obersturmführer?»

Werner lässt die Luft aus der Brust entweichen. Becker hat einen Jungen weit rechts von Werner ausgesucht, einen der ganz wenigen mit schwarzen Haaren. Ernst Soundso. Es ist eine sichere Wahl: Ernst ist ein langsamer Läufer, er muss erst noch in seine Pferdebeine hineinwachsen.

Bastian lässt Ernst vortreten. Die Unterlippe des Jungen zittert, als er sich der Gruppe zuwendet.

«Deine weinerliche Miene wird dir nicht helfen», sagt Bastian und macht eine vage Geste zu einer Baumreihe auf der anderen Seite des Feldes hin. «Du kriegst zehn Sekunden Vorsprung. Renne bis zu mir und lass dich nicht von ihnen einholen. Kapiert?»

Ernst nickt weder, noch schüttelt er den Kopf. Bastian tut verdrossen. «Wenn ich die linke Hand hebe, rennst du los. Wenn ich die rechte Hand hebe, kommt der Rest von euch Narren hinter dir her.» Der Anstaltsleiter watschelt davon, das Stück Gummischlauch um den Hals, mit am Gürtel vor- und zurückschwingender Pistole.

Sechzig Jungen warten, atmen. Werner denkt an Jutta, ihr schimmerndes Haar, die schnellen Augen und ihre unverblümte Art. Sie würde niemals fälschlicherweise für die Schwächste gehalten werden. Ernst Soundso zittert jetzt am ganzen Körper, bis hinunter zu Händen und Füßen. Als Bastian vielleicht zweihundert Meter entfernt ist, dreht er sich um und hebt die linke Hand.

Ernst rennt mit gerade nach unten gestreckten Armen und weiten, unbeholfenen Schritten. Bastian zählt von zehn herunter. «Drei», brüllt seine ferne Stimme, «zwei, eins …» Bei Null hebt sich sein rechter Arm, und die Gruppe rennt los. Der dunkelhaarige Junge ist wenigstens fünfzig Meter voraus, doch die Meute macht sofort Boden gut.

Hetzend, hastend, mit aller Kraft rennend, jagen neunundfünfzig Vierzehnjährige ihren Mitschüler. Werner hält sich im Mittelfeld der sich auseinanderziehenden Gruppe, sein Herz schlägt finster verwirrt, und er fragt sich, wo Frederick ist, warum sie diesen Jungen jagen und was sie mit ihm machen sollen, wenn sie ihn einholen.

Wobei ein atavistischer Teil seines Gehirns genau weiß, was sie mit ihm machen werden.

Ein paar der Jungen sind außergewöhnlich schnell, sie nähern sich der einsam dahinlaufenden Gestalt. Ernsts Gliedmaßen pumpen voller Wut, aber er ist es eindeutig nicht gewöhnt zu sprinten, und ihn verlässt bereits die Kraft. Das Gras wogt, durch die Bäume schneidet das Sonnenlicht, die Meute kommt näher, und Werner ärgert sich: Warum kann Ernst nicht schneller sein? Warum hat er nicht trainiert? Wie hat er überhaupt die Aufnahmeprüfung geschafft?

Der schnellste Läufer langt nach dem Hemd des Jungen. Fast hat er ihn. Der schwarzhaarige Ernst wird gepackt werden, und Werner fragt sich, ob sich etwas in ihm wünscht, dass es so sei. Aber der Junge erreicht den Anstaltsleiter um den Bruchteil einer Sekunde früher als die anderen.

Zwingende Aufgabe

Marie-Laure muss ihren Vater dreimal drängen, bevor er ihr die Bekanntmachung vorliest: *Die Bevölkerung hat alle in ihrem Besitz befindlichen Radioempfänger abzugeben. Sie sind bis spätestens morgen Mittag zum Haus Nummer 27 in der Rue de Chartres zu bringen. Alle, die diesem Befehl nicht nachkommen, werden als Saboteure verhaftet.*

Einen Moment lang sagt niemand etwas, und in Marie-Laure rührt sich eine alte Angst. «Ist er …?»

«Im alten Zimmer deines Großvaters», sagt Madame Manec.

Morgen Mittag. Das halbe Haus, denkt Marie-Laure, ist voller Radios und Teile, mit denen welche gebaut werden können.

Madame Manec klopft an die Tür von Henris Zimmer und bekommt keine Antwort. Am Nachmittag packen sie die Ausrüstung aus Etiennes Zimmer zusammen. Madame und Marie-Laures Vater ziehen die Stecker der Radios heraus und verstauen sie in Kisten. Marie-Laure sitzt auf dem Davenport und hört zu, wie die Apparate einer nach dem anderen verschwinden: das alte Radiola 5, ein G. M. R. Titan, ein G. M. R. Orphée und ein Delco 32-Volt-Farm-Radio, das sich Etienne 1922 aus den Vereinigten Staaten hat schicken lassen.

Ihr Vater wickelt das Größte in Pappe und benutzt eine alte Sackkarre, um es polternd die Treppe hinunter zu schaffen. Marie-Laure sitzt mit gefühllos werdenden Fingern im Schoß da und denkt an die Apparatur oben auf dem Dachboden, an die Kabel und Schalter. Ein Sender, der gebaut wurde, um mit Geistern zu sprechen. Gilt er als ein Radio? Sollte sie ihn erwähnen? Wissen Papa und Madame Manec davon? Es scheint nicht so. Abends treibt Nebel in die Stadt und trägt einen kalten, fischigen Geruch mit sich. Sie sitzen in der Küche, essen Kartoffeln und Karotten, und Madame Manec stellt einen Teller vor Henris Tür, klopft an, doch das Essen bleibt unberührt.

«Was», fragt Marie-Laure, «werden sie mit den Radios machen?»

«Sie nach Deutschland schicken», sagt ihr Vater.

«Oder sie werfen sie ins Meer», sagte Madame Manec. «Komm,

Kind, trinke deinen Tee. Es ist nicht das Ende der Welt. Ich lege dir heute Abend eine extra Decke aufs Bett.»

Am Morgen ist die Tür zum Zimmer von Etiennes Bruder noch immer verschlossen. Ob ihr Großonkel weiß, was im Haus vor sich geht, kann Marie-Laure nicht sagen. Um zehn beginnt ihr Vater, die Kisten in die Rue de Chartres zu schaffen. Er fährt einmal, zweimal, dreimal, und als er die Sackkarre mit dem letzten Radio belädt, ist Etienne immer noch nicht herausgekommen. Marie-Laure hält Madame Manecs Hand und hört, wie das Tor draußen zuschlägt und die Karre über das Pflaster der Rue Vauborel rumpelt. Dann kehrt Stille ein.

Museum

Stabsfeldwebel Reinhold von Rumpel wacht früh auf. Er staffiert sich mit seiner Uniform aus, steckt Lupe und Pinzette ein und rollt die weißen Handschuhe auf. Bereits um sechs ist er in der Hotelhalle, in vollem Ornat, die Schuhe frisch geputzt, die Pistolentasche geschlossen. Der Hotelier bringt Brot und Käse in einem dunklen Weidenkorb, hübsch mit einer Baumwollserviette bedeckt, alles tadellos.

Es ist wunderbar, schon vor Sonnenaufgang draußen in der Stadt zu sein, die Laternen brennen noch, das Summen des Pariser Tages beginnt. Als er die Rue Cuvier hinaufgeht und in den Jardin des Plantes abbiegt, sehen die Bäume neblig und bedeutungsschwer aus: allein für ihn aufgespannte Sonnenschirme.

Er kommt gerne früh.

Am Eingang zur großen Ausstellungshalle stehen zwei Nachtwächter stramm. Sie sehen die Rangabzeichen an seinem Kragen und auf den Ärmeln, und ihre Kehlen werden enger. Ein kleiner Mann in schwarzem Flanell kommt die Treppe herunter und entschuldigt sich auf Deutsch. Er sagt, er sei der stellvertretende Direktor. Er habe den Herrn Stabsfeldwebel frühestens in einer Stunde erwartet.

«Wir können Französisch sprechen», sagt von Rumpel.

Hinter dem stellvertretenden Direktor hastet ein zweiter, eierschalenblasser Mann heran, der offensichtlich große Angst hat vor einem direkten Blickkontakt.

«Es wäre uns eine Ehre, Ihnen die Sammlungen zeigen zu dürfen, Herr Stabsfeldwebel», sagt der stellvertretende Direktor. «Das hier ist unser Mineraloge, Professor Hublin.» Hublin kneift zweimal die Augen zusammen und macht den Eindruck eines eingepferchten Tieres. Die beiden Nachtwächter sehen vom Ende des Korridors herüber.

«Darf ich Ihnen Ihren Korb abnehmen?»

«Das ist nicht nötig.»

Die Mineralienhalle ist so lang, dass von Rumpel kaum das Ende sehen kann. Die Vitrinen in verschiedenen Sektionen sind leer, kleine Formen auf den filzbezogenen Auslagen zeigen die Umrisse der entfernten Ausstellungsstücke. Von Rumpel spaziert mit seinem Korb am Arm dahin, lässt den Blick schweifen und vergisst alles andere. Was für Schätze sie zurückgelassen haben! Einen hinreißenden Satz gelber Topaskristalle in grauem Gestein. Einen großen rosafarbenen Brocken Beryll, wie ein kristallisiertes Gehirn. Eine violette Turmalinsäule aus Madagaskar, die so prächtig aussieht, dass er dem Drang nicht widerstehen kann, über sie zu streichen. Bournonit. Apatit auf Muskovit. Natürlicher Zirkon in einer Farbengarbe. Und Dutzende von Mineralien, die er nicht zu benennen weiß. Diese Männer, denkt er, gehen wahrscheinlich in einer Woche mit mehr wertvollen Steinen um, als er in seinem Leben gesehen hat.

Jedes Teil ist in riesigen Folianten registriert, zu denen über die Jahrhunderte immer neue hinzugekommen sind. Der bleiche Hublin zeigt ihm die Seiten. «Louis XIII. hat die Sammlung als ein Medizinkabinett angelegt: Jade für die Nieren, Ton für den Magen, und so weiter. 1850 umfasste der Katalog bereits zweihunderttausend Einträge, es ist ein unschätzbares mineralogisches Erbe ...»

Hin und wieder zieht von Rumpel ein Notizbuch aus der Tasche und macht einen Eintrag. Er nimmt sich Zeit. Als sie ans Ende kommen, legt der stellvertretende Direktor die Hände an seinen Gürtel. «Wir hoffen, wir konnten Sie beeindrucken, Herr Stabsfeldwebel? Haben Sie unsere kleine Führung genossen?»

«Sehr.» Die elektrischen Lichter an der Decke hängen weit auseinander, und die Stille in dem großen Raum hat etwas Beklemmendes. «Aber», sagt von Rumpel und spricht sehr langsam, «was ist mit den Sammlungen, die nicht ausgestellt sind?»

Der stellvertretende Direktor und der Mineraloge tauschen einen Blick. «Sie haben alles gesehen, was wir Ihnen zeigen können, Herr Stabsfeldwebel.»

Von Rumpel bleibt höflich. Zivilisiert. Paris ist schließlich nicht Polen. Wellen müssen vorsichtig geschlagen werden. Die Dinge fallen einem nicht einfach so in den Schoß. Was hat sein Vater immer gesagt? *Betrachte Hindernisse als Möglichkeiten, Reinhold. Betrachte Hindernisse als Inspiration.* «Können wir hier irgendwo reden?», sagt er.

Das Büro des stellvertretenden Direktors liegt in einer staubigen Ecke des zweiten Stocks mit Blick auf den Park. Es ist viel zu heiß, die Wände sind mit Walnussholz getäfelt und mit Rahmen geschmückt, in denen abwechselnd Käfer und Schmetterlinge aufgespießt sind. An der Wand hinter dem wuchtigen Schreibtisch hängt ein einzelnes Bild, eine Kohlezeichnung des französischen Biologen Jean-Baptiste Lamarck. Der stellvertretende Direktor setzt sich hinter seinen Schreibtisch, von Rumpel nimmt davor Platz, seinen Korb zwischen den Füßen. Der Mineraloge bleibt stehen. Eine langhalsige Sekretärin bringt Tee.

Hublin sagt: «Wir kaufen ständig hinzu, nicht wahr? Auf der ganzen Welt, die Industrialisierung gefährdet Mineralablagerungen. Wir sammeln so viele Arten von Mineralien, wie es gibt. Für einen Kurator steht dabei keine über der anderen.»

Von Rumpel lacht. Er weiß es zu schätzen, dass sie es versuchen. Aber begreifen sie nicht, dass der Gewinner bereits feststeht? Er stellt seine Tasse Tee ab und sagt: «Ich würde gern Ihre bestgeschützten Stücke sehen. Ganz besonders interessiert mich ein Exemplar, das sie, wie ich denke, erst vor Kurzem aus Ihren Schatzkammern geholt haben.»

Der stellvertretende Direktor fährt sich mit der Hand durch die Haare und verursacht einen wahren Schuppenregen. «Herr Stabsfeldwebel, die Ihnen gezeigten Mineralien haben Entdeckungen in der Elektrochemie möglich gemacht, ebenso in Bezug auf die Grundgesetze der mathematischen Kristallografie. Die Rolle des Nationalmuseums liegt jenseits von Launen und Moden. Wir sichern für zukünftige Generationen …»

Von Rumpel lächelt. «Ich kann warten.»

«Sie missverstehen uns, Monsieur. Sie haben alles Interessante gesehen, das wir Ihnen zeigen können.»

«Ich warte auf das, was Sie mir nicht zeigen können.»

Der stellvertretende Direktor starrt in seinen Tee. Der Mineraloge tritt von einem Bein aufs andere. Er scheint mit einer inneren Wut zu kämpfen. «Ich habe ein ziemliches Talent zum Warten», sagt von Rumpel auf Französisch. «Das Warten ist meine eigentliche Stärke. Ein großer Sportler oder Mathematiker war ich nie, verfügte aber schon als Junge über eine geradezu unnatürliche Geduld. Zum Beispiel blieb ich bei meiner Mutter, wenn sie sich die Haare machen ließ. Stundenlang saß ich da auf meinem Stuhl und wartete und wartete, ohne eine Zeitschrift, ohne ein Spielzeug, nicht mal die Beine habe ich vor- und zurückgeschwungen. Alle Mütter waren beeindruckt.»

Die beiden Franzosen zappeln herum. Und wessen Ohren hören hinter der Tür zu? «Setzen Sie sich doch, wenn Sie mögen», sagt von Rumpel zu Hublin und klopft auf den Stuhl neben sich. Aber Hublin setzt sich nicht. Zeit vergeht. Von Rumpel trinkt seinen letzten Schluck Tee und stellt die Tasse äußerst vorsichtig auf den Rand des Schreibtischs. Irgendwo schaltet sich ein Ventilator ein, summt eine Weile und schaltet sich wieder aus.

Hublin sagt: «Es ist nicht klar, worauf wir warten, Herr Stabsfeldwebel.»

«Ich warte darauf, dass Sie mir die Wahrheit sagen.»

«Wenn ich vielleicht …»

«Bleiben Sie», sagt von Rumpel. «Setzen Sie sich. Ich bin sicher, wenn einer von Ihnen Anweisungen nach drüben riefe, würde die Mademoiselle, die wie eine Giraffe aussieht, es hören. Habe ich recht?»

Der stellvertretende Direktor schlägt das rechte Bein über das linke, dann das linke über das rechte. Es ist mittlerweile nach zwölf. «Vielleicht würden Sie gern die Skelette sehen?», versucht es der stellvertretende Direktor. «Die Ausstellungshalle über den Menschen ist wirklich eindrucksvoll, und unsere zoologische Sammlung …»

«Ich würde gern die Mineralien sehen, die Sie der Öffentlichkeit vorenthalten. Ganz besonders einen Stein.»

Auf Hublins Hals bilden sich weiße und rosafarbene Flecken. Er setzt sich immer noch nicht. Der stellvertretende Direktor scheint sich der Sackgasse, in die sie geraten sind, zu ergeben, zieht einen dicken, perfekt gebundenen Stapel Papier aus einer Schublade und beginnt zu lesen. Hublin scheint Anstalten machen zu wollen, den Raum zu verlassen, aber von Rumpel sagt nur: «Bitte, bleiben Sie, bis wir das gelöst haben.»

Das Warten, denkt von Rumpel, ist eine Art Krieg. Du sagst dir einfach, dass du nicht verlieren darfst. Das Telefon des stellvertretenden Direktors klingelt, und er streckt den Arm aus, um den Hörer abzunehmen, doch von Rumpel hebt die Hand. Es klingelt zehn, elf Mal und verstummt. Es vergeht vielleicht eine halbe Stunde. Hublin starrt auf seine Schnürsenkel, der stellvertretende Direktor schreibt hier und da mit einem silbernen Stift eine Anmerkung in sein Manuskript, von Rumpel bleibt reglos, dann klopft es an der Tür.

«Meine Herren?»

Von Rumpel ruft: «Es ist alles in Ordnung, danke.»

Der stellvertretende Direktor sagt: «Es gibt Dinge, um die ich mich kümmern muss, Herr Stabsfeldwebel.»

Von Rumpel hebt die Stimme nicht. «Sie werden hier warten, Sie beide. Sie werden mit mir hier warten, bis ich gesehen habe, weswegen ich hergekommen bin. Und dann widmen wir uns alle wieder unseren gewohnten Aufgaben.»

Das Kinn des Mineralogen zuckt. Der Ventilator setzt ein, schaltet sich aus. Eine Fünf-Minuten-Einstellung, schätzt von Rumpel. Er wartet, bis sich der Ventilator ein weiteres Mal ein- und ausschaltet, hebt den Korb auf seinen Schoß und deutet auf den Stuhl. Seine Stimme ist sanft. «Setzen Sie sich, Professor. Das ist bequemer.»

Hublin setzt sich nicht. Draußen in der Stadt schlägt es zwei Uhr, und die Glocken von hundert Kirchen ertönen. Menschen gehen die Wege entlang. Die letzten Blätter des Herbstes trudeln zu Boden. Von Rumpel entrollt die Serviette auf seinem Schoß und nimmt den Käse heraus. Langsam bricht er ein Stück Brot und lässt die Krümel in die Serviette rieseln. Während er kaut, kann er ihre Mägen förmlich knurren hören. Er bietet ihnen nichts an. Am Ende wischt er sich die Mundwinkel mit der Serviette ab. «Sie verstehen mich falsch, Messieurs. Ich bin kein Tier. Ich bin nicht hier, um Ihre Sammlungen zu plündern. Sie gehören ganz Europa, der gesamten Menschheit, richtig? Ich bin wegen etwas Kleinem hier. Etwas, das kleiner ist als Ihre Kniescheiben.» Während er das sagt, sieht er den Mineralogen an. Der wegsieht, hochrot.

Der stellvertretende Direktor sagt: «Das ist doch absurd, Herr Stabsfeldwebel.»

Von Rumpel faltet seine Serviette zusammen, legt sie zurück in den Korb und stellt den Korb wieder auf den Boden. Er leckt sich die Fingerspitzen und pflückt sich ein paar Krümel von der Jacke, einen nach dem anderen. Dann sieht er den stellvertretenden Direktor an. «Das Lycée Charlemagne, richtig? In der Rue Charlemagne?»

Die Haut um die Augen des stellvertretenden Direktors weitet sich.

«Die Schule Ihrer Tochter?» Von Rumpel dreht den Stuhl. «Und das Collège Stanislas, nicht wahr, Dr. Hublin? Die Schule Ihrer beiden Söhne, der Zwillinge? In der Rue Notre-Dame des Champs? Machen sich die beiden gut aussehenden Jungen in diesem Moment nicht auf den Weg nach Hause?»

Hublin legt die Hände auf die Lehne des Stuhls neben ihm, seine Knöchel werden schneeweiß.

«Einer mit einer Geige, der andere mit einer Bratsche, habe ich recht? Und all die Straßen, die sie überqueren müssen. Das ist ein langer Weg für zwei zehnjährige Jungen.»

Der stellvertretende Direktor sitzt vollkommen aufrecht. Von Rumpel sagt: «Ich weiß, dass er nicht hier ist, Messieurs. Nicht einmal der dümmste Hausmeister würde den Diamanten hier lassen. Aber ich würde gern sehen, wo Sie ihn aufbewahrt haben. Ich würde gern wissen, was für einen Ort Sie für sicher genug halten.»

Keiner der beiden Franzosen sagt etwas. Der stellvertretende Direktor wendet sich wieder seinem Manuskript zu, wobei von Rumpel klar ist, dass er nicht liest. Um vier Uhr klopft die Sekretärin wieder an, und Rumpel schickt sie erneut weg. Er übt sich darin, sich allein auf seine Wimpernschläge zu konzentrieren. Den Puls in seinem Hals. Tock, tock, tock, tock. Andere, denkt er, würden es mit weniger Finesse tun. Andere würden Sprengstoff, Pistolenmündungen, Muskeln benutzen. Von Rumpel benutzt das billigste aller Materialien. Zeit. Minuten, Stunden.

Fünf Glockenschläge. Das Licht draußen im Park wird bleicher.

«Herr Stabsfeldwebel, bitte», sagt der stellvertretende Direktor, die Hände flach auf dem Tisch. Er sieht jetzt auf. «Es ist sehr spät. Ich muss mich erleichtern.»

«Nur zu.» Von Rumpel macht eine Geste zum metallenen Papierkorb neben dem Schreibtisch hin.

Der Mineraloge verzieht sein Gesicht. Wieder klingelt das Telefon. Hublin kaut an seinen Nagelhäuten. Schmerz zeigt sich im Gesicht des stellvertretenden Direktors. Der Ventilator summt. Draußen im Park löst sich das Tageslicht aus den Bäumen. Von Rumpel wartet.

«Ihr Kollege», sagt er zum Mineralogen, «ist ein logisch denkender Mann, oder? Er misstraut den Legenden. Aber Sie, Sie scheinen mir emotionaler. Sie wollen den Geschichten zwar nicht glauben, Sie reden sich ein, sie nicht zu glauben, tun es aber doch.» Er schüttelt den Kopf. «Sie haben den Diamanten in Ihren Händen gehalten. Sie haben seine Macht gespürt.»

«Das ist ja lächerlich», sagt Hublin. Seine Augen rollen wie die eines verschreckten Fohlens. «Das ist kein zivilisiertes Verhalten. Sind unsere Kinder in Sicherheit, Herr Stabsfeldwebel? Ich verlange, dass Sie uns in Erfahrung bringen lassen, ob unsere Kinder in Sicherheit sind.»

«Ein Mann der Wissenschaft, und doch glauben Sie an diese Mythen. Sie glauben an die Kraft der Vernunft, aber auch an Märchen. An Göttinnen und Flüche.»

Der stellvertretende Direktor atmet tief ein. «Genug», sagt er. «Genug.»

Von Rumpels Puls beschleunigt sich: Ist es schon so weit? War es so leicht? Er könnte noch zwei weitere Tage warten, drei, während Reihen von Männern in Wellen gegen ihn anbranden.

«Sind unsere Kinder in Sicherheit, Herr Stabsfeldwebel?»

«Wenn Sie es wünschen.»

«Darf ich telefonieren?

Von Rumpel nickt. Der stellvertretende Direktor greift zum Hörer, sagt «Sylvie», hört einen Moment lang zu und legt wieder auf. Die Frau kommt mit einem Schlüsselbund herein und holt aus einer Schublade im Schreibtisch des stellvertretenden Direktors einen einzelnen an einer Kette hängenden Schlüssel. Einfach, mit einem langen Schaft.

Eine kleine, verschlossene Tür hinten im Ausstellungsraum des Erdgeschosses. Man braucht zwei Schlüssel, um sie zu öffnen, und der stellvertretende Direktor scheint unerfahren mit dem Schloss. Sie führen von Rumpel eine Wendeltreppe hinunter. An ihrem Ende schließt der stellvertretende Direktor ein weiteres Tor auf. Sie gehen durch ein Gewirr von Gängen, vorbei an einem Wächter, der seine Zeitung sinken lässt und stocksteif dasitzt, als sie vorbeigehen. In einem einfachen Lagerraum voll mit Planen, Paletten und Kisten bringt der Mineraloge hinter einer Sperrholzwand einen einfachen Tresor mit einem Kombinationsschloss zum Vorschein, den der stellvertretende Direktor ohne weitere Probleme öffnet.

Keine Alarmanlage. Nur der Wächter.

Im Tresor steht eine höchst interessante Kiste, die so schwer ist, dass der stellvertretende Direktor und der Mineraloge sie nur zu zweit herausheben können.

Ein Quader, elegant, die Verstrebungen unsichtbar. Kein Firmenname, kein Kombinationsrad. Der Quader ist vermutlich hohl, aber es gibt keine erkennbaren Scharniere, keine Nägel, keine Verbindungspunkte. Er sieht aus wie ein massiver Holzblock, auf Hochglanz poliert. Handgemacht.

Der Mineraloge schiebt einen Schlüssel in ein winziges, so gut wie unsichtbares Loch im Boden. Als er ihn dreht, öffnen sich weitere kleine Schlüssellöcher auf der gegenüberliegenden Seite. Der stellvertretende Direktor schiebt zwei zueinander passende Schlüssel hinein, sie öffnen fünf verschiedene Schächte.

Drei sich überlappende Zylinderschlösser, jedes vom nächsten abhängig.

«Genial», flüstert von Rumpel.

Sanft öffnet sich die Kiste.

Drinnen liegt eine kleine Filztasche.

Er sagt: «Öffnen Sie sie.»

Der Mineraloge sieht den stellvertretenden Direktor an. Dieser knotet den Beutel auf und lässt ein umwickeltes Bündel in seine Hand fallen. Mit einem einzelnen Finger schiebt er den Stoff zur Seite. Zum Vorschein kommt ein blauer Stein, groß wie ein Taubenei.

Der Schrank

Wenn Stadtbewohner die Verdunkelungsbestimmungen verletzen, müssen sie eine Strafe zahlen oder werden zu Verhören einbestellt, allerdings berichtet Madame Manec, dass die Lichter im Hôtel-Dieu die ganze Nacht brennen und ständig Deutsche hinein- und hinausstolpern und sich Hemden und Hosen zurechtziehen. Marie-Laure hält sich wach und wartet darauf, dass sie den Onkel hört. Endlich öffnet sich die Tür auf der anderen Seite des Flurs, Füße schieben sich über die Dielen. Wie in einem Geschichtenbuch, denkt sie. Wie eine Maus, die aus ihrem Loch schleicht.

Sie klettert aus dem Bett, versucht dabei, ihren Vater nicht aufzuwecken, und tritt auf den Flur hinaus. «Onkel», flüstert sie, «hab keine Angst.»

«Marie-Laure?» Er riecht wie der kommende Winter, ein Grab, die schwere Trägheit der Zeit.

«Geht es dir gut?»

«Besser.»

Sie stehen auf dem Treppenabsatz. «Es gab eine Bekanntmachung», sagt Marie-Laure. «Madame hat sie auf deinen Schreibtisch gelegt.»

«Eine Bekanntmachung?»

«Deine Radios.»

Er geht in den vierten Stock hinunter. Sie hört ihn tonlos wettern. Seine Hände wandern über die leergeräumten Regalbretter, alte Freunde sind verschwunden. Sie stellt sich auf einen Zornesausbruch ein, bekommt aber nur halb hyperventilierte Kinderreime zu hören: *«À la salade, je suis malade, au céleri, je suis guéri …»*

Sie fasst seinen Ellbogen und hilft ihm zum Davenport. Er murmelt immer noch vor sich hin und versucht, sich von einem inneren Abgrund wegzureden. Sie spürt Angst aus ihm strömen, bösartig, giftig, und sie muss an die Formalinbehälter in der Abteilung für Zoologie denken.

Regen schlägt gegen die Fenster, und Etiennes Stimme kommt wie aus weiter Ferne. «Alle?»

«Nicht die Sachen auf dem Dachboden. Ich habe nichts gesagt. Weiß Madame Manec davon?»

«Wir haben nie darüber gesprochen.»

«Sind sie gut genug versteckt, Onkel? Könnte sie jemand entdecken, wenn das Haus durchsucht würde?»

«Wer sollte das Haus durchsuchen?»

Schweigen.

Er sagt: «Wir können immer noch alles abgeben und sagen, wir haben es übersehen.»

«Gestern Mittag war der letzte Termin.»

«Vielleicht verstehen sie es.»

«Onkel, denkst du wirklich, sie glauben, du hast einen Sender übersehen, mit dem du England erreichen kannst?»

Aufgeregtes Atmen. Stumm wälzt sich die Nacht voran. «Hilf mir», sagt er. Er holt einen Wagenheber aus einem der Räume im zweiten Stock, und sie gehen gemeinsam hinauf ins Zimmer des Großvaters und schließen die Tür hinter sich. Sie knien sich neben den ungeheuer massiven Schrank und riskieren nicht das Licht einer einzigen Kerze. Er schiebt den Wagenheber unter den Schrank, hebelt die linke Seite in die Höhe und schiebt zusammengefaltete Lappen unter die Füße. Dann macht er es mit der anderen Seite genauso. «Und jetzt, Marie-Laure, lege deine Hände hier hin und schiebe.» Sie erschauert und versteht: Sie werden den Schrank vor die kleine Tür stellen, die nach oben auf den Dachboden führt.

«Mit aller Kraft, fertig? Eins, zwei, drei.»

Der riesige Schrank bewegt sich ein paar Zentimeter. Die schweren Spiegeltüren klacken leise. Marie-Laure hat das Gefühl, sie schieben ein Haus über eine Eisfläche.

«Mein Vater», sagt Etienne keuchend, «hat immer gesagt, Gott selbst hätte den Schrank nicht hier heraufschleppen können, und dass sie das Haus um ihn herumgebaut haben müssen. Noch einmal, fertig?»

Sie schieben, ruhen aus, schieben, ruhen aus. Endlich steht der Schrank vor der kleinen Tür, und der Eingang hinauf auf den Dachboden ist versperrt. Etienne bockt die Füße wieder auf, zieht die Lappen darunter weg und lässt den Schrank zurück auf den Boden sinken. Er keucht, und Marie-Laure setzt sich neben ihn. Bevor die Dämmerung über der Stadt aufzieht, schlafen sie bereits.

Amseln

Appell. Frühstück. Phrenologie, Schießtraining, Exerzieren. Der schwarzhaarige Ernst verlässt die Schule fünf Tage, nachdem er bei den Übungen draußen als Schwächster ausgesucht wurde. Zwei andere gehen in der Woche danach. Aus sechzig werden siebenundfünfzig. Werner arbeitet jeden Abend in Dr. Hauptmanns Labor, setzt Zahlen in Dreiecksformeln ein oder baut an Apparaturen: Er soll die Leistungsfähigkeit eines Sende- und Empfangsgeräts verbessern, das Dr. Hauptmann entwickelt. Es muss sich schnell auf verschiedene Frequenzen einstellen lassen, sagt der kleine Doktor, und die genaue Richtung der Signale bestimmen können, die es empfängt. Kann Werner das einrichten?

Er gestaltet den Bauplan fast ganz um. An einigen Abenden wird Dr. Hauptmann gesprächig und erklärt die Rolle von Magnetspulen und Kaltleitern bis ins kleinste Detail, klassifiziert sogar eine von einem Balken herunterhängende Spinne und schwärmt von Wissenschaftlertreffen in Berlin, bei denen praktisch jedes Gespräch, sagt er, neue Möglichkeiten erkennbar werden lässt. Relativität, Quantenmechanik, zu solchen Gelegenheiten scheint er so gut aufgelegt zu sein, dass er mit Werner über alles redet, was dieser wissen möchte.

Doch schon am nächsten Abend zeigt sich Dr. Hauptmann wieder geradezu furchterregend verschlossen, will keine Fragen hören und überwacht Werners Arbeit ohne ein Wort. Dass sein Lehrer Verbindungen nach so weit oben hat und ihn das Telefon auf seinem Schreibtisch mit Männern in hundert, zweihundert Kilometern Entfernung verbindet, die wahrscheinlich nur mit dem Finger schnippen müssen, um ein Dutzend Messerschmitts in die Luft zu schicken und eine Stadt bombardieren zu lassen, berauscht Werner.

Wie leben in außergewöhnlichen Zeiten.

Er fragt sich, ob Jutta ihm vergeben hat. Ihre Briefe bestehen hauptsächlich aus Banalitäten – *Wir haben zu tun, Frau Elena lässt dich grüßen* –, oder sie kommen bei ihm so stark vom Zensor geschwärzt an, dass ihre Bedeutung nicht mehr zu erkennen ist.

Ist sie traurig, weil er nicht mehr da ist? Oder versagt sie sich ihre Gefühle, um sich zu schützen, wie auch er es lernt?

Volkheimer scheint genau wie Dr. Hauptmann voller Widersprüche zu sein. Den anderen Jungen gegenüber ist der Riese ein Rohling, eine reine Kreatur der Stärke, und doch kommt es vor, dass er, wenn Dr. Hauptmann in Berlin ist, ein Grundig-Röhrenradio aus dem Büro des Doktors holt, die Kurzwellenantenne anschließt und das Labor mit klassischer Musik füllt. Mit Mozart, Bach, sogar dem Italiener Vivaldi. Je sentimentaler, desto besser. Dann lehnt sich der massige Kerl auf seinem Stuhl zurück, der unter dem Gewicht quietschend protestiert, und lässt die Augenlider halb offen.

Warum immer Dreiecke? Was ist der Zweck des Sende- und Empfangsgeräts, das sie bauen? Welche zwei Punkte kennt Dr. Hauptmann, und warum muss er den dritten herausfinden?

«Es sind nur Zahlen, Hausner», sagt Dr. Hauptmann. Das ist einer seiner liebsten Sätze. «Reine Mathematik. Du musst dich daran gewöhnen, so zu denken.»

Werner probiert verschiedene Theorien an Frederick aus, aber Frederick bewegt sich, als wäre er fest in einem Traum verfangen. Die Hose ist ihm zu weit, die Säume lösen sich bereits, und sein Blick ist so eindringlich wie vage. So scheint er es beim Schießen kaum zu merken, wenn er das Ziel nicht trifft. Vorm Einschlafen abends murmelt Frederick meist noch vor sich hin, Gedichtsfetzen und Beobachtungen zum Verhalten von Fledermäusen und Gänsen, die er an den Fenstern vorbeischießen gehört hat.

Und Vögel, immer Vögel.

«... und Küstenseeschwalben, Werner, die fliegen vom Südpol zum Nordpol, das sind wahre Weltenwanderer, wahrscheinlich die extremsten Wanderwesen, die je gelebt haben. Jedes Jahr legen sie siebzigtausend Kilometer zurück ...»

Ein metallisches Winterlicht senkt sich über die Ställe, den Weinberg und den Schießstand, Singvögel streichen über die Hügel, große Wirbel von Sperlingsvögeln auf ihrem Weg in den Süden. Direkt über die Türme der Schule führt eine Flugstrecke, und hin und wieder lässt sich einer der Schwärme in den großen Linden auf dem Gelände nieder und raschelt im Laub.

Einige der älteren Jungen, Sechzehn-, Siebzehnjährige, die freieren

Zugang zur Munition haben, entwickeln Gefallen daran, Salven in die Bäume zu feuern und zu sehen, wie viele Vögel sie treffen. Ein Baum wirkt unbewohnt und ruhig, dann feuert jemand hinein, und die Krone scheint in alle Richtungen zu explodieren, Hunderte von Vögeln stoßen in einer halben Sekunde in die Luft und schreien, als platze der ganze Baum auseinander.

Eines Abends im Schlafsaal legt Frederick die Stirn an die Scheibe. «Ich hasse sie. Ich hasse sie dafür.»

Die Essensglocke klingelt, und alle trotten los. Frederick mit seinem karamellfarbenen Haar und den wunden Augen kommt als Letzter, seine Schnürsenkel schleifen über den Boden. Werner spült Fredericks Kochgeschirr für ihn, lässt ihn sehen, auf welche Lösungen er bei den Schularbeiten gekommen ist, und gibt ihm von seiner Schuhcreme und den Süßigkeiten von Dr. Hauptmann ab. Beim Exerzieren und Sport laufen sie nebeneinander. Eine Messingnadel wiegt leicht auf ihren Rockaufschlägen, einhundertundvierzehn genagelte Stiefel lassen die Kiesel auf dem Weg aufspritzen. Die Burg mit ihren Türmen und Zinnen ragt unter ihnen wie die neblige Vision vorherbestimmten Ruhmes auf. Werners Blut schießt durch seine Herzkammern, seine Gedanken sind bei Dr. Hauptmanns Sende- und Empfangsgerät, bei Lötzinn, Sicherungen, Batterien und Antennen, und seine Stiefel und die von Frederick berühren den Weg exakt im gleichen Augenblick.

SSG35 A NA513 NL WUX
Doppel des durchtelefonierten Telegramms

10. Dezember 1940

M. Daniel LeBlanc
Saint-Malo, Frankreich

Rückkehr nach Paris Ende des Monats stopp Reisen Sie sicher
stopp

Bad

Ein letzter Ausbruch fieberhaften Klebens und Schleifens, und Marie-Laures Vater hat sein Modell von Saint-Malo fertiggestellt. Unbemalt, unvollkommen steht es da, in den Farben eines halben Dutzends verschiedener Holzarten, Einzelheiten fehlen, und doch ist es komplett genug, dass es seine Tochter, wenn nötig, nutzen kann: das unregelmäßige Vieleck der von Befestigungsmauern umrahmten Insel mit allen achthundertfünfundsechzig Häusern am richtigen Ort.

Er fühlt sich zerfahren. Seit Wochen fehlt ihm alle Logik. Der Diamant, den er für das Museum aufbewahren soll, ist nicht echt. Wenn es anders wäre, hätte das Museum längst Leute geschickt, um ihn zu holen. Aber warum lassen die Tiefen des Steines, wenn er ein Vergrößerungsglas darauf legt, kleine Flammendolche erkennen? Warum hört er Schritte hinter sich, obwohl niemand da ist? Und warum trägt er sich mit dem unsinnigen Gedanken, dass ihm der Stein in dem Leinensäckchen in seiner Tasche Unglück bringt, Marie-Laure gefährdet und womöglich die Invasion Frankreichs herbeigeführt hat?

Wie idiotisch. Wie lächerlich.

Er hat jeden Test ausgeführt, der ihm einfallen wollte und der sich ohne eine weitere Person durchführen ließ.

Er hat ihn in Filzstücke gewickelt und mit dem Hammer bearbeitet. Der Stein ist nicht zersprungen.

Hat versucht, ihm mit einem zerschlagenen Stück Quarz Kratzer zuzufügen. Ohne Erfolg.

Hat ihn in eine Kerzenflamme gehalten, in Wasser gelegt, gekocht. Er hat den Edelstein unter der Matratze aufbewahrt, in seinem Werkzeugkasten, in seinem Schuh. Eines Nachts hat er ihn für einige Stunden in Madame Manecs Blumenkasten mit den Geranien gesteckt und sich dann eingeredet, die Blumen verwelkten, und den Stein wieder ausgegraben.

Am Nachmittag taucht im Bahnhof ein vertrautes Gesicht auf, vier, fünf Positionen hinter ihm in der Schlange. Er hat den Mann schon gesehen. Der Kerl ist pummelig, schwitzt und hat ein Doppelkinn. Ihre Blicke treffen sich, der Mann sieht weg.

Es ist Etiennes Nachbar. Der Parfümhändler.

Vor Wochen, als er Maße für das Modell nahm, hat Marie-Laures Vater diesen Mann auf der Befestigungsmauer gesehen, wie er eine Kamera auf das Meer hinaus richtete. Dem ist nicht zu trauen, hat Madame Manec gesagt. Aber er steht nur in der Schlange und wartet darauf, eine Fahrkarte kaufen zu können.

Logik. Die Prinzipien der Stichhaltigkeit. Jedes Schloss hat seinen Schlüssel.

Seit mehr als zwei Wochen hallt das Telegramm des Direktors in seinem Kopf nach. So eine unerträglich unbestimmte Anweisung: *Reisen Sie sicher.* Heißt das, er soll den Stein mitbringen oder ihn hier zurücklassen? Soll er Marie-Laure mitnehmen oder nicht? Soll er mit dem Zug fahren oder mit einem anderen, theoretisch sichereren Verkehrsmittel?

Und was, überlegt er, wenn das Telegramm gar nicht vom Direktor stammt?

Seine Gedanken drehen sich im Kreis. Als er der Nächste am Schalter ist, kauft er eine Karte nach Rennes und weiter nach Paris und geht durch die schmalen, sonnenlosen Straßen zurück in die Rue Vauborel. Er wird fahren, und dann ist es vorbei. Er wird wieder arbeiten, die Schlüsselausgabe besetzen und Dinge wegschließen. Und in einer Woche kommt er unbelastet zurück in die Bretagne und holt Marie-Laure.

Zum Abendessen serviert Madame Manec Eintopf und Baguette. Danach führt er Marie-Laure über die wackligen Stufen ins Bad im zweiten Stock. Er füllt die große Eisenwanne und dreht sich um, als sie sich auszieht. «Nimm so viel Seife, wie du magst», sagt er. «Ich habe mehr gekauft.» Die Zugfahrkarte steckt wie ein Zeugnis des Verrats in seiner Tasche.

Sie lässt sich von ihm das Haar waschen. Wieder und wieder fährt Marie-Laure mit den Fingern durch den Schaum, als versuchte sie, sein Gewicht zu ergründen. Es hat immer einen Ansatz von Angst in ihm gegeben, was seine Tochter betrifft, tief in seinem Inneren: die Angst, dass er ihr kein guter Vater sein könnte und alles falsch macht. Dass er nie ganz die Regeln begriffen hat. All die Pariser Mütter, die ihre Kinderwagen durch den Jardin des Plantes schoben und im Kaufhaus Strickjacken vor sich hin hielten. Ihm schien, dass sich diese Mütter gegenseitig zunickten, als besäßen sie ein geheimes Wissen, von dem er keine Ahnung hatte. Wie konnte man je sicher sein, dass man etwas richtig machte?

Aber da ist auch Stolz. Stolz, dass er es allein schafft. Dass seine Tochter so neugierig und robust ist. Es erfüllt ihn mit Demut, der Vater eines so mächtigen Menschen zu sein: als wäre er nur ein schmaler Durchgang für etwas anderes, Größeres. So fühlt es sich in diesem Augenblick an, denkt er, kniet sich neben seine Tochter und spült ihr das Haar aus. Als überwinde die Liebe für seine Tochter die Beschränkungen seines Körpers. Die Mauern könnten in sich zusammenfallen, die ganze Stadt, doch das Leuchten dieses Gefühls würde nicht vergehen.

Der Abfluss ächzt. Das überladene Haus schließt sich eng um sie. Marie-Laure hebt ihr nasses Gesicht. «Du fährst weg, nicht wahr?»

In diesem Augenblick ist er froh, dass sie ihn nicht sehen kann.

«Madame hat mir von dem Telegramm erzählt.»

«Es ist nicht für lange, Marie. Eine Woche. Höchstens zehn Tage.»

«Wann?»

«Morgen. Bevor du aufwachst.»

Sie beugt sich über ihre Knie. Ihr Rücken ist lang und weiß und durch die Höcker des Rückgrats zweigeteilt. Früher schlief sie ein und hielt dabei seinen Zeigefinger in der Faust. Mit ihren Büchern hat sie sich auf dem Boden der Schlüsselausgabe ausgestreckt, unter der Bank, und ihre Hände wie Spinnen über die Seiten bewegt.

«Muss ich hierbleiben?»

«Bei Madame. Und Etienne.»

Er gibt ihr ein Handtuch, hilft ihr beim Aussteigen aus der Wanne und wartet draußen, bis sie ihr Nachthemd angezogen hat. Dann bringt er sie hinauf in ihr kleines Zimmer im fünften Stock, auch wenn er weiß, dass sie nicht geführt werden muss. Er setzt sich auf den Rand des Betts, und sie kniet sich neben das Modell und legt die Hände auf die Türme der Kathedrale.

Er findet die Haarbürste und macht sich nicht die Mühe, das Licht einzuschalten.

«Zehn Tage, Papa?»

«Höchstens.» Die Wände knarzen, das Fenster hinter den Vorhängen ist schwarz, die Stadt bereitet sich auf den Schlaf vor. Irgendwo da draußen gleiten deutsche U-Boote durch Unterwasserschluchten, und acht, neun Meter große Tintenfische tragen ihre großen Augen durch die kalte Finsternis.

«Waren wir jemals eine Nacht getrennt?»

«Nein.» Sein Blick huscht durch den dunklen Raum. Fast scheint der Stein in seiner Tasche zu pulsieren. Wenn er heute Nacht schlafen kann, was wird er dann träumen?

«Darf ich aus dem Haus, während du weg bist, Papa?»

«Wenn ich wieder hier bin. Versprochen.»

So sanft er kann, fährt er mit der Bürste durch die nassen Haarsträhnen seiner Tochter. Zwischendurch kann er den Seewind am Fenster rütteln hören.

Marie-Laures Hände flüstern über die Häuser, während sie die Namen der Straßen aufzählt. «Rue des Cordiers, Rue Jacques Cartier, Rue Vauborel.»

Er sagt: «In einer Woche kennst du sie alle.»

Marie-Laures Finger schweifen zu den Befestigungsmauern. Hinter ihnen liegt das Meer. «Zehn Tage», sagt sie.

«Höchstens.»

Der Schwächste (Nr. 2)

Der Dezember saugt das Licht von der Burg. Die Sonne steigt kaum über den Horizont, bevor sie wieder versinkt. Es schneit einmal, zweimal, der Schnee bedeckt den Rasen. Hat Werner je so weißen Schnee gesehen, Schnee, der nicht augenblicklich von Asche und Kohlenstaub verschmutzt wurde? Die einzigen Abgesandten der Außenwelt sind einzelne Singvögel, die sich gelegentlich in den Linden hinter dem Hof niederlassen, herabgeblasen von einem fernen Sturm, einer Schlacht oder beidem, sowie ein unreif wirkender Obergefreiter und ein Unteroffizier, die etwa einmal in der Woche in den Speisesaal kommen, immer nach dem Gebet, immer gerade dann, wenn sich die Jungen den ersten Bissen in den Mund schieben wollen. Stumm gehen sie unter dem Wappenschmuck her, bleiben hinter einem Jungmann stehen und flüstern ihm ins Ohr, dass sein Vater im Kampf gefallen sei.

An anderen Abenden schreit ein Aufpasser: «Achtung!», die Jungen stehen von ihren Bänken auf, und Anstaltsleiter Bastian watschelt herein. Die Jungen sehen stumm auf ihr Essen, während Bastian durch die Reihen geht und mit dem Zeigefinger über ihre Rücken fährt. «Heimweh? Wir dürfen uns wegen unseres Zuhauses keine Gedanken machen. Am Ende kommen wir alle heim zum Führer. Welches andere Zuhause zählt da?»

«Kein anderes!», rufen die Jungen.

Jeden Nachmittag, egal bei welchem Wetter, bläst der Anstaltsleiter in seine Pfeife, die Vierzehnjährigen trotten hinaus, und er baut sich vor ihnen auf. Der Mantel spannt vor seinem Bauch, seine Orden klingeln, und der Gummischlauch wirbelt durch die Luft. «Es gibt zwei Arten des Todes», sagt er, und die Wolken seines Atems stoßen in die Kälte. «Ihr könnt kämpfen wie Löwen, oder ihr könnt so einfach fortgehen, wie man ein Haar von einer Tasse Milch heben kann. Die Nichtswürdigen, die Niemande sterben auf die leichte Weise.» Er fährt mit dem Blick über die Reihen, schwingt seinen Schlauch und weitet die Augen dramatisch. «Wie wollt ihr sterben, Jungs?»

An einem windigen Nachmittag holt er Helmut Rödel aus dem

Glied. Helmut ist ein kleines, wenig versprechendes Kind aus dem Süden, das fast den ganzen Tag über die Fäuste geballt hält.

«Wer ist es, Rödel? Deiner. Meinung. Nach. Wer ist das schwächste Mitglied der Truppe?» Der Anstaltsleiter wirbelt den Schlauch durch die Luft. Helmut Rödel überlegt nicht lange. «Der», sagt er.

Werner spürt, wie etwas Schweres durch ihn fällt. Rödel zeigt direkt auf Frederick. Falls Angst das Gesicht seines Freundes verdunkelt, kann Werner es nicht erkennen. Frederick scheint abgelenkt, fast philosophisch. Bastian legt sich den Schlauch um den Hals und stapft davon, Schnee an den Schienbeinen. Er nimmt sich Zeit, bis er kaum mehr als ein dunkler Klumpen auf der anderen Seite des Feldes ist. Werner versucht, Blickkontakt mit Frederick aufzunehmen, doch dessen Blick geht weit in die Ferne.

Der Anstaltsleiter hebt den Arm, schreit: «Zehn!», und der Wind zerzaust das Wort über dem offenen Feld. Frederick blinzelt ein paarmal, wie er es oft tut, wenn er im Unterricht angesprochen wird und darauf wartet, dass sein inneres Leben das äußere einholt.

«Neun!»

«Renn schon», zischt Werner.

Frederick ist ein guter Läufer, schneller als Werner, aber der Anstaltsleiter scheint an diesem Nachmittag hastiger zu zählen. Fredericks Vorsprung ist verkürzt, der Schnee behindert ihn, und er kann nicht weiter als zwanzig Meter weg sein, als Bastian den rechten Arm hebt.

Die Jungen schießen los. Werner rennt mit ihnen und versucht, am Ende des Rudels zu bleiben. Die Gewehre schlagen ihnen gegen den Laufrhythmus auf den Rücken, und die schnellsten der Jungen scheinen schneller als gewöhnlich zu sein, als wären sie es leid, dass man ihnen davonläuft.

Frederick rennt mit aller Kraft, aber die schnellsten Jungen sind Windhunde, die im ganzen Land wegen ihrer Geschwindigkeit und ihres eifrigen Gehorsams ausgesucht wurden, und sie scheinen Werner heute mit mehr Feuer, mehr Eindeutigkeit bei der Sache als je zuvor. Voller Ungeduld wollen sie herausfinden, was passiert, wenn jemand eingeholt wird.

Frederick ist noch fünfzehn Schritte von Bastian entfernt, als sie ihn zu Boden reißen.

Das Rudel verschmilzt um die Ersten, als sich Frederick und seine Verfolger wieder aufraffen, alle voller Schnee. Bastian schreitet heran. Die Jungmannen umringen ihren Erzieher, Brustkörbe pumpen, viele stützen sich mit den Händen auf den Knien ab. Der Atem der Jungen pulsiert in einer gemeinsamen flüchtigen Wolke vor ihnen, die vom Wind davongetragen wird. Frederick steht in der Mitte, keuchend und mit den langen Wimpern blinzelnd.

«Gewöhnlich dauert es nicht so lange», sagt Bastian milde, fast wie zu sich selbst, «bis der Erste eingeholt wird.»

Frederick blinzelt in den Himmel.

Bastian sagt: «Junge, bist du der Schwächste?»

«Ich weiß es nicht, Herr Obersturmführer.»

«Du weißt es nicht?» Eine Pause. In Bastians Miene schleicht sich ein Anflug von Feindseligkeit. «Sieh mich an, wenn du mit mir sprichst.»

«Einige Leute sind in einer Hinsicht schwach, andere in einer anderen.»

Die Lippen des Anstaltsleiters werden schmal, seine Augen verengen sich, und ein Ausdruck langsamer, intensiver Heimtücke steigt ihm ins Gesicht. Als sei eine Wolke zur Seite getrieben und einen Moment lang scheine Bastians wahrer, deformierter Charakter durch. Grell. Er zieht sich den Schlauch vom Hals und gibt ihn Rödel.

Rödel blinzelt zu seinem massigen Körper auf. «Los doch», spornt ihn Bastian an. So, wie er einen zögerlichen Jungen unter anderen Umständen dazu ermutigen könnte, in einen kalten See zu springen. «Tu ihm was Gutes.»

Rödel blickt auf den Schlauch, schwarz, knapp einen Meter lang, steif vor Kälte. Sekunden vergehen, die sich für Werner wie Stunden anfühlen. Der Wind zerrt am frostigen Gras und schickt Schneewirbelfetzen über das Weiß. Plötzliches Heimweh nach dem Zollverein wallt in Werner auf: Er als kleiner Junge im rußigen Labyrinth der Zeche mit seiner Schwester im Bollerwagen hinter sich, Dreck auf den Wegen, die heiseren Rufe der Arbeiter, die Jungen in ihrem Schlafraum, wie sie Kopf an Fuß schlafen, ihre Mäntel und Hosen an Haken entlang der Wand. Frau Elena, die um Mitternacht wie ein Engel zwischen den Betten herschreitet und murmelt: *Ich weiß, es ist kalt. Aber ich bin bei euch, seht ihr?*

Jutta, schließ die Augen.

Rödel tritt vor, schwingt den Schlauch und schlägt Frederick damit über die Schulter. Frederick tut einen Schritt zurück. Der Wind schneidet über das Feld. Bastian sagt: «Weiter.»

Alles wird in eine hässliche, wundersame Langsamkeit getaucht. Rödel holt aus und schlägt. Dieses Mal trifft er Frederick am Kiefer. Werner zwingt seine Gedanken, ihm Bilder von Zuhause zu zeigen: die Wäsche, Frau Elenas strapazierte, rosafarbene Hände, die Hunde auf dem Weg, Rauch, der aus Schloten steigt – alles in ihm will schreien: Ist das nicht falsch?

Aber hier ist es richtig.

Es dauert so lange. Frederick widersteht dem dritten Schlag. «Weiter», befiehlt Bastian. Beim vierten Schlag reißt Frederick die Arme hoch, der Schlauch schlägt gegen seine Unterarme, und er stolpert. Rödel holt erneut aus, und Bastian sagt: «Sei uns ein leuchtendes Beispiel, Christus, unser Herr, gehe voran, immer und ewig», und der Nachmittag wendet sich zur Seite, aufgerissen. Werner sieht, wie sich die Szene entfernt, als beobachtete er sie vom anderen Ende eines Tunnels, ein kleines weißes Feld, eine Gruppe Jungen, kahle Bäume, ein Spielzeugschloss, und nichts davon ist wirklicher als Frau Elenas Geschichten über ihre Kindheit im Elsass oder Juttas Zeichnungen von Paris. Sechsmal noch hört er Rödel zuschlagen, hört den Schlauch pfeifen und das merkwürdig tote Klatschen des Gummis, wenn es auf Fredericks Hände, Schultern und sein Gesicht trifft.

Frederick kann stundenlang durch die Wälder laufen, erkennt Grasmücken aus fünfzig Metern einfach nur an ihrem Gesang. Frederick denkt kaum einmal an sich selbst, Frederick ist in jeder nur vorstellbaren Weise stärker als Werner. Werner öffnet den Mund, schließt ihn jedoch wieder. Er versinkt. Er schließt die Augen, sein Denken.

Irgendwann hört das Schlagen auf. Frederick liegt bäuchlings im Schnee.

«Herr Obersturmführer?», sagt Rödel keuchend. Bastian nimmt den Schlauch zurück, legt ihn sich um den Hals und langt unter seinen Bauch, um den Gürtel hochzuziehen. Werner kniet sich neben Frederick und dreht ihn auf die Seite. Blut rinnt aus der Nase, dem Auge oder Ohr, vielleicht auch aus allem. Eines der Augen ist bereits zugeschwollen, das andere bleibt offen. Fredericks Aufmerksamkeit, sieht Werner, ist auf den Himmel gerichtet.

Werner riskiert einen Blick nach oben: Ein Habicht reitet auf dem Wind.

Bastian sagt: «Hoch.»

Werner steht auf. Frederick rührt sich nicht.

Bastian sagt: «Hoch», diesmal leiser, und Frederick kämpft sich auf ein Knie. Er steht auf, schwankend. Seine Wange ist aufgerissen, Blutrinnsale laufen darüber. Nasse Flecken sind auf seinem Rücken zu sehen, wo der Schnee in sein Hemd geschmolzen ist. Werner gibt Frederick seinen Arm.

«Junge, bist du der Schwächste?»

Frederick sieht Bastian nicht an. «Nein, Herr Obersturmführer.»

Der Habicht kreist immer noch dort oben. Der füllige Anstaltsleiter kaut einen Moment lang an einem Gedanken. Dann erschallt seine klare Stimme, erhebt sich über die Gruppe und drängt sie alle zu laufen. Siebenundfünfzig Jungmannen überqueren das Gelände und eilen den verschneiten Weg in den Wald hinauf. Frederick läuft an seinem Platz neben Werner, das linke Auge schwillt weiter an, Zwillingsnetze aus Blut rinnen ihm über die Wangen, sein Kragen ist nass und braun.

Äste knacken und schlagen. Alle siebenundfünfzig Jungmannen singen gemeinsam.

Wir werden weitermarschieren,
wenn alles in Scherben fällt;
denn heute, da hört uns Deutschland,
und morgen die ganze Welt.

Winter in den Wäldern des alten Sachsen. Werner traut sich nicht, noch einen weiteren Blick auf seinen Freund zu werfen. Er läuft durch die Kälte, ein ungeladenes fünfschüssiges Gewehr über der Schulter. Er ist fast fünfzehn.

Die Verhaftung

Sie nehmen ihn außerhalb von Vitré fest, Stunden vor Paris. Zwei Polizisten in Zivil holen ihn aus dem Zug, während ein Dutzend Reisende zu ihnen hinstarrt. Er wird in einem Wagen verhört und später in einem eisig kalten, in einem Zwischengeschoss gelegenen Büro, an dessen Wänden ärmliche Aquarelle von Hochseedampfern hängen. Zunächst verhören ihn Franzosen, eine Stunde später sind es Deutsche. Sie haben sein Notizbuch und sein Werkzeug, halten sein Schlüsselbund in die Höhe und zählen sieben verschiedene Dietriche. Was schließen Sie damit auf?, wollen sie wissen. Wozu brauchen Sie diese kleinen Feilen und Sägen? Und was ist mit diesem Notizbuch voller Häusermaße?

Ein Modell für meine Tochter.

Schlüssel des Museums, in dem ich arbeite.

Bitte.

Im Polizeigriff führen sie ihn in eine Zelle. Das Schloss und die Angeln der Tür sind so groß und alt, dass sie noch aus der Zeit von Louis XIV. stammen müssen. Vielleicht der Napoleons. Alle Stunde müssen der Direktor oder einer seiner Leute kommen und alles erklären. Das wird sicher so sein.

Am Morgen verhören die Deutschen ihn ein zweites Mal, lakonischer jetzt. Eine Typistin in der Ecke schreibt mit. Sie werfen ihm offenbar vor, das Château in Saint-Malo zerstören zu wollen, wobei nicht klar ist, warum sie das glauben. Ihr Französisch reicht kaum aus, und sie scheinen sich mehr für ihre Fragen als für seine Antworten zu interessieren. Sie verweigern ihm Papier, Wäsche, einen Telefonanruf. Sie haben Fotos von ihm.

Er sehnt sich nach einer Zigarette. Er liegt auf dem Boden und stellt sich vor, wie er Marie-Laure auf beide Augen küsst, während sie schläft. Zwei Tage nach seiner Verhaftung wird er weggebracht. Die Fahrt dauert ewig, nachts steht der Waggon stundenlang auf freier Strecke. Er kommt in ein Gefangenenlager einen Kilometer außerhalb von Straßburg. Durch die Zaunlatten sieht er eine Kolonne uniformierter Schulmädchen in Zweierreihen durch die Wintersonne gehen.

Wärter bringen Sandwiches, harten Käse, ausreichend Wasser. Vielleicht noch dreißig weitere Gefangene schlafen auf Stroh, das über die gefrorene Erde gebreitet wurde. Die meisten Gefangenen sind Franzosen, einige aber auch Belgier, vier Flamen, zwei Wallonen. Allen werden Verbrechen vorgeworfen, über die sie nur zögerlich reden, voller Angst vor Fallen, die in seinen Fragen lauern mögen. Nachts tauschen sie flüsternd Gerüchte und Vermutungen aus. «Sie bringen uns nach Deutschland, aber nur für ein paar Monate», sagt jemand, und die Worte spinnen sich leise fort.

«Nur, um die Frühjahrssaat auszubringen, während ihre Männer im Krieg sind.»

«Dann schicken sie uns nach Hause.»

Jeder denkt, das ist unmöglich, und dann: Es könnte stimmen. Nur ein paar Monate, dann nach Hause.

Es gibt keine offiziell benannten Verteidiger. Kein Militärgericht. Marie-Laures Vater verbringt drei Tage zitternd in dem Gefangenenlager. Keine Rettung vom Museum, keine Limousine des Direktors, die den Weg heraufkommt. Sie lassen ihn keinen Brief schreiben. Wenn er zu telefonieren verlangt, machen sich die Wärter nicht mal die Mühe zu lachen. «Weißt du, wann *wir* zuletzt telefoniert haben?» Jede Stunde ist ein Gebet für Marie-Laure. Jeder Atemzug.

Am vierten Tag werden die Gefangenen auf einen Viehtransporter verfrachtet und weiter nach Osten gefahren. «Wir sind fast in Deutschland», flüstern die Männer. Sie können auf die andere Seite des Flusses sehen. Niedrige Gruppen kahler Bäume vor schneebestäubten Feldern. Schwarze Reihen von Weinbergen. Vier einzelne graue Rauchfahnen verschmelzen mit dem weißen Himmel.

Marie-Laures Vater kneift die Augen zusammen. Deutschland? Da drüben sieht es nicht anders aus als auf dieser Seite des Flusses.

Es könnte auch der Rand eines Kliffs sein.

Vier

8. August 1944

Das Fort de La Cité

Stabsfeldwebel von Rumpel steigt im Dunkeln eine Leiter hinauf. Er kann seine Lymphknoten auf beiden Seiten des Halses fühlen, wie sie gegen Speiseröhre und Luftröhre drücken, sein Gewicht hängt wie ein Lappen an den Sprossen.

Die beiden Kanoniere innerhalb des Periskopturms sehen unter den Rändern ihrer Helme zu ihm empor. Bieten keine Hilfe an, grüßen nicht. Der Turm hat eine Stahlkuppel und wird hauptsächlich dazu benutzt, weiter unten positionierte größere Geschütze zu klassifizieren. Er bietet westwärts Ausblicke auf das Meer, die mit Draht überzogenen Klippen und, direkt jenseits des Wassers und keinen Kilometer entfernt, das brennende Saint-Malo.

Die Artillerie hat ihren Beschuss einen Moment lang eingestellt, und die vor der Dämmerung ausgebrochenen Feuer innerhalb der Mauern gewinnen ein beständiges Leben, eine Art Erwachsenenalter. Der westliche Rand der Stadt ist ein Inferno aus Purpur und Karmesin, aus dem vielzählige Rauchsäulen aufsteigen. Die größte ist zu einer Wolke aus Tephra, Asche und Dampf geronnen, wie sie aus einem ausbrechenden Vulkan wallt. Aus der Ferne wirkt der Rauch seltsam fest, wie aus phosphoreszierendem Holz geschnitzt. Funken stieben aus ihm hervor, Asche, Verwaltungsdokumente fliegen durch die Luft, Versorgungspläne, Kaufaufträge, Steuerdokumente.

Mit seinem Feldstecher beobachtet von Rumpel lodernde Fledermäuse – kann das sein? – über die Stadtmauern schlingern. Tief aus einem Haus entladen sich ein Funkengeysir, ein Transformator, gehortetes Benzin, vielleicht auch eine Bombe mit Zeitzünder, und es scheint ihm, als würde die Stadt von einem inneren Blitzsturm zerrissen.

Einer der Kanoniere macht einfallslose Kommentare zu dem Rauch, zu einem toten Pferd, das er am Fuß der Mauern liegen sieht, zu der Intensität einiger Bereiche des Feuers. Als wären sie Edelmänner, die zu Zeiten der Kreuzfahrer von einer Tribüne aus einem Festungskampf zusehen. Von Rumpel zieht den Kragen gegen die Schwellungen in seiner Kehle und versucht zu schlucken.

Der Mond geht unter, und der östliche Himmel hellt auf. Der Saum der Nacht wird weggezogen und nimmt die Sterne mit sich, einen nach dem anderen, bis nur noch zwei übrig sind. Die Wega vielleicht. Die Venus. Er hat es nie gelernt.

«Die Kirchturmspitze ist weg», sagt der zweite Kanonier.

Vor einem Tag noch ragte der Turm der Kathedrale hoch über das Zickzack der Dächer. An diesem Morgen nicht mehr. Bald hebt sich die Sonne über den Horizont, und das Orange der Flammen ergibt sich dem Schwarz des Rauches, der sich von den westlichen Mauern wie eine Haube über die Zitadelle legt.

Endlich teilt sich der Rauch für ein paar Sekunden, lange genug für von Rumpel, im zerklüfteten Labyrinth der Stadt auszumachen, wonach er sucht: den oberen Teil eines hohen Hauses mit breitem Schornstein. Zwei Fenster kann er erkennen, ohne Scheiben. Ein Fensterladen hängt herunter, drei sind am Platz.

4, Rue Vauborel. Das Haus steht noch. Schon verschleiert der Rauch wieder alles.

Ein einzelnes Flugzeug zieht unter dem dunkler werdenden Blau entlang, unglaublich hoch. Von Rumpel klettert zurück in die Tunnels der Festung unter sich. Er versucht, nicht zu humpeln, nicht an die Beulen in seiner Leiste zu denken. In der unterirdischen Versorgungsstelle sitzen Männer vor den Wänden und löffeln Haferflocken aus ihren umgedrehten Helmen. Das elektrische Licht taucht sie in Kegel aus Helligkeit und Schatten.

Von Rumpel setzt sich auf eine Munitionskiste und isst Käse aus einer Tube. Der kommandierende Oberst von Saint-Malo hat vor diesen Männern Reden gehalten, Reden über Heldenmut, und dass die Division Hermann Göring jede Stunde die amerikanischen Linien bei Avranches durchbrechen wird, dass Verstärkung aus Italien kommt und möglicherweise auch aus Belgien, Panzer und Stukas, Wagenladungen mit Fünfzig-Millimeter-Mörsern, dass die Menschen in Berlin an sie glauben wie Nonnen an Gott, dass niemand seinen Posten verlassen und, wenn doch, als Deserteur hingerichtet werden wird. Aber von Rumpel denkt an die Ranke in seinem Körper. Die schwarze Ranke, die in seine Beine und Arme gewuchert ist. Ihm von innen den Magen wegfrisst. Hier, in dieser Halbinselfestung direkt außerhalb von Saint-Malo, abgeschnitten von allen Rückzugslinien, scheint es

nur eine Frage der Zeit, bis Kanadier und Briten und die hellen amerikanischen Augen der 38. Division in die Stadt einfallen, die Häuser
nach marodierenden Deutschen durchsuchen und mit ihnen machen,
was immer sie mit ihren Gefangenen machen mögen.

Es ist nur eine Frage der Zeit, bis die schwarze Ranke sein Herz
erstickt.

«Was?», fragt der Soldat neben ihm.

Von Rumpel schnieft. «Ich denke nicht, dass ich etwas gesagt
habe.»

Der Soldat stiert zurück auf die Haferflocken in seinem Helm.

Von Rumpel drückt den Rest des ekligen, salzigen Käses aus und
lässt die Tube zwischen seine Füße fallen. Das Haus ist noch da. Seine
Armee hält die Stadt. Ein paar Stunden werden die Feuer noch wüten,
dann schwärmen die Deutschen wie Ameisen zurück in ihre Stellungen und kämpfen einen weiteren Tag.

Er wird warten. Warten, warten, warten, und wenn sich der Rauch
verzieht, geht er hinein.

Atelier de Réparation

Ingenieur Berning krümmt sich vor Schmerz und vergräbt sein Gesicht in der Rückenlehne des goldenen Sessels. Etwas ist mit seinem Bein und noch etwas Schlimmeres mit seiner Brust.

Das Funkgerät ist nutzlos. Das Stromkabel ist durchtrennt und die Verbindung zur Antenne oben unterbrochen. Werner würde es nicht wundern, wenn auch die Frequenzeinstellung kaputt wäre. Im schwächer werdenden bernsteinfarbenen Licht von Volkheimers Lampe starrt er die zerschlagenen Stecker an.

Das Bombardement scheint die Hörfähigkeit seines linken Ohrs zerstört zu haben. Rechts kommt sein Gehör, soweit er es sagen kann, nach und nach wieder zurück. Hinter dem Klingeln melden sich andere Geräusche.

Das Klacken des abkühlenden Feuers.

Das Ächzen des Hotels über ihnen.

Seltsames Tropfen.

Und Volkheimer, der schubweise wie ein Irrer den die Treppe blockierenden Schutt beiseitereißt. Volkheimers Technik ist dabei folgende: Er hockt sich keuchend unter die durchhängende Decke und hält ein Stück verbogenen Bewehrungsstahl in der Hand. Im Licht seiner Taschenlampe sucht er den Schutt nach allem ab, was er zur Seite zerren kann, und merkt sich die Position. Dann schaltet er die Lampe aus, um die Batterie zu schonen, und macht sich in der Finsternis an seine Aufgabe. Wenn das Licht wieder aufflammt, sieht alles aus wie zuvor. Es ist ein so solider, verkeilter Haufen aus Metall, Ziegeln und Holz, dass selbst für zwanzig Mann kaum Hoffnung bestünde, sich da durchzukämpfen.

Bitte, sagt Volkheimer. Ob er weiß, dass er es laut ausspricht, kann Werner nicht sagen, aber er hört es in seinem rechten Ohr wie ein fernes Gebet. *Bitte. Bitte.* Als wäre für den einundzwanzigjährigen Frank Volkheimer bisher alles in diesem Krieg erträglich gewesen, diese letzte Ungerechtigkeit jedoch nicht.

Die Feuer oben sollten mittlerweile auch den letzten Sauerstoff aus diesem Loch gesaugt haben. Sie alle sollten längst erstickt sein. Ihre Schulden bezahlt, ihre Konten ausgeglichen haben. Und doch atmen sie. Die drei zersplitterten Deckenbalken halten einer Last stand, die Gott allein kennt: zehn Tonnen Hotelasche, dazu die Leichen von acht Flugabwehrmännern und eine unbekannte Menge nicht explodierten Sprengstoffs. Vielleicht hat Werner für seine tausend Betrügereien und seinen Verrat, Berning für seine unzähligen Verbrechen und auch Volkheimer dafür, dass er das Instrument war, der Befehlsausführer, die Klinge des Reiches, vielleicht haben sie alle einen größeren Preis zu zahlen, ein letztes Urteil abzuwarten, das erst noch ergehen wird.

Erst ein Seeräuberkeller, in dem Gold und Waffen aufbewahrt wurden, das Imkergerät eines Exzentrikers. Dann ein Weinkeller. Der Schlupfwinkel eines Bastlers. *Un atelier de réparation*, denkt Werner, ein Raum, um Dinge zu reparieren, wieder ins Lot zu bringen. Hier wie überall sonst. Ganz gewiss gibt es Leute auf dieser Welt, die glauben, dass die drei Männer in diesem Keller Reparationen zu leisten haben.

Zwei Dosen

Als Marie-Laure aufwacht, liegt sie mit der Brust auf dem kleinen Haus und schwitzt im Mantel ihres Großonkels.

Ist es Morgen? Sie klettert die Leiter hinauf und drückt das Ohr an die Bodentür. Keine Sirenen mehr. Vielleicht ist das Haus bis auf die Grundmauern heruntergebrannt, während sie geschlafen hat. Vielleicht hat sie auch die letzten Stunden des Krieges verschlafen, und die Stadt ist befreit. Es könnten Leute auf der Straße sein: Freiwillige, Gendarmen, Feuerwehrmänner. Sogar Amerikaner. Sie sollte durch die Bodentür zurück in die Küche steigen und hinaus auf die Rue Vauborel gehen.

Aber was, wenn Deutschland die Stadt immer noch hält? Was, wenn die Deutschen in diesem Augenblick von Haus zu Haus ziehen und erschießen, wen immer sie wollen?

Sie wird warten. Etienne könnte sich jeden Moment zu ihr durchschlagen, mit seinem letzten Atemzug darum kämpfen, sie zu finden.

Aber vielleicht hockt er auch irgendwo, die Hände über dem Kopf, und sieht Dämonen.

Oder er ist tot.

Sie sagt sich, sie sollte das Brot aufbewahren, aber sie ist ausgehungert und der Laib wird trocken, und schon hat sie ihn aufgegessen.

Hätte sie doch nur ihren Roman mit nach unten genommen.

Marie-Laure streift auf Strümpfen durch den Keller. Da liegt ein aufgerollter Teppich, und die Öffnung in der Mitte ist mit etwas gefüllt, das nach Holzspänen riecht: Mäuse. Dort steht eine Kiste mit alten Papieren. Eine alte Lampe. Madame Manecs Einkochutensilien. Und hier, hinten auf dem Regal, unterhalb der Decke, ein kleines Wunder! Zwei volle Konservendosen! Es gibt kaum noch Essen in der Küche, nur Hafermehl, etwas Lavendel und zwei, drei Flaschen überalterten Beaujolais. Aber hier unten im Keller: zwei schwere Konservendosen.

Erbsen? Bohnen? Vielleicht Maiskörner. Bitte kein Öl, betet sie. Sind Öldosen nicht sowieso kleiner? Die Dosen zu schütteln, gibt keinen Hinweis auf ihren Inhalt. Marie-Laure wünschte sich so, dass es zwei Dosen mit Madame Manecs Pfirsichen wären, die weißen Pfirsiche aus dem Languedoc, die sie kistenweise kauft, pellt, viertelt und mit Zucker einkocht. Die ganze Küche wäre voll mit ihrem Duft und ihrer Farbe, Marie-Laures Finger wären ganz klebrig, es wäre wie ein Rausch.

Zwei Dosen, die Etienne übersehen hat.

Aber sie sollte nicht auf zu viel hoffen. Erbsen. Oder Bohnen. Beides wäre mehr als willkommen. Sie steckt die Dosen in die Manteltaschen, fühlt nach dem kleinen Haus in der Tasche ihres Kleides, setzt sich auf eine Kiste, hält den Stock in beiden Händen und versucht, nicht an ihre Blase zu denken.

Einmal, da war sie acht oder neun, hat sie ihr Vater mit ins Panthéon genommen, um ihr Foucaults Pendel zu beschreiben. Sein Körper, sagte er, sei eine goldene Kugel mit einer Spitze wie ein Kinderkreisel. Diese Kugel schwang an einem Draht, der siebenundsechzig Meter lang war, und die Tatsache, dass sich seine Bahn mit der Zeit veränderte, bewies jenseits jeden Zweifels, dass sich die Erde drehte. Aber Marie-Laure erinnerte sich vor allem daran, dass es, wie ihr Vater sagte, als sie am Geländer stand und das Pendel durch die Luft wischen hörte, niemals anhalten würde. Durch einen kleinen Trick schwang es immer weiter, auch als sie und ihr Vater das Panthéon längst verlassen hatten und sie schlafend im Bett lag. Und wahrscheinlich würde es auch noch weiterschwingen, wenn sie längst nicht mehr daran dachte, ein ganzes Leben gelebt hatte und gestorben war.

Jetzt kommt es ihr vor, als könnte sie das Pendel vor sich in der Luft hören: die große goldene Kugel, dick wie ein Fass, die immer, immer weiterschwingt und nie anhält. Und ihre ewige Wahrheit auf den Boden zeichnet.

4, Rue Vauborel

Asche, Asche: Schnee im August. Der Granatenbeschuss hat nach dem Frühstück sporadisch wieder eingesetzt und jetzt, um sechs Uhr nachmittags, endlich aufgehört. Ein Maschinengewehr feuert irgendwo, es klingt wie eine durch Finger gleitende Perlenkette. Stabsfeldwebel von Rumpel hat eine Feldflasche, ein halbes Dutzend Morphiumampullen und seine Pistole bei sich. Über die Ufermauer. Über den Damm zum riesigen, schwelenden Bollwerk Saint-Malo. Der Anleger im Hafen ist an etlichen Stellen zerschlagen. Ein halb versunkenes Schifferboot treibt kieloben im Wasser.

Berge von Steinblöcken, Säcken, Fensterläden, Geäst, Eisengittern und Kaminaufsätzen füllen die Rue de Dinan. Zerschellte Blumenkästen, verkohlte Fensterrahmen, Glasscherben. Einige Häuser rauchen, und obwohl sich von Rumpel ein nasses Taschentuch auf Mund und Nase drückt, muss er mehrmals stehen bleiben, um zu Atem zu kommen.

Links ein totes Pferd, dessen Körper schon aufgedunsen ist. Dort ein mit grüngestreiftem Samt bezogener Sessel. Dahinter die zerrissene Markise einer Brasserie. Vorhänge wehen im fremdartig flackernden Licht aus zerschlagenen Fenstern, sie verunsichern ihn. Schwalben fliegen hin und her und suchen nach verlorenen Nestern, sehr weit entfernt scheint jemand zu schreien, oder es ist der Wind. Die Schläge haben viele Ladenschilder abgerissen, und die Halterungen ragen verlassen vor.

Ein Schnauzer folgt ihm jaulend. Niemand ruft etwas aus einem Fenster oder warnt ihn vor Minen. Tatsächlich sieht er in vier Häuserblocks nur eine einzige Seele, eine Frau vor etwas, das tags zuvor noch ein Kino war. Eine Kehrschaufel in der Hand, ein Besen ist nirgends zu sehen. Benommen sieht sie zu ihm her. Durch die offene Tür hinter ihr erkennt er unter Deckentrümmern begrabene Sitzreihen. Die Leinwand scheint unbeschädigt, nicht mal von Rauch beschmutzt.

«Die Vorstellung beginnt erst um acht», sagt die Frau in ihrem bretonischen Französisch, und er nickt und humpelt an ihr vorbei. In der

Rue Vauborel sind große Mengen Schieferziegel von den Dächern gerutscht und auf dem Pflaster zersprungen. Papierschnipsel fliegen durch die Luft. Keine Möwen. Selbst wenn das Haus gebrannt hat, denkt er, wird der Diamant noch da sein. Wie ein Ei wird er ihn aus der warmen Asche pflücken.

Aber das große, schmale Haus ist so gut wie unbeschädigt. Zehn Fenster zur Straße, fast das gesamte Glas ist herausgesprungen. Blaue Fensterrahmen, alter grauer und brauner Granit. Vier von sechs Blumenkästen hängen noch. Die vorgeschriebene Bewohnerliste klebt an der Haustür.

M. Etienne LeBlanc, 63 Jahre.

Mlle Marie-Laure LeBlanc, sechzehn Jahre.

Alle Gefahren will er auf sich nehmen. Für das Reich. Für sich.

Niemand hält ihn auf. Keine Granaten kommen herangepfiffen. Manchmal ist das Auge des Sturms der sicherste Ort.

Was sie haben

Wann ist es Tag, wann Nacht? Die Zeit wird am besten mit Blitzen gemessen: Volkheimers Feldlampe geht an und aus.

Im fahlen Schimmer der Lampe beobachtet Werner Volkheimers rußverschmiertes, über Berning gebeugtes Gesicht. Trink, sagt Volkheimers Mund, und er hält dem Kameraden die Feldflasche an die Lippen. Schatten schwenken über die kaputte Decke wie ein Kreis Gespenster, die sich auf ein Festmahl vorbereiten.

Berning wendet das Gesicht ab, Panik im Blick, und versucht, sein Bein zu untersuchen.

Das Licht verlischt, die Finsternis ist zurück.

In seinem Beutel hat Werner das Notizbuch aus seiner Kindheit, seine Decke und trockene Socken. Drei Rationen. Mehr Essen haben sie nicht. Volkheimer hat nichts, Berning hat nichts. Dazu kommen zwei Feldflaschen mit Wasser, beide halb leer. Volkheimer hat darüber hinaus einen Eimer mit Pinseln in einer Ecke entdeckt, die in einer wässrigen Brühe stehen, aber wie verzweifelt müssen sie sein, um das Zeug zu trinken?

Zwei Stabgranaten, Modell 24, je eine in den Taschen von Volkheimers Mantel. Hohle Holzstäbe unten, oben hochexplosive, in Stahl gehüllte Ladungen. Wurfbomben. In Schulpforta wurden sie «Kartoffelstampfer» genannt. Zweimal schon hat Berning Volkheimer angefleht, eine davon in den Schutt auf der Treppe zu stecken, um zu sehen, ob sie sich den Weg nach draußen nicht freisprengen können. Aber hier unten eine Granate zu zünden, in einem so engen Raum unter Schutt, der wahrscheinlich mit scharfer 88-mm-Munition gespickt ist, wäre Selbstmord.

Dann ist da noch das Gewehr: Volkheimers Karabiner mit fünf Schuss. Genug, denkt Werner. Mehr als genug. Sie würden nur drei brauchen, für jeden einen.

Manchmal in der Dunkelheit denkt Werner, der Keller hat sein eigenes, schwaches Licht, vielleicht dringt es ja aus dem Schutt. Der Raum wird röter, während der Augusttag oben auf die Dämmerung zustrebt. Nach einer Weile begreift er, dass selbst völlige Finsternis wohl nicht ganz ohne Licht ist, und glaubt mehr als einmal, er könne seine gespreizten Finger sehen, wenn er sie vor den Augen hin- und herbewegt.

Werner denkt an seine Kindheit, an die Kohlenstaubsträhnen in der Winterluft morgens, die sich auf die Fensterbänke herabsenkten, in die Ohren der Kinder, ihre Lungen. Nur hier in dieses Loch dringt kein Kohlenstaub, der Staub hier ist weiß, das Gegenteil. Es ist, als wären sie in einer Mine gefangen, der gleichen und gleichzeitig entgegengesetzten von der, in der sein Vater getötet wurde.

Wieder dunkel. Wieder hell. Volkheimers grotesk ascheverschmiertes Gesicht taucht vor Werner auf, die Rangabzeichen sind teilweise von seinen Schultern gerissen. Im Licht seiner Feldlampe zeigt er Werner, dass er zwei verbogene Schraubenzieher und eine Schachtel mit Sicherungen in der Hand hält. «Das Funkgerät», sagt er in Werners gutes Ohr.

«Hast du überhaupt nicht geschlafen?»

Volkheimer wendet den Lichtkegel auf sein Gesicht. *Bevor die Batterien leer sind*, sagt sein Mund.

Werner schüttelt den Kopf. Das Funkgerät macht ihm keine Hoffnung. Er will die Augen schließen, vergessen, aufgeben. Darauf warten, dass der Gewehrlauf seine Schläfe berührt. Aber Volkheimer versucht, ihm zu erklären, dass es sich lohne, das Leben zu leben.

Die Fäden der Birne in seiner Lampe glühen gelb. Bereits schwächer. Volkheimers Mund vor der Schwärze ist rot. *Uns bleibt kaum Zeit*, sagen seine Lippen. Das Gebäude ächzt. Werner sieht grünes Gras, surrende Fliegen, Sonnenlicht. Die Tore eines Sommersitzes öffnen sich weit. Wenn der Tod Berning holen kommt, kann er ihn gleich mitnehmen. So spart er sich eine Reise.

Deine Schwester, sagt Volkheimer. *Denk an deine Schwester.*

Die Klingel

Ihre Blase wird es nicht mehr lange aushalten. Sie steigt die Kellerstufen hinauf, hält den Atem an und hört dreißig Herzschläge lang nichts. Vierzig. Endlich drückt sie die Falltür auf und klettert in die Küche.

Niemand schießt auf sie. Sie hört keine Explosionen.

Marie-Laures Schritte knirschen über die aus den Regalen gefallenen Sachen, sie geht hinüber in Madame Manecs winzige Wohnung. Die beiden Dosen schwingen schwer in den Taschen ihres Großonkels. In der Kehle kratzt es, in der Nase. Der Rauch ist hier etwas dünner.

Sie erleichtert sich auf dem Nachttopf am Fuß von Madame Manecs Bett, zieht sich die Strümpfe hoch und knöpft den Mantel ihres Großonkels wieder zu. Ist es Nachmittag? Sie wünscht sich zum tausendsten Mal, dass sie mit ihrem Vater sprechen könnte. Wäre es besser, hinaus in die Stadt zu gehen, solange es noch hell ist? Soll sie versuchen, jemanden zu finden?

Ein Soldat würde ihr helfen. Jeder würde das. Wobei sie es bereits bezweifelt, als sie den Gedanken denkt.

Das unsichere Gefühl in ihren Beinen, das weiß sie, kommt vom Hunger. Im Durcheinander der Küche kann sie keinen Dosenöffner finden, und so nimmt sie ein Schälmesser aus Madame Manecs Messerschublade und findet den großen, groben Ziegel, mit dem Madame immer das Gitter aus dem Kamin gehebelt hat. Sie wird essen, was immer in den beiden Dosen ist, und dann noch etwas warten für den Fall, dass ihr Onkel nach Hause kommt. Dass sie jemanden vorbeikommen hört, den städtischen Ausrufer, einen Feuerwehrmann, einen amerikanischen Soldaten von großem Edelmut. Falls sie niemanden hört, bis sie wieder Hunger bekommt, geht sie hinaus auf das, was von der Straße übrig ist.

Zuerst steigt sie hinauf in den zweiten Stock, um aus der Badewanne zu trinken. Mit den Lippen an der Wasseroberfläche nimmt sie lange, tiefe Schlucke, die sich gurgelnd in ihrem Bauch sammeln. Einen Trick haben sie und Etienne durch Hunderte mehr als karge Essen gelernt: Bevor du isst, trink so viel Wasser, wie du kannst, dann fühlst du dich schneller satt. «Wenigstens, Papa», sagt sie laut, «war ich mit dem Wasser schlau.»

Dann lehnt sie sich auf dem Treppenabsatz mit dem Rücken gegen den Telefontisch, klemmt eine der Dosen fest zwischen die Beine, setzt die Spitze des Messers auf den Deckel und hebt den Ziegel, um damit auf den Messergriff zu schlagen. Aber bevor sie das tun kann, ruckt der Draht hinter ihr, die Glocke erklingt, und jemand betritt das Haus.

Fünf

Januar 1941

Januarferien

Der Anstaltsleiter hält eine Rede über Tugend, Familie und das symbolische Feuer, das die Jungen aus Schulpforta überall hintragen. Eine Schüssel reiner Flammen, um das Herz des Landes anzufachen. Führer hier und Führer da. Seine Worte prasseln in vertrauten Salven in Werners Ohren, und einer der mutigsten Jungen sagt hinterher: «Oh, ich trage eine heiße Schüssel mit irgendwas in meinem Innersten.»

Im Schlafsaal beugt sich Frederick über den Rand des Betts. Sein Gesicht ist ein Gemisch aus Lila und Gelb. «Warum kommst du nicht mit nach Berlin? Vater wird arbeiten, aber du könntest meine Mutter kennenlernen.»

Seit zwei Wochen humpelt Frederick herum, mit blauen Flecken, Schwellungen, lahm, und nicht ein einziges Mal hat er Werner gegenüber Worte gebraucht, die nicht von dieser zerstreuten Freundlichkeit gewesen wären. Nicht ein einziges Mal hat er seinem Freund vorgeworfen, ihn im Stich gelassen zu haben, obwohl Werner doch nichts unternommen hat, als Frederick geschlagen wurde, und auch seitdem nicht: Weder hat er Rödel zur Rede gestellt, noch ein Gewehr auf Bastian gerichtet oder entrüstet an Dr. Hauptmanns Tür geklopft und nach Gerechtigkeit verlangt. Als verstünde Frederick bereits, dass ihnen beiden ihre eigenen Wege zugeteilt worden sind, von denen sich nicht mehr abweichen lässt.

Werner sagt: «Ich habe kein …»

«Mutter wird deine Fahrkarte bezahlen.» Frederick legt sich zurück auf sein Bett. «Das ist nichts.»

Die Zugfahrt ist ein schläfriges sechsstündiges Epos. Einmal in der Stunde wird ihr klappriger Waggon auf ein Abstellgleis geschoben, um Züge voller Soldaten auf dem Weg zur Front vorbeieilen zu lassen. Aber dann endlich steigen Werner und Frederick in einem kohlegrauen Bahnhof aus, klettern eine lange Treppe hinauf – auf jeder einzelnen Stufe steht: *Berlin raucht Juno* – und gelangen auf die Straßen der größten Stadt, die Werner je gesehen hat.

Berlin! Schon der Name läutet Ruhmesglocken. Berlin, Hauptstadt der Wissenschaft, Sitz des Führers, Heimstatt von Einstein, Staudinger, Bayer. In diesen Straßen wurde das Plastik erfunden, die Röntgenstrahlen wurden hier entdeckt, die Kontinentalplattenverschiebung wurde nachgewiesen. Welche Wunder kultiviert die Wissenschaft hier im Moment? Übermenschliche Soldaten, sagt Dr. Hauptmann, Wettermaschinen und Raketen, die von Männern aus tausend Kilometern Entfernung gesteuert werden können.

Vom Himmel fallen silberne Graupelfäden. Graue Häuser verlaufen in konvergierenden Linien zum Horizont, gebündelt, als wollten sie so die Kälte abwehren. Sie kommen an Läden vorbei, in denen Fleisch hängt, an einem Betrunkenen mit einer Mandoline auf dem Schoß und an drei Prostituierten, die sich unter eine Markise drängen und die Jungen in ihren Uniformen verspotten.

Frederick führt sie zu einem fünfstöckigen Haus, einen Block von einer schönen Allee namens Knesebeckstraße entfernt. Er drückt die Klingel ihrer Wohnung im ersten Stock, es summt, und die Tür öffnet sich. Die beiden kommen in eine düstere Halle und treten vor eine Drehtür. Frederick drückt einen Knopf, hoch oben im Haus surrt es, und Werner flüstert: «Ihr habt einen Aufzug?»

Frederick lächelt. Die Maschinerie rattert in die Tiefe, der Aufzug kommt zum Stehen, und Frederick öffnet die hölzernen Türflügel. Werner sieht staunend zu, wie das Innere des Gebäudes an ihnen vorbeigleitet. Als sie den ersten Stock erreichen, sagt er: «Können wir noch einmal?»

Frederick lacht. Sie fahren hinunter und wieder hinauf. Hinunter, hinauf. Ein viertes Mal in die Halle hinunter, und Werner sieht noch hinauf zu den Kabeln und den Gewichten und versucht, den Mechanismus zu verstehen, als eine winzige Dame das Gebäude betritt und ihren Schirm ausschlägt. Sie hält eine Papiertüte im Arm, und ihre Augen registrieren schnell die Uniformen der Jungen, Werners weißes Haar und die fahlen Blutergüsse unter Fredericks Augen. Auf Brusthöhe ist ein senfgelber Stern auf ihren Mantel genäht. Ganz gerade, eine Spitze nach unten, eine nach oben. Tropfen fallen wie Samen von der Spitze ihres Schirms.

«Guten Tag, Frau Schwartzenberger», sagt Frederick. Er rückt gegen die Wand des Aufzugs und bittet sie mit einer Geste zuzusteigen. Sie drückt sich in den Aufzug, und Werner tritt hinter sie. Oben aus ihrer Tüte ragt eine Garbe verwittertes Grün. Ihr Kragen, sieht Werner, löst sich vom Rest ihres Mantels, Nähte geben nach. Wenn sie sich umdrehte, wären sie eine Handbreit voneinander entfernt.

Frederick drückt auf die Eins, dann auf die Vier. Niemand sagt etwas. Die alte Frau fährt sich mit der zitternden Spitze ihres Zeigefingers über eine Augenbraue. Der Aufzug rasselt in den ersten Stock. Frederick öffnet den Käfig, und Werner folgt ihm hinaus. Er sieht die grauen Schuhe der alten Frau an seiner Nase vorbeifahren. Schon öffnet sich die Tür gegenüber vom Aufzug, und eine Frau mit einer Schürze, schlaffer Haut unter den Armen und einem flaumigen Gesicht kommt herausgelaufen und umarmt Frederick. Sie küsst ihn auf beide Wangen und streicht mit den Daumen über seine Verfärbungen.

«Ist schon gut, Fanni. Wir haben Unfug gemacht.»

Die Wohnung ist gepflegt und wundervoll. Überall liegen dicke Teppiche, die alle Geräusche schlucken. Große, nach hinten hinausgehende Fenster sehen direkt auf vier blattlose Linden. Es fällt noch Graupel.

«Mutter ist noch nicht zu Hause», sagt Fanni und streicht sich mit beiden Händen die Schürze glatt. Ihr Blick bleibt auf Frederick gerichtet. «Ist wirklich alles in Ordnung?»

Frederick sagt: «Natürlich», und er und Werner tappen in ein warmes, sauber riechendes Jungenzimmer, wo Frederick eine Schublade aufzieht, und als er sich wieder umdreht, trägt er eine Brille mit einem schwarzen Rahmen. Scheu sieht er Werner an. «Ach, komm schon, hast du es nicht geahnt?»

Mit der Brille scheint Frederick entspannter, sein Gesicht und sein Ausdruck wirken stimmiger. Das ist er wirklich, denkt Werner. Ein Junge mit zarter Haut, karamellfarbenem Haar, einem Hauch von Haarflaum auf der Oberlippe und einer Brille. Ein Vogelliebhaber. Das Kind reicher Eltern.

«Beim Schießen treffe ich kaum einmal, und du hast wirklich nichts geahnt?»

«Vielleicht», sagt Werner. «Vielleicht doch. Wie hast du den Sehtest geschafft?»

«Ich habe mir die Karten gemerkt.»

«Gibt es nicht verschiedene?»

«Ich habe mir alle vier gemerkt. Vater hat sie vorher besorgt, und Mutter hat mir geholfen, sie auswendig zu lernen.»

«Was ist mit deinem Fernglas?»

«Das hat Linsen in meiner Sehstärke. Kostet ein Vermögen.»

Sie sitzen in der großen Küche, an einem massiven Schlachtertisch mit Marmorplatte. Fanni, das Hausmädchen, kommt mit einem dunklen Laib Brot und einem runden Käse und lächelt Frederick zu, als sie beides vor ihnen abstellt. Sie sprechen über Weihnachten, und wie traurig Frederick war, dass er nicht zu Hause sein konnte, und das Mädchen verschwindet durch eine Schwingtür und kommt mit zwei weißen Tellern zurück, die so dünn sind, dass sie beim Hinstellen hell klingen.

Werners Gedanken überschlagen sich. Ein Aufzug! Eine Jüdin! Ein Hausmädchen! Berlin! Sie ziehen sich in Fredericks Zimmer zurück, in dem es Zinnsoldaten gibt, Modellflugzeuge und Kisten voller Comic-Hefte. Sie liegen auf dem Bauch und blättern durch die Comics. Es ist ein Genuss, nicht in der Schule zu sein, und sie sehen sich zwischendurch an, als seien sie neugierig, ob ihre Freundschaft auch an einem anderen Ort hält.

Fanni ruft: «Ich gehe», und kaum, dass sich die Tür hinter ihr geschlossen hat, nimmt Frederick Werner beim Arm und führt ihn ins Wohnzimmer, wo er eine Leiter an einem hohen, alten Regal hinaufsteigt, einen großen Weidenkorb zur Seite schiebt und dahinter zwei mächtige Bücher in silbernen Schubern hervorholt, so groß wie die Matratze einer Kinderwiege. «Hier.» Seine Stimme strahlt wie seine Augen. «Die wollte ich dir zeigen.»

Die Bücher sind voller üppiger, farbiger Bildtafeln von Vögeln. Zwei weiße Falken mit offenen Schnäbeln stoßen aufeinander zu. Ein blutroter Flamingo hält die schwarze Spitze seines Schnabels über ein stehendes Gewässer. Prächtige Gänse stehen auf einer Landzunge und sehen in einen schweren Himmel. Frederick blättert mit beiden Händen um. *Pipiry flycatcher. Buff-breasted merganser. Red-cockaded woodpecker.* Viele von ihnen sind überlebensgroß dargestellt.

«Audubon», sagt Frederick, «war Amerikaner. Er ist jahrelang durch Feuchtgebiete und Wälder gezogen, damals, als das Land noch aus Sümpfen und Wäldern bestand. Ganze Tage hat er damit zugebracht, einen einzelnen Vogel zu beobachten. Dann hat er ihn erschossen, mit Drähten und Stöckchen aufgestellt und gemalt. Wahrscheinlich wusste er mehr als jeder Vogelbeobachter vor und nach ihm. Die meisten der

Vögel hat er nach dem Malen gegessen. Kannst du dir das vorstellen?» Fredericks Stimme zittert vor Hingabe. Er sieht zur Decke. «Die hellen Nebel, du hast dein Gewehr über der Schulter, und deine Augen sitzen wachsam in deinem Kopf?»

Werner versucht zu sehen, was Frederick sieht: eine Zeit, bevor es Fotos und Ferngläser gab. Jemand zieht hinaus in die Wildnis, die voller unbekannter Dinge ist, und kommt mit lauter Bildern zurück. Die Bücher sind voller Vögel, aber vor allem voller Vergänglichkeit, voller blauflügliger, singender Geheimnisse.

Werner muss an die Radioprogramme des Franzosen denken, und an Heinrich Hertz' *Prinzipien der Mechanik*. Spürt er nicht die Faszination in Fredericks Stimme? Er sagt: «Die Bilder würden meiner Schwester sehr gefallen.»

«Vater sagt, wir sollten die Bücher nicht haben. Er sagt, wir müssen sie hinter dem Korb versteckt halten, weil Audubon Amerikaner ist und die Bücher in Schottland gedruckt wurden. Aber es sind doch nur Vögel!»

Die Wohnungstür öffnet sich, Schritte klacken durch die Diele. Frederick schiebt die Bände eilig wieder in ihre Schuber, ruft: «Mutter?», und eine Frau in einem grünen Skianzug mit weißen Längsstreifen an den Beinen kommt weinend hereingelaufen. «Freddi! Freddi!» Sie umarmt ihren Sohn, hält ihn auf Armlänge von sich weg und fährt mit einer Fingerspitze über eine weitgehend verheilte Wunde auf der Stirn. Frederick sieht ihr mit einer Spur von Panik im Gesicht über die Schulter. Hat er Angst, sie könnte merken, dass sie sich die verbotenen Bücher angesehen haben? Oder dass sie wegen seiner Verletzungen wütend wird? Sie sagt nichts, sondern starrt ihren Sohn nur an, in Gedanken verloren, die Werner nicht erahnen kann, doch dann findet sie zurück.

«Und du musst Werner sein!» Das Lächeln kehrt auf ihr Gesicht zurück. «Frederick hat viel über dich geschrieben! Und sieh dir das Haar an! Oh, wir lieben Gäste!» Sie klettert die Leiter hinauf und legt die schweren Audubon-Bände nacheinander zurück aufs Regal, als schaffte sie etwas Lästiges beiseite. Die drei setzen sich an den riesigen Eichentisch, und Werner dankt ihr für die Fahrkarte. Sie erzählt von einem Mann, dem sie «gerade eben zufällig begegnet» ist, «es ist unglaublich». Er ist ein bekannter Tennisspieler, und sie greift zwischendurch immer wieder über den Tisch und drückt Fredericks Arm. «Du hättest so gestaunt», sagt sie mehr als einmal, und Werner studiert das Gesicht seines Freundes, um einzuschätzen, ob er tatsächlich gestaunt hätte. Fanni kommt zurück, stellt Wein auf den Tisch und noch mehr Rauchkäse, und eine Stunde lang vergisst Werner Schulpforta, Bastian und das schwarze Stück Schlauch, vergisst die Jüdin oben im Haus. Was diese Leute alles haben! In der Ecke steht eine Geige auf einem Ständer, es gibt verchromte Möbel, ein Teleskop aus Messing und silberne Schachfiguren in einer gläsernen Vitrine – und dieser Käse, der wie in Butter gerührter Rauch schmeckt.

Der Wein glüht träge in Werners Bauch, Graupel fällt durch die Linden, und Fredericks Mutter verkündet, dass sie ausgehen. «Zieht euch eure Krawatten zurecht, ja?» Sie gibt etwas Puder unter Fredericks Augen, und sie gehen in ein Bistro. Nicht einmal im Traum hätte Werner gedacht, je einmal in so ein Restaurant zu kommen, und ein Junge in einer weiten Jacke, kaum älter als er und Frederick, bringt mehr Wein.

Ein ständiger Strom von Gästen kommt an ihren Tisch, schüttelt Werners und Fredericks Hände und fragt Fredericks Mutter mit unterwürfiger Stimme nach den letzten Beförderungen ihres Mannes. Werner bemerkt ein Mädchen in einer Ecke, das strahlend vor sich hin tanzt und dabei den Blick zur Decke hebt. Die Augen geschlossen. Das Essen ist üppig, Fredericks Mutter lacht hin und wieder, und Frederick betastet den Puder unter seinen Augen, während seine Mutter sagt: «Nun, Freddi könnte es in der Schule dort nicht besser gehen, nicht besser», und jede Minute kommt ein neues Gesicht heran, küsst sie auf beide Wangen und flüstert ihr etwas ins Ohr. Als Werner Fredericks Mutter sagen hört: «Oh, die alte Schwartzenberger ist bis Ende des Jahres raus, dann bekommen wir die oberste Etage, du wirst schon sehen», wirft er Frederick einen Blick zu, dessen Augen durch die verschmierte Brille im Kerzenlicht kaum mehr zu erkennen sind. Der Puder lässt ihn fremdartig und fast schon anstößig erscheinen, als verstärkte er die Verfärbungen noch, statt sie zu verdecken, und Werner wird von einer großen Beklommenheit ergriffen. Er hört Rödel mit dem Schlauch ausholen, hört, wie das Gummi auf die hochgerissenen Hände trifft. Er hört die Stimmen der Jungen in den Kameradschaften daheim im Zollverein singen: *Treu leben, tapfer kämpfen, lachend sterben.* Das Lokal ist überfüllt, die Münder der Leute bewegen sich zu schnell, eine Frau, die mit Fredericks Mutter spricht, riecht widerlich stark nach Parfüm, und im wässrigen Licht sieht es plötzlich so aus, als wäre der Schal, den das tanzende Mädchen um den Hals trägt, eine Schlinge.

Frederick sagt: «Ist was mit dir?»

«Nein, nein, es ist köstlich.» Aber Werner fühlt, wie sich etwas in ihm immer weiter zusammenzieht.

Auf dem Nachhauseweg gehen Frederick und seine Mutter voraus. Sie hat sich mit ihrem schlanken Arm bei ihm untergehakt und spricht leise mit ihm. Freddi dies, Freddi das. Die Straße ist leer, die Fenster sind dunkel und die Leuchtreklamen ausgeschaltet. Unzählige Geschäfte. Millionen von Menschen leben in dieser Stadt, aber wo sind sie alle? Als sie Fredericks Straße erreichen, lehnt eine Frau in einem Kleid an einer Hauswand, beugt sich vor und übergibt sich auf den Bürgersteig.

In der Wohnung zieht Frederick einen Schlafanzug aus hellgrüner Seide an, legt die Brille auf den Nachttisch und klettert in sein Kinderbett aus Messing. Werner schläft in einem Ausziehbett, für das sich Fredericks Mutter dreimal entschuldigt hat, dabei ist die Matratze bequemer als alles, worauf er je geschlafen hat.

Im Haus wird es ruhig. Modellautos schimmern auf Fredericks Regal.

«Wünschst du dir manchmal», flüstert Werner, «dass du nicht mehr zurückmüsstest?»

«Vater braucht mich in Schulpforta. Mutter auch. Es ist nicht wichtig, was ich mir wünsche.»

«Natürlich ist es wichtig. Ich will Ingenieur werden, und du willst Vögel studieren. So wie der amerikanische Maler in den Sümpfen. Warum sollten wir irgendwas von dem tun, wenn wir nicht werden können, was wir wollen?»

Es ist still im Zimmer. Draußen in den Bäumen vor Fredericks Fenster hängt ein fremdartiges Licht.

«Dein Problem, Werner», sagt Frederick, «ist, dass du immer noch glaubst, dein Leben gehöre dir.»

Als Werner aufwacht, ist es lange schon hell. Sein Kopf schmerzt, und die Augen fühlen sich schwer an. Frederick ist bereits angezogen, trägt eine Hose, ein gebügeltes Hemd und eine Krawatte. Er kniet vor dem Fenster, mit der Nase an der Scheibe. «Eine Gebirgsstelze. Was macht die denn hier?» Er zeigt nach draußen. Werner sieht an ihm vorbei in die kahlen Linden.

«Sieht nicht nach viel aus, was?», murmelt Frederick. «Kaum mehr als ein paar Gramm Federn und Knochen. Aber sie kann nach Afrika und zurück fliegen. Angetrieben von der Aussicht auf Käfer und Würmer und von ihrem Verlangen.»

Das kleine Wesen hüpft von Ast zu Ast. Werner reibt sich die schmerzenden Augen. Es ist nur ein Vogel.

«Vor zehntausend Jahren», flüstert Frederick, «sind sie hier zu Millionen durchgekommen. Als die Welt hier noch ein Garten war, ein einziger endloser Garten.

Er kommt nicht zurück

Marie-Laure wacht auf meint, die Schuhe ihres Vaters draußen auf dem Flur zu hören, das Klingeln seines Schlüsselbundes. Dritter, vierter, fünfter Stock. Seine Hand umfasst die Klinke. Sein Körper strömt eine schwache, aber spürbare Wärme auf dem Stuhl neben ihr aus. Seine kleinen Werkzeuge raspeln über Holz. Er riecht nach Leim, Sandpapier und Gauloises bleues.

Aber es ist nur das Haus, das ächzt. Der Wind. Das Meer wirft Schaum gegen die Felsen.

Am zwanzigsten Morgen ohne Nachricht von ihrem Vater steht Marie-Laure nicht aus dem Bett auf. Es kümmert sie nicht länger, dass sich ihr Großonkel eine alte Krawatte umgebunden, an der Haustür gestanden und merkwürdige Reime vor sich hin gemurmelt hat – *… à la pomme de terre, je suis par terre, au haricot, je suis dans l'eau …* –, dass er versucht hat, genug Mut zu sammeln, um hinauszugehen, allerdings ohne Erfolg. Sie bettelt Madame Manec nicht länger an, mit ihr zum Bahnhof zu gehen, einen weiteren Brief zu schreiben und noch einen nutzlosen Nachmittag auf der Präfektur zu verbringen, um die Besatzungsbehörden zu bitten, den Aufenthaltsort ihres Vaters herauszufinden. Sie wird unzugänglich, düster. Sie badet nicht, wärmt sich nicht am Küchenherd, hört auf zu fragen, ob sie hinausdarf. Sie isst kaum etwas. «Das Museum sagt, sie suchen nach ihm, Kind», flüstert Madame Manec, aber als sie Marie-Laure auf die Stirn küssen will, zuckt das Mädchen zurück, als hätte es sich verbrannt.

Das Museum antwortet auf Etiennes Anfragen. Sie schreiben, Marie-Laures Vater sei nie bei ihnen angekommen.

«Nie angekommen?», fragt Etienne laut.

Das wird die Frage, die ihre Zähne tief in Marie-Laures Gedanken schlägt. Warum ist er nicht in Paris angekommen? Und wenn er nicht durchkommen konnte, warum ist er dann nicht nach Saint-Malo zurückgekehrt?

Ich werde dich nie verlassen, in einer Million Jahren nicht.

Sie will nur nach Hause, in ihrer Vierzimmerwohnung stehen und die Kastanie vor dem Fenster rascheln hören. Sie will hören, wie der Käseverkäufer seine Markise ausfährt, will spüren, wie sich die Hand ihres Vaters um ihre schließt.

Wenn sie ihn doch nur angefleht hätte zu bleiben.

Jetzt macht ihr alles hier Angst, die knarzenden Treppenstufen, die klappernden Fensterläden, die leeren Zimmer. Das Durcheinander und das Schweigen. Etienne versucht, sie mit dummen Experimenten aufzuheitern: einem Essigvulkan, einem Sturm in einer Flasche. «Kannst du es hören, Marie? Wie es darin wirbelt?» Sie täuscht kein Interesse vor. Madame Manec bringt ihr Omeletts, Cassolettes und Fischspieße, sie fabriziert Wunder mit den Resten aus ihren Schränken und dem, was sie für ihre Lebensmittelkarten bekommt, aber Marie-Laure weigert sich zu essen.

«Wie eine Schnecke», hört sie Etienne draußen vor ihrer Tür sagen. «So tief hat sie sich in ihr Haus zurückgezogen.»

Marie-Laure ist wütend. Auf Etienne, weil er so wenig unternimmt, auf Madame Manec, weil sie so viel tut, und auf ihren Vater, weil er nicht da ist und ihr hilft, sein Wegbleiben zu verstehen. Auf ihre Augen, weil sie ihr das Licht versagen. Auf alle und alles. Wer hätte gedacht, dass Liebe töten kann? Sie verbringt Stunden oben im fünften Stock, kniend, das Fenster weit geöffnet, und das Meer treibt arktische Luft ins Zimmer, während ihre Finger auf dem Modell von Saint-Malo langsam taub werden. Nach Süden zum Tor von Dinan. Nach Westen zur Plage du Môle. Zurück in die Rue Vauborel. Mit jeder Sekunde wird Etiennes Haus kälter, mit jeder Sekunde scheint ihr Vater weiter davonzugleiten.

Der Gefangene

An einem Februarmorgen werden die Jungmänner um zwei Uhr früh aus den Betten geholt und hinaus in die glitzernde Dunkelheit getrieben. Im Mittelpunkt des quadratischen Hofs brennen Fackeln. Der breitbrüstige Bastian watschelt heran, unter dem Mantel sieht man seine nackten Beine.

Frank Volkheimer taucht aus den Schatten auf und zieht einen zerlumpten, skelettdünnen Mann mit zwei verschiedenen Schuhen hinter sich her. Volkheimer setzt ihn neben dem Anstaltsleiter ab, wo ein Pfahl in den Schnee getrieben wurde, und bindet den Leib des Mannes sorgfältig daran fest.

Ein Sternendach wölbt sich über ihnen, und der Atem der Jungen vermischt sich langsam und albtraumhaft über ihnen.

Volkheimer verschwindet im Dunkel, der Anstaltsleiter geht auf und ab.

«Ihr Jungen würdet nicht glauben, was für eine Kreatur das ist. Was für ein widerliches Tier, ein Zentaur, ein Untermensch.»

Alle recken die Hälse. Die Füße des Gefangenen sind aneinandergekettet, die Hände bis hinauf über die Unterarme gefesselt. Sein Hemd ist an den Nähten aufgerissen, und er stiert kraftlos und unterkühlt ins Nichts. Er sieht polnisch aus, vielleicht auch russisch. Trotz seiner Fesseln vermag er, sich leicht vor- und zurückzuwiegen.

Bastian sagt: «Dieser Mann ist aus einem Arbeitslager geflohen, hat versucht, in ein Bauernhaus einzudringen und einen Liter frische Milch zu stehlen. Er wurde gefasst, bevor er etwas Schändliches anrichten konnte.» Der Obersturmführer weist mit vager Geste hinter die Mauern. «Dieser Barbar würde euch im Handumdrehen die Kehlen aufreißen, wenn wir ihn ließen.»

Seit seinem Besuch in Berlin wächst eine große Furcht in Werners Brust. Sie hat sich langsam gebildet, so langsam, wie sich die Sonne über den Himmel bewegt, aber in seinen Briefen an Jutta muss er die Wahrheit umgehen, muss behaupten, alles sei gut, auch wenn es sich ganz und gar nicht so anfühlt. Er versinkt in Träumen, in denen sich

Fredericks Mutter in einen heimtückisch grinsenden Dämonen verwandelt und ihm Dr. Hauptmanns Dreiecke über den Kopf senkt.

Tausend eisige Sterne leuchten über dem Hof. Die Kälte ist beißend und doch dumpf.

«Dieses Aussehen?», sagt Bastian und fährt mit seiner fetten Hand durch die Luft. «Dass ihm nichts mehr geblieben ist? So weit würde ein deutscher Soldat niemals sinken. Wie soll ich es ausdrücken: Er kreist über dem Abfluss.»

Die Jungen versuchen, nicht zu zittern. Der Gefangene blickt wie von einem sehr hohen Sitz auf die Szene. Volkheimer kommt mit einem Karren voller lärmender Eimer zurück. Zwei andere ältere Schüler rollen einen Schlauch in den Hof. Bastian erklärt: Erst die Erzieher, dann die älteren Jungmänner. Alle werden an dem Gefangenen vorbeigehen und einen Eimer Wasser über ihn schütten. Jeder Einzelne der im Hof Stehenden.

Sie beginnen. Einer nach dem anderen nehmen die Erzieher einen vollen Eimer von Volkheimer in Empfang und schütten den Inhalt aus nächster Nähe über den Gefangenen. Applaus steigt in die eiskalte Nacht auf.

Die ersten zwei, drei Duschen lassen den Gefangenen hochfahren und zurückweichen. Senkrechte Falten erscheinen zwischen seinen Augen, als versuchte er, sich an etwas Wichtiges zu erinnern.

Unter den Erziehern in ihren dunklen Umhängen ist auch Dr. Hauptmann. Mit seinen Handschuhen hält er sich den Kragen am Hals zu, nimmt einen Eimer, schüttet das Wasser auf den Gefesselten und bleibt nicht stehen, um zu sehen, wie es ihn trifft.

Es kommt immer mehr Wasser. Das Gesicht des Gefangenen leert sich. Er sackt in den ihn aufrecht haltenden Seilen zusammen, sein Körper rutscht am Pfahl herunter, nur wenn Volkheimer zwischendurch aus dem Schatten tritt und riesig groß vor ihm aufwächst, streckt er sich wieder.

Die älteren Schüler verschwinden im Haus. Die Eimer klacken gedämpft und eisig, während sie nachgefüllt werden. Die Sechzehnjährigen werden fertig, die Fünfzehnjährigen. Der Applaus verliert seinen Elan, und ein reines Verlangen macht sich in Werner breit. Lauf. Lauf.

Drei Jungen noch, dann ist er an der Reihe. Zwei Jungen. Werner versucht, sich andere Bilder vor Augen zu rufen, doch die einzigen, die kommen wollen, sind erbärmlich: der Förderturm über Schacht 9, gebückte, dahintrottende Bergleute, als zöge die Last gewaltiger Ketten an ihnen, der zitternde Junge bei der Aufnahmeprüfung, kurz bevor er in die Tiefe stürzt. Alle sind in ihren Rollen gefangen: Waisen, Jungmänner, Frederick, Volkheimer, die alte Jüdin oben im Haus. Sogar Jutta.

Als er an der Reihe ist, schüttet Werner wie alle anderen das Wasser auf den Gefangenen, trifft ihn auf der Brust, und ein leerer Applaus lebt auf. Er tritt zu den anderen, um entlassen zu werden. Nasse Stiefel, nasse Ärmel, seine Hände sind so taub, dass sie nicht mehr seine zu sein scheinen.

Fünf Jungen nach ihm kommt Frederick an die Reihe. Frederick, der ohne seine Brille nicht richtig sehen kann. Der nicht mit applaudiert, wenn ein neuerlicher Eimer Wasser sein Ziel trifft. Der die Brauen zusammenzieht, als erkenne er in dem Gefangenen etwas.

Und Werner weiß, was Frederick tun wird.

Frederick muss von dem Jungen hinter ihm nach vorn gestoßen werden. Einer der Älteren gibt ihm einen Eimer, und Frederick leert ihn auf die Erde.

Bastian tritt vor. Sein Gesicht glüht in der Kälte puterrot. «Gebt ihm einen anderen.»

Wieder schüttet Frederick das Wasser auf das Eis zu seinen Füßen und sagt mit leiser Stimme: «Er ist bereits am Ende, Herr Obersturmführer.»

Der ältere Schüler gibt ihm einen dritten Eimer. «Auf ihn!», befiehlt Bastian. Die Nacht schreit, die Sterne brennen, der Gefangene schwankt, die Jungen sehen zu, der Obersturmführer neigt den Kopf. Frederick schüttet das Wasser auf die Erde. «Nein, das werde ich nicht tun.»

Plage du Môle

Marie-Laures Vater ist seit neunundzwanzig Tagen verschwunden, ohne jede Nachricht. Sie wacht vom Geräusch der klobigen Schuhe Madame Manecs auf, die in den zweiten, dritten, vierten Stock steigen.

Etiennes Stimme draußen vor seiner Tür. «Nicht.»

«Er wird es nicht erfahren.»

«Ich bin für sie verantwortlich.»

Eine unerwartete Härte klingt aus Madame Manecs Stimme. «Ich kann nicht einen Moment länger nur danebenstehen und zusehen.»

Sie kommt ganz nach oben. Marie-Laures Tür öffnet sich, die alte Frau tritt an ihr Bett und legt die schwere, knochige Hand auf Marie-Laures Stirn. «Bist du wach?»

Das Mädchen rollt sich in die Ecke und spricht durchs Bettzeug. «Ja, Madame.»

«Ich gehe mit dir hinaus. Nimm deinen Stock mit.»

Marie-Laure zieht sich an. Madame Manec erwartet sie mit einem Stück Brot am Fuß der Treppe. Sie bindet Marie-Laure ein Kopftuch um, knöpft ihren Mantel bis oben zu und öffnet die Haustür. Es ist ein Morgen Ende Februar, die Luft duftet nach Regen und Ruhe.

Marie-Laure zögert, lauscht. Ihr Herz schlägt zwei, vier, sechs, acht.

«Es ist noch kaum einer draußen, Liebes», flüstert Madame Manec. «Und wir tun nichts Verbotenes.»

Das Tor quietscht.

«Eine Stufe hinunter, jetzt geradeaus, genau das ist es.» Die Pflastersteine der Straße drücken unregelmäßig unter Marie-Laures Schuhen, die Spitze ihres Stocks verfängt sich, erzittert, verfängt sich erneut. Leichter Regen fällt auf die Dächer, läuft durch Rinnen, bildet Perlen auf ihrem Tuch. Die Geräusche hallen zwischen den hohen Häusern hin und her, und sie fühlt sich wieder wie in der Stunde ihrer Ankunft. Als bewegte sie sich durch ein Labyrinth.

Weit über ihnen schlägt jemand vor einem Fenster ein Staubtuch aus. Eine Katze miaut. Welche Schrecken knirschen hier draußen mit den Zähnen? Wovor wollte ihr Vater sie so ängstlich beschützen? Sie biegen einmal ab, und noch einmal, und dann führt Madame Manec sie in eine Richtung, mit der sie nicht gerechnet hat, weil dort die Mauer verläuft, moosbedeckt, ohne Unterbrechung. Sie treten durch ein Tor.

«Madame?»

Sie verlassen die Stadt.

«Da sind Stufen, sei vorsichtig, eine nach unten, zwei, leichter geht's nicht ...»

Das Meer. Das Meer! Direkt vor ihr! So nahe war es die ganze Zeit. Es saugt und dröhnt, spritzt und rumort. Es verlagert sich, weitet sich, fällt in sich zusammen. Das Labyrinth von Saint-Malo hat sich in eine Weite geöffnet, die größer ist als alles, was sie bisher erlebt hat. Größer als der Jardin des Plantes, die Seine und die größten Hallen des Museums. Sie hat es sich nicht richtig vorgestellt, hat das Ausmaß nicht begriffen.

Als sie das Gesicht zum Himmel wendet, spürt sie, wie tausend winzige spitze Regentropfen auf ihren Wangen schmelzen, auf ihrer Stirn. Sie hört Madame Manecs rasselnden Atem und den tiefen Klang des Meeres zwischen den Felsen. Etwas weiter unten am Strand ruft jemand etwas, und es hallt von den Mauern wider. In ihrer Vorstellung kann sie ihren Vater Schlösser polieren hören. Dr. Geffard, wie er vor seinen Schubladen entlanggeht. Warum haben sie ihr nicht gesagt, dass es so sein würde?

«Das ist Monsieur Radom, der seinen Hund sucht», sagt Madame Manec. «Keine Angst. Hier, nimm meinen Arm. Setz dich und ziehe die Schuhe aus. Krempel die Ärmel deines Mantels auf.»

Marie-Laure tut, was ihr gesagt wird. «Sehen sie her?»

«Die Boches? Und wenn? Eine alte Frau und ein Mädchen? Ich werde ihnen sagen, wir graben nach Muscheln. Was können sie schon tun?»

«Der Onkel sagt, sie haben Bomben in den Stränden vergraben.»

«Mach dir deswegen keine Sorgen. Er hat noch vor einer Ameise Angst.»

«Er sagt, der Mond zieht das Meer hinaus.»

«Der Mond?»

«Manchmal zieht auch die Sonne mit. Er sagt, dass die Gezeiten um Inseln herum Trichter graben, die ganze Schiffe verschlucken können.»

«Wir kommen nicht einmal in die Nähe davon. Wir sind einfach nur hier auf dem Strand.»

Marie-Laure nimmt das Kopftuch ab und gibt es Madame Manec. Salzige, brackige, zinnfarbene Luft schlüpft unter ihren Kragen.

«Madame?»

«Ja?»

«Was soll ich tun?»

«Lauf einfach nur.»

Sie geht los. Kalte, runde Kiesel unter den Füßen. Knisterndes Gras. Etwas Weicheres, nasser, glatter Sand. Sie beugt sich vor und öffnet die Hände. Er ist wie kalte Seide. Kalte, kostbare Seide, auf die das Meer Gaben gebreitet hat: Kiesel, Muscheln, Krebse. Kleine Stücke Tang. Ihre Finger graben und strecken sich. Die Regentropfen treffen auf ihren Nacken, ihre Hände. Der Sand zieht die Wärme aus ihren Fingern, aus den Sohlen ihrer Füße.

Ein monatealter Knoten in Marie-Laure beginnt sich zu lösen. Sie bewegt sich an der Wasserlinie entlang, erst fast kriechend, und sie stellt sich den Strand in beiden Richtungen vor, wie er sich in die Ferne zieht, die Landzunge umrundet, die äußeren Inseln umarmt, stellt sich das ganze filigrane Maßwerk der bretonischen Küste mit seinen wilden Kaps und rankenüberwucherten Ruinen vor. Sie stellt sich die ummauerte Stadt hinter sich vor, ihre steil aufwachsende Befestigungsmauer, das Verwirrspiel ihrer Straßen, und alles ist mit einem Mal so klein wie das Modell ihres Vaters. Was das Modell umgibt, ist nichts, was ihr Vater ihr nähergebracht hätte. Was das Modell umgibt, ist das Faszinierendste überhaupt.

Möwen schreien über ihr. Jedes der hunderttausend winzigen Sandkörner in ihren Fäusten reibt gegen das nächste. Sie spürt, wie ihr Vater sie hochhebt und dreimal im Kreis herumwirbelt.

Kein Besatzungssoldat kommt, um sie zu verhaften, niemand spricht auch nur mit ihnen. In drei Stunden entdecken Marie-Laures klamme Finger eine gestrandete Qualle, eine verkrustete Boje und tausend glatt polierte Steine. Sie watet bis zu den Knien ins Wasser und durchnässt den Saum ihres Kleides. Als Madame Manec sie schließlich nass und überwältigt zurück in die Rue Vauborel führt, steigt Marie-Laure die vier Stockwerke hinauf, klopft an Etiennes Tür und steht vor ihm, das Gesicht voll mit nassem Sand.

«Ihr wart lange fort», murmelt er. «Ich habe mir Sorgen gemacht.»

«Hier, Onkel.» Aus ihren Taschen fördert sie Muscheln zutage, Krebse, Kauris und dreizehn sandbedeckte Quarzklumpen. «Das habe ich dir mitgebracht. Und das und das und das.»

Edelsteinschleifer

Drei Monate war Stabsfeldwebel von Rumpel in Berlin und Stuttgart. Er hat den Wert von hundert konfiszierten Ringen, zwölf Diamanthalsbändern und einem litauischen Zigarettenetui bestimmt, in dem eine Topasraute glitzerte. Jetzt ist er wieder in Paris, wohnt seit einer Woche im Grand Hôtel und schickt Anfragen aus, wie Vögel. Jede Nacht kehrt jener Moment wieder, da er den tropfenförmigen Stein zwischen Daumen und Zeigefinger hielt, riesig unter seiner Lupe, und glaubte, den Einhundertdreiunddreißig-Karäter gefunden zu haben, das Meer der Flammen.

Er blickte in das eisblaue Innere des Steins, aus dem winzige Bergketten Lichter versandten, Purpur, Korallenrot, Violetttöne, farbige Vielecke, die beim Drehen glitzerten und funkelten. Fast wollte er glauben, dass die Geschichten wahr waren und der Sohn eines Sultans vor Jahrhunderten eine Krone getragen hatte, die seine Besucher erblinden ließ. Dass, wer den Stein besaß, niemals sterben würde, und das sagenumwobene Meer der Flammen durch die Wirbel der Geschichte gerollt und in seiner Hand gelandet sei.

Es war ein Moment der Freude. Des Triumphes. Aber schon mischte sich eine unerwartete Angst darunter: Der Stein sah wie verzaubert aus, nicht für den Blick menschlicher Augen gedacht. Etwas, das, einmal gesehen, nie wieder vergessen werden konnte.

Aber. Am Ende gewann die Vernunft. Die Verbindungen der Facetten waren nicht ganz so scharf, wie sie hätten sein sollen, die Umrisse etwas wachsig. Verräterischer noch schien jedoch, dass der Diamant keine feinen Risse aufwies, keine Punkte, keinen Einschluss. *Ein echter Diamant*, hatte sein Vater immer gesagt, *ist nie ganz ohne Einschlüsse. Ein echter Diamant ist niemals perfekt.*

Hatte er erwartet, dass der Stein echt war? Dass er genau dort aufbewahrt wurde, wo er es sich gedacht hatte? An einem einzigen Tag solch einen Sieg zu erringen?

Natürlich nicht.

Man könnte denken, von Rumpel sei frustriert, aber nein, im

Gegenteil, er ist voller Hoffnung. Das Museum hätte niemals eine so hochwertige Fälschung in Auftrag gegeben, besäße es nicht irgendwo das Original. Während der letzten Wochen in Paris, in den Stunden zwischen anderen Aufgaben, hat er die Zahl der für die Fälschung infrage kommenden Edelsteinschleifer von sieben auf drei eingegrenzt, schließlich auf einen, einen Halb-Algerier namens Dupont, der seine Kunst durch das Opalschleifen erlernt hat. Wie es scheint, hat Dupont vor dem Krieg sein Geld damit verdient, dass er Witwen und Baronessen Spinelle zu falschen Diamanten geschliffen hat. Und auch Museen.

In einer Februarnacht bricht von Rumpel in Duponts penibel geführte Werkstatt nicht weit von Sacré-Cœur ein und untersucht eine Ausgabe von Streeters *Precious Stones and Gems*, Zeichnungen von Spalt-Flächen und trigonometrische Tabellen für das Facettieren. Als er mehrere, fast identische Formen entdeckt, die exakt der Größe und Form des Steins aus dem Tresor des Museums entsprechen, weiß er, dass er seinen Mann gefunden hat.

Auf von Rumpels Bitte wird Dupont mit gefälschten Lebensmittelmarken versorgt. Von Rumpel wartet. Er bereitet seine Fragen vor: Haben Sie die Nachbildungen angefertigt? Wie viele? Wissen Sie, in wessen Besitz sie sich im Augenblick befinden?

Am letzten Februartag des Jahres 1941 kommt ein gepflegter kleiner Gestapo-Mann mit der Nachricht zu ihm, der unwissende Dupont habe versucht, mit den gefälschten Marken einzukaufen. Er sei verhaftet worden. *Ein Kinderspiel.*

Es ist ein anheimelnder, nieseliger Winterabend, schmelzende Schneereste liegen an den Rändern der Place de la Concorde. Die Stadt hat etwas Gespenstisches, ihre Fenster sind mit glitzernden Regentropfen besetzt. Ein kurz geschorener Hauptgefreiter überprüft von Rumpels Papiere und schickt ihn nicht in eine Zelle, sondern in ein Büro mit hoher Decke und einer Typistin hinter einem Schreibtisch. An der Wand hinter ihr zerfasert eine gemalte Glyzinienranke in ein modernistisches Farbenspiel, das von Rumpel ein unbehagliches Gefühl verschafft.

Dupont ist mit Handschellen an einen billigen Stuhl in der Mitte des Raumes gefesselt. Sein Gesicht hat die Farbe und den Glanz von Tropenholz. Von Rumpel hat mit einer Mischung aus Angst, Empörung und Hunger gerechnet, doch Dupont sitzt aufrecht. Eines seiner Brillengläser ist gesprungen, im Übrigen scheint es ihm gut zu gehen.

Die Typistin drückt ihre Zigarette in einem Aschenbecher aus, heller roter Lippenstift färbt den Stummel. Der Aschenbecher ist voll, sicher fünfzig Stummel sind in ihn hineingequetscht, ohne Gliedmaßen, es hat etwas Blutrünstiges.

«Sie können gehen», sagt von Rumpel, nickt ihr zu und richtet seine Aufmerksamkeit auf den Edelsteinschleifer.

«Er spricht kein Deutsch, Herr Stabsfeldwebel.»

«Wir verstehen uns schon», sagt er auf Französisch. «Schließen Sie bitte die Tür.»

Dupont sieht auf, eine Drüse in ihm spült Mut in seine Adern. Von Rumpel muss sich nicht zu seinem Lächeln zwingen, es kommt wie von selbst. Er hofft auf Namen, was er braucht, ist eine Zahl.

Liebste Marie-Laure,

wir sind in Deutschland, und jetzt ist es gut. Ich habe einen Engel gefunden, der versuchen wird, dass dieser Brief zu Dir gelangt. Die winterlichen Fichten und Erlen sind hier sehr schön. Und – Du wirst es mir nicht glauben, aber Du musst mir vertrauen – sie versorgen uns mit wundervollem Essen. Erstklassig: Wachteln, Ente, Kanincheneintopf. Hähnchenschenkel und Kartoffeln, mit Speck gebraten, Aprikosenkuchen. Gekochtes Rindfleisch mit Karotten. Coq au vin auf Reis. Pflaumenkuchen. Obst und Eis. So viel, wie wir essen können. Ich freue mich immer so auf die Mahlzeiten!

Sei lieb zu Deinem Onkel und auch zu Madame. Danke ihnen dafür, dass sie Dir diesen Brief vorlesen. Und Du sollst wissen, dass ich immer bei Dir bin, nahe an Deiner Seite.

Dein Papa

Entropie

Eine Woche lang hängt der tote Gefangene an den Pfahl im Hof gebunden, das Fleisch grau gefroren. Jungen bleiben bei ihm stehen und
fragen ihn nach dem Weg. Jemand hängt ihm einen Patronengurt um
und setzt ihm einen Helm auf. Nach ein paar Tagen stellt sich ein Krä-
henpärchen auf seine Schultern und meißelt mit den Schnäbeln an ihm
herum. Endlich kommt ein Hausmeister mit zwei Drittklässlern, und
sie hacken die Füße des Toten aus dem Eis, werfen ihn auf eine Karre
und schaffen ihn weg.

Dreimal in neun Tagen wird Frederick zum Schwächsten bei den
Übungen draußen erklärt. Bastian geht weiter weg denn je und zählt
schneller denn je. Frederick hat vier-, fünfhundert Meter zu rennen,
oft durch tiefen Schnee, und die Jungen jagen ihn, als hinge ihr Leben
davon ab. Jedes Mal wird er eingeholt, jedes Mal verprügelt, während
Bastian zusieht. Werner tut nichts, um dem Einhalt zu gebieten.

Frederick hält sieben Schläge aus, bevor er fällt. Dann sechs. Dann
drei. Er weint nicht und will auch nicht weg aus Schulpforta, und das
ganz besonders scheint den Anstaltsleiter mit mörderischem Missmut
zu erfüllen. Fredericks Verträumtheit, sein Anderssein, es haftet ihm
an wie ein für alle spürbarer Geruch.

Werner flüchtet sich in die Arbeit in Dr. Hauptmanns Labor. Er hat
einen Prototyp ihres Empfangs- und Sendegeräts gebaut, testet Sicherungen, Röhren, Hörer und Stecker, aber selbst während der langen
Stunden dort scheint sich der Himmel eingetrübt zu haben und die
Schule ein dunklerer, immer diabolischerer Ort zu werden. Werners
Magen bereitet ihm Schwierigkeiten. Er bekommt Durchfall, wacht
nachts auf und sieht Frederick in seinem Zimmer in Berlin, mit Brille
und Krawatte, wie er Vögel aus einem dicken Buch befreit.

Du bist ein kluger Junge. Du wirst deine Sache ordentlich machen.

Eines Abends, als Dr. Hauptmann in seinem Büro ein Stück den
Gang hinunter ist, sieht Werner zum gebieterischen, schläfrigen, in
der Ecke sitzenden Volkheimer hinüber und sagt: «Dieser Gefangene ...»

Volkheimer blinzelt, Stein wird zu Fleisch. «Sie machen das jedes Jahr.» Er nimmt seine Kappe ab und fährt sich mit der Hand über das dichte Stoppelhaar. «Sie sagen, er ist Pole, ein Roter, ein Kosak. Er hat Schnaps gestohlen, Benzin oder Geld. Es ist jedes Jahr das Gleiche.»

In den Falten der Zeit kämpfen Jungen in einem Dutzend verschiedener Arenen. Vierhundert Kinder kriechen über die Schneide eines Rasiermessers.

«Und es ist auch jedes Mal der gleiche Spruch», fügt Volkheimer hinzu. «Das mit dem Kreisen über dem Abfluss.»

«Aber war es anständig, ihn da so hängen zu lassen? Als er tot war?»

«Anstand ist nicht ihre Sache.» Da kommen Dr. Hauptmanns saubere Stiefel wieder ins Labor geklackt, Volkheimer lehnt sich zurück in seine Ecke, seine Augen füllen sich mit Schatten, und Werner hat nicht die Gelegenheit, ihn zu fragen, wen er mit «sie» meint.

Jungen stecken tote Mäuse in Fredericks Stiefel. Sie nennen ihn eine Schwuchtel, einen Schwanzlutscher und zahllose andere Dinge. Zweimal beschmiert ein Fünftklässler die Linsen von Fredericks Feldstecher mit Exkrementen.

Werner sagt sich, dass er sein Bestes gibt. Jeden Abend poliert er Fredericks Stiefel, bis sie tief glänzen, womit der Quartiermeister, Bastian oder einer der älteren Jungmannen einen Grund weniger haben, um seinen Freund anzugehen. Sonntagmorgens im Speisesaal sitzen sie ruhig in einem Sonnenstrahl, und Werner hilft Frederick mit den Schularbeiten. Frederick flüstert, dass er im Frühling Lerchennester im Gras außerhalb der Schulmauern zu finden hofft. Einmal hebt er seinen Stift, starrt in die Höhe und sagt: «Ein Kleinspecht.» Werner hört das ferne Klopfen des Vogels über das Gelände und durch die Mauern dringen.

In Physik erklärt ihnen Dr. Hauptmann die Gesetze der Thermodynamik. «Entropie, wer kann mir sagen, was das ist?»

Die Jungen beugen sich über ihre Tische. Niemand hebt die Hand. Dr. Hauptmann geht durch die Reihen. Werner versucht, keinen einzigen Muskel zu bewegen.

«Hausner.»

«Entropie ist der Grad der Beliebigkeit oder Unordnung in einem System, Herr Doktor.»

Dr. Hauptmanns Blick bleibt einen Herzschlag lang auf Werner haften, gleichzeitig warm und eiskalt. «Unordnung. Der Anstaltsleiter sagt es, der Quartiermeister sagt es: Es muss Ordnung herrschen. Das Leben ist ein Durcheinander, meine Herren. Und wir stehen dafür ein, dieses Durcheinander zu ordnen. Bis in die Gene. Wir ordnen die Evolution der Arten. Wir sortieren das Niedere aus, das Renitente, die Spreu. Das ist die große Aufgabe des Reiches, die größte Aufgabe, der sich die Menschen je gewidmet haben.»

Dr. Hauptmann schreibt es an die Tafel, und die Jungmänner schreiben es in ihre Hefte: *Die Entropie eines geschlossenen Systems geht nie zurück. Jeder Prozess muss dem Gesetz folgend zerfallen.*

Rundgänge

Obwohl Etienne auch weiterhin Einwände hat, geht Madame Manec jeden Morgen mit Marie-Laure an den Strand. Das Mädchen schnürt sich die Schuhe, tastet sich die Treppe hinunter und wartet mit seinem Stock an der Tür, während Madame Manec noch ein paar letzte Dinge in der Küche zu tun hat.

«Ich finde den Weg auch selbst», sagt Marie-Laure, als sie zum fünften Mal hinausgehen. «Sie müssen mich nicht führen.»

Zweiundzwanzig Schritte bis zur Kreuzung mit der Rue d'Estrées, vierzig weitere zum kleinen Tor. Neun Stufen nach unten, und sie steht auf dem Sand, und die zwanzigtausend Geräusche des Meeres umfangen sie.

Sie sammelt Kiefernzapfen von Bäumen, die wer weiß wie weit entfernt stehen. Dicke Seilstücke. Glitschige Teile gestrandeter Polypen. Einmal einen ertrunkenen Spatz. Ihre größte Freude ist es, bei Ebbe ans nördliche Ende des Strandes zu gehen, sich hinter einer Insel, die Madame Manec Le Grand Bé nennt, hinzuhocken und mit den Händen durch die zurückgebliebenen Wasserlachen zu streichen. Nur mit den Füßen und Händen im kalten Meer scheint sie ihre Gedanken ganz von ihrem Vater lösen zu können. Nur dann grübelt sie nicht weiter darüber nach, ob er in seinem Brief die Wahrheit gesagt hat, wann er wieder schreiben wird und warum er eingesperrt wurde. Dann lauscht sie nur, hört, atmet.

Ihr Zimmer füllt sich mit Kieseln, Seegras und Muscheln: vierzig Kammmuscheln auf dem Fensterbrett, einundsechzig Wellhornschnecken auf dem Schrank. Sie ordnet sie, wann immer sie kann, nach Arten, nach Größe. Die Kleinsten links, die Größten rechts. Sie füllt Gläser, Kübel, Tabletts, und das Zimmer nimmt den Geruch des Meeres an.

Meist macht sie morgens nach dem Strand einen Rundgang mit Madame Manec, geht zum Gemüsemarkt, gelegentlich auch zum Fleischer, und sie bringen einigen Nachbarn etwas zu essen, je nachdem, wer es in den Augen von Madame Manec am meisten braucht.

Sie steigen ein hallendes Treppenhaus hinauf, klopfen an eine Tür, und eine alte Frau bittet sie herein, fragt nach den letzten Neuigkeiten und besteht darauf, dass sie zu dritt einen Fingerhut voll Sherry trinken. Madame Manecs Energie ist, wie Marie-Laure feststellt, außergewöhnlich. Sie sprießt, treibt neue Äste, wacht früh auf, arbeitet bis spät, kocht Fischcremesuppe ohne einen Tropfen Sahne, backt Brotlaibe mit weniger als einer Tasse Mehl. Gemeinsam stapfen sie durch die engen Straßen, Marie-Laures Hand hinten auf Madames Schürze, und folgen den Düften ihrer Eintöpfe und Kuchen. In solchen Augenblicken kommt ihr Madame wie eine große, sich bewegende Wand aus Rosenbüschen vor, dornig, duftend und von Bienensummen erfüllt.

Noch warmes Brot für eine Witwe namens Madame Blanchard. Suppe für Monsieur Saget. Langsam wächst in Marie-Laures Kopf eine dreidimensionale Karte mit leuchtenden Fixpunkten, einer mächtigen Platane auf der Place aux Herbes, neun geformten Büschen in großen Kübeln vor dem Hôtel Continental, sechs Stufen einer Gasse mit dem Namen Rue du Connétable.

Mehrmals in der Woche bringt Madame dem verrückten Hervé Bazin zu essen, einem Veteranen aus dem Großen Krieg, der in einem Alkoven hinter der Bibliothek schläft, bei Schnee und bei Sonne. Der seine Nase, das linke Ohr und ein Auge an eine Granate verloren hat. Der eine emaillierte Kupfermaske trägt, die das halbe Gesicht bedeckt.

Hervé Bazin liebt es, über die Mauern, Hexenmeister und Piraten von Saint-Malo zu reden. Jahrhundertelang, erzählt er Marie-Laure, haben die Stadtmauern blutrünstige Plünderer abgewehrt, Römer, Kelten, Normannen. Einige sagen, auch Seeungeheuer. Tausenddreihundert Jahre, erzählt er, haben die Mauern blutdürstige englische Seefahrer abgewehrt, die vor der Küste vor Anker gingen und mit Brandgeschossen auf die Häuser zielten, die versuchten, alles niederzubrennen und die Menschen auszuhungern, die vor nichts zurückschreckten und sie alle töten wollten.

«Die Mütter von Saint-Malo», sagt er, «haben ihren Kindern immer gesagt: Sitzt gerade. Benehmt euch. Sonst kommt heute Nacht ein Engländer und schlitzt euch die Kehle auf.»

«Hervé, bitte», sagt Madame Manec. «Du machst ihr Angst.»

Im März wird Etienne sechzig, und Madame kocht kleine Muscheln, *palourdes*, mit Schalotten. Sie serviert sie mit Pilzen und geviertelten hart gekochten Eiern, den einzigen zwei Eiern, wie sie berichtet, die sie in der Stadt auftreiben konnte. Etienne erzählt mit leiser Stimme vom Ausbruch des Krakatau, der zu seinen frühesten Erinnerungen gehört: Wie die Asche aus Indonesien die Sonnenuntergänge über Saint-Malo blutrot färbte und abends mächtige purpurne Adern über dem Meer schimmerten – und für Marie-Laure, deren Taschen voller Sand sind und deren Gesicht vom Wind glüht, scheint die Besatzung einen Moment lang tausend Kilometer weg zu sein. Sie vermisst ihren Papa, Paris, Dr. Geffard, den Park, ihre Bücher, ihre Kiefernzapfen. Das alles sind Löcher in ihrem Leben, aber während der letzten paar Wochen ist ihre Existenz erträglich geworden. Wenigstens draußen am Strand werden ihre Entbehrungen und ihre Ängste von Wind, Farbe und Licht davongespült.

Nachmittags, nachdem sie morgens mit Madame Manec unterwegs war, sitzt Marie-Laure meist bei offenem Fenster auf ihrem Bett und streicht mit der Hand über das Modell ihres Vaters. Ihre Finger wandern über die Schiffbauer-Schuppen an der Rue de Chartres und an Madame Ruelles Bäckerei in der Rue Robert Surcouf vorbei. In ihrer Vorstellung hört sie die Bäckergesellen über den mehlbestäubten Boden schlittern, und sich dabei bewegen, wie sich, ihrem Gefühl nach, auch Schlittschuhläufer bewegen müssen. Das Brot backen sie immer noch in dem vierhundert Jahre alten Ofen, den schon Monsieur Ruelles Ururgroßvater benutzt hat. Marie-Laures Finger steigen die Stufen vor der Kathedrale hinauf, wo ein alter Mann in einem Garten Rosen schneidet, und da, bei der Bibliothek, führt der verrückte Hervé Bazin leise Selbstgespräche und sieht mit seinem einen Auge in eine leere Weinflasche. Da ist der Konvent, da, neben dem Fischmarkt, das Restaurant Chez Chuche. Die Tür ihres Hauses in der Rue Vauborel ist leicht zurückgesetzt, und gleich dahinter kniet Madame Manec neben ihrem Bett, lässt die Perlen eines Rosenkranzes durch ihre Finger gleiten und betet praktisch für jede Seele der Stadt. Im vierten Stock geht Etienne an seinen leeren Regalen entlang und streicht mit dem Finger über die Stellen, an denen einmal seine Radios standen. Und irgendwo hinter den Grenzen des Modells, hinter den Grenzen Frankreichs, sitzt ihr Vater an einem Ort, den sie mit ihren Händen nicht erreichen kann, in einer Zelle, ein Dutzend seiner geschnitzten Modelle auf der Fensterbank, und ein Wärter kommt und bringt ihm, das möchte sie so unbedingt glauben, ein Festmahl. *Wachteln, Ente, Kaninchen-eintopf. Hähnchenschenkel und Kartoffeln, mit Speck gebraten, Aprikosenkuchen.* Auf einem Dutzend Tabletts, einem Dutzend Platten, so viel, wie er essen kann.

Nadel im Heuhaufen

Es ist Mitternacht. Dr. Hauptmanns Hunde preschen über die gefrorenen Felder neben der Schule, dahinjagende Quecksilbertropfen im Weiß der Landschaft. Hinter ihnen geht Dr. Hauptmann mit seiner Fellmütze und macht kurze, kontrolliert wirkende Schritte, ganz so, als mäße er eine große Entfernung ab. Ihm folgt Werner und trägt zwei der Geräte, die er und sein Lehrer seit Monaten testen.

Dr. Hauptmann dreht sich mit leuchtendem Gesicht um. «Ist eine hübsche Stelle hier, gute Sicht, stell die Dinger ab, Hausner. Ich habe deinen Freund Volkheimer vorausgeschickt. Er ist irgendwo auf dem Hügel.» Werner sieht keine Spuren, nur eine im Mondlicht glitzernde bucklige Senke und dahinter den weißen Wald.

«Er hat den KX-Sender dabei, in einer Munitionskiste», sagt Dr. Hauptmann. «Ich habe ihm gesagt, er soll sich verstecken und fortdauernd senden, bis wir ihn finden oder die Batterie aufgibt. Selbst ich weiß nicht, wo er ist.» Er schlägt die in Handschuhen steckenden Hände zusammen, und die Hunde umkreisen ihn. Ihr Atem treibt kleine Wolken in die Luft. «Zehn Quadratkilometer. Lokalisiere den Sender, lokalisiere deinen Freund.»

Werner sieht zu den zahllosen schneebedeckten Bäumen hinüber. «Dahinten, Herr Doktor?»

«Dahinten.» Dr. Hauptmann zieht einen Flachmann aus der Tasche und schraubt ihn, ohne einen Blick darauf zu werfen, auf. «Das ist der spaßige Teil, Hausner.»

Dr. Hauptmann trampelt eine Schneise in den Schnee, und Werner stellt das erste Gerät auf, misst mit einem Band zweihundert Meter ab und baut auch das zweite auf. Er entrollt die Erdkabel, stellt die Antennen auf und schaltet die Geräte ein. Seine Finger werden bereits taub.

«Versuch es mit achtzig Metern, Hausner. Normalerweise wissen die Gruppen nicht, auf welchem Frequenzbereich sie suchen sollen, aber heute Nacht, bei unserem ersten Praxisversuch, mogeln wir ein wenig.»

Werner setzt den Kopfhörer auf, und sein Kopf füllt sich mit Rauschen. Er dreht den Empfangsabschwächer höher, justiert den Filter, und es dauert nicht lange, und er hat auf beiden Geräten Volkheimers Sender eingefangen. «Ich habe ihn, Herr Doktor.»

Dr. Hauptmanns Lächeln ist jetzt echt. Die Hunde schnaufen und springen aufgeregt herum. Aus seinem Mantel holt er einen Fettstift. «Rechne auf dem Kasten. Im Feld hat man nicht immer Papier dabei.»

Werner schreibt die Gleichung auf die Metallhülle und setzt die Werte ein. Hauptmann gibt ihm einen Rechenschieber. In zwei Minuten hat Werner einen Vektor und eine Entfernung: zweieinhalb Kilometer.

«Und die Karte?» Dr. Hauptmanns kleines aristokratisches Gesicht strahlt vor Vergnügen.

Werner benutzt einen Winkelmesser und einen Kompass, um die Linien einzuzeichnen.

«Geh voraus, Hausner.»

Werner faltet die Karte zusammen und steckt sie in die Jackentasche. Er baut die Peilgeräte ab und nimmt eines mit der linken, eines mit der rechten Hand, wie zwei zusammenpassende Koffer. Winzige Schneekristalle schweben durchs Mondlicht herab. Bald schon sehen die Schule und ihre Außengebäude in der weißen Ebene unter ihnen wie Spielzeuge aus. Der Mond rutscht tiefer, ein halb vom Lid verdecktes Auge, und die Hunde mit ihren dampfenden Mäulern bleiben eng bei ihrem Herrn. Werner schwitzt.

Sie steigen in eine Schlucht ab, klettern auf der anderen Seite wieder hinaus. Ein Kilometer. Zwei.

«Erhabenheit», sagt Dr. Hauptmann keuchend, «weißt du, was das ist, Hausner?» Er ist angeheitert, angeregt, fast plappert er. Werner hat ihn noch nie so erlebt. «Das ist der Moment, wenn aus einer Sache etwas anderes wird. Aus Tag wird Nacht, aus der Raupe ein Schmetterling, aus dem Kitz die Ricke, aus dem Versuch das Ergebnis. Der Junge wird zum Mann.»

Hoch auf einem weiteren Hang holt Werner die Karte heraus und überprüft ihren Standort mit dem Kompass. Überall schimmern die stummen Bäume. Es gibt keine Spur bis auf ihre eigene. Die Schule ist hinter ihnen verschwunden. «Soll ich die Funkpeiler noch einmal aufstellen, Herr Doktor?»

Dr. Hauptmann legt den Finger auf die Lippen.

Werner erstellt ein neues Dreieck und sieht, wie nahe sie seiner ursprünglichen Berechnung sind. Unter einem halben Kilometer. Er packt die Geräte wieder zusammen und wird schneller, jagt jetzt, nimmt die Witterung auf, die drei Hunde spüren es ebenfalls, und Werner denkt: Ich habe einen Weg hinein gefunden, ich löse es, die Zahlen werden real. Und die Bäume laden Schnee ab, die Hunde erstarren, zucken mit den Nasen, halten die Witterung, als jagten sie einen Fasan. Dr. Hauptmann hebt die Hand, und endlich tritt Werner zwischen zwei Bäumen hindurch, müht sich mit den Funkpeilern ab und sieht den Umriss eines Mannes auf dem Rücken im Schnee liegen, den Sender zu seinen Füßen, mit der Antenne im unteren Geäst.

Der Riese.

Die Hunde zittern in ihrer kauernden Haltung. Dr. Hauptmann hält noch immer eine Hand in die Höhe. Mit der anderen holt er seine Pistole aus dem Halfter. «So nahe, Hausner, gibt es kein Zögern mehr.»

Volkheimers linke Seite deutet in ihre Richtung. Werner sieht den Nebel seines Atems aufsteigen und sich auflösen. Dr. Hauptmann richtet seine Walther direkt auf Volkheimer, und für einen langen, verwirrenden Moment ist Werner sicher, dass sein Lehrer den Jungen erschießen wird, dass sie in großer Gefahr sind, jeder einzelne Schüler, und ihm klingen Juttas Worte in den Ohren, die sie neben dem Kanal gesagt hat: *Ist es richtig, etwas zu tun, nur weil alle anderen es auch tun?* Etwas in Werners Seele schließt die schuppigen Augen, und sein kleiner Lehrer hebt die Pistole und feuert in den Himmel.

Volkheimer schnellt in die Hocke, und sein Kopf fliegt in ihre Richtung. Die Hunde preschen auf ihn los, und Werners Herz fühlt sich wie in Stücke gerissen an.

Volkheimers Arme heben sich, als die Hunde ihn erreichen, aber sie kennen ihn, spielerisch springen sie an ihm hoch, bellen, tollen, und Werner sieht, wie der kräftige Bursche die Hunde von sich wirft, als wären es Hauskatzen. Dr. Hauptmann lacht. Seine Pistole raucht, und er nimmt einen langen Schluck aus seiner Flasche und reicht sie an Werner weiter. Werner setzt sie an die Lippen. Am Ende hat er seinen Lehrer zufriedengestellt, die Geräte funktionieren. Er steht draußen in der strahlenden, sternenerleuchteten Nacht und spürt, wie das stechende Glühen des Branntweins in seinen Bauch strömt.

«Das», sagt Dr. Hauptmann, «werden wir mit den Dreiecken machen.»

Die Hunde umkreisen sie, ducken sich, springen. Dr. Hauptmann erleichtert sich zwischen den Bäumen. Volkheimer kommt mit seinem schweren Sender auf Werner zu, wird immer noch größer und legt ihm seine mächtige, in einem Fäustling steckende Hand auf die Mütze.

«Es sind nur Zahlen», sagt er so leise, dass Dr. Hauptmann es nicht hören kann.

«Reine Mathematik», sagt Werner und macht Dr. Hauptmanns abgehackte Sprechweise nach. Er drückt die Fingerspitzen aufeinander, fünf auf fünf. «Ihr müsst euch daran gewöhnen, so zu denken.»

Es ist das erste Mal, dass Werner Volkheimer lachen hört, und die Miene des Riesen ändert sich: Er wirkt weniger bedrohlich, eher wie ein gutmütiges, übergroßes Kind. Mehr wie der Mensch, zu dem er wird, wenn er Musik hört.

Den ganzen nächsten Tag über erhält sich das Wohlgefühl in Werners Blut, die Erinnerung an das fast heilige Empfinden, neben dem mächtigen Volkheimer zurück zur Schule zu gehen, zwischen den verschneiten Bäumen hindurch zurück nach drinnen, vorbei an den Räumen der schlafenden Jungen, die wie Goldbarren in Tresoren hinter ihnen liegen. Werner verspürte ein fast schon väterliches Beschützergefühl für die anderen, als er sich neben seinem Bett auszog, während der schwere Volkheimer weiter zum Schlafsaal der Älteren ging, ein Oger unter Engeln, ein Wächter, der nachts über ein Feld mit Grabsteinen ging.

Vorschlag

Marie-Laure sitzt an ihrem gewohnten Platz in der Ecke der Küche, nahe beim Herd, und lauscht den Klagen von Madame Manecs Freundinnen.

«Was die Makrelen kosten!», sagt Madame Fontineau. «Man sollte glauben, sie müssen sie aus Japan herschiffen!»

«Ich kann mich nicht mal mehr erinnern», sagt Madame Hébrard, die Postmeisterin, «wie eine richtige Pflaume schmeckt.»

«Und diese lächerlichen Bezugsscheine für Schuhe», sagt Madame Ruelle, die Frau des Bäckers. «Théodore hat Nummer 3501, und sie sind noch nicht mal bei 400!»

«Es gibt nicht mehr nur die Bordelle in der Rue Thévenard. Sie vergeben jetzt auch die Sommerwohnungen an Freiberufliche.»

«Der Dicke Claude und seine Frau bekommen zusätzliches Fett.»

«Die verdammten Boches haben den ganzen Tag das Licht brennen!»

«Ich ertrage keinen einzigen Abend mehr allein mit meinem Mann, eingeschlossen in der Wohnung.»

Neun von ihnen sitzen um den quadratischen Tisch, Knie an Knie. Bezugsscheinkürzungen, miserable Desserts, die immer schlechtere Qualität von Nagellack, das sind die Verbrechen, die sie in ihren Herzen spüren. So viele von ihnen auf einmal zu hören, verwirrt und erregt Marie-Laure. Die Frauen sind wie trunken, obwohl sie doch ernst sein sollten, düster, wenn eine einen Witz macht. Madame Hébrard heult, weil es keinen Demerara-Zucker gibt, und die Klage einer anderen Frau über den knappen Tabak geht mitten im Satz im hysterischen Lachen über den phänomenal großen Hintern des Parfümhändlers unter. Sie riechen nach trockenem Brot und stickigen Wohnzimmern voll mit klobigen, alten bretonischen Möbeln.

Madame Ruelle sagt: «Die kleine Gautier will heiraten, und die Familie muss ihren gesamten Schmuck einschmelzen, damit sie genug Gold für einen Ehering haben. Das Gold wird von den Deutschen mit dreißig Prozent besteuert, die Arbeit des Juweliers ebenfalls. Wenn sie alles bezahlt haben, bleibt kein Ring mehr übrig.»

Der Wechselkurs ist ein Witz, der Preis für Karotten unhaltbar, alle treiben ein doppeltes Spiel. Endlich verriegelt Madame Manec die Küchentür und räuspert sich. Die Frauen verstummen.

«Wir sind es, die ihre Welt am Laufen halten», sagt Madame Manec. «Sie, Madame Guiboux, weil Ihr Sohn ihnen die Schuhe repariert. Sie, Madame Hébrard, weil Sie und Ihre Tochter ihnen die Post sortieren. Und Ihre Bäckerei, Madame Ruelle, backt einen Großteil ihres Brotes.»

Die Luft ist zum Schneiden. Marie-Laure hat das Gefühl, jemanden auf dünnes Eis rutschen oder die Hand über eine Flamme halten zu sehen.

«Was wollen Sie damit sagen?»

«Das wir etwas tun sollen.»

«Ihnen Bomben in die Schuhe stecken?»

«In den Brotteig kacken?»

Sprödes Lachen.

«Nichts so Unverfrorenes. Aber wir könnten kleinere Dinge tun. Einfachere Dinge.»

«Wie, was?»

«Erst muss ich wissen, ob alle dabei sind.»

Angespanntes Schweigen. Marie-Laure spürt, wie sie kurz davorstehen. Neun Köpfe, die hin und her grübeln. Sie denkt an ihren Vater – weswegen haben sie ihn eingesperrt? –, und ihr Herz schmerzt.

Zwei der Frauen gehen, schützen Verpflichtungen vor, die mit Enkeln zu tun haben. Andere zupfen an ihren Blusen und rutschen auf ihren Stühlen herum, als wäre es in der Küche plötzlich heiß geworden. Sechs bleiben. Marie-Laure sitzt bei ihnen und fragt sich, welche von ihnen einknicken, klatschen, die Mutigste sein wird. Welche wird sich auf den Rücken legen und die letzte Luft aus ihrer Lunge als einen Fluch auf die Besatzer zur Decke schicken?

Du hast andere Freunde

«Pass auf, Schwuchtel», ruft Martin Burkhard, als Frederick über den Hof geht. «Heute Nacht komme ich!» Und er ruckt wie ein Irrer mit dem Becken hin und her.

Jemand erleichtert sich auf Fredericks Bett. Werner hört Volkheimers Stimme. *Anstand ist nicht ihre Sache.*

«Bettscheißer», spuckt ein Junge, «bring mir meine Stiefel.»

Frederick tut so, als hörte er nichts.

Abend für Abend flüchtet Werner in Dr. Hauptmanns Labor. Dreimal sind sie jetzt hinaus in den Schnee gegangen, um Volkheimers Sender anzupeilen, und jedes Mal haben sie ihn schneller gefunden. Bei ihrem letzten Versuch hat es Werner geschafft, innerhalb von fünf Minuten die Peilgeräte aufzustellen, Volkheimers Signal einzufangen und seine Position auf der Karte zu bestimmen. Dr. Hauptmann verspricht Reisen nach Berlin. Er entrollt Schaltpläne einer Elektronikfabrik in Österreich und sagt: «Verschiedene Ministerien haben sich von unserem Projekt begeistert gezeigt.»

Werner hat Erfolg, er ist loyal. Alle stimmen darin überein, dass das, was er tut, gut ist, und doch hat er jedes Mal, wenn er aufwacht und sich die Jacke zuknöpft, das Gefühl, etwas zu verraten.

Eines Nacht stiefeln er und Volkheimer zurück zur Schule. Der Schnee ist zu Matsch geworden, und Volkheimer trägt seinen Sender, beide Peilgeräte und die zusammengelegte Antenne unter dem Arm. Werner geht hinter ihm, froh, in seinem Schatten zu sein. Es tropft von den Bäumen. Die Zweige scheinen nur noch wenige Augenblicke zu brauchen, um zu knospen. Es ist Frühling. Noch zwei Monate, und Volkheimer bekommt seinen Marschbefehl und zieht in den Krieg.

Sie bleiben einen Moment stehen, um zu verschnaufen, und Werner holt einen kleinen Schraubenzieher aus der Tasche und zieht die Schraube eines Scharniers an einem der Peilgeräte nach, die sich gelockert hat. Volkheimer sieht ihn mit großer Zärtlichkeit an. «Was du alles sein könntest», sagt er.

Später steigt Werner in sein Bett und starrt auf die Unterseite von

Fredericks Matratze. Ein warmer Wind bläst gegen die Burg, und irgendwo knallt ein Fensterladen. Schmelzwasser plätschert durch die langen Fallrohre. So leise er kann, flüstert er: «Bist du wach?»

Frederick lehnt sich über die Seite seines Betts, und einen Moment lang glaubt Werner in der fast völligen Dunkelheit, dass sie einander endlich sagen werden, wozu sie bislang nicht fähig waren.

«Du könntest nach Hause gehen, weißt du, nach Berlin. Hier weg.»

Frederick blinzelt nur.

«Deine Mutter hätte sicher nichts dagegen. Sie hätte dich wahrscheinlich gern bei sich. Fanni auch. Nur für einen Monat oder eine Woche. Sobald du weg bist, lässt die Meute von dir ab, und wenn du zurückkommst, haben sie längst jemand anderen, dem sie das Leben schwer machen. Dein Vater muss es nicht mal erfahren.»

Aber Frederick legt sich zurück in sein Bett, und Werner kann ihn nicht mehr sehen. Seine Stimme hallt von der Decke wider.

«Vielleicht wäre es besser, wenn wir keine Freunde mehr sind, Werner.» Zu laut, gefährlich laut. «Ich weiß, es ist eine Belastung, neben mir zu gehen, mit mir zu essen, meine Kleider zusammenzulegen, mir die Stiefel zu putzen und mit den Schularbeiten zu helfen. Du musst an deine Studien denken.»

Werner kneift seine Augen zusammen. Eine Erinnerung an seinen Schlafplatz auf dem Dachboden des Kinderhauses erfüllt ihn: Mäuseraschein in den Wänden, Graupel, der gegen das Fenster schlägt. Die schräge Decke war so niedrig, dass er nur nahe bei der Tür aufrecht stehen konnte. Und dazu das Gefühl, dass irgendwo hinter seinem Blickfeld, wie Zuschauer auf einer Empore, seine Mutter, sein Vater und der Franzose aus dem Radio durch das klappernde, zugige Fenster zu ihm herunterblickten, um zu sehen, was er tat.

Er sieht Juttas niedergeschlagenes Gesicht, als sie sich über die Trümmer ihres Radios beugt, und hat das Gefühl, etwas Riesiges, Leeres stehe kurz davor, sie alle zu verschlingen.

«Das meine ich nicht», sagt Werner in seine Decke. Aber Frederick sagt nichts mehr, und beide Jungen liegen lange reglos da und beobachten, wie die blauen Speichen des Mondlichts durch den Raum ziehen.

Der Widerstandsclub der alten Damen

Madame Ruelle, die Bäckersfrau, hat eine hübsche Stimme und riecht meist nach Hefe, manchmal aber auch nach Gesichtspuder oder süßen, frisch geschnittenen Äpfeln. Jetzt bindet sie eine Trittleiter auf das Autodach ihres Mannes, fährt mit Madame Guiboux in der Dämmerung über die Route de Carentan und richtet mit einem Knarrensatz die Straßenschilder neu aus. Betrunken und lachend kehren sie in die Küche des Hauses Nr. 4 in der Rue Vauborel zurück.

«Dinan liegt jetzt zwanzig Kilometer nördlich», sagt Madame Ruelle.

«Mitten im Meer!»

Drei Tage später hört Madame Fontineau zufällig, dass der Kommandant der deutschen Garnison gegen Goldruten allergisch ist. Madame Carré, die Floristin, bindet ganze Büschel davon in ein Arrangement, das ins Château geliefert wird.

Die Frauen leiten eine Sendung Kunstseide ans falsche Ziel, drucken absichtlich den Zugfahrplan falsch aus, und Madame Hébrard, die Postmeisterin, schiebt sich einen wichtig aussehenden Brief nach Berlin in die Unterhose, nimmt ihn mit nach Hause und entzündet den Herd damit.

Sie kommen mit schadenfrohen Berichten in Etiennes Küche, dass jemand den Garnisonskommandanten fürchterlich hat niesen hören und die Hundescheiße, die sie auf die Treppe eines Bordells gelegt haben, ihr Zielobjekt, den Stiefel eines deutschen Soldaten, bestens getroffen hat. Madame Manec schenkt Sherry, Cidre oder Muscadet aus, und eine der Frauen sitzt an der Tür und hält Wache. Die kleine, gebückte Madame Fontineau gibt damit an, dass sie die Telefonvermittlung im Château für eine Stunde lahmgelegt hat, und die ungepflegte, dralle Madame Guiboux sagt, sie habe ihren Enkeln dabei geholfen, einen streunenden Hund mit den Farben der Trikolore zu bemalen und über die Place Chateaubriand zu schicken.

Die Frauen gackern begeistert. «Was kann ich tun?», fragt die uralte Witwe Blanchard. «Ich will auch etwas tun.»

Madame Manec bittet alle, Madame Blanchard ihr Geld zu geben. «Ihr bekommt es zurück», sagt sie. «Keine Sorge. Und jetzt, Madame Blanchard, nehmen Sie diesen Füller von Monsieur Etienne. Sie hatten Ihr ganzes Leben eine so schöne Handschrift, schreiben Sie auf jeden Fünf-Francs-Schein: *Befreit Frankreich!* Niemand kann es sich leisten, Geld zu zerstören, oder? Und wenn alle ihre Scheine ausgegeben haben, wird sich unsere kleine Nachricht durch die ganze Bretagne verbreiten.»

Die Frauen klatschen. Madame Blanchard drückt Madame Manecs Hand, röchelt und zwinkert entzückt mit ihren glänzenden Augen.

Manchmal kommt Etienne brummend nach unten, mit nur einem Schuh an, und die Küche fällt in Schweigen, während Madame Manec ihm seinen Tee kocht und auf ein Tablett stellt, das er mit nach oben nimmt. Schon fangen die Frauen wieder an, schmieden Pläne, schwatzen. Madame Manec bürstet Marie-Laures Haar mit langen, geistesabwesenden Bewegungen. «Sechsundsiebzig Jahre alt», flüstert sie, «und doch kann ich mich immer noch so fühlen? Wie ein kleines Mädchen mit Sternen in den Augen?»

Diagnose

Der Militärarzt misst Stabsfeldwebel von Rumpels Temperatur. Bläst die Blutdruckmanschette auf. Sieht ihm mit einer kleinen Lampe in den Hals. An diesem Morgen hat von Rumpel einen Sekretär aus dem fünfzehnten Jahrhundert inspiziert und seine Verladung in einen Zug überwacht. Das Möbel geht in die Jagdhütte von Reichsmarschall Göring. Der Gefreite, der ihm den Sekretär gebracht hat, beschrieb ihm die Plünderung der Villa, aus der er ihn hatte. «Einkaufen», nannte er das.

Der alte Sekretär erinnert von Rumpel an eine holländische Tabak-schachtel aus mit winzigen Diamanten besetztem Messing und Kupfer, achtzehntes Jahrhundert, die er Anfang der Woche begutachtet hat, was seine Gedanken wiederum, unvermeidlich wie Schwerkraft, auf das Meer der Flammen bringt. In seinen schwächeren Momenten stellt er sich vor, wie er in einer zukünftigen Stunde zwischen den Säulen des *Führermuseums* in Linz herschreitet, wie seine Stiefel elegant über den Marmor klacken und Zwielicht durch die hohen Fenster strömt. Er sieht tausend gläserne Schaukästen, so klar, dass sie über dem Boden zu schweben scheinen, und in ihnen lagern die minera-lischen Schätze dieser Welt, von überall auf dem Globus zusammenge-tragen. Dioptase und Topase, Amethyste und kalifornische Rubellite.

Wie lautete der Satz noch? *Wie von den Brauen der Erzengel ge-wischte Sterne.*

Und im Zentrum des Saales fällt das Scheinwerferlicht von der Decke auf ein Podest: Dort, in einem Glaswürfel schimmert ein kleiner blauer Stein ...

Der Arzt bittet von Rumpel, die Hose herunterzulassen. Wenn auch der Krieg nicht einen Tag nachlässt, ist von Rumpel doch seit Monaten glücklich. Seine Zuständigkeiten verdoppeln sich. Es gibt, wie sich herausstellt, nicht viele arische Diamantenexperten im Reich. Erst vor drei Wochen hat er vor einem winzigen, sonnenbeschienenen Bahnhof westlich von Pressburg einen Umschlag voller völlig reiner, gut geschliffener Steine begutachtet, während hinter ihm ein Lastwagen mit in Papier und Stroh verpackten Gemälden vorbeirumpelte. Die Wachleute flüsterten, da seien ein Rembrandt dabei und Teile eines berühmten Altargemäldes aus Krakau. Das alles werde in eine Salzmine tief unter dem österreichischen Dorf Altaussee geschickt, wo es durch einen kilometerlangen Tunnel in eine glitzernde Arkade mit drei Stockwerke hohen Regalen gehe, die das Oberkommando mit Europas größter Kunst fülle. Später komme alles unter ein unangreifbares Dach, einen Tempel des menschlichen Strebens. Noch in tausend Jahren würden Besucher die Schätze bestaunen.

Der Arzt drückt in seine Leiste. «Tut das weh?»

«Nein.»

«Auch hier nicht?»

«Nein.»

Es wäre zu viel gewesen, von dem Edelsteinschleifer in Paris Namen zu erwarten. Wie sollte Dupont auch wissen, wer die Kopien des Diamanten am Ende bekommen hat? Er hatte keine Ahnung von den in letzter Sekunde getroffenen Sicherheitsmaßnahmen des Museums. Von Nutzen war Dupont dennoch: Von Rumpel brauchte eine Zahl, und die hat er bekommen.

Drei.

Der Arzt sagt: «Sie können sich wieder anziehen», und wäscht sich die Hände über dem Waschbecken.

In den zwei Monaten vorm Einmarsch in Frankreich hat Dupont für das Museum drei Kopien angefertigt. Hat er den echten Diamanten als Vorlage gehabt? Er hatte einen Abguss. Den Diamanten selbst hat er nie gesehen. Das hat ihm von Rumpel geglaubt.

Drei Kopien. Dazu der echte Stein. Irgendwo auf diesem Planeten unter einer Trilliarde Sandkörner.

Vier Steine, einer davon im Keller des Museums, in einem Tresor verschlossen. Drei weitere gilt es zu finden. Mitunter spürt von Rumpel Ungeduld wie Galle in sich aufsteigen, doch er zwingt sich dazu, sie herunterzuschlucken. Der Zeitpunkt wird kommen.

Er schließt den Gürtel. Der Arzt sagt: «Wir müssen eine Gewebeprobe entnehmen. Sie sollten ihre Frau anrufen.»

Der Schwächste (Nr. 3)

Die Waagschalen der Grausamkeit senken sich weiter. Vielleicht will Bastian endgültige Rache, vielleicht sucht Frederick seinen einzigen Ausweg. Alles, was Werner sicher weiß, ist, dass er eines Aprilmorgens zentimeterdicken Schneematsch auf dem Boden vorfindet und Frederick nicht in seinem Bett ist.

Frederick ist auch nicht beim Frühstück, im Deutschunterricht oder beim morgendlichen Drill draußen. Jede Geschichte, die Werner hört, hat ihre Schwächen und Widersprüche, als wäre die Wahrheit eine Maschine, deren Getriebe nicht ineinandergreift. Erst hört er, eine Gruppe Jungen hätte seinen Freund nach draußen geschleppt, Fackeln in den Schnee gesteckt und ihn darauf schießen lassen, um zu beweisen, dass er schlechte Augen hat. Dann hört er, sie hätten Sehtestkarten besorgt und ihn, als er sie nicht lesen konnte, gezwungen, sie zu essen.

Aber was besagt die Wahrheit in einem Fall wie diesem schon? Werner stellt sich zwanzig Jungen vor, die wie Ratten über Fredericks Körper herfallen, er sieht das fette, glänzende Gesicht des Anstaltsleiters, dem der Hals aus dem Kragen quillt und der sich wie ein König auf einem hochlehnigen Eichenthron rekelt, während das Blut den Boden füllt, ihm über die Fußknöchel steigt, über die Knie ...

Werner schwänzt das Mittagessen und läuft wie benommen zur Krankenstation der Schule. Damit riskiert er Arrest oder Schlimmeres. Es ist sonnig und hell, doch sein Herz sitzt in einem Schraubstock und wird nach und nach zerquetscht. Alles wirkt verlangsamt und hypnotisiert, und er sieht seinen Armen dabei zu, wie sie die Tür aufziehen. Die ganze Welt scheint in blaues Wasser getaucht.

Ein einzelnes Bett mit Blut darauf. Blut auf dem Kissen, dem Laken und sogar dem emaillierten Bettrahmen. Rosafarbene Tücher und ein Becken. Eine halb abgerollte Verbandsrolle auf dem Boden. Die Krankenschwester eilt herbei und verzieht das Gesicht. Außerhalb der Küche ist sie die einzige Frau in der Schule.

«Warum ist hier so viel Blut?», fragt er.

Sie legt sich vier Finger an die Lippen. Kämpft vielleicht mit sich, ob sie es ihm sagen oder so tun soll, als wüsste sie von nichts. Anklage, Resignation oder Mittäterschaft.

«Wo ist er?»

«In Leipzig. Zur Behandlung.» Mit einem womöglich unpassend zitternden Finger berührt sie einen runden, weißen Knopf auf ihrem Kittel. Im Übrigen gibt sie sich sehr streng.

«Was ist passiert?»

«Solltest du nicht beim Mittagessen sein?»

Jedes Mal, wenn er blinzelt, sieht er die Männer seiner Kindheit, arbeitslose Bergarbeiter, die durch die finsteren Gassen treiben, Menschen mit Haken statt Fingern und nichts als Leere in den Augen. Er sieht Bastian über einem rauchenden Fluss, Schnee fällt um ihn herum. *Führer, Volk, Vaterland. Stähle deinen Körper, stähle deine Seele.*

«Wann kommt er zurück?»

«Oh», sagt sie und schüttelt den Kopf.

Eine blaue Seifenschale liegt auf dem Bett. Darüber hängt das Porträt eines Offiziers in einem sich auflösenden Rahmen. Jemand, der durch diesen Ort geschickt wurde, um zu sterben.

«Junge?»

Werner muss sich aufs Bett setzen. Das Gesicht der Schwester scheint in vielfältiger Entfernung, eine Maske über einer Maske über einer Maske. Was macht Jutta in diesem Moment? Wischt sie einem weinenden Säugling die Nase ab, sammelt sie Zeitungen, lauscht sie dem Vortrag einer NS-Krankenschwester oder stopft sie Socken? Betet sie für ihn? Glaubt sie an ihn?

Er denkt: Ich werde ihr nie von all dem hier erzählen können.

Meine liebste Marie-Laure,
die anderen in meiner Zelle sind fast alle nett. Einige erzählen Witze.
Zum Beispiel: Hast Du schon vom neuen Wehrmachtstraining gehört? Ja, jeden Morgen die Hände über den Kopf heben und dort lassen!

Haha. Mein Engel hat versprochen, diesen Brief auf den Weg an Dich zu bringen, auch wenn es ein großes Risiko für ihn ist. Es ist sehr sicher und schön, ein bisschen aus unserem «Gästehaus» herauszukommen. Wir bauen jetzt eine Straße, und die Arbeit tut gut. Mein Körper wird stärker. Heute habe ich eine Eiche gesehen, die sich als Kastanie verkleidet hat. Ich glaube, man nennt so etwas eine Kastanien-Eiche. Ich würde sehr gerne einen der Botaniker im Museum danach fragen, wenn wir wieder nach Hause kommen.

Ich hoffe, Du, Madame und Etienne schickt auch weiter Sachen. Sie sagen, wir dürfen jeder ein Paket bekommen, am Ende wird also etwas hier ankommen müssen. Ich bezweifle, dass sie mir irgendwelche Werkzeuge erlauben, aber es wäre wundervoll, wenn sie es täten. Du würdest absolut nicht glauben, wie hübsch es hier ist, ma chérie, *und wie weit wir von aller Gefahr entfernt sind. Ich bin unglaublich sicher, so sicher, wie man nur sein kann.*

Dein Papa

Die Grotte

Es ist Sommer, und Marie-Laure sitzt mit Madame Manec und dem verrückten Hervé Bazin im Alkoven hinter der Bibliothek. Durch seine Kupfermaske, seine Suppe löffelnd, sagt Hervé: «Ich möchte euch etwas zeigen.»

Er führt Marie-Laure und Madame Manec durch die Rue du Boyer, wie Marie-Laure denkt, obwohl es auch die Rue Vincent de Gournay oder die Rue des Hautes Salles sein könnte. Sie kommen an den Fuß der Stadtmauer und wenden sich nach rechts, folgen einem Weg, über den Marie-Laure noch nie gegangen ist, steigen zwei Stufen hinunter, gehen durch einen Vorhang aus herunterhängendem Efeu, und Madame Manec sagt: «Hervé, bitte, was ist das?» Die Gasse wird enger und enger, und sie müssen hintereinander gehen, die Wände kommen näher, endlich bleiben die drei stehen. Marie-Laure spürt die Steinquader links und rechts von ihr, sie berühren ihre Schultern und scheinen endlos senkrecht aufzusteigen. Falls ihr Vater diese Gasse in das Modell aufgenommen hat, haben ihre Finger sie noch nicht entdeckt.

Hervé durchsucht seine schmutzige Hose und atmet schwer hinter seiner Maske. Wo die Befestigungsmauer sein sollte, zu ihrer Linken, hört Marie-Laure ein Schloss aufgehen. Quietschend öffnet sich ein Tor. «Zieh den Kopf ein», sagt Hervé und hilft ihr hindurch. Sie klettern hinunter in einen engen, feuchten Raum, der nach Meer riecht. «Wir sind hier unter der Mauer, über uns sind zwanzig Meter Granit.»

Madame sagt: «Wirklich, Hervé, hier drin ist es düster wie auf einem Friedhof», aber Marie-Laure traut sich ein Stück weiter vor. Die Sohlen ihrer Schuhe rutschen über den abschüssigen Boden, dann berühren sie Wasser.

«Fühl mal hier», sagt Hervé Bazin, geht in die Hocke und führt ihre Hand an eine gewölbte Wand, auf der überall Schnecken sitzen. Es sind Hunderte, Tausende.

«So viele», flüstert sie.

«Ich weiß nicht, warum. Vielleicht, weil sie hier vor den Möwen sicher sind? Hier, fühl das mal, ich drehe es um.» Hunderte von winzigen, sich windenden hydraulischen Füßen unter einer hornigen, gezackten Schale: ein Seestern. «Und hier sind Miesmuscheln, und dort liegt eine tote Steinkrabbe, fühlst du ihre Scheren? Pass auf deinen Kopf auf.»

Ganz in der Nähe brechen die Wellen, Wasser murmelt um ihre Schuhe. Marie-Laure watet weiter vor. Der Boden des Raums ist sandig, das Wasser kaum knöcheltief. Nach allem, was sie sagen kann, befinden sie sich in einer niedrigen Grotte, vielleicht vier Meter lang und halb so breit, etwa von der Form eines Brotlaibs. An ihrem Ende befindet sich ein dickes Gitter, durch das schimmernder, klarer Seewind wäscht. Ihre Finger entdecken Seepocken, Tang und tausend weitere Schnecken. «Was ist das für ein Ort?»

«Erinnerst du dich, dass ich dir von den Wachhunden erzählt habe? Vor langer Zeit hielten die Hundehüter der Stadt hier ihre Mastiffs eingesperrt, Hunde so groß wie Pferde. Abends dann, nach Beginn der Ausgangssperre, wurden sie auf die Strände gelassen, um jeden Seemann zu fressen, der ungebeten an Land kam. Irgendwo unter den Muscheln muss es einen Stein geben, in den die Zahl 1165 eingraviert ist.»

«Aber das Wasser?»

«Selbst bei einer Springflut steigt es nicht höher als bis auf Hüfthöhe, und damals waren die Fluten vielleicht niedriger. Als Jungen haben wir hier gespielt. Ich und dein Großvater. Manchmal auch dein Großonkel.»

Das Wasser umspült ihre Füße. Überall klicken und säuseln Muscheln. Sie denkt an die wilden, alten Seemänner, die in dieser Stadt gelebt haben, an Schmuggler und Piraten, die über die dunklen Meere fuhren und ihre Schiffe zwischen zehntausend Riffen hindurchsteuerten.

«Hervé, wir sollten jetzt gehen», ruft Madame Manec, und ihre Stimme hallt durch den Raum. «Das ist kein Ort für ein junges Mädchen.»

Marie-Laure ruft: «Ist schon gut, Madame.» Einsiedlerkrebse. Anemonen stoßen winzige Wasserstrahlen aus, wenn Marie-Laure sie berührt. Schneckengalaxien. Jede trägt die Geschichte des Lebens in sich.

Endlich bringt Madame Manec sie dazu, die Grotte wieder zu verlassen. Der verrückte Hervé führt Marie-Laure durchs Tor und schließt hinter ihnen ab. Bevor sie die Place Broussais erreichen, Madame Manec geht voraus, tippt er Marie-Laure auf die Schulter. Sein Flüstern kriecht ins linke Ohr, sein Atem riecht nach zerdrückten Insekten. «Denkst du, du würdest die Grotte wiederfinden?»

«Ich glaube schon.»

Er legt ihr etwas in die Hand. «Weißt du, was das ist?»

Marie-Laure schließt die Hand zu einer Faust. «Ein Schlüssel.»

Berauscht

Jeden Tag wird ein neuer Sieg verkündet, ein weiterer Vormarsch. Russland fällt zusammen wie ein Akkordeon. Im Oktober versammelt sich die Schülerschaft um ein großes Radio und lauscht dem Führer, der die Operation Taifun verkündet. Deutsche Truppen pflanzen ihre Fahnen Kilometer vor Moskau in die Erde. Russland wird ihnen gehören.

Werner ist fünfzehn. Ein neuer Junge schläft in Fredericks Bett. Manchmal nachts sieht Werner Frederick, auch wenn er nicht da ist. Sein Gesicht erscheint über dem Rand des oberen Betts, oder seine Silhouette drückt den Feldstecher ans Fenster. Frederick, der nicht gestorben ist, sich aber auch nicht erholt hat. Gebrochener Kiefer, Schädelbruch, Hirntrauma. Niemand wurde bestraft, niemand verhört. Ein blaues Auto fuhr vor der Schule vor, Fredericks Mutter stieg aus, ging in die Residenz des Anstaltsleiters und kam kurz darauf wieder heraus, schwer an Fredericks Tasche tragend. Sie wirkte sehr klein, stieg zurück ins Auto und fuhr davon.

Volkheimer ist ebenfalls nicht mehr da. Es gibt Geschichten, dass er ein furchterregender Unteroffizier bei der Wehrmacht geworden ist. Dass er einen Zug in die letzte Stadt auf der Straße nach Moskau geführt hat. Den toten Russen die Finger abgehackt und in der Pfeife geraucht hat.

Die neueste Generation Jungmänner ist ganz wild darauf, sich zu beweisen. Sie rennen, schreien und stürzen sich über Hindernisse. Beim Sport draußen spielen sie ein Spiel, bei dem zehn Jungen rote Armbänder bekommen und weitere zehn schwarze. Das Spiel ist zu Ende, wenn eine Mannschaft alle Armbänder hat.

Die Jungen um ihn herum kommen Werner wie berauscht vor. Als füllten sie ihre Gläser nicht mit dem kalten Wasser Schulpfortas, sondern mit einem Geist, der sie benommen macht und blendet: Als wollten sie eine mächtige, alles erfassende Flutwelle des Zorns abwenden, indem sie sich fortwährend an Härte, Drill und glänzendem Stiefelleder berauschen. Die Augen der starrköpfigsten Jungen strahlen eine leuchtende Entschlossenheit aus, all ihre Aufmerksamkeit ist darauf trainiert, jede Form von Schwäche aufzuspüren. Argwöhnisch betrachten sie Werner, wenn er aus Dr. Hauptmanns Labor kommt. Sie trauen diesem Waisenjungen nicht, der so viel allein ist und dessen Stimme den leichten französischen Akzent hat, den er im Kinderhaus gelernt hat.

Haben wir die Brut vernichtet, singen die neuesten Jungmannen, *pflanzt nach gutem deutschen Brauch, auf das Grab der Kameraden, einen grünen Lorbeerstrauch!*

Werner denkt die ganze Zeit an zu Hause. Er vermisst das Geräusch des Regens auf dem Zinkdach über seinem Bett, die ungezähmte Energie der Waisen, den rauen Gesang von Frau Elena, wenn sie ein Baby im Aufenthaltsraum in den Armen wiegt. Den Geruch der Kokerei, der sich mit dem ersten Morgenlicht ins Zimmer schleicht, der erste verlässliche Geruch des Tages. Am meisten jedoch vermisst er Jutta, ihre Treue und ihre Widerspenstigkeit, und dass sie immer zu erkennen scheint, was richtig ist.

Obwohl Werner in seinen schwächeren Momenten gerade diese Eigenschaften seiner Schwester hasst. Vielleicht ist sie die Unreinheit in ihm, das Rauschen in seinem Signal, das die Schläger zu spüren scheinen. Vielleicht ist sie das Einzige, was ihn davon abhält, völlig zu kapitulieren. Wenn du eine Schwester zu Hause hast, stelle sie dir als das hübsche Mädchen auf dem Propagandaplakat vor, rotwangig, tapfer, standhaft. Sie ist es, für die du kämpfst. Für die du stirbst. Aber Jutta? Jutta schreibt ihm Briefe, die der Schulzensor fast komplett schwärzt. Sie stellt Fragen, die nicht gestellt werden sollten. Allein Werners Verbindung zu Dr. Hauptmann, sein privilegierter Status als Lieblingsschüler des Physiklehrers, gewährt ihm Schutz. Eine Firma in Berlin produziert jetzt ihre Peilgeräte, und es kommen bereits einige davon aus dem «Feld» zurück, wie Dr. Hauptmann es nennt, zerschossen, verbrannt, im Matsch ertränkt oder einfach nur defekt, und Werners Aufgabe ist es, sie neu aufzubauen, während Dr. Hauptmann telefoniert und Anforderungslisten für Ersatzteile schreibt. Manchmal ist er auch vierzehn Tage unterwegs.

Wochen vergehen ohne einen Brief von Jutta. Werner schreibt vier Zeilen, eine Aneinanderreihung von Allgemeinplätzen – *es geht mir gut, ich habe so viel zu tun* – und gibt sie dem Quartiermeister. Er ist voller Angst.

«Ihr macht euch Gedanken», murmelt Bastian eines Abends im Speisesaal, und seine Finger streichen über die Uniformrücken der Jungen, die sich fast unmerklich tiefer über ihr Essen beugen. «Aber diesen Gedanken ist nicht zu trauen. Sie treiben immer auf Unklarheit zu, auf Fragen, obwohl ihr doch Sicherheit braucht. Eine Bestimmung. Klarheit. Traut euren Gedanken nicht.»

Werner sitzt spätabends im Labor, wieder allein, und geht durch die Frequenzen des Grundig-Radios, das Volkheimer immer aus Dr. Hauptmanns Büros geholt hat, sucht nach Musik, Echos, er weiß es nicht. Er sieht Schaltkreise aufbrechen und sich neu formieren, sieht Frederick in sein Vogelbuch starren, sieht den Furor in den Schächten des Zollvereins, die hin- und herfahrenden Loren, knallenden Kupplungen und sich drehenden Förderbänder. Schlote, die den Himmel tags wie nachts verschlammen. Er sieht Jutta eine brennende Fackel schwenken, während die Finsternis von allen Seiten näher kriecht. Der Wind drückt gegen die Wände des Labors, Wind, der aus dem fernen Russland kommt, wie Bastian immer wieder gerne erklärt, Kosakenwind, Wind der Kerzen fressenden Barbaren mit ihren Schweineköpfen, die sich durch nichts davon abhalten lassen würden, das Blut deutscher Mädchen zu trinken. Diese Gorillas müssen vom Angesicht der Erde gewischt werden.

Rauschen, Rauschen.

Bist du da?

Endlich schaltet er den Apparat aus. In die Stille treten die Stimmen seiner Herren, hallen von einer Seite seines Schädels wider, während sich auf der anderen seine Erinnerung meldet.

Öffnet eure Augen und seht mit ihnen, was ihr könnt, bevor sie sich für immer schließen.

Die Klinge und das Wellhorn

Der Speisesaal des Hôtel-Dieu ist groß, düster und voller Leute, die über U-Boote vor Gibraltar reden, die Ungerechtigkeiten beim Währungstausch und die Diesel-Viertakter der Marine. Madame Manec bestellt zwei Teller einer sämigen Fischsuppe, die sie und Marie-Laure gleich leeren. Sie sagt, sie weiß nicht, was sie als Nächstes tun soll – weiter warten? –, und bestellt noch einmal das Gleiche.

Endlich setzt sich ein Mann in raschelnden Kleidern zu ihnen an den Tisch. «Sind Sie sicher, Sie sind Madame Walter?»

Madame Manec sagt: «Sind Sie sicher, Sie sind René?»

Eine Pause.

«Und sie?»

«Meine Helferin. Sie erkennt, ob jemand lügt, einfach nur, indem sie seine Stimme hört.»

Er lacht. Sie sprechen über das Wetter. Seeluft strömt aus den Kleidern des Mannes, ganz so, als wäre er von einer Böe hergetragen worden. Während er spricht, macht er ungelenke Bewegungen und stößt gegen den Tisch, dass die Löffel auf den Tellern klappern. Endlich sagt er: «Wir bewundern Ihre Bemühungen, Madame.» Der Mann, der sich René nennt, spricht jetzt äußerst leise. Marie-Laure schnappt nur Fetzen auf: «Halten Sie nach speziellen Abkürzungen auf ihren Nummernschildern Ausschau. WH für das Heer, WL für die Luftwaffe, WM für die Marine. Und Sie könnten – oder jemand anders – eine Liste der Schiffe erstellen, die in den Hafen einlaufen oder ihn verlassen. Diese Informationen sind sehr begehrt.»

Madame Manec ist still. Ob noch mehr gesagt wird, was Marie-Laure nicht hören kann – ob die beiden sich pantomimisch verständigen, Zettel austauschen und eine Kriegslist vereinbaren –, kann sie nicht sagen. Eine Art von Übereinkunft wird erreicht, und bald darauf sind sie und Madame Manec wieder in der Küche in der Rue Vauborel. Madame klappert unten im Keller herum und holt die Einkochutensilien herauf. An diesem Morgen, verkündet sie, hat sie möglicherweise die letzten beiden Kisten Pfirsiche in Frankreich besorgt. Sie summt, als sie Marie-Laure schälen hilft.

«Madame?»

«Ja, Marie?»

«Was ist ein Pseudonym?»

«Ein falscher, zweiter Name.»

«Wenn ich einen haben könnte, was könnte ich mir dann aussuchen?»

«Nun», sagte Madame Manec. Sie entkernt und viertelt die Pfirsiche. «Eigentlich alles. Aber du könntest dich zum Beispiel auch die Meerjungfrau nennen. Oder das Gänseblümchen? Das Veilchen?»

«Wie wäre es mit Wellhorn? Ich denke, ich würde gerne eine Wellhornschnecke sein.»

«Das Wellhorn. Das klingt ausgezeichnet.»

«Und Sie Madame? Was würden Sie gern sein?»

«Ich?» Madame Manecs Messer macht eine Pause. Grillen zirpen im Keller. «Ich denke, ich wäre gerne die Klinge.»

«Die Klinge?»

«Ja.» Der Duft der Pfirsiche formt eine hellrote Wolke.

«Die Klinge», wiederholt Marie-Laure, dann fangen beide an zu lachen.

Lieber Werner,
warum schreibst Du nicht? ███████████████████
███████████████████████████████ *Die Gießereien arbeiten*
Tag und Nacht, und die Schornsteine hören nie auf zu rauchen.
Es ist kalt hier, und alle verbrennen alles, um warm zu bleiben.
Sägemehl, Steinkohle, Braunkohle, Kalk, Abfall. Kriegerwitwen
██
█████████████ *und jeden Tag werden es mehr. Ich arbeite mit den*
Zwillingen Hanna und Susanne und Claudia Förster (Du erinnerst
Dich an sie) in der Wäscherei, und wir flicken hauptsächlich Jacken
und Hosen. Ich kann langsam besser mit der Nadel umgehen, so-
dass ich mich nicht mehr die ganze Zeit steche. Gerade in diesem
Moment habe ich meine Hausaufgaben gemacht. Hast Du auch
Hausaufgaben? Es gibt Stoffengpässe, und die Leute bringen Schon-
bezüge, Vorhänge und alte Mäntel. Alles, was benutzt werden kann,
sagen sie, muss benutzt werden. Genau, wie wir alle hier auch. Ha.
Ich habe das unter Deinem alten Bett gefunden. Ich denke, Du
kannst es brauchen.
Alles Liebe, Jutta

In einem selbst gemachten Umschlag steckt Werners altes Notizbuch, auf dem vorn auf dem Umschlag in seiner Schrift *Fragen* steht. Die Seiten sind voll mit Kinderzeichnungen und Erfindungen: Frau Elena wollte er eine elektrische Bettheizung bauen. Dann ist da ein Fahrrad mit Ketten zu beiden Rädern. *Kann ein Magnet Flüssigkeiten anzie-hen? Warum schwimmen Schiffe? Warum wird einem schwindelig, wenn man sich schnell im Kreis dreht?*

Hinten sind noch ein Dutzend Seiten frei. Das Notizbuch war sicher kindlich genug, um es am Zensor vorbei zu schaffen.

Um ihn herum hört er Stiefelschritte, das Klacken von Gewehren.

Stöcke treffen auf den Boden, Läufe schlagen gegen Wände. Tassen werden von Haken genommen, Teller aus Regalen. Stell dich für gekochtes Rindfleisch an. Über ihm schlägt eine Welle Heimweh zusammen. Es ist so schlimm, dass er sich die Hände vor die Augen halten muss.

Lebe, bevor du stirbst

Madame Manec geht in Etiennes Zimmer im vierten Stock. Marie-Laure lauscht auf der Treppe.

«Sie könnten mithelfen», sagt Madame. Jemand, wahrscheinlich Madame, öffnet ein Fenster, und die helle Seeluft weht auf den Treppenabsatz und bringt alles in Bewegung: Etiennes Vorhänge, seine Papiere, seinen Staub und Marie-Laures Sehnsucht nach ihrem Vater.

Etienne sagt: «Bitte, Madame. Machen Sie das Fenster zu. Sie nehmen die Leute fest, die die Verdunkelungsvorschriften verletzen.»

Das Fenster bleibt offen. Marie-Laure steigt eine weitere Stufe nach unten.

«Woher wissen Sie, wen sie festnehmen, Etienne? Eine Frau in Rennes hat neun Monate Gefängnis dafür bekommen, dass sie ihre Schweine Goebbels genannt hat, wussten Sie das? Und eine Handleserin in Cancale ist erschossen worden, weil sie vorausgesagt hat, dass de Gaulle im Frühjahr zurück nach Frankreich kommt. Erschossen!»

«Das sind Gerüchte, Madame.»

«Madame Hébrard sagt, ein Mann aus Dinan, ein Großvater, Etienne, ist für zwei Jahre ins Gefängnis gekommen, weil er das Lothringer Kreuz unter dem Kragen getragen hat. Ich habe gehört, sie wollen die Stadt in ein riesiges Munitionslager verwandeln.»

Ihr Großonkel lacht leise. «Das klingt wie etwas, das sich ein Sechstklässler ausdenken würde.»

«Jedes Gerücht trägt einen Funken Wahrheit in sich, Etienne.»

Sein ganzes Erwachsenenleben, begreift Marie-Laure, hat sich Madame Manec um seine Ängste gekümmert. Hat sie begrenzt und entschärft. Noch eine Stufe.

Madame Manec sagt: «Sie wissen so viel, Etienne. Über Karten, Gezeiten, Radios.»

«Es ist jetzt schon zu gefährlich, all die Frauen in meinem Haus. Die Leute haben Augen, Madame.»

«Wer?»

«Zum Beispiel der Parfümhändler.»

«Claude?» Sie schnaubt. «Der kleine Claude hat viel zu viel mit sich selbst zu tun.»

«So klein ist er nicht mehr. Selbst ich kann sehen, dass seine Familie mehr als andere hat, mehr Fleisch, mehr Strom, mehr Butter. Ich weiß, wie man sich so was beschafft.»

«Dann helfen Sie uns.»

«Ich will nichts Falsches machen, Madame.»

«Ist Nichtstun nicht das Falsche?»

«Nichtstun heißt nichts tun.»

«Nichtstun ist so was wie kollaborieren.»

Der Wind weht durchs Haus. In Marie-Laures Vorstellung schimmert er und zeichnet Nadeln und Dornen in die Luft. Silbern, grün und wieder silbern.

«Ich kenne Möglichkeiten», sagt Madame Manec.

«Was für Möglichkeiten? Wem vertrauen Sie da?»

«Manchmal muss man jemandem vertrauen.»

«Wenn in den Armen und Beinen der Person neben Ihnen nicht Ihr Blut fließt, können Sie ihr nicht trauen. Und selbst dann. Es ist keine Person, gegen die Sie kämpfen wollen, Madame, es ist ein System. Und wie kämpft man gegen ein System?»

«Indem man es versucht.»

«Womit soll ich Ihnen helfen?»

«Setzen Sie das alte Ding auf dem Dachboden wieder in Gang. Sie wussten mal mehr über Radios und Radiosender als jeder andere in der Stadt. Vielleicht in der ganzen Bretagne.»

«Sie haben alle Radios konfisziert.»

«Nicht alle. Die Leute haben überall Sachen versteckt. Sie müssten nur Nummern vorlesen, wenn ich es richtig verstanden habe. Nummern von einem Streifen Papier. Jemand, ich weiß nicht, wer, vielleicht Hervé Bazin, wird sie Madame Ruelle bringen, und die sammelt sie und backt sie ins Brot. Mitten hinein!» Sie lacht. Für Marie-Laure klingt ihre Stimme zwanzig Jahre jünger.

«Hervé Bazin. Sie trauen Hervé Bazin? Sie backen geheime Codes in Brot?»

«Welcher fette Boche isst schon dieses schreckliche Brot? Sie behalten alles gute Mehl für sich. Wir bringen das Brot her, Sie senden die Zahlen, dann verbrennen wir das Papier.»

«Das ist lächerlich. Sie handeln wie Kinder.»

«Es ist immer noch besser, als nichts zu tun. Denken Sie an Ihren Neffen. Denken Sie an Marie-Laure.»

Vorhänge flattern, Papiere rascheln, und die beiden Erwachsenen geraten in eine Sackgasse. Marie-Laure ist so nahe an die Tür ihres Großonkels geschlichen, dass sie ihren Rahmen berühren kann.

Madame Manec sagt: «Wollen Sie nicht leben, bevor Sie sterben?»

«Marie ist fast vierzehn Jahre alt, Madame. Nicht mehr so jung, nicht im Krieg. Vierzehnjährige sterben genau wie alle anderen. Aber ich möchte, dass vierzehn jung ist. Ich möchte …»

Marie-Laure weicht einen Schritt zurück. Haben die beiden sie gesehen? Sie denkt an die steinerne Grotte, die der verrückte Hervé Bazin ihr gezeigt hat, an die Unzahl Schnecken dort. Sie denkt an die vielen Male, die ihr Vater sie auf sein Fahrrad gesetzt hat: Sie balancierte auf dem Sattel, er stand auf den Pedalen, und so glitten sie durch den Lärm eines Pariser Boulevards. Sie hielt sich an seinen Hüften fest, knickte die Knie ein, und sie flogen zwischen den Autos her, Steigungen hinunter und durch Spießrutengassen aus Gerüchen, Lärm und Farbe.

Etienne sagt: «Ich lese jetzt weiter, Madame. Sollten Sie sich nicht um das Abendessen kümmern?»

Kein Weg hinaus

Im Januar 1942 geht Werner zu Dr. Hauptmann in sein von einem Kaminfeuer erleuchtetes Büro. Es ist dort doppelt so warm wie im Rest der Gebäude, und er bittet darum, zurück nach Hause geschickt zu werden. Der kleine Doktor sitzt hinter seinem großen Schreibtisch und hat einen anämisch wirkenden gebratenen Vogel auf dem Teller vor sich. Eine Wachtel, eine Taube oder ein Moorhuhn. Aufgerollte Schaltpläne zu seiner Rechten. Seine Hunde spielen auf dem Teppich vor dem Kamin.

Werner steht mit seiner Mütze in der Hand da. Dr. Hauptmann schließt die Augen und fährt sich mit der Fingerspitze über eine Braue. Werner sagt: «Ich werde arbeiten, um die Fahrkarte zu bezahlen, Herr Doktor.»

Das blaue Aderngeflecht auf Dr. Hauptmanns Stirn pulsiert. Er öffnet die Augen. «Du?» Die Hunde sehen mit einer Bewegung auf, eine dreiköpfige Hydra. «Du, der hier alles bekommt? Der herkommt, Konzerte hört, Schokolade knabbert und sich am Feuer wärmt?»

Eine Faser des gebratenen Vogels tanzt auf Dr. Hauptmanns Wange. Vielleicht zum ersten Mal sieht Werner im dünner werdenden blonden Haar seines Erziehers, in seinen schwarzen Nasenlöchern und seinen kleinen, fast schon elfenartigen Ohren etwas Erbarmungsloses, Unmenschliches, etwas, das entschlossen ist zu überleben.

«Vielleicht glaubst du, jetzt jemand zu sein? Jemand Wichtiges?»

Werner hält die Mütze hinter dem Rücken gepackt, damit seine Schultern nicht beben. «Nein, Herr Doktor.»

Dr. Hauptmann faltet seine Serviette zusammen. «Du bist eine Waise, Hausner, ohne Bundesgenossen. Ich kann aus dir machen, was immer ich möchte. Einen Störenfried, einen Kriminellen, einen Erwachsenen. Ich kann dich an die Front schicken und dafür sorgen, dass du im Eis in einem Graben hockst, bis die Russen kommen, dir die Hände abschneiden und dich damit füttern.»

«Ja, Herr Doktor.»

«Du wirst deine Befehle bekommen, wenn die Schule bereit ist, dir deine Befehle zu geben. Nicht eher. Wir dienen dem Reich, Hausner. Es dient nicht uns.»

«Ja, Herr Doktor.»

«Heute Abend kommst du wie sonst auch ins Labor.»

«Ja, Herr Doktor.»

«Keine Schokolade mehr. Keine Sonderbehandlung.»

Draußen auf dem Korridor, die Tür hinter sich geschlossen, drückt Werner die Stirn gegen die Wand, und er hat eine Vision von den letzten Augenblicken seines Vaters. Dem zermalmenden Druck des Tunnels und der sich auf ihn herabsenkenden Decke. Der Kiefer wird auf den Boden gepresst. Der Schädel splittert. Ich kann nicht nach Hause, denkt er. Und ich kann nicht bleiben.

Das Verschwinden Hervé Bazins

Marie-Laure folgt dem Duft von Madame Manecs Suppe über die Place aux Herbes und hält den warmen Topf vor dem Alkoven hinter der Bibliothek, während Madame Manec an die Tür klopft.

Madame sagt: «Wo ist Monsieur Bazin?»

«Der muss weitergezogen sein», sagt der Bibliothekar, wobei er den Zweifel in seiner Stimme kaum verbirgt.

«Wohin könnte Hervé Bazin weiterziehen?»

«Ich weiß es nicht, Madame Manec. Bitte. Es ist kalt.»

Die Tür schließt sich. Madame Manec flucht. Marie-Laure denkt an Hervé Bazins Geschichten, düstere Monster aus Brandungsschaum, Meerjungfrauen mit fischigen Genitalien, die Romantik der englischen Belagerungen. «Er kommt zurück», sagt Madame Manec ebenso zu sich wie zu Marie-Laure. Aber auch am nächsten Morgen ist Hervé Bazin nicht wieder da. Oder am übernächsten.

Nur die Hälfte der Gruppe kommt zum nächsten Treffen.

«Glauben Sie, er hat uns geholfen?», flüstert Madame Hébrard.

«Hat er uns geholfen?»

«Ich dachte, er hätte Nachrichten überbracht.»

«Was für Nachrichten?»

«Es wird zu gefährlich.»

Madame Manec läuft in der Küche auf und ab. Marie-Laure kann ihren Verdruss quer durch den Raum spüren. «Dann geht.» Ihre Stimme kocht. «Allesamt.»

«Nur nichts überstürzen», sagt Madame Ruelle. «Wir machen eine Pause, eine Woche oder zwei, und warten, dass sich die Dinge beruhigen.»

Hervé Bazin mit seiner Kupfermaske, seiner jungenhaften Begeisterung und seinem nach zerdrückten Insekten riechenden Atem. Wohin, fragt sich Marie-Laure, bringen sie die Leute? In das «Gästehaus», in das sie auch ihren Vater gebracht haben? Von wo sie Briefe über wunderbares Essen und mythische Bäume nach Hause schreiben? Die Bäckersfrau behauptet, sie werden in Lager in den Bergen gebracht. Die Metzgersfrau sagt, sie kommen in die Nylonfabriken in Russland. Marie-Laure scheint es ebenso wahrscheinlich, dass die Menschen einfach verschwinden. Die Soldaten werfen einen Sack über die Leute, die sie loswerden wollen, leiten Strom durch sie, und dann sind die Leute weg, verschwunden. In eine andere Welt vertrieben.

Die Stadt, denkt Marie-Laure, wird nach und nach zu dem Modell oben im Haus. Die Straßen werden eine nach der anderen leer gesaugt. Jedes Mal, wenn sie hinausgeht, wird sie sich der Fenster über sich bewusst. Die Ruhe ist eine Klage, unnatürlich. So muss sich eine Maus fühlen, denkt sie, wenn sie aus ihrem Loch hinaus zwischen die offenen Halme einer Wiese tritt und nie weiß, welcher Schatten gleich auf sie fallen mag.

Alles vergiftet

Neue Seidenbanner hängen über den Tischen des Speisesaals. Sie stehen voller Parolen.

Da steht: *Kameradschaft, Ordnung und Disziplin.*

Da steht: *Der deutsche Junge der Zukunft muss schlank und rank sein, flink wie ein Windhund und hart wie Krupp-Stahl.*

Jede Woche verschwindet ein weiterer Erzieher, wird von der Kriegsmaschine aufgesogen. Neue Lehrer, ältliche Städter von unverlässlicher Nüchternheit und Gesinnung ersetzen sie. Allesamt sind sie, wie Werner feststellt, auf ihre Weise gebrochen: Sie hinken, sind auf einem Auge blind oder haben schiefe Gesichter von Schlägen aus dem letzten Krieg. Die Jungmannen zeigen den neuen Erziehern gegenüber weniger Respekt, die ihrerseits weniger beherrscht reagieren, und bald schon erscheint Werner die Schule wie eine Granate mit gezogenem Sicherungsstift.

Merkwürdige Dinge geschehen mit dem Strom. Er fällt für fünf Minuten aus und steigt dann scharf an. Uhren gehen zu schnell, Glühbirnen werden heller, flammen auf, platzen, und ein sanfter Splitterregen geht auf die Korridore nieder. Es folgen Tage der Dunkelheit, kein Schalter funktioniert, das Netz ist tot. Schlafsäle und Duschen werden eiskalt. Zur Beleuchtung holt der Hausmeister Taschenlampen und Kerzen hervor. Aber nicht nur der Strom ist knapp. Das gesamte Benzin wird für den Krieg gebraucht, und so fahren kaum noch Autos durchs Schultor. Das Essen wird von einem alten, klapprigen Maultier gebracht, dessen Rippen hervortreten, wenn es sich ins Geschirr legt.

Mehr als einmal zerschneidet Werner eine Wurst auf seinem Teller und findet sich windende rosafarbene Würmer in ihr. Die Uniformen der neuen Jungmänner sind steifer und billiger als seine eigene, und es gibt keine scharfe Munition mehr für die Schießübungen. Werner würde sich nicht wundern, wenn Bastian anfinge, Steine und Stöcke zu verteilen.

Und doch gibt es nur gute Nachrichten. Wir stehen am Tor des Kaukasus, schallt es aus Dr. Hauptmanns Radio, wir haben ihre

Ölfelder eingenommen und werden Spitzbergen überrennen. Wir stoßen mit erstaunlicher Geschwindigkeit vor. Fünftausendsiebenhundert Russen getötet, fünfundvierzig Deutsche gefallen.

Alle sechs, sieben Tage kommen dieselben zwei blassen Uniformierten in den Speisesaal, und vierhundert Gesichter werden bleich und geben sich alle Mühe, sich nicht nach ihnen umzusehen. Die Jungen bewegen nur die Augen und folgen den beiden in ihrer Vorstellung, wie sie auf der Suche nach dem Nächsten, dessen Vater gefallen ist, durch die Reihen gehen.

Der Junge, bei dem sie stehen bleiben, tut oft so, als bemerkte er sie nicht. Er steckt die Gabel in den Mund und kaut, und für gewöhnlich ist es der Größere der beiden, ein Unteroffizier, der dem Jungen die Hand auf die Schulter legt. Der Junge sieht mit vollem Mund und unsteter Miene zu ihm auf, und dann folgt er den beiden nach draußen. Die große doppelte Eichentür schließt sich hinter ihnen mit einem Knarzen, und alle im Speisesaal atmen langsam aus und erwachen zu neuem Leben.

Reinhard Wöhlmanns Vater fällt. Karl Westerholzers Vater fällt. Martin Burkhards Vater fällt, und Martin erzählt allen noch am selben Abend, nachdem sich ihm die Hand auf die Schulter gelegt hat, dass er glücklich ist. «Stirbt am Ende nicht alles zu schnell?», sagt er. «Wer würde sich nicht geehrt fühlen zu fallen? Ein Pflasterstein auf dem Weg zum Endsieg zu sein?» Werner sucht nach Beklommenheit in Martins Augen, kann jedoch nichts entdecken.

Werner wird regelmäßig von Zweifeln heimgesucht. Rassische Reinheit, politische Reinheit. Bastian spricht mit Abscheu über jede Form von Verunreinigung, doch Werner fragt sich mitunter in der Tiefe der Nacht, ob nicht das Leben selbst eine Verunreinigung ist. Ein Kind wird geboren, und die Welt dringt auf es ein. Nimmt ihm Dinge und stopft andere in es hinein. Jeder Bissen Essen, jedes Lichtteilchen, das ihm ins Auge dringt, der Körper kann nie ganz rein sein. Aber darauf besteht der Anstaltsleiter, deshalb vermisst das Reich ihre Nasen und überprüft ihre Haarfarbe.

Die Entropie eines geschlossenen Systems nimmt niemals ab.

Nachts starrt Werner hinauf zu Fredericks Bett, auf die dünnen Latten, die erbärmlich fleckige Matratze. Ein anderer Junge schläft jetzt dort, Dieter Ferdinand, ein muskulöser Kerl aus Frankfurt, der alles, was ihm gesagt wird, mit erschreckender Wildheit ausführt.

Jemand hustet, jemand stöhnt. Hinter den Seen pfeift einsam ein Zug. Nach Osten, die Züge fahren immer nach Osten, hinter die Berge, ins riesige platt getretene Grenzland der Front. Selbst wenn er schläft, fahren die Züge. Die Katapulte der Geschichte poltern vorbei.

Werner schnürt sich die Stiefel, singt und marschiert mit den anderen, weniger aus Pflichtgefühl als aus dem leicht verschlissenen Wunsch, gehorsam zu sein. Bastian geht beim Abendessen durch die Reihen der Jungen. «Was ist schlimmer als der Tod, Jungs?»

Ein armer Kerl hat strammzustehen. «Feigheit!»

«Feigheit», stimmt Bastian zu, der Junge darf sich wieder setzen, und Bastian schleppt sich weiter, nickt, ist zufrieden. In letzter Zeit spricht der Anstaltsleiter persönlicher vom Führer und den Dingen, die er gerade braucht: Gebete, Benzin, Treue. Der Führer braucht Vertrauenswürdigkeit, Hingabe, Stiefelleder, wobei Werner langsam zu begreifen beginnt, was der Führer wirklich braucht: Er braucht Jungen, Massen von ihnen, die ans Förderband treten und hinaufsteigen. Gebt die Sahne für den Führer auf, schlaft für den Führer, alles Aluminium für den Führer. Gebt Reinhard Wöhlmanns Vater auf, Karl Westerholzers Vater und Martin Burkhards Vater.

Im März 1942 ruft Dr. Hauptmann Werner in sein Büro. Halb gepackte Kisten stehen überall herum. Die Hunde sind nirgends zu sehen. Der kleine Mann geht auf und ab, und erst, als Werner sich zur Stelle meldet, bleibt er stehen. Er sieht aus, als würde er langsam von etwas geschluckt, das außerhalb seiner Kontrolle liegt. «Ich bin nach Berlin beordert worden. Sie wollen, dass ich meine Arbeit dort fortsetze.» Dr. Hauptmann nimmt ein Stundenglas vom Regal und legt es in eine Kiste. Seine blassen, silbrigen Finger verharren in der Luft.

«Es wird sein wie in Ihrem Traum, Herr Doktor. Die beste Ausrüstung, die besten Denker.»

«Das ist alles», sagte Dr. Hauptmann.

Werner tritt auf den Flur. Draußen im schneebestäubten Hof laufen dreißig Zehnjährige auf der Stelle, kleine, vergängliche Atemwolken ausstoßend. Der dickliche, seidenhäutige, grässliche Bastian schreit etwas. Er hebt seinen kurzen Arm, und die Jungen drehen sich auf dem Absatz um, heben die Gewehre über die Köpfe und laufen schneller. Die Knie leuchten im Mondlicht.

Besucher

Die elektrische Klingel im Haus 4, Rue Vauborel läutet. Etienne LeBlanc, Madame Manec und Marie-Laure hören gleichzeitig auf zu kauen, und alle drei denken: Sie sind dahintergekommen. Hinter den Sender auf dem Dachboden, die Treffen in der Küche, die hundert Ausflüge auf den Strand.

Etienne sagt: «Erwarten Sie jemanden?»

Madame Manec sagt: «Niemanden.» Die Frauen würden an die Küchentür kommen.

Wieder läutet es.

Alle drei gehen in die Diele, Madame Manec öffnet die Tür.

Französische Polizisten, zwei. Die beiden, erklären sie, sind auf Bitten des Naturkundemuseums in Paris gekommen. Das Klacken ihrer Stiefel auf den Dielen klingt laut genug, um die Fenster zerspringen zu lassen. Einer isst etwas, einen Apfel, entscheidet Marie-Laure. Der andere riecht nach Rasierbalsam. Und Bratenfleisch. Als kämen sie von einem Festmahl.

Alle fünf, Etienne, Marie-Laure, Madame Manec und die beiden Männer, setzen sich um den Küchentisch. Die Männer lehnen einen Teller Eintopf ab. Der eine räuspert sich. «Ob zu Recht oder nicht», sagt er, «er wurde wegen Diebstahls und Konspiration verurteilt.»

«Alle Gefangenen, politische und andere», sagt der zweite, «werden zur Arbeit gezwungen, auch wenn sie nicht dazu verurteilt wurden.»

«Das Museum hat an Lager- und Gefängnisdirektoren in ganz Deutschland geschrieben.»

«Wir wissen noch nicht genau, in welchem Gefängnis er ist.»

«Wir glauben, in Breitenau.»

«Wir sind sicher, sie haben keine ordentliche Gerichtsverhandlung abgehalten.»

Etiennes Stimme schraubt sich neben Marie-Laure hoch. «Ist das ein gutes Gefängnis? Ich meine, eines von den besseren?»

«Ich fürchte, es gibt keine guten deutschen Gefängnisse.»

Draußen fährt ein Lastwagen vorbei. Das Meer schlägt fünfzig

Meter entfernt auf die Plage du Môle. Sie denkt: Sie sagen einfach nur Worte, und was sind Worte anderes als Geräusche, die diese Männer aus Atem formen, gewichtslose Dämpfe, die sie in die Küchenluft schicken, wo sie sich auflösen und sterben. Sie sagt: «Sie sind den ganzen Weg gekommen, um uns Dinge zu sagen, die wir bereits wissen.»

Madame Manec nimmt ihre Hand.

Etienne murmelt: «Von diesem Ort namens Breitenau wussten wir nicht.»

Der eine Polizist sagt: «Sie haben dem Museum mitgeteilt, dass es ihm gelungen ist, zwei Briefe aus dem Gefängnis zu schmuggeln?»

Der andere: «Könnten wir sie sehen?»

Los geht Etienne, den es befriedigt zu glauben, dass da zwei ihre Arbeit tun. Marie-Laure sollte ebenfalls glücklich sein, etwas jedoch macht sie argwöhnisch. Sie denkt an die Worte, die ihr Vater am ersten Tag der Invasion abends in Paris gesagt hat, als sie auf den Zug warteten: *Jeder ist sich selbst der Nächste.*

Der eine Polizist beißt ein Stück aus seinem Apfel. Sehen die beiden sie an? Ihnen so nahe zu sein, führt dazu, dass sie sich ganz matt fühlt. Etienne kehrt mit den Briefen zurück, und sie kann hören, wie die Männer sie hin- und herreichen.

«Hat er von etwas geredet, bevor er gegangen ist?»

«Von einer besonderen Sache oder Aufgabe, von der wir wissen sollten?»

Ihr Französisch ist gut, sehr pariserisch, aber wer weiß, wem ihre Treue gilt? *Wenn in den Armen und Beinen der Person neben Ihnen nicht Ihr Blut fließt, können Sie ihr nicht trauen.* Alles fühlt sich für Marie-Laure gepresst und wie unter Wasser an, als säßen sie zu fünft in einem trüben, übervollen Aquarium und ihre Flossen stießen andauernd aneinander.

Sie sagt: «Mein Vater ist kein Dieb.»

Madame Manecs Hand drückt ihre.

Etienne sagt: «Er schien sich um seine Arbeit zu sorgen, um seine Tochter und natürlich um Frankreich. Wem würde es nicht so gehen?»

«Mademoiselle», sagt der eine und spricht Marie-Laure direkt an. «Hat er nicht von einer speziellen Sache geredet?»

«Nein.»

«Im Museum hatte er viele Schlüssel.»

«Die hat er alle dort gelassen.»

«Könnten wir sehen, was er mit hergebracht hat?»

Der andere fügt hinzu: «Seine Taschen vielleicht?»

«Er hat den Rucksack mitgenommen», sagt Marie-Laure, «als der Direktor ihn zurück nach Paris bestellt hat.»

«Können wir trotzdem nachsehen?»

Marie-Laure spürt, wie sich die Schwerkraft im Raum erhöht. Was hoffen sie zu finden? Sie denkt an die elektronischen Apparate hoch über ihr: das Mikrofon, den Sender, all die Drehknöpfe, Schalter und Kabel.

Etienne sagt: «Gerne.»

Sie gehen in jedes Zimmer. Im zweiten, im dritten und vierten Stock. Im fünften stehen sie im alten Zimmer des Großvaters, öffnen den riesigen Kleiderschrank mit seinen schweren Türen, überqueren den Flur und betrachten das Modell von Saint-Malo in Marie-Laures Zimmer, flüstern miteinander und stiefeln wieder nach unten.

Die ganze Zeit über stellen sie eine einzige Frage: zu den drei französischen Flaggen, die aufgerollt in einem Schrank im ersten Stock liegen. Warum behält Etienne sie?

«Damit bringen Sie sich in Gefahr», sagt der eine.

«Sie wollen die Besatzungsbehörden doch nicht denken lassen, Sie seien feindlich gesinnt», sagt der andere. «Es sind schon Leute wegen weniger verhaftet worden.» Ob sie es gut meinen oder ihnen drohen wollen, bleibt unklar. Marie-Laure denkt: Meinen sie Papa?

Die Polizisten beenden die Suche, sagen höflich Gute Nacht und gehen.

Madame Manec zündet sich eine Zigarette an.

Marie-Laures Essen ist kalt.

Etienne steht am Kamin und wirft eine Flagge nach der anderen ins Feuer. «Schluss damit. Schluss damit», sagt er, und seine Stimme wird lauter. «Nicht mehr in diesem Haus.»

Madame Manecs Stimme: «Sie haben nichts gefunden. Es gibt nichts, was sie finden könnten.»

Der ätzende Geruch der verbrennenden Baumwolle füllt die Küche. Ihr Großonkel sagt: «Tun Sie mit Ihrem Leben, was Sie mögen, Madame. Sie sind immer für mich da gewesen, und ich werde versuchen, immer für Sie da zu sein. Aber Sie dürfen diese Dinge nicht länger in diesem Haus tun. Und Sie dürfen sie auch nicht länger mit meiner Großnichte tun.»

An meine liebe Schwester Jutta.

Es ist jetzt sehr schwierig. Selbst Papier ist nur sehr schwer zu ████████████████████████████████████. Wir hatten ████████████████████████████████ keine Wärme in ████████████████████████████████ Frederick hat immer gesagt, es gibt keinen freien Willen, und dass der Weg jedes Menschen vorbestimmt ist wie ██████████████████████ ████████████ und dass mein Fehler war, dass ich ██████████████ ██ ██ ██ ██ ████████████████████████████████ ██ ██████████████████████████████ ██ ██████████████████████████████ *Ich hoffe, Du kannst es eines Tages verstehen. Alles Liebe für Dich und für Frau Elena. Sieg Heil.*

Der Frosch wird gekocht

In den kommenden Wochen verhält sich Madame Manec sehr herzlich. Meist geht sie mit Marie-Laure morgens an den Strand und nimmt sie mit auf den Markt. Aber sie wirkt abwesend, fragt Marie-Laure und Etienne freundlich, wie es ihnen geht, und sagt Guten Morgen, als wären sie Fremde. Oft verschwindet sie für einen halben Tag.

Marie-Laures Nachmittage werden länger und einsamer. Eines Abends sitzt sie in der Küche, während ihr Großonkel laut aus einer alten Zeitschrift vorliest.

Die Lebenskraft einer Schnecke übersteigt jedes glaubhafte Maß. Wir haben einige Arten in massive Eisblöcke eingefroren gefunden, und doch nehmen sie ihre Lebenszyklen wieder auf, wenn sie Wärme ausgesetzt werden.

Etienne macht eine Pause. «Wir sollten uns etwas zu essen machen. Es sieht nicht so aus, als käme Madame heute Abend zurück.» Beide rühren sich nicht. Er liest noch eine Seite. *Sie wurden über Jahre in Schachteln aufbewahrt, aber wenn sie Feuchtigkeit ausgesetzt werden, krabbeln sie davon und es scheint ihnen so gut wie nur je zu gehen … Das Haus mag zerbrochen sein, es mögen sogar einzelne Stücke fehlen, doch sie werden nach einer gewissen Zeit durch Anfügen von Schalenmaterial repariert.*

«Da habe ich ja noch Hoffnung», sagt Etienne lachend, und Marie-Laure wird daran erinnert, dass ihr Onkel nicht immer so ängstlich war, früher, vor dem letzten Krieg. Dass er einmal ein junger Mann war, der auf dieser Welt lebte und sie so mochte, wie seine Großnichte es heute tut.

Schließlich kommt Madame Manec durch die Küchentür, schließt hinter sich ab, und Etienne sagt ziemlich kalt Guten Abend. Nach einer Weile erwidert Madame seinen Gruß. Irgendwo in dieser Stadt laden die Deutschen ihre Waffen, oder trinken Schnaps, und die Geschichte ist zu einem Albtraum geworden, aus dem Marie-Laure verzweifelt wünscht, aufwachen zu können.

Madame Manec nimmt einen Topf von einem Haken und füllt ihn

mit Wasser. Ihr Messer schneidet durch etwas, das wie Kartoffeln klingt, und die Klinge schlägt auf das hölzerne Schneidebrett darunter.

«Bitte, Madame», sagt Etienne. «Erlauben Sie mir, Ihnen zu helfen. Sie sind erschöpft.»

Aber er steht nicht auf, und Madame Manec schneidet weiter Kartoffeln klein. Als sie fertig ist, hört Marie-Laure, wie sie die Stücke mit dem Rücken des Messers ins Wasser schiebt. Die Spannung im Raum macht sie ganz schwindelig, es ist, als spürte sie, wie sich die Erde dreht.

«Haben Sie heute U-Boote versenkt?», murmelt Etienne. «Deutsche Panzer gesprengt?»

Madame Manec öffnet die Tür des Eisfachs. Marie-Laure kann hören, wie sie darin herumsucht. Ein Streichholz flammt auf, eine Zigarette wird angezündet. Bald steht ein Teller mit nicht ganz garen Kartoffeln vor Marie-Laure. Sie tastet auf dem Tisch nach einer Gabel, findet jedoch keine.

«Wissen Sie, was passiert, Etienne», fragt Madame Manec von der anderen Seite der Küche, «wenn Sie einen Frosch in einen Topf mit kochendem Wasser fallen lassen?»

«Sie werden es uns sicher sagen.»

«Er springt hinaus. Aber wissen Sie auch, was passiert, wenn man ihn in kaltes Wasser setzt und das dann langsam zum Kochen bringt? Wissen Sie, was dann geschieht?»

Marie-Laure wartet. Die Kartoffeln dampfen.

Madame Manec sagt: «Der Frosch wird gekocht.»

Befehle

Werner wird von einem Elfjährigen in voller Montur ins Büro des Anstaltsleiters gerufen. Er wartet auf der hölzernen Bank draußen, während die Furcht in ihm weiter und weiter wächst. Sie müssen einen Verdacht hegen. Vielleicht haben sie etwas über seine Eltern herausgefunden, von dem nicht einmal er etwas weiß, etwas Fatales. Er erinnert sich daran, wie der Obergefreite durch die Tür des Kinderhauses kam und ihn zu Herrn Siedler brachte, an die Überzeugung, dass die Vertreter des Reiches durch Wände und Haut in die Seele eines jeden Einzelnen sehen könnten.

Nach einigen Stunden ruft der Assistent des Anstaltsleiters Werner ins Büro, legt seinen Stift zur Seite und sieht ihn über den Schreibtisch hinweg an, als stelle der Junge eines von zahllosen unbedeutenden Problemen dar, um die er sich zu kümmern hat. «Es ist uns zu Ohren gekommen, Hausner, dass dein Alter falsch angegeben wurde.»

«Ja?»

«Du bist achtzehn, nicht sechzehn, wie du behauptest.»

Werner stutzt. Die Absurdität das Gesagten ist so offensichtlich: Er ist immer noch kleiner als die meisten Vierzehnjährigen.

«Unser ehemaliger Physiklehrer Dr. Hauptmann hat uns auf den Fehler aufmerksam gemacht. Er hat veranlasst, dass du zu einer speziellen Technologie-Division der Wehrmacht kommst.»

«Einer Division?»

«Du bist unter Vortäuschung falscher Tatsachen hier.» Seine Stimme klingt ölig und selbstgefällig. Ein Kinn scheint er nicht zu haben. Draußen vor dem Fenster probt die Schulkapelle einen Triumphmarsch. Werner sieht einen nordisch aussehenden Jungen unter dem Gewicht einer Tuba wanken.

«Der Anstaltsleiter wollte eine Disziplinarmaßnahme, aber Dr. Hauptmann war der Meinung, dass du begierig darauf bist, deine technischen Talente in den Dienst des Reiches zu stellen.» Der Assistent holt eine zusammengefaltete Uniform hinter dem Schreibtisch hervor, schiefergrau, mit einem Adler auf der Brust und dem Kragenspiegel der Wehrmacht. Dazu kommt ein grünschwarzer Kohleneimer-Helm, eindeutig zu groß.

Die Kapelle wird lauter und bricht ab. Der zuständige Erzieher brüllt Namen.

Der Assistent des Anstaltsleiters sagt: «Du hast großes Glück, Junge. Zu dienen ist eine Ehre.»

«Wann?»

«Du bekommst deinen Bescheid innerhalb der nächsten zwei Wochen. Das ist alles.»

Lungenentzündung

Der bretonische Frühling und damit äußerst feuchtes Wetter bricht über die Küste herein. Nebel über dem Meer, Nebel in den Straßen, Nebel im Denken. Madame Manec wird krank. Als Marie-Laure die Hand über ihre Brust hält, scheint Hitze daraus aufzudampfen, ganz so, als kochte Madame innerlich. Ihr Atem ist eine endlose Abfolge ozeanischer Hustenanfälle.

«Ich sehe die Sardinen», murmelt Madame, «und die Termiten und die Krähen ...»

Etienne ruft den Arzt, der ihr Ruhe, Aspirin und aromatische Veilchenbonbons verschreibt. Marie-Laure sitzt während der schlimmsten Zeit bei Madame Manec. Es sind merkwürdige Stunden, während derer die alte Frau fürchterlich kalte Hände hat und davon redet, die Verantwortung für die Welt zu tragen. Sie ist für alles verantwortlich, aber niemand weiß es. Es ist eine schreckliche Bürde, sagt sie, auch noch für die letzte Einzelheit verantwortlich zu sein, für jedes Baby, das auf die Welt kommt, jedes Blatt, das von einem Baum fällt, jede Welle, die auf den Strand schlägt. Jede dahineilende Ameise.

Tief in Madames Stimme hört Marie-Laure Wasser: Atolle, Archipele, Lagunen, Fjorde.

Etienne erweist sich als gefühlvoller Krankenpfleger. Feuchte Wickel, heiße Brühe und hin und wieder eine Seite Pasteur oder Rousseau. Er vergibt ihr alle Übertretungen, vergangene wie neuere, wickelt Madame in Decken, und als sie immer noch schlimmer, tief gehender zittert, nimmt er einen schweren Teppich vom Boden und legt ihn auf sie.

Liebste Marie-Laure,

Deine Pakete sind angekommen, zwei Stück, zu ganz unterschiedlichen Zeiten abgeschickt. Mit Freude lassen sich meine Gefühle nicht beschreiben. Sie haben mir die Zahnbürste und den Kamm gelassen, allerdings nicht das Papier, in das sie gewickelt waren. Und auch die Seife nicht. Ich wünschte so sehr, dass sie uns Seife erlaubten! Sie hatten gesagt, wir würden in eine Schokoladenfabrik kommen, aber dann war es Pappe. Von morgens bis abends produzieren wir Pappe. Was machen sie mit so viel davon?

Mein ganzes Leben, Marie-Laure, war ich derjenige, der die Schlüssel hatte. Jetzt höre ich sie morgens klingeln, wenn wir abgeholt werden, und wenn ich in meine Tasche greife, ist sie leer.

Wenn ich träume, träume ich, ich wäre im Museum.

Erinnerst Du Dich an Deine Geburtstage? Wie nach dem Aufwachen immer zwei Dinge für Dich auf dem Tisch standen? Es tut mir leid, dass es so gekommen ist. Wenn Du es je verstehen willst, sieh in Etiennes Haus nach, im Haus. Ich weiß, Du wirst das Richtige tun. Obwohl ich wünschte, ich hätte ein besseres Geschenk.

Mein Engel geht jetzt und nimmt diesen Brief mit. Wenn er also zu Dir gelangen kann, wird er es tun. Ich mache mir keine Sorgen um Dich, weil ich weiß, dass Du sehr klug bist und auf Dich aufpasst. Ich bin auch in Sicherheit, mach Dir ebenfalls keine Sorgen. Danke Etienne dafür, dass er Dir diesen Brief vorliest, und danke in Deinem Herzen der mutigen Person, die ihn von mir auf den Weg zu Dir trägt.

Dein Papa

Behandlungen

Von Rumpels Arzt sagt, sie stellen faszinierende Versuche mit Senf-
gasen an, überhaupt würden die Anti-Tumor-Eigenschaften von einer
ganzen Reihe von Chemikalien erforscht. Die Aussichten bessern sich,
bei zehn Versuchspersonen hätten sich die Lymphtumoren verkleinert.
Aber die Injektionen machen von Rumpel benommen und schwach.
Am Tag danach vermag er sich kaum die Haare zu kämmen und seine
Finger davon zu überzeugen, den Mantel zuzuknöpfen. Sein Denken
spielt ihm ebenfalls Streiche: Er geht in ein Zimmer und weiß nicht
mehr, warum. Er starrt einen Vorgesetzten an und vergisst, was der
Mann gerade gesagt hat. Die Geräusche vorbeifahrender Autos sind
wie die Zinken einer Gabel, die über seine Nerven kratzen.

Von Rumpel wickelt sich in die Hoteldecken ein, bestellt Suppe und
packt ein Bündel aus Wien aus. Die mausbraune Bibliothekarin hat
Exemplare von Tavernier und Streeter geschickt und sogar, was
höchst bemerkenswert ist, Kopien von Boodts *Gemmarum et Lapi-
dum Historia* von 1604, ganz auf Latein geschrieben. Alles, was sie
darin über das Meer der Flammen finden konnte. Insgesamt neun
Abschnitte.

Es erfordert seine ganze Konzentration, den Text vor seinen Augen
scharfzustellen. Eine Erdgöttin, die sich in einen Meeresgott verliebte.
Ein Prinz, der sich von fürchterlichen Verletzungen erholte und aus
einem blendenden Licht heraus regierte. Von Rumpel schließt die Augen und sieht die flammenhaarige Göttin durch die Höhlen der Erde
eilen und Feuertropfen hinter ihr glühen. Er hört einen Priester ohne
Zunge sagen: *Der Besitzer des Steines wird ewig leben.* Er hört seinen
Vater sagen: *Betrachte Hindernisse als Möglichkeiten, Reinhold. Betrachte Hindernisse als Inspiration.*

Der Himmel

Ein paar Wochen lang geht es Madame Manec besser. Sie verspricht Etienne, an ihr Alter zu denken und nicht für alle alles sein zu wollen. Den Krieg nicht ganz allein zu führen. An einem Tag Anfang Juni, fast genau zwei Jahre nach der Invasion, geht sie mit Marie-Laure durch ein Kerbelfeld östlich von Saint-Malo. Madame Manec hat Etienne gesagt, sie wollten auf dem Markt von Saint-Servan sehen, ob es Erdbeeren gibt, aber Marie-Laure ist sicher, dass Madame auf dem Weg hierher beim Begrüßen einer Frau einen Umschlag hat fallen lassen und einen anderen aufgenommen hat.

Auf Madames Vorschlag legen sie sich ins Gras, und Marie-Laure lauscht den Honigbienen, die die Blüten abernten. Sie versucht, sich ihre Wege vorzustellen, so, wie Etienne sie ihr beschrieben hat. Jede Arbeiterin folgt einem Geruchsrinnsal, sieht nach ultravioletten Mustern in den Blüten, füllt die Körbe an ihren Hinterbeinen mit Pollen und navigiert dann, trunken und schwer, zurück nach Hause.

Woher wissen sie, welche Rolle sie zu spielen haben, die kleinen Bienen?

Madame Manec zieht die Schuhe aus, zündet sich eine Zigarette an und lässt ein zufriedenes Stöhnen hören. Insekten summen, Wespen, Schwebfliegen, eine Libelle surrt vorbei. Etienne hat Marie-Laure beigebracht, sie alle an ihrem Geräusch zu unterscheiden.

«Was ist ein Roneograf, Madame?»

«Damit kann man Flugblätter herstellen.»

«Was hat das mit der Frau zu tun, die wir getroffen haben?»

«Mach dir darüber keine Gedanken, Schatz.»

Pferde wiehern, und der Wind weht sanft, kühl und voller Gerüche vom Meer heran.

«Wie sehe ich aus, Madame?»

«Du hast tausend Sommersprossen.»

«Papa hat immer gesagt, sie seien wie die Sterne am Himmel. Wie Äpfel in einem Baum.»

«Es sind kleine braune Punkte, Kind. Tausend kleine braune Punkte.»

«Das klingt hässlich.»

«Bei dir sind sie schön.»

«Glauben Sie, Madame, dass wir Gott im Himmel wirklich von Angesicht zu Angesicht sehen werden?»

«Vielleicht.»

«Was, wenn man blind ist?»

«Ich denke, wenn Gott will, dass wir etwas sehen, sehen wir es auch.»

«Onkel Etienne sagt, der Himmel ist wie eine Decke, an die sich Babys klammern. Er sagt, die Leute sind mit Flugzeugen zehn Kilometer über der Erde geflogen und haben dort keine Königreiche gefunden. Keine Tore, keine Engel.»

Madame Manec erleidet einen krächzenden Hustenanfall, der Marie-Laure vor Angst erbeben lässt. «Denke an deinen Vater», sagt sie schließlich. «Du musst glauben, dass er zurückkommen wird.»

«Werden Sie das Glauben nie leid, Madame? Wollen Sie keinen Beweis?»

Madame Manec legt eine Hand auf Marie-Laures Stirn. Die kräftige Hand, die das Mädchen zunächst an die eines Gärtners oder Geologen erinnert hat. «Du darfst den Glauben niemals verlieren. Das ist das Wichtigste.»

Der Kerbel schwingt auf seinen Wurzeln, und die Bienen sind stetig bei der Arbeit. Wenn das Leben doch wie ein Jules-Verne-Roman wäre, denkt Marie-Laure, und man könnte, wenn man wirklich müsste, weiterblättern und sehen, was noch geschehen wird. «Madame?»

«Ja, Marie.»

«Was, glauben Sie, essen die Leute im Himmel?»

«Ich bin nicht sicher, ob man da was essen muss.»

«Ohne Essen? Das würde Ihnen doch nicht gefallen, oder?»

Aber Madame Manec lacht nicht so, wie Marie-Laure es erwartet hätte. Sie bleibt stumm. Ihr Atem rasselt beim Ein- und beim Ausatmen.

«Habe ich Sie beleidigt, Madame?»

«Nein, Kind.»

«Sind wir in Gefahr?»

«Nicht mehr als an allen anderen Tagen auch.»

Die Halme wiegen sich und flattern. Die Pferde wiehern. Madame Manec sagt fast flüsternd: «Wenn ich so richtig darüber nachdenke, Kind, denke ich, der Himmel ist ganz so wie das hier.»

Frederick

Werner gibt sein letztes Geld für die Fahrkarte aus. Der Nachmittag ist hell genug, doch Berlin scheint das Sonnenlicht nicht zu wollen. Es ist, als wären die Häuser düsterer und schmutziger als bei seinem ersten Besuch vor Monaten. Aber vielleicht haben sich auch nur die Augen geändert, die das alles sehen.

Statt gleich zu klingeln, geht er dreimal um den Block. Die Fenster der Wohnung sind gleichmäßig dunkel. Ob kein Licht brennt oder ob sie verdunkelt sind, kann er nicht sagen. An einer Stelle seines Rundgangs kommt er jedes Mal an einem Laden mit nackten Schaufensterpuppen vorbei, und obwohl er weiß, dass es nur am Licht liegt, kann er seine Augen nicht davon abbringen, sie als mit Drähten gefesselte Leichen zu sehen.

Endlich klingelt er. Niemand drückt den Türöffner, und dann sieht er an den Namensschildern, dass sie jetzt im vierten Stock wohnen.

Er klingelt. Von drinnen summt es.

Der Aufzug ist außer Betrieb, und so steigt er die Treppe hinauf. Die Tür öffnet sich. Fanni. Mit dem daunigen Gesicht und der hin und her schwingenden Haut unter den Armen. Sie sieht ihn so an, wie ein in der Falle sitzender Mensch einen anderen ansieht. Dann kommt Fredericks Mutter aus einem Nebenraum gelaufen, in Tenniskleidern. «Oh, Werner ...»

Sie verliert sich einen Moment lang in einer unruhigen Träumerei, umgeben von eleganten Möbeln, von denen einige in dicke Wolldecken gehüllt sind. Gibt sie ihm die Schuld? Glaubt sie, dass er mitverantwortlich ist? Vielleicht ist er es ja? Aber dann kommt sie und küsst ihn auf beide Wangen, und ihre Unterlippe zittert ein wenig. Als machte es ihr sein Auftauchen unmöglich, bestimmte Schatten in Zaum zu halten.

«Er wird dich nicht erkennen. Versuche nicht, ihn dazu zu bringen, sich zu erinnern, es würde ihn nur aufwühlen. Aber nun bist du hier. Ich nehme an, das ist etwas. Ich wollte gerade gehen. Tut mir sehr leid, dass ich nicht bleiben kann. Fanni, bring ihn hinein.»

Das Mädchen bringt ihn in ein großes Wohnzimmer mit reich stuckverzierter Decke und Wänden in einem zarten Eierschalenblau. Es hängen noch keine Bilder an ihnen, die Regale sind leer, und der Boden steht voller offener Kisten. Frederick sitzt ganz hinten im Raum an einem Glastisch, und beide, Tisch und Junge, wirken in dem Durcheinander ganz klein. Sein Haar ist streng auf eine Seite gekämmt, und das lose Baumwollhemd hat sich hinter den Schultern hochgeschoben, sodass der Kragen ganz schief sitzt. Frederick hebt nicht den Blick, um den Besucher anzuschauen.

Er trägt die alte Brille mit dem schwarzen Rahmen. Jemand hat ihn gefüttert, der Löffel liegt auf dem Glastisch, und an Fredericks Mund und auf seinem Platzdeckchen, einem wolligen Ding mit rotwangigen Kindern in Holzschuhen, kleben Haferschleimkleckse. Werner kann das Deckchen nicht ansehen.

Fanni beugt sich vor, schiebt Frederick drei weitere Löffel in den Mund und wischt ihm das Kinn ab. Sie nimmt das Geschirr, faltet das Deckchen zusammen und geht durch eine Schwingtür, hinter der die Küche liegen muss. Werner steht mit vor dem Gürtel zusammengelegten Händen da.

Ein Jahr. Mehr noch. Frederick muss sich jetzt rasieren, wie Werner sieht. Oder er wird rasiert.

«Hallo, Frederick.»

Frederick rollt den Kopf nach hinten und sieht Werner durch seine verschmutzte Brille über die Nase hinweg an.

«Ich bin Werner. Deine Mutter sagt, vielleicht erinnerst du dich nicht? Ich bin dein Freund aus der Schule.»

Frederick scheint Werner weniger an- als durch ihn hindurchzusehen. Auf dem Tisch liegt ein Stapel Papier. Auf dem obersten Blatt ist eine dicke, unbeholfene, mit schwerer Hand gezeichnete Spirale zu erkennen.

«Hast du die gemalt?» Werner hebt das obere Blatt an. Darunter liegt eine weitere Spirale, dann noch eine, insgesamt sind es dreißig, vierzig Spiralen, die immer das ganze Blatt einnehmen, alle mit derselben schweren Hand gezeichnet. Frederick lässt das Kinn auf die Brust sinken, vielleicht ist es ein Nicken. Werner sieht sich um: eine Truhe, eine Kiste mit Bettwäsche, das blasse Blau, die sattweiße Täfelung. Spätes Sonnenlicht gleitet über die großen, bodentiefen Fenster, und die Luft riecht nach Silberpolitur. Die Wohnung hier im vierten Stock scheint tatsächlich hübscher als die im ersten. Die Decken sind hoch und mit geprägtem Zinn und Stuckverzierungen geschmückt. Obst, Blumen, Bananenblätter.

Fredericks Oberlippe ist aufgeworfen, man sieht seine Schneidezähne, am Kinn hängt ein Speichelfaden und berührt das Papier. Werner erträgt es keine Sekunde länger und ruft nach dem Mädchen. Fanni steckt den Kopf durch die Schwingtür. «Wo», fragt er, «sind die Bücher? Die mit den Vögeln? In den silbernen Schubern?»

«Ich glaube nicht, dass wir je so ein Buch hatten.»

«Doch, das hatten Sie …»

Fanni schüttelt den Kopf und verschränkt die Hände vor der Schürze.

Werner hebt die Deckel verschiedener Kisten an und sieht hinein. «Sie müssen hier sein.»

Frederick hat angefangen, eine weitere Spirale zu zeichnen.

«Vielleicht hier?»

Fanni tritt neben Werner und nimmt seine Hand vom Deckel der Kiste, die er öffnen will. «Ich glaube nicht», wiederholt sie, «dass wir je so ein Buch hatten.»

Werner fängt am ganzen Körper an zu kribbeln. Die riesigen Linden vor den Fenstern wiegen sich hin und her. Das Licht wird spärlicher. Auf einem nicht erleuchteten Schild an einem Haus zwei Straßen weiter steht: *Berlin raucht Juno*.

Fanni ist schon wieder in der Küche verschwunden.

Werner sieht zu, wie Frederick eine weitere Spirale produziert, den Bleistift fest mit der Hand gepackt.

«Ich verlasse Schulpforta, Frederick. Sie ändern mein Alter und schicken mich an die Front.»

Frederick hebt den Stift, studiert ihn und macht weiter.

«In weniger als einer Woche.»

Frederick müht sich mit dem Mund ab, als wollte er Luft kauen. «Du siehst hübsch aus», sagt er. Er sieht Werner nicht direkt an, und seine Worte gleichen einem Stöhnen. «Du siehst hübsch, sehr hübsch aus, Mama.»

«Ich bin nicht deine Mama», zischt Werner. «Komm schon.» Fredericks Ausdruck ist ganz ohne List. Drüben in der Küche steht das

Mädchen und lauscht. Es gibt kein anderes Geräusch, man hört keinen Verkehr, keine Flugzeuge, keine Züge, keine Radios und auch den Geist von Frau Schwartzenberger nicht, der am Käfig des Aufzugs rüttelt. Kein Skandieren, kein Singen, keine Seidenbanner, keine Trompeten, keine Mutter, keinen Vater und auch keinen glattfingrigen Anstaltsleiter, der einem über den Rücken streicht. Die Stadt scheint völlig still, als lauschten alle und warteten darauf, dass jemand ausrutscht.

Werner sieht auf das Blau der Wände und denkt an die *Birds of America*, den *Yellow crowned heron*, den *Kentucky warbler* und den *Scarlet tanager*, an einen wunderbaren Vogel nach dem anderen, und Fredericks Blick bleibt irgendwo in einer schrecklichen Mitte hängen, jedes Auge ein stillstehendes Wasser. Werner erträgt es nicht, in sie hineinzusehen.

Rückfall

Ende Juni 1942 ist Madame Manec seit ihrem Fieber zum ersten Mal nicht in der Küche, als Marie-Laure aufwacht. Könnte sie schon auf dem Markt sein? Marie-Laure klopft an ihre Tür und wartet hundert Herzschläge, geht nach hinten auf die Gasse hinaus und ruft nach ihr. Es ist ein herrlich warmer Junimorgen. Tauben und Katzen. Kreischendes Lachen aus einem Nachbarfenster.

«Madame?»

Ihr Herz schlägt schneller. Noch einmal klopft sie an Madame Manecs Tür.

«Madame?»

Als sie eintritt, hört sie als Erstes das Rasseln. Als wühlte eine müde Flut Steine in der Lunge der alten Frau. Saurer Schweiß- und Uringeruch steigen vom Bett auf. Ihre Hände finden das Gesicht von Madame, und die Wange der alten Frau ist so heiß, dass Marie zurückfährt, als hätte sie sich die Finger verbrannt. Sie eilt nach oben, stolpert, ruft: «Onkel! Onkel!», und in ihrer Vorstellung färbt sich das Haus scharlachrot, das Dach wird zu Rauch, Flammen lecken an den Wänden.

Etienne hockt sich auf seinen knackenden Knien neben Madame, läuft zum Telefon und sagt ein paar Worte. Schon ist er wieder an Madames Seite. Während der nächsten Stunde füllt sich die Küche mit Frauen, Madame Ruelle, Madame Fontineau, Madame Hébrard. Es wird zu voll. Marie-Laure läuft die Treppe hinauf und hinunter, hinauf und hinunter, als arbeitete sie sich durch den Turm einer riesigen Meeresschnecke. Der Arzt kommt und geht, gelegentlich legt eine der Frauen eine knochige Hand auf Marie-Laures Schulter, und als die Glocken der Kathedrale zwei schlagen, in genau dem Moment, kommt der Arzt mit einem Mann, der nichts als Guten Tag sagt und nach Schmutz und Klee riecht. Der Mann nimmt Madame Manec, trägt sie auf die Straße und lädt sie auf einen Pferdekarren, als wäre sie ein Sack gemahlener Hafer. Die Hufeisen klackern davon, der Arzt zieht das Bett ab, und Marie-Laure findet Etienne in der Ecke der Küche, wo er hockt und flüstert: «Madame ist tot. Madame ist tot.»

Sechs

8. August 1944

Jemand im Haus

Eine Gegenwart, ein Einatmen. Marie-Laure richtet all ihre Sinne auf den Eingang zwei Stockwerke unter ihr. Das äußere Tor fällt mit einem Seufzen zu, dann schließt sich die Haustür.

In ihrem Kopf hört sie ihren Vater: *Das Tor wurde zuerst geschlossen, nicht danach. Das heißt, wer immer es sein mag, ist hereingekommen und hat die Haustür von innen geschlossen. Er ist im Haus.*

Die Haare in ihrem Nacken stellen sich auf.

Etienne weiß, dass du hier bist, er hätte geklingelt, Marie. Etienne würde längst nach dir rufen.

Stiefel in der Diele. Scherben knirschen darunter.

Es ist nicht Etienne.

Die Bedrängnis ist so intensiv, fast nicht zu ertragen. Sie versucht, sich zu beruhigen, versucht, sich auf das Bild einer Flamme zu konzentrieren, die in ihrem Brustkasten brennt, einer Schnecke, die sich in die Windungen ihres Hauses zurückzieht, doch das Herz pocht ihr in der Brust und die Angst pulsiert das Rückgrat herauf. Plötzlich ist sie unsicher, ob man aus der Diele heraufsehen und bis in den zweiten Stock blicken kann. Sie erinnert sich, dass ihr Großonkel gesagt hat, sie müssten auf Plünderer achten. Die Luft ist voller Trugbilder, voller Flecken und Rascheln, und Marie-Laure stellt sich vor, wie sie ins von Spinnweben durchzogene Badezimmer rennt und sich aus dem Fenster wirft.

Stiefel in der Diele. Sie stoßen hinter einen Teller, der über den Boden schlittert. Ein Feuerwehrmann, ein Nachbar, ein deutscher Soldat auf der Suche nach Essen?

Ein Retter würde nach Überlebenden rufen, ma chérie. *Du musst hier weg. Du musst dich verstecken.*

Die Schritte bewegen sich auf Madame Manecs Zimmer zu. Sie gehen langsam, vielleicht ist es dunkel. Könnte es schon Nacht sein?

Vier, fünf, sechs oder eine Million Herzschläge ziehen vorbei. Sie hat ihren Stock, Etiennes Mantel, die beiden Gläser, das Messer, den

Ziegel. Das kleine Haus in der Tasche ihres Kleides. Darin den Stein. Wasser in der Wanne am Ende des Flurs.

Bewege dich. Geh.

Ein Topf oder eine Pfanne, vermutlich während des Bombardements vom Haken gefallen, scheppert über den Küchenboden. Er kommt aus der Küche. Tritt zurück in die Diele.

Steh auf, ma chérie. *Steh jetzt auf.*

Sie erhebt sich, findet mit der rechten Hand das Geländer. Er ist unten an der Treppe. Fast hätte sie aufgeschrien, und dann, als er den Fuß auf die erste Stufe stellt, erkennt sie, dass er unrhythmisch geht. Eins-Pause-zwei, eins-Pause-zwei. Diesen Gang hat sie schon gehört. Das Lahmen eines deutschen Stabsfeldwebels mit einer toten Stimme.

Geh.

Marie-Laure macht jeden Schritt so gezielt wie nur möglich. Dankbar dafür, dass sie keine Schuhe anhat. Ihr Herz schlägt so unbändig gegen den Käfig ihrer Brust, dass sie sicher ist, der Mann dort unten kann es hören.

Hinauf in den dritten Stock. Jeder Schritt ein Flüstern. In den vierten Stock. Auf dem Treppenabsatz des fünften Stocks hält sie unter dem Kronleuchter inne und versucht zu lauschen. Sie hört den Deutschen drei, vier weitere Stufen hinaufsteigen und eine asthmatische Pause einlegen. Dann geht er weiter. Eine der hölzernen Stufen ächzt unter seinem Gewicht. Für Marie-Laure klingt es, als würde ein kleines Tier zertreten.

Er bleibt, wie sie denkt, auf dem Treppenabsatz des zweiten Stocks stehen. Wo sie eben gehockt hat. Ihre Wärme muss noch auf dem Holzboden neben dem Telefontischchen zu spüren sein. Ihr verflüchtigter Atem.

Wohin kann sie fliehen?

Versteck dich.

Links von ihr liegt das alte Zimmer ihres Großvaters, rechts ihr kleines Schlafzimmer mit dem herausgeplatzten Glas. Geradeaus ist die Toilette. Und es riecht immer noch nach Rauch.

Seine Schritte auf dem Treppenabsatz. Eins-Pause-zwei, eins-Pause-zwei. Keuchen. Er steigt höher.

Wenn er mich anrührt, denkt sie, kratze ich ihm die Augen aus.

Sie öffnet die Tür zum Zimmer ihres Großvaters und hält inne. Der

Mann unter ihr macht wieder eine Pause. Hat er sie gehört? Kommt er schneller die Treppe herauf? Draußen in der Welt warten zahllose Zufluchtsorte. Gärten voll mit leuchtend grünem Wind. Königreiche aus Hecken. Tiefe Senken voller Waldschatten, durch die Schmetterlinge flattern und nur an Nektar denken. Sie kann nirgends hin.

Sie findet den großen Schrank am hinteren Ende des Zimmers, zieht die beiden Spiegeltüren auf, schiebt die im Schrank hängenden Hemden auseinander und öffnet die Geheimtür, die Etienne in die hintere Schrankwand gebaut hat. Sie quetscht sich in den kleinen Raum mit der Leiter hinauf auf den Dachboden, langt zurück durch den Schrank, tastet nach den Türen und schließt sie.

Schütze mich, Stein, wenn du ein Beschützer bist.

Leise, sagt die Stimme ihres Vaters. *Mach kein Geräusch*. Mit einer Hand greift sie nach dem Griff, den Etienne auf das geheime Stück Rückwand geschraubt hat. Zentimeter um Zentimeter schiebt sie die Tür zu, bis sie hört, wie sie in ihre Ausgangsposition einrastet. Dann hält sie den Atem so lange an, wie sie kann.

Der Tod Walter Bernings

Eine Stunde lang hat Berning unzusammenhängenden Unsinn gemurmelt, dann ist er verstummt, und Volkheimer sagte: «Gott, habe
Erbarmen mit deinem Diener.» Aber jetzt richtet Berning sich auf
und ruft nach Licht. Sie geben ihm das letzte Wasser aus der ersten
Flasche. Ein kleines Rinnsal bahnt sich den Weg durch seine Barthaare, und Werner sieht, wie es wieder versiegt.

Berning sitzt im Glimmen der Feldlampe und blickt von Volkheimer zu Werner. «Im Urlaub letztes Jahr», sagt er, «habe ich meinen
Vater besucht. Er war alt. Er war mein ganzes Leben schon alt, doch
jetzt schien er besonders alt. Er brauchte ewig, um die Küche zu
durchqueren. Er hatte eine Packung Kekse, kleine Mandelkekse, und
legte sie auf einen Teller, einfach so in der Packung. Keiner von uns aß
einen. Er sagte: ‹Du musst nicht bleiben. Ich fände es schön, wenn du
bleiben würdest, aber du musst nicht. Du wirst viel zu tun haben.
Treffe dich mit deinen Freunden, wenn du willst.› Das sagte er immer
wieder.»

Volkheimer schaltet die Lampe aus, und Werner fürchtet, dass da
etwas Entsetzliches in der Finsternis lauert.

«Ich bin gegangen», sagt Berning. «Die Treppe hinunter und hinaus
auf die Straße. Ich wusste nicht, wohin. Es gab niemanden, zu dem ich
gekonnt hätte. Ich hatte keine Freunde in der Stadt. Den ganzen verdammten Tag habe ich im Zug gesessen, um ihn zu sehen, und dann
bin ich wieder gegangen, einfach so.»

Berning verstummt. Volkheimer legt ihn hin und deckt ihn mit
Werners Decke zu. Kurz darauf stirbt Berning.

Werner probiert mit dem Funkgerät herum. Vielleicht tut er es für
Jutta, wie Volkheimer gesagt hat, oder vielleicht auch, weil er nicht
darüber nachdenken will, wie Volkheimer Berning in eine Ecke trägt
und ihm Steine auf Hände, Brust und Gesicht legt. Werner hält die
Feldlampe im Mund und sammelt ein, was er kann: einen kleinen
Hammer, drei Büchsen mit Schrauben und ein Kabel von einer Tisch-
lampe. In der Schublade eines zertrümmerten Schranks findet er wun-

derbarerweise eine Elf-Volt-Zink-Kohle-Batterie mit dem Bild einer schwarzen Katze. Es ist eine amerikanische Batterie, der aufgedruckte Werbesatz spricht von neun Leben. Werner betrachtet sie im orangefarbenen Licht und staunt. Er überprüft die Kontakte. Sie ist noch gut geladen. Wenn die Batterie der Lampe aufgibt, nehmen wir die hier, denkt er.

Er richtet den umgeworfenen Tisch auf und stellt das beschädigte Funkgerät darauf. Werner glaubt nicht, dass viel Hoffnung besteht, aber so hat er etwas zu tun, hat ein Problem zu lösen. Er richtet Volkheimers Lampe zwischen den Zähnen neu aus und versucht, nicht an seinen Hunger und seinen Durst zu denken, nicht an die Pfropfen-Leere in seinem linken Ohr. Nicht an Berning in der Ecke, die Österreicher oben, an Frederick, Frau Elena und Jutta. An nichts von alledem.

Die Antenne. Die Abstimmung. Der Kondensator. Während er arbeitet, sind seine Gedanken fast ruhig, fast gelassen. Es ist ein Akt der Erinnerung.

Das Zimmer im fünften Stock

Von Rumpel hinkt durch die Räume mit ihrem verblichenen weißen Stuck, den uralten Petroleumlampen, Belle-Époque-Spiegeln, Flaschenschiffen und toten Kippschaltern. Schwaches Zwielicht schneidet in trüben roten Streifen durch Fensterladenlatten und Rauch.

Ein Tempel des Second Empire ist dieses Haus. Eine Badewanne im zweiten Stock ist zu zwei Dritteln mit kaltem Wasser gefüllt. Die Zimmer im dritten Stock sind mit allen möglichen Dingen vollgestopft. Puppenhäuser hat er bisher noch keine entdeckt. Er steigt in den vierten Stock, schwitzt und macht sich Sorgen, dass er sich verkalkuliert hat. Das Gewicht in seinem Leib schwingt wie ein Pendel hin und her. Er kommt in einen großen schönen, mit allerlei Zeugs, Kisten, Büchern und mechanischen Teilen vollgepackten Raum. Ein Schreibtisch, ein Diwan, drei Fenster nach allen Seiten hin. Kein Modell.

Der fünfte Stock. Links ein ordentliches Schlafzimmer mit einem einzelnen Fenster und langen Vorhängen. Eine Jungenmütze hängt an der Wand. Hinten ragt ein massiger Schrank im Dämmerlicht auf. Hemden hängen darin. Mottenkugeln.

Zurück auf den Flur. Es gibt ein kleines Wasserklosett, die Schüssel voller Urin. Dahinter das letzte Zimmer. Auf jeder verfügbaren Oberfläche, auf Simsen, der Fensterbank und einer Kommode liegen Schneckenhäuser und Muscheln, auf dem Boden stehen Gläser voller Steine, offenbar alle nach einem schwer durchschaubaren System geordnet, und dort, dort!, am Fußende des Betts, auf einem niedrigen Tisch, steht, wonach er gesucht hat: ein hölzernes Modell der Stadt, hingeschmiegt wie ein Geschenk, groß wie ein Esstisch, voller kleiner Häuser. Das Modell ist völlig unbeschädigt, nur auf den Straßen liegt etwas herabgefallener Putz. Das Abbild ist in weit besserem Zustand als sein Original. Eine wirklich großartige Arbeit.

Im Zimmer der Tochter. Für sie. Natürlich.

Von Rumpel hat das Gefühl, das Ende einer langen Reise erreicht zu haben, zu triumphieren, und lässt sich auf den Rand des Bettes sinken. Ein doppelter Schmerz lodert in seinen Leisten auf, und merkwürdigerweise ist ihm, als wäre er hier schon einmal gewesen, hätte in einem knubbligen Bett wie diesem geschlafen, Steine gesammelt und sie genau wie diese hier arrangiert. Als hätte diese ganze Szenerie nur auf seine Rückkehr gewartet.

Er denkt an seine eigenen Töchter, und wie sehr es ihnen gefallen würde, ihre ganze Stadt so vor sich zu haben. Seine Jüngste würde wollen, dass er sich neben sie kniet. *Stellen wir uns vor, dass die Leute gerade beim Abendessen sind*, würde sie sagen. *Komm, tun wir einfach so, Papa.*

Saint-Malo draußen vor dem zerbrochenen Fenster, vor den verriegelten Fensterläden, ist so ruhig, dass von Rumpel hören kann, wie das Rasseln seines Herzschlags die Härchen in seinem Innenohr bewegt. Er hört den über die Dächer wehenden Rauch. Die leicht herabregnende Asche. Jeden Moment wird der Beschuss wieder einsetzen. Langsam jetzt, sagt er sich. Der Stein muss irgendwo da drin sein. Es ist ganz so, als wiederholte der Schlosser es noch einmal. Das Modell, er ist im Modell.

Das Funkgerät bauen

Ein Ende des Drahts befestigt Werner an einem abgerissenen Rohr, das diagonal aus dem Boden ragt. Mit Spucke säubert er den Draht, wickelt ihn hundertmal unten um das Rohr und produziert so eine Spule zur Frequenzeinstellung. Das andere Ende schlingt er durch einen verbogenen Balken, der aus dem Gewirr aus Holz, Stein und Zement ragt, das ihre Decke bildet.

Volkheimer sieht ihm aus dem Dunkel zu. Oben in der Stadt explodiert eine Granate und lässt einen Schauer Staub auf sie niederregnen.

Die Diode kommt zwischen die freien Enden des Drahts und die Kontakte der Batterie, um den Schaltkreis zu komplettieren. Werner fährt mit dem Lichtkegel von Volkheimers Lampe über die Anlage. Erde, Antenne, Batterie. Schließlich nimmt er die Lampe wieder zwischen die Zähne, hält die beiden Adern des Kopfhörerkabels vor sich hin, entfernt mit einer Schraube die Isolierung an den Enden und hält das nackte Metall an die Anschlüsse der Diode. Unsichtbare Elektronen summen durch die Drähte.

Das Hotel über ihnen – was davon noch übrig ist – lässt ein unirdisches Stöhnen hören. Holz splittert, als hingen Schutt und Geröll an einem letzten Widerstand. Als reichte es, dass sich eine Libelle darauf setzte, um alles auf sie niederbrechen zu lassen und sie für immer zu begraben.

Werner drückt den Knopf des Kopfhörers in sein rechtes Ohr.

Es funktioniert nicht.

Er dreht den eingedrückten Kasten des Funkgeräts um und sieht hinein. Schüttelt Volkheimers Lampe, damit sie wieder zum Leben erwacht. Ganz ruhig jetzt. Stell dir die Verteilung der Spannung vor. Noch einmal überprüft er Sicherungen, Röhren, Stecker. Schaltet den Sender/Empfänger-Schalter hin und her, bläst Schmutz von der Wahltaste. Ersetzt die Verbindung zur Batterie. Steckt den Kopfhörer noch einmal ins Ohr.

Und da ist es, als wäre er wieder acht Jahre alt und hockte neben seiner Schwester auf dem Boden des Kinderhauses. Das Rauschen.

Satt und stetig. In seiner Erinnerung sagt Jutta seinen Namen, und gleich darauf folgt eine zweite Erinnerung, ein weniger erwartetes Bild, zwei Schnüre vorne an Herrn Siedlers Haus, und daran hängt eine große, glatte, purpurne Fahne, unverschmutzt, tiefrot.

Werner tastet die Frequenzen nach Gefühl ab. Kein Knacken, keine Morsecode-Fetzen, keine Stimmen. Nur Rauschen, Rauschen, Rauschen, Rauschen, Rauschen. In seinem gesunden Ohr, im Empfänger, in der Luft. Volkheimers Augen bleiben auf ihn gerichtet. Staub treibt durchs schwache Licht, zehntausend Teilchen, sich drehend, funkelnd.

Auf dem Dachboden

Der Deutsche schließt die Schranktür und humpelt davon. Marie-Laure bleibt auf der unteren Sprosse der Leiter stehen und zählt bis vierzig. Sechzig. Einhundert. Das Herz müht sich, sauerstoffreiches Blut zu liefern, ihre Gedanken rasen, um die Situation zu enträtseln. Ein Satz, den ihr Etienne einst vorgelesen hat, kehrt zurück: *Selbst das Herz, das bei höheren Wesen im Zustand der Erregtheit mit größerer Energie pulsiert, klopft in der Schnecke bei ähnlicher Erregtheit langsamer.*

Beruhige dein Herz. Bewege die Füße. Mache kein Geräusch. Sie drückt ein Ohr an die geheime Tür hinten im Schrank. Was hört sie? Motten, die an den alten Sachen ihres Großvaters knabbern? Nichts.

Langsam, unmöglich, spürt Marie-Laure, dass sie müde wird.

Sie fühlt die Dosen in ihren Taschen. Wie soll sie die nun öffnen, ohne einen Laut?

Ihr bleibt nur, nach oben zu klettern. Sieben Sprossen hinauf in den langen dreieckigen Tunnel des Dachbodens. Rohe Holzbalken erstrecken sich von beiden Seiten bis zum First, unter dem sie gerade so aufrecht stehen kann.

Hitze hat sich hier oben eingenistet. Es gibt kein Fenster, keinen Ausgang. Nichts, wohin sie noch fliehen könnte. Nur durchs Haus kann sie hier wieder hinaus.

Ihre ausgestreckten Finger finden eine alte Rasierschüssel, einen Schirmständer und eine Kiste voller wer weiß was. Die Bodendielen unter ihren Füßen sind so breit wie ihre Hände, und sie weiß aus Erfahrung, welchen Lärm es machen kann, wenn man über sie läuft.

Stoße nichts um.

Wenn der Deutsche den Schrank noch einmal öffnet, die darin hängenden Sachen zur Seite drückt, sich durch die Tür quetscht und nach oben geklettert kommt, was wird sie dann tun? Ihm mit dem Schirmständer eins über den Schädel geben? Ihm das Schälmesser in den Körper jagen?

Schreien.

Sterben.

Papa.

Sie kriecht über den zentralen Balken, von dem die schmalen Bodendielen ausgehen, auf den steinernen Klotz des Kamins am anderen Ende zu. Der zentrale Balken ist der dickste und wird der ruhigste sein. Sie hofft, sie hat nicht die Orientierung verloren. Sie hofft, er ist nicht hinter ihr und richtet eine Pistole auf ihren Rücken.

Fledermäuse rufen fast unhörbar aus der Dachbodenlüftung, und irgendwo fern, auf einem Kriegsschiff vielleicht oder weit draußen hinter Paramé, feuert ein schweres Geschütz.

Bäng. Pause. *Bäng.* Pause. Dann das lange Kreischen, mit dem eine Granate heranfliegt, das Wummern, als sie auf einer der vorgelagerten Inseln explodiert.

Eine entsetzliche schleichende Angst steigt von einem Ort jenseits ihrer Gedanken auf. Aus einer tief in ihr verborgenen Falltür, auf die sie gleich springen muss, mit all ihrem Gewicht, um sie mit einem schweren Schloss zu verschließen. Sie zieht den Mantel aus und breitet ihn über den Boden. Sie traut sich nicht, sich aufzurichten, weil sie Angst vor dem Lärm hat, den ihre Knie auf den Dielen machen könnten. Zeit verstreicht. Nichts ist von unten zu hören. Könnte es sein, dass er wieder gegangen ist? So schnell?

Natürlich ist er noch nicht wieder weg. Sie weiß schließlich, warum er hier ist.

Links von ihr verlaufen Kabel über den Boden. Direkt vor ihr steht Etiennes Kiste mit den alten Schallplatten. Sein aufziehbares Victrola-Grammofon. Sein altes Aufnahmegerät. Der Hebel, um die Antenne am Kamin zu hissen.

Sie schlingt die Arme um die Knie, zieht sie an die Brust und versucht, durch die Haut zu atmen. Geräuschlos wie eine Schnecke. Sie hat die zwei Dosen. Den Ziegel. Das Messer.

Sieben

August 1942

Gefangene

Ein gefährlich untergewichtiger Obergefreiter in einem abgetragenen Arbeitsanzug holt Werner zu Fuß ab. Lange Finger, dünner werdendes Haar unter der Mütze. Einer seiner Stiefel hat den Schnürriemen verloren, und rekelt die Zunge heraus. Er sagt: «Du bist klein.»

Werner in seiner neuen Jacke, mit dem übergroßen Helm und der vorgeschriebenen *Gott-mit-uns*-Gürtelschnalle, drückt den Rücken durch. Der Mann sieht zu der großen, im Dämmerlicht liegenden Schule hinüber, geht in die Hocke, macht Werners Tasche auf und stöbert zwischen den sorgfältig zusammengelegten NPEA-Uniformen herum. Er zieht eine Hose hervor, hält sie gegen das Licht und scheint enttäuscht, dass es auch nicht annähernd seine Größe ist. Nachdem er die Tasche wieder zugemacht hat, wirft er sie sich über die Schulter. Ob er sie behalten oder nur tragen will, kann Werner nicht sagen.

«Ich heiße Neumann, aber sie nennen mich Neumann Zwei, weil es noch einen Neumann gibt, den Fahrer. Der ist die Eins. Dann gibt es noch den Ingenieur, den Oberfeldwebel und dich, damit sind wir wieder fünf, was immer das wert sein soll.»

Keine Trompeten, keine Zeremonie. Das ist Werners Einführung in die Wehrmacht. Sie gehen die fünf Kilometer von der Schule ins Dorf. In einem kleinen Gasthof schwirren schwarze Fliegen über einem halben Dutzend Tische. Neumann Zwei bestellt zwei Portionen Kalbsleber und isst beide. Das Blut wischt er mit Schwarzbrot auf. Seine Lippen glänzen. Werner wartet auf Erklärungen – wohin es geht, in was für eine Einheit er kommt –, erfährt aber nichts. Die Waffenfarbe auf den Schulterklappen und am Kragen ist weinrot, aber Werner kann sich nicht erinnern, wofür es steht. Gepanzerte Infanterie? Chemische Kriegsführung? Die alte Wirtin sammelt die Teller ein. Neumann Zwei holt eine kleine Dose aus seiner Jacke, lässt drei runde Pillen auf den Tisch kullern und schluckt sie. Dann steckt er die Dose wieder ein und sieht Werner an. «Gegen Rückenschmerzen. Hast du Geld?»

Werner schüttelt den Kopf. Neumann Zwei zieht ein paar verkrumpelte, schmutzige Reichsmarkscheine aus der Tasche. Bevor sie gehen, bestellt er bei der Wirtin noch ein Dutzend hart gekochte Eier und gibt Werner vier davon.

Von Schulpforta aus fahren sie mit dem Zug durch Leipzig und steigen an einem Umsteigebahnhof westlich von Łódź aus. Soldaten eines Infanteriebataillons liegen auf dem Bahnsteig und schlafen wie von einer Magierin verzaubert. Ihre verblichenen Uniformen haben in der Düsternis etwas Geisterhaftes, und ihr Atem scheint synchronisiert. Die Atmosphäre ist so gespenstisch wie zermürbend. Hin und wieder murmelt ein Lautsprecher Bestimmungsorte, von denen Werner noch nie gehört hat: Grimma, Wurzen, Grossenhain. Züge kommen jedoch keine, und die Männer rühren sich nicht.

Neumann Zwei sitzt mit gespreizten Beinen da und isst ein Ei nach dem anderen. Mit den Schalen baut er einen Turm in seiner umgedrehten Mütze. Es wird dunkler. Ein weiches, anschwellendes Schnarchen geht von den Schlafenden aus. Werner hat das Gefühl, dass er und Neumann Zwei die einzigen wachen Seelen auf der ganzen Welt sind.

Lange nach Anbruch der Nacht pfeift es im Osten, und die schlafenden Soldaten wachen auf. Werner schreckt aus einem halben Traum hoch und setzt sich auf. Neumann Zwei steht bereits neben ihm und hält die hohlen Hände aneinander, als wollte er eine Kugel Finsternis in ihnen festhalten.

Kupplungen krachen, Bremsen kreischen, und ein Zug fährt aus der Dunkelheit heran. Zuerst kommt die verdunkelte Lokomotive, die mit Panzerungen versehen ist und dicke Rauch- und Dampfwolken ausstößt. Hinter der Lok rumpeln ein paar geschlossene Wagen, darauf folgt ein Maschinengewehr in einer Art Gefechtsstand. Zwei Männer hocken daneben.

Nach dem Maschinengewehr kommen nur noch Flachwagen voller Menschen. Einige stehen, viele knien. Zwei Wagen fahren vorbei, drei, vier. Auf allen sind vorn Säcke aufgestapelt, wahrscheinlich als Windschutz.

Die Schienen neben dem Bahnsteig schimmern dumpf unter dem Gewicht. Neun Flachwagen, zehn, elf. Alle sind voll. Die Säcke wirken im Vorbeifahren merkwürdig, wie aus grauem Lehm geformt. Neumann Zwei hebt das Kinn. «Gefangene.»

Werner versucht, auf den vorbeiwischenden Wagen einzelne Gesichter auszumachen, sieht eine eingefallene Wange, eine Schulter, ein glitzerndes Auge. Tragen sie Uniformen? Viele sitzen vorn mit dem Rücken gegen die Säcke gelehnt. Sie wirken wie Vogelscheuchen, die nach Westen geschafft werden, wo man sie in fürchterlichen Gärten aufstellen wird. Einige der Gefangenen, so viel kann Werner erkennen, schlafen.

Ein Gesicht leuchtet auf, bleich, wächsern, ein Ohr auf den Boden des Wagens gedrückt.

Werner kneift die Augen zusammen. Das sind keine Säcke. Da schläft niemand. Auf den Wagen vorn sind Leichen aufgestapelt.

Als klar wird, dass der Zug nicht anhält, legen sich die Soldaten ringsum wieder hin und schließen die Augen. Neumann Zwei gähnt. Wagen um Wagen voller Gefangener rauschen vorbei, ein Fluss menschlicher Wesen strömt hinaus in die Nacht. Sechzehn, siebzehn, achtzehn: Warum sie zählen? Es sind Hunderte Männer, Tausende. Endlich kommt der letzte Wagen, auf dem sich die Lebenden gegen die Toten lehnen, gefolgt vom Schatten eines weiteren Gefechtsstands mit einem Maschinengewehr, umgeben von vier, fünf Schützen, dann ist der Zug verschwunden.

Das Geräusch der Achsen verklingt, Stille senkt sich zurück über Wald und Bahnhof. Irgendwo in der Richtung dort liegt Schulpforta mit seinen dunklen Türmen, seinen Bettnässern, Schlafwandlern und Schlägern. Und noch ein ganzes Stück weiter der stöhnende Leviathan, der Zollverein, die rappelnden Fenster des Kinderhauses. Jutta.

Werner sagt: «Saßen die auf ihren Toten?»

Neumann Zwei schließt ein Auge und neigt den Kopf wie ein Gewehrschütze, der in die Finsternis zielt, in der der Zug verschwunden ist. «Peng», sagt er. «Peng, peng.»

Der Kleiderschrank

In den Tagen nach Madame Manecs Tod kommt Etienne nicht aus seinem Zimmer. Marie-Laure stellt sich vor, wie er über den Davenport gebeugt dasitzt, Kinderreime murmelt und Geister durch die Wände schweben sieht. Die Stille hinter der Tür ist so tief, dass sie sich sorgt, er hat die Welt ganz hinter sich gelassen.

«Onkel? Etienne?»

Madame Blanchard führt Marie-Laure zu Madame Manecs Gedenkmesse in die Kathedrale Saint-Vincent. Madame Fontineau kocht genug Kartoffelsuppe für eine Woche. Madame Guiboux bringt Marmelade. Madame Ruelle hat irgendwie einen Streuselkuchen gebacken.

Die Stunden verstreichen und fallen ins Nichts. Marie-Laure stellt abends einen vollen Teller vor Etiennes Tür, am Morgen ist er leer. Sie steht allein in Madame Manecs Zimmer und riecht Pfefferminze, Kerzenwachs und sechs Jahrzehnte Treue. Hausmädchen, Krankenschwester, Mutter, Verbündete, Beraterin, Köchin. Was alles war Madame Manec für Etienne? Für sie alle? Deutsche Marine-Soldaten singen draußen auf der Straße betrunken ein Lied, und über dem Herd webt eine Hausspinne jede Nacht ein neues Netz. Für Marie-Laure ist es eine doppelte Grausamkeit: Dass alles andere weiterlebt und die Erde auch nicht einen Moment auf ihrer Reise um die Sonne innehält.

Das arme Kind.

Der arme Monsieur LeBlanc.

Als läge ein Fluch auf ihnen.

Wenn doch nur ihr Vater durch die Küchentür träte. Den Damen zulächelte und die Hände auf Marie-Laures Wangen legte. Fünf Minuten mit ihm. Eine Minute.

Nach vier Tagen kommt Etienne aus seinem Zimmer. Die Treppenstufen knarzen, und die Frauen in der Küche verstummen. Mit schwerer Stimme bittet er alle zu gehen. «Ich brauchte die Zeit, um mich zu verabschieden, und jetzt muss ich mich um mich und meine Nichte kümmern. Danke.»

Kaum, dass sich die Küchentür geschlossen hat, schiebt er den Riegel vor und nimmt Marie-Laures Hände. «Alle Lichter sind aus. Sehr gut. Bitte, stell dich hierher.»

Die Stühle gleiten zur Seite, der Tisch. Sie kann hören, wie er den Ring in der Mitte der Küche anhebt: Die Falltür öffnet sich. Er steigt in den Keller hinunter.

«Onkel? Was brauchst du?»

«Das hier», ruft er.

«Was ist es?»

«Eine elektrische Säge.»

Sie spürt, wie etwas Helles in ihrem Leib aufflammt. Etienne geht die Stufen hinauf, Marie-Laure hinter sich. In den ersten Stock, den zweiten, dritten, vierten, fünften, dann links ins Zimmer ihres Groß-vaters. Er öffnet die Tür des gigantischen Kleiderschranks, holt die Kleider seines Bruders heraus und legt sie aufs Bett. Er steckt ein Ver-längerungskabel draußen auf dem Treppenabsatz ein und sagt: «Jetzt wird es laut.»

Sie sagt: «Gut.»

Etienne klettert in den Schrank, und die Säge erwacht heulend zum Leben. Der Lärm dringt durch die Wände, den Boden, Marie-Laures Brust. Sie fragt sich, wie viele Nachbarn sie hören und ob irgendwo ein frühstückender Deutscher lauschend den Kopf zur Seite legt.

Etienne entfernt ein Rechteck aus der Rückwand des Schranks und sägt anschließend auch eines aus der Dachbodentür dahinter. Er schaltet die Säge ab, windet sich durch das roh ausgesägte Loch und steigt die Leiter auf den Dachboden hinauf. Sie folgt ihm. Den ganzen Morgen über kriecht Etienne mit Kabeln, Zangen und anderen Werk-zeugen, die ihre Hände nicht kennen, über den Boden des Dachge-schosses und webt sich mitten in ein, wie sie es sich vorstellt, kom-pliziertes elektronisches Netz. Dabei murmelt er Unverständliches vor sich hin und holt dicke Broschüren und einzelne elektronische Teile aus verschiedenen Zimmern in den unteren Etagen des Hauses. Der Dachboden knarzt, Hausfliegen zeichnen elektrisch blaue Kreise in die Luft. Spätabends klettert Marie-Laure die Leiter hinunter und schläft zu den Geräuschen ihres über ihr arbeitenden Großonkels im Bett des Großvaters ein.

Als sie aufwacht, zwitschern Rauchschwalben unter den Dach-traufen, und Musik perlt durch die Decke.

Das Lied *Clair de Lune* lässt sie an flatternde Blätter und die harten Streifen Sand bei Ebbe am Strand denken. Die Musik schleicht dahin, erhebt sich, senkt sich zurück auf die Erde, und dann spricht die junge Stimme ihres lange toten Großvaters. *Es gibt sechsundneunzigtausend Kilometer Blutadern im menschlichen Körper, Kinder! Fast genug, um sie zweieinhalbmal um die Erde zu wickeln …*

Etienne kommt die sieben Leitersprossen herunter, drückt sich durch die Rückwand des Schrankes und nimmt ihre Hand in seine. Noch bevor er spricht, weiß sie, was er sagen wird. «Dein Vater hat mich gebeten, auf dich aufzupassen.»

«Ich weiß.»

«Es wird gefährlich. Es ist kein Spiel.»

«Ich will es tun. Madame würde sich wünschen …»

«Erkläre es mir. Erkläre mir den gesamten Ablauf.»

«Zweiundzwanzig Schritte die Rue Vauborel hinunter zur Rue d'Estrées. Dann rechts an sechzehn Gullys vorbei. Nach links in die Rue Robert Surcouf. Neun weitere Gullys zur Bäckerei. Ich gehe an die Theke und sage: ‹Ein einfaches Brot, bitte.›»

«Was wird sie antworten?»

«Sie wird überrascht sein. Aber ich soll sagen: ‹Ein einfaches Brot, bitte›, und sie soll sagen: ‹Und wie geht es deinem Onkel?›»

«Sie wird nach mir fragen?»

«Das soll sie. Dadurch erfährt sie, dass du helfen willst. So hat Madame es vorgeschlagen. Als Teil des Ablaufes.»

«Und was sagst du darauf?»

«Ich werde sagen: ‹Meinem Onkel geht es gut, danke›, nehme das Brot, stecke es in meinen Rucksack und komme zurück nach Hause.»

«Das geht auch jetzt noch so? Ohne Madame?»

«Warum sollte es nicht?»

«Wie bezahlst du?»

«Mit einer Marke.»

«Haben wir welche?»

«Unten, in der Schublade. Und du hast Geld, oder?»

«Ja, wir haben etwas Geld. Wie kommst du zurück nach Hause?»

«Auf direktem Weg.»

«Woher?»

«Neun Gullys die Rue Robert Surcouf hinunter. An der Rue

d'Estrées rechts. Sechzehn Gullys zurück in die Rue Vauborel. Ich weiß das alles, Onkel, ich habe es auswendig gelernt. Ich war schon dreihundert Mal in der Bäckerei.»

«Du darfst nirgends sonst hingehen. Nicht an den Strand.»

«Ich komme direkt zurück.»

«Versprochen?»

«Versprochen.»

«Dann geh, Marie-Laure. Geh wie der Wind.»

Osten

Sie fahren in Güterwagen durch Łódź, Warschau, Brest. Die Tür steht offen, und kilometerlang sieht Werner keinen Hinweis auf Menschen, nur einzelne umgestürzte Bahnwaggons neben den Gleisen, verbogen und zerrissen durch Explosionen. Soldaten klettern in den Wagen und steigen aus, mager, blass, alle mit Tornister, Gewehr und Stahlhelm. Sie schlafen trotz des Lärms, der Kälte und des Hungers, als versuchten sie verzweifelt, sich so lange wie nur möglich aus der wachen Welt zu entfernen.

Kiefernreihen durchtrennen endlose metallfarbene Ebenen. Der Tag ist ohne Sonne. Neumann Zwei wacht auch, uriniert aus der Tür, holt die Pillendose aus dem Mantel und schluckt zwei, drei Tabletten. «Russland», sagt er, wobei Werner nicht sagen kann, woran er es erkennt.

Die Luft riecht nach Stahl.

In der Abenddämmerung hält der Zug, und Neumann Zwei führt Werner zu Fuß zwischen zerstörten Häusern herum, Balken und Ziegel liegen auf verkohlten Haufen. Die Mauern, die noch stehen, sind mit schwarzen Maschinengewehrgravuren überzogen. Es ist fast dunkel, als Werner zu einem muskulösen Hauptmann gelangt, der auf einem nur noch aus einem Holzrahmen und Federn bestehenden Bett sitzt und isst. In einer Blechschüssel auf dem Schoß des Hauptmanns dampft eine Rolle graues Fleisch. Der Mann mustert Werner eine Weile ohne ein Wort, und aus seinem Blick spricht weniger Enttäuschung als eine Art müdes Amüsement.

«Größer machen sie euch auch nicht mehr, wie?»

«Nein, Herr Hauptmann.»

«Wie alt sind Sie?»

«Achtzehn, Herr Hauptmann.»

Der Mann lacht. «Eher zwölf.» Er schneidet ein Stück Fleisch ab, kaut lange darauf herum, langt sich schließlich mit zwei Fingern in den Mund und wirft ein Stück Knorpel weg. «Machen Sie sich mit der Ausrüstung vertraut. Sehen wir mal, ob Sie besser sind als der Letzte, den sie uns geschickt haben.»

Neumann Zwei bringt Werner zur offenen Hintertür eines verdreckten Opel Blitz, eines geländetauglichen Dreitonners mit einem hölzernen Aufbau. An einer Seite hängen verbeulte Benzinkanister, die andere ist von Einschussreihen durchlöchert. Das bleierne Dämmerlicht versiegt, Neumann Zwei bringt Werner eine Petroleumlampe. «Die Ausrüstung ist drinnen.»

Damit verschwindet er. Keine weiteren Erklärungen. Willkommen im Krieg. Winzige Motten wirbeln um die Laterne, Müdigkeit erfasst jede Faser von Werners Körper. Ist das hier Dr. Hauptmanns Vorstellung von einer Belohnung oder einer Bestrafung? Wie er sich danach sehnt, wieder auf einer der Bänke des Kinderhauses zu sitzen, Frau Elenas Lieder zu hören, die Wärme aus dem Kanonenofen zu spüren und dazu die hohe Stimme des von U-Booten und Kampfflugzeugen schwärmenden Siegfried Fischer zu hören. Und am Ende des Tisches sitzt Jutta und zeichnet die tausend Fenster ihrer imaginären Stadt.

Der Laster ist von einem üblen Geruch erfüllt, von Erde, Diesel und etwas Fauligem. Drei quadratische Fenster spiegeln das Laternenlicht. Es ist ein Funkwagen. Auf einer Bank entlang der linken Seite stehen zwei schmierige Funkgeräte, groß wie Kopfkissen. Eine zusammenlegbare RF-Antenne kann von innen ausgefahren und eingeholt werden. Drei Kopfhörer, ein Waffenregal, Spinde. Wachsstifte, Kompasse, Karten. Und da, in einer alten Kiste, warten zwei der Peilgeräte, die er mit Dr. Hauptmann entwickelt hat.

Sie hier zu sehen, tröstet ihn. Es ist, als hätte er sich umgedreht und festgestellt, dass da ein alter Freund neben ihm im Meer treibt. Er holt eines der Geräte aus der Kiste und schraubt die Rückseite auf. Die Skala hat einen Riss, verschiedene Sicherungen sind hin, am Sender fehlt ein Stecker. Er sucht nach Werkzeug, einem Steckschlüssel, Kupferdraht, sieht durch die offene Tür auf das stille Lager und den Himmel mit den zahllosen Sternen.

Warten dahinten russische Panzer? Richten sie gerade ihre Kanonen auf das Licht aus?

Er erinnert sich an Herrn Siedlers großes Philco-Radio mit dem Walnussgehäuse. Starre ins Kabelgewirr, konzentriere dich, überlege. Du wirst den Fehler finden.

Als er das nächste Mal aufblickt, leuchtet ein sanftes Glühen hinter einer fernen Baumreihe, als brenne dort etwas. Die Morgendämmerung. Etwa einen Kilometer entfernt hocken zwei Jungen mit Stöcken neben ein paar knochigen Kühen. Werner schraubt das zweite Peilgerät auf, als ein Riese an die Tür des Wagens tritt.

«Hausner.»

Der Mann fasst mit den langen Armen in die Verstrebungen unter der Decke des Wagenaufbaus und versperrt den Blick auf das zerstörte Dorf, die Felder, die aufgehende Sonne.

«Volkheimer?»

Ein einfaches Brot

Sie stehen in der Küche, die Vorhänge sind zugezogen. Marie-Laure spürt immer noch das Hochgefühl, das sie erfüllte, als sie die Bäckerei mit dem warmen Gewicht des Brotlaibs im Rucksack verlassen hat.

Etienne reißt das Brot auseinander. «Da.» Er legt eine winzige Papierrolle, nicht größer als eine Kaurimuschel, in ihre Hand.

«Was steht darauf?»

«Zahlen. Viele Zahlen. Die ersten drei könnten Frequenzen sein, ich bin nicht sicher, die vierte, zweitausenddreihundert, die Uhrzeit.»

«Was machen wir jetzt?»

«Wir warten, bis es dunkel wird.»

Etienne verlegt Drähte durchs Haus, fädelt sie hinter Wänden her, verbindet einen mit einer Klingel im zweiten Stock, unter dem Telefontischchen, einen anderen mit einer weiteren Klingel auf dem Dachboden, einen dritten mit dem Tor zur Straße. Dreimal muss Marie-Laure es ausprobieren: Sie steht auf der Straße, öffnet das Tor und hört von tief drinnen im Haus zwei schwache Klingelgeräusche.

Als Nächstes baut er eine Geheimtür in die Rückwand des Schranks, die auf einer Schiene hin- und herfährt und von innen wie von außen zu öffnen ist. Bei Einbruch der Dämmerung trinken sie Tee und kauen das mehlige, feste Brot aus der Bäckerei der Ruelles. Als es ganz dunkel ist, folgt Marie-Laure ihrem Onkel die Treppe hinauf, durch das Zimmer im fünften Stock und erklimmt hinter ihm die Leiter auf den Dachboden. Etienne fährt die schwere Teleskopantenne entlang des Kamins aus, legt Schalter um, und der Dachboden wird von einem sanften Knistern erfüllt.

«Fertig?» Er klingt wie ihr Vater, wenn er kurz davorstand, etwas Dummes zu tun. In ihrer Erinnerung hört Marie-Laure die beiden Polizisten: *Es sind schon Leute wegen weniger verhaftet worden.* Und Madame Manec: *Wollen Sie nicht leben, bevor Sie sterben?*

«Ja.»

Er räuspert sich, schaltet das Mikrofon ein und sagt: «567, 32, 3011, 50506, 110, 90, 146, 7751.»

Und die Ziffern fliegen davon, über die Dächer, über das Meer, wer weiß, zu welchen Zielen. Nach England, nach Paris, zu den Toten.

Er schaltet auf eine zweite Frequenz und wiederholt die Zahlen. Eine dritte. Dann stellt er die Apparatur aus, die sich tickend abkühlt.

«Was bedeuten die Zahlen, Onkel?»

«Ich weiß es nicht.»

«Lassen sie sich in Worte übersetzen?»

«Ich denke, das müssen sie.»

Sie steigen die Leiter hinunter und klettern durch den Schrank. Unten in der Diele warten keine Soldaten mit gezogenen Pistolen. Nichts scheint sich geändert zu haben. Marie-Laure muss an einen Satz von Jules Verne denken, dass die Wissenschaft aus Fehlern besteht, die aber nützlich sind, weil sie am Ende zur Wahrheit führen.

Etienne lacht. «Weißt du noch, was Madame über den kochenden Frosch gesagt hat?»

«Ja, Onkel.»

«Ich frage mich, wen sie damit gemeint hat. Sich selbst? Oder die Deutschen?»

Volkheimer

Der Ingenieur ist ein einsilbiger, penetranter Kerl mit einer Augenfehlstellung, er heißt Walter Berning. Der Fahrer ist dreißig, hat eine Zahnlücke und wird Neumann Eins genannt. Werner weiß, dass Volkheimer, ihr Oberfeldwebel, nicht älter als zwanzig sein kann, im harten, zinnfarbenen Licht der Dämmerung wirkt er jedoch doppelt so alt. «Partisanen verüben Anschläge auf Züge», erklärt er. «Sie sind gut organisiert, und der Hauptmann glaubt, sie koordinieren ihre Angriffe über Funk.»

«Der letzte Techniker», sagt Neumann Eins, «hat nichts gefunden.»

«Die Ausrüstung ist gut», sagt Werner. «Beide Geräte sollten in einer Stunde einsatzbereit sein.»

Sanftmut fließt in Volkheimers Augen und verweilt einen Moment lang in ihnen. «Hausner», sagt er und sieht Werner an, «ist mit unserem letzten Techniker nicht zu vergleichen.»

Sie fangen an. Der Opel holpert über Straßen, die kaum mehr als Viehwege sind. Alle paar Kilometer halten sie und stellen eines der Peilgeräte auf einer Erhebung oder einem Grat auf. Sie lassen Berning und den mageren, grinsenden Neumann Zwei zurück, den einen mit einem Gewehr, den zweiten mit einem Kopfhörer. Dann fahren sie ein paar Hundert Meter, genug, um eine Grundlinie für ihr Dreieck zu haben, messen die Entfernung genau, und Werner schaltet das Hauptgerät ein. Er entfaltet die Antenne, setzt den Kopfhörer auf, geht durch die Frequenzen und sucht nach allem, was nicht zugelassen ist. Jeder nicht erlaubten Stimme.

Entlang des flachen, unendlich weiten Horizonts scheinen immer irgendwo Feuer zu brennen. Meist blickt Werner beim Fahren hinaus auf das Land, das sie hinter sich lassen, in Richtung Polen, in Richtung Reich.

Niemand schießt auf sie. Nur wenige Stimmen schneiden sich durch das Rauschen, und was er hört, ist deutsch. Am Abend holt Neumann Eins Dosen mit kleinen Würstchen aus den Munitionskisten, Neumann Zwei macht müde Witze über Huren, an die er sich erinnert oder die er erfindet, und später, in seinen Albträumen, sieht Werner, wie sich Jungengestalten über Frederick beugen, doch als er näher kommt, wird Frederick zu Jutta, und sie starrt Werner anklagend an, während die Jungen ihre Glieder eines nach dem anderen wegtragen.

Stündlich steckt Volkheimer seinen Kopf hinten in den Opel, fängt Werners Blick auf und sagt: «Nichts?»

Werner schüttelt den Kopf. Er probiert mit den Batterien herum, denkt über die Antennen nach und überprüft die Sicherungen zum dritten Mal. In Schulpforta, mit Dr. Hauptmann, war es ein Spiel. Er konnte Volkheimers Frequenz erraten und wusste immer, ob Volkheimers Sender eingeschaltet war. Hier draußen hat er keine Ahnung, wann, wo oder ob überhaupt jemand etwas sendet. Hier draußen jagt er Geister. Alles, was sie tun, ist Benzin verfahren. Sie kommen an schwelenden Hütten vorbei, an zerstörter Artillerie und anonymen Gräbern, und Volkheimer fährt sich mit seiner riesigen Pranke über das kurz geschorene Haar und wird von Tag zu Tag unruhiger. Aus der Ferne erklingt das Donnern schwerer Geschütze, und immer noch gibt es Anschläge auf die deutschen Züge. Schienen werden herausgerissen, Wagen umgeworfen, Soldaten des Führers zu Krüppeln, und seine Offiziere schäumen vor Wut.

Ist das da ein Partisan? Der alte Mann, der mit seiner Säge einen Baum fällt? Oder der, der sich über den Motor eines Wagens beugt? Und was ist mit den drei Frauen, die da Wasser aus dem Bach holen?

Nachts friert es, der Frost wirft ein silbernes Tuch über die Landschaft, und Werner liegt hinten im Wagen, die Hände fest unter die Achseln geklemmt. Er sieht seinen Atem, und die Röhren im Peilgerät schimmern schwach blau. Wie tief wird der Schnee sein? Zehn Zentimeter? Zwanzig? Meterhoch?

Kilometerhoch, denkt Werner, wir fahren über alles, was einmal war.

Herbst

Stürme waschen Himmel, Strände und Straßen rein, eine rote Sonne taucht ins Meer und setzt sämtlichen nach Westen gerichteten Granit Saint-Malos in Flammen. Drei Limousinen mit umwickelten Auspufftöpfen gleiten wie Gespenster die Rue de la Crosse hinunter, und ein rundes Dutzend deutsche Offiziere, begleitet von Männern mit Bühnenlampen und Filmkameras, steigt die Stufen zur Bastion de la Hollande hinauf und spaziert in der Kälte über die Festungsmauern.

Etienne steht an seinem Fenster im vierten Stock und beobachtet sie durch ein Messingfernrohr, insgesamt etwa zwanzig Mann, Hauptleute, Majore, und da ist sogar ein Oberstleutnant, der seinen Mantel beim Kragen hält und eine Geste hinaus zu den Befestigungen auf den vorgelagerten Inseln macht. Einer der einfachen Soldaten versucht, sich trotz des Windes eine Zigarette anzustecken, und die anderen lachen, als ihm dabei die Mütze vom Kopf und der Festungsmauer geblasen wird.

Aus der Tür von Claude Levittes Haus auf der anderen Straßenseite kommen drei lachende Frauen. In Claudes Fenstern brennt Licht, obwohl der Rest der Straße keinen Strom hat. Im zweiten Stock öffnet jemand eines der erleuchteten Fenster und wirft ein Schnapsglas hinaus, und da fliegt es, dreht sich und dreht, Richtung Rue Vauborel und verschwindet aus dem Blick.

Etienne steckt eine Kerze an und geht hinauf in den fünften Stock. Marie-Laure schläft. Er zieht ein Stück aufgerolltes Papier aus der Tasche und betrachtet die Zahlen darauf. Er hat es bereits aufgegeben, den Code knacken zu wollen. Er hat die Zahlen ausgeschrieben, sie in ein Gitternetz gesetzt, addiert und multipliziert, ohne Erfolg. Und doch hat sich etwas geändert. Denn Etienne fühlt sich nachmittags nicht mehr schlecht, sein Blick bleibt klar, sein Herz ruhig. Schon seit einem Monat hat er sich nicht mehr vor der Wand seines Zimmers einrollen und beten müssen, dass er keine Geister mehr durch die Wände schweben sieht. Wenn Marie-Laure mit dem Brot ins Haus kommt, wenn er die kleine Papierrolle glatt streicht und den Mund ans Mikrofon senkt, fühlt er sich unerschütterbar. Lebendig.

56778. 21. 4567. 1094. 467813.

Es folgen die Zeit und die Frequenz für die nächste Nachricht.

Seit ein paar Monaten machen sie es nun so. Alle paar Tage steckt ein weiteres Papierröllchen im Brot, und in letzter Zeit sendet Etienne auch wieder Musik. Immer nur nachts und immer nur den Bruchteil eines Stücks, höchstens eine, anderthalb Minuten. Debussy, Ravel, Massenet oder Charpentier. Er stellt das Mikrofon in den Trichter seines Grammofons, wie er es vor Jahren getan hat, und setzt die Nadel auf die Platte.

Wer hört zu? Etienne stellt sich als Hafermehlschachteln getarnte Kurzwellenempfänger vor, unter Bodendielen, hinter Fliesen und in Kinderwiegen versteckte Radios. Er stellt sich zwei, drei Dutzend Zuhörer entlang der Küste vor, vielleicht noch mehr, die ihn von See empfangen, Kapitäne auf freien Schiffen mit Tomaten, Flüchtlingen oder Waffen an Bord, Engländer, die auf die Zahlen warten, aber nicht auf die Musik, und die sich fragen müssen: *Warum?*

Heute Nacht spielt er Vivaldi. *L'Autunno – Allegro.* Eine Platte, die sein Bruder vor vierzig Jahren für fünfundfünfzig Centimes in einem Laden in der Rue Sainte-Marguerite gekauft hat.

Das Cembalo zupft vor sich hin, die Geigen schaffen große barocke Bewegungen. Der niedrige, winklige Raum des Dachbodens schäumt mit Klang über. Hinter den Ziegeln, eine Straße weiter und dreißig Meter tiefer, lächeln zwölf deutsche Offiziere in die Kameras.

Hört zu, denkt Etienne. Hört euch das an.

Jemand berührt seine Schulter. Er muss sich an der schrägen Decke festhalten, um nicht zusammenzubrechen. Marie-Laure steht im Nachthemd hinter ihm.

Die Geigen werden leiser und wieder lauter. Etienne nimmt Marie-Laures Hand, und sie tanzen. Die Platte dreht sich, schickt die Musik über die Mauern, mitten durch die Körper der Deutschen und hinaus aufs Meer. Er dreht Marie-Laure im Kreis, ihre Finger streichen durch die Luft. Im Kerzenlicht sieht sie aus wie ein Wesen aus einer anderen Welt. Ihr Gesicht ein Meer aus Sommersprossen, und mitten in ihm diese beiden Augen, regungslos wie die Eierkokons von Spinnen. Sie verfolgen ihn nicht, aber sie stören ihn auch nicht.

Sie scheinen in eine andere, tiefere Welt zu sehen, eine Welt, die nur aus Musik besteht.

Anmutig. Schlank. Völlig koordiniert dreht sie sich im Kreis – woher sie weiß, was tanzen ist, könnte er nicht sagen.

Die Musik spielt weiter. Zu lange. Die Antenne ist noch ausgefahren und wahrscheinlich undeutlich am Nachthimmel zu erkennen. Da könnte auch gleich der ganze Dachboden wie ein Leuchtfeuer brennen. Und im Kerzenlicht, im süßen Rausch des Konzerts, beißt sich Marie-Laure auf die Unterlippe, und ihr Gesicht strahlt ein weiteres Licht aus, das ihn an die Marschen hinter den Stadtmauern erinnert, in der Winterdämmerung, wenn die Sonne untergeht, aber noch nicht ganz verschluckt ist, und das Schilf fängt ihr rotes Licht ein und brennt. Und er denkt an die Orte, an denen er mit seinem Bruder war, in einem fernen, anderen Leben, wie ihm scheint.

Das, denkt er, ist die Bedeutung der Zahlen.

Das Konzert endet. Eine Wespe klopft unter dem Dach entlang. Der Sender bleibt eingeschaltet, das Mikrofon steckt im Schalltrichter, die Nadel folgt der letzten Rillenwindung. Marie-Laure atmet heftig und lächelt.

Nachdem sie schlafen gegangen ist und Etienne die Kerze ausgeblasen hat, kniet er noch lange neben seinem Bett. Die Knochengestalt des Todes reitet unten durch die Straßen, hält ihr Pferd hin und wieder an und linst in die Fenster. Der Tod trägt Feuerhörner auf dem Kopf, Rauch dringt ihm aus der Nase, und in seiner Knochenhand trägt er eine neu ausgefertigte Adressenliste. Wirft einen Blick auf die Offiziere, die aus ihren Limousinen steigen und ins Château gehen.

Hinauf zu den erleuchteten Fenstern des Parfümhändlers Claude Levitte.

Auf das dunkle, große Haus von Etienne LeBlanc.

Ziehe weiter, Reiter, ziehe an diesem Haus vorbei.

Sonnenblumen

Sie fahren über einen staubigen Pfad, der kilometerweit von sterbenden Sonnenblumen umgeben ist. Die Sonnenblumen sind groß wie Bäume, ihre Stängel vertrocknet und steif, und die Blütenstände wippen wie betende Köpfe. Während der Opel an ihnen vorbeilärmt, hat Werner das Gefühl, von zehntausend Zyklopenaugen beobachtet zu werden. Neumann Eins hält an, und Berning legt das Gewehr ab, nimmt das zweite Peilgerät und verschwindet zwischen den Stängeln, um es in der vereinbarten Entfernung aufzustellen. Werner klappt die große Antenne auf und setzt sich mit dem Kopfhörer über den Ohren auf seinen gewohnten Platz im Aufbau des Opels.

Vorn im Führerhaus sagt Neumann Zwei: «Du hast ihr die Eier nie gerührt, du alte Jungfrau.»

«Halt die Schnauze», sagt Neumann Eins.

«Wichst dich jeden Abend in den Schlaf. Melkst deinen Schwanz. Holst dir einen runter.»

«Wie die Hälfte der Wehrmacht. Und die Russen machen's nicht anders.»

«Der kleine pubertierende Arier dahinten ist eindeutig ein Wichsgriffel.»

Über Funk hakt Berning die Frequenzen ab. Nichts, nichts, nichts.

Neumann Eins sagt: «Der wahre Arier ist blond wie Hitler, dünn wie Göring, groß wie Goebbels …»

Lachen von Neumann Zwei. «Scheiße, wenn …»

«Schluss», sagt Volkheimer.

Es ist später Nachmittag. Den ganzen Tag haben sie sich durch diese merkwürdige, verlassene Gegend bewegt und nichts als Sonnenblumen gesehen. Werner fährt mit der Nadel über die Frequenzen, wechselt die Bänder, stellt den Funkpeiler neu ein, reduziert das Rauschen. Die Luft ist voll davon, bei Tag wie bei Nacht. Es ist ein großes, trauriges, unheimliches ukrainisches Rauschen, das bereits hier gewesen zu sein scheint, lange bevor die Menschen herausfanden, wie sie es hören konnten.

Volkheimer klettert aus dem Wagen, lässt die Hose herunter und pinkelt zwischen die Blumen. Werner entscheidet sich, die Antenne anders auszurichten, aber bevor er es tun kann, hört er so scharf, klar und bedrohlich wie eine in der Sonne aufblitzende Klinge eine Salve Russisch: *adín, scheßt', wóßim*. Jede Faser seines Nervensystems ist mit einem Schlag hellwach.

Er dreht die Lautstärke so weit auf, wie es geht, und drückt den Kopfhörer auf die Ohren. Wieder hört er es: *pónji-soundso-féschki, schere-soundso-doroschoi* ... Volkheimer sieht durch die offene Tür des Aufbaus zu ihm herein, als spürte er es, als wachte er zum ersten Mal seit Monaten wieder auf, so wie in jener Nacht draußen im Schnee, als Hauptmann in die Luft schoss, weil klar wurde, dass Werners Peilgeräte funktionierten.

Werner dreht den Feineinsteller für die Frequenzen um einen Bruchteil, und schon dröhnt die Stimme in seinen Ohren: *dwinátzat, schyßnátzat, dwátzat' adín*, Unsinn, schrecklicher Unsinn, der direkt in seinen Kopf geleitet wird. Es ist, als griffe er in einen Sack Baumwolle und stoße auf eine Rasierklinge, alles gleichmäßig und unbeirrbar und dann dieses eine gefährliche Ding, das so scharf ist, dass man spürt, wie einem die Haut aufgeschnitten wird.

Volkheimer schlägt mit seiner massigen Faust gegen die Seite des Wagens, um die Neumanns zum Schweigen zu bringen, und Werner gibt Berning den Kanal durch. Berning findet ihn, misst den Winkel, meldet ihn zurück, und Werner stellt seine Rechnung an. Der Rechenschieber, die Trigonometrie, die Karte. Die Russen reden noch immer, als Werner den Kopfhörer um den Hals herunterzieht. «Nord-Nord-west.»

«Wie weit?»

Es sind nur Zahlen. Reine Mathematik.

«Anderthalb Kilometer.»

«Senden sie noch?» Werner hebt eine Kopfhörermuschel ans Ohr. Er nickt. Neumann lässt den Opel an, der mit einem Dröhnen erwacht, und Berning kommt mit dem zweiten Funkpeiler durch die Blumen gerast. Werner zieht die Antenne ein, und sie verlassen den Pfad, fahren mitten durch die Sonnenblumen und walzen sie platt. Die größten recken sich fast so hoch wie der Opel, und ihre trockenen Köpfe schlagen auf das Dach des Führerhauses und gegen die Seiten des Aufbaus. Neumann Eins beobachtet das Hodometer und gibt lautstark die zurückgelegte Distanz bekannt. Volkheimer verteilt Waffen. Zwei Karabiner 98k. Die halb automatische Walther mit Zielfernrohr. Neben ihm füttert Berning Patronen ins Magazin seiner Mauser. *Bong* fallen die Sonnenblumen. *Bong, bong, bong, bong …* Der Opel giert wie ein Schiff auf hoher See, während Neumann Eins ihn über Spuren und Hindernisse treibt.

«Elfhundert Meter», ruft Neumann Eins, und Neumann Zwei klettert auf die Haube des Lastwagens und sieht mit einem Fernrohr über das Feld. Weiter nach Süden hin gehen die Sonnenblumen in ein schmales Gurkenfeld über. Dahinter, von nackter Erde umgeben, steht eine hübsche Kate mit Strohdach und verputzten Wänden.

«Ende des Feldes. Dahinter Schafgarbe.»

Volkheimer hebt sein Scherenfernrohr. «Rauch?»

«Nein.»

«Eine Antenne?»

«Schwer zu sagen.»

«Motor aus. Wir gehen zu Fuß weiter.»

Alles wird ruhig.

Volkheimer, Neumann Zwei und Berning tragen ihre Waffen zwischen die Blumen und werden verschluckt. Neumann Eins bleibt am Steuer, Werner hinten im Aufbau. Keine Landminen explodieren vor ihnen. Überall um den Opel ächzen die Blumen auf ihren Stängeln und nicken in trauriger Eintracht mit den sonnenwenderischen Köpfen.

«Die Scheißer werden überrascht sein», flüstert Neumann Eins. Sein rechter Schenkel zuckt mehrmals pro Sekunde auf und ab. Werner richtet die Antenne so hoch auf, wie er es sich traut, setzt den Kopfhörer auf und dreht an seinem Empfänger. Der Russe verliest etwas, das nach den Buchstaben eines Alphabets klingt. *Peh schéh kah cheh ju miakí znak.* Jeder Laut scheint allein für Werners Ohren aus der akustischen Baumwolle zu steigen und schmilzt dann weg. Das zuckende Bein von Neumann Eins lässt den Wagen leise zittern, und die Sonne lodert durch die auf der Windschutzscheibe verschmierten Insekten. Ein kalter Wind schickt ein Rauschen durch das Feld.

Werden da keine Wachen sein? Ausgucke? Bewaffnete Partisanen, die gerade in diesem Moment den Opel umzingeln? Der Russe aus dem Kopfhörer ist eine Hornisse in jedem Ohr: *zwu kass wúkalow –*

wer weiß, welche Schrecken er auslöst? Gibt er Truppenstellungen durch, Zugfahrpläne? Vielleicht gibt er Kanonieren gerade die Position des Funkwagens durch, und Volkheimer tritt aus den Sonnenblumen und bietet ein menschliches Ziel so groß, wie es nur sein kann, das Gewehr wie einen Knüppel in der Hand haltend. Es scheint unmöglich, dass er in die Kate passt, eher so, als könnte er das Haus in sich aufnehmen.

Erst klingen die Schüsse durch die Luft heran, dann durch die Kopfhörer, so laut, dass Werner sie sich fast vom Kopf gerissen hätte. Schon hört das Rauschen auf, und die Stille im Kopfhörer fühlt sich wie etwas Riesiges an, das sich durch den Raum auf sie zubewegt, ein gespenstisches Luftschiff, das sie verschluckt.

Neumann Eins öffnet und schließt den Verschluss seines Gewehrs.

Werner erinnert sich, wie er nach den Sendungen des Franzosen mit Jutta neben dem Bett hockte und vor dem Fenster ein Kohlezug vorbeirasselte. Das Echo der Sendung schien noch eine Weile in der Luft zu glimmen, als könnte er danach greifen und es in seine Hände fließen lassen.

Volkheimer kommt zurück, und sein Gesicht ist voller Tintenspritzer. Er hebt zwei Finger an die Stirn und schiebt den Helm zurück. Werner sieht, dass es keine Tinte ist. «Steckt das Haus an», sagt Volkheimer. «Schnell. Aber verschwendet keinen Diesel.» Er sieht Werner an. Seine Stimme ist weich, fast melancholisch. «Rette die Ausrüstung.»

Werner legt den Kopfhörer zur Seite und setzt seinen Helm auf. Schwalben fliegen aus den Sonnenblumen auf, und sein Blick vollführt langsame Schleifen, als stimmte etwas mit seinem Gleichgewicht nicht. Neumann Eins geht mit einem Benzinkanister summend vor ihm her. Sie kommen aus den Sonnenblumen, gehen durch Feldkraut, wilde Möhren, all die braun gefrorenen Blätter. Neben der Eingangstür liegt ein Hund, die Schnauze auf den Pfoten, und einen Moment lang denkt Werner, er schläft nur.

Der erste Tote liegt mit einem Arm unter dem Körper auf dem Boden, und wo sein Kopf sein sollte, ist nur blutroter Matsch. Auf dem Tisch ein zweiter Mann, nach vorn gesunken, als schliefe er, auf einem Ohr liegend. Nur der Rand seiner Wunde ist zu sehen, von einem hurenhaften Purpur. Das Blut auf dem Tisch verdickt sich wie abkühlendes Wachs. Es sieht fast schwarz aus. Wie seltsam, zu denken, dass die Stimme des Mannes noch durch die Luft fliegt, bereits ein Land weiter ist und mit jedem Kilometer schwächer wird.

Zerrissene Hosen, schmutzige Jacken, einer der beiden in Hosenträgern. Sie tragen keine Uniform.

Neumann Eins reißt einen Kartoffelsackvorhang herunter und nimmt ihn mit nach draußen. Werner kann hören, wie er ihn mit Benzin begießt. Neumann Zwei nimmt dem einen Toten die Hosenträger ab, holt ein paar verflochtene Schalotten vom Türsturz, drückt sie vor die Brust und geht hinaus.

In der Küche liegt ein halb gegessenes Stück Käse, daneben ein Messer mit einem verblichenen Holzgriff. Werner öffnet den einzigen Schrank, einen Schrein des Aberglaubens. Er sieht Gläser mit dunklen Flüssigkeiten, unspezifizierte Schmerzmittel, Melasse, an der Holzwand hängen Löffel, auf einem Glas steht *Belladonna*, auf einem anderen ein großes *X*.

Der Sender ist schwach, ein Hochfrequenzgerät, wahrscheinlich aus einem russischen Panzer gerettet. Es sind kaum mehr als eine Handvoll Teile, die man in eine Schachtel gepackt hat. Die einfache Antenne neben der Kate hat das Signal vielleicht über fünfzig Kilometer schicken können, wenn überhaupt.

Werner geht hinaus und sieht zum Haus zurück. Knochenweiß steht es im schwindenden Licht. Er denkt an den Schrank mit den seltsamen Tinkturen. Den Hund, der seine Aufgabe nicht erfüllt hat. Diese Partisanen mögen mit dunkler Waldmagie zu tun gehabt haben, von der höheren Magie des Funkens hätten sie die Finger lassen sollen. Werner hängt sich das Gewehr über die Schulter und trägt den alten, mitgenommenen Sender mit seinen Kabeln und dem schlechten Mikrofon durch die Sonnenblumen zurück zum Wagen, dessen Motor bereits läuft. Neumann Zwei und Volkheimer sitzen im Führerhaus. Er hört Dr. Hauptmanns Stimme: *Die Arbeit eines Wissenschaftlers wird von zwei Dingen bestimmt. Seinen Interessen und den Interessen der Zeit.* Alles hat hierhergeführt, alle Dinge, die er erlebt hat: der Tod seines Vaters und die rastlosen Stunden mit Jutta vor dem Kristalldetektor oben unterm Dach. Hans und Herribert mit ihren roten Armbinden, die sie unter den Hemden trugen, damit Frau Elena sie nicht sah. Vierhundert dunkle, glitzernde Abende in Schulpforta, an denen er Peilgeräte für Dr. Hauptmann gebaut hat. Die Zerstörung Fredericks ... Alles hat zu diesem Moment geführt, in dem Werner die aufgefundene Kosakenausrüstung in den Funkwagen packt, sich mit dem Rücken gegen die Bank lehnt und zum Licht der brennenden Kate hinübersieht, das über dem Feld aufsteigt. Berning klettert neben ihn, das Gewehr auf dem Schoß, und beide machen sich nicht die Mühe, die Tür zu schließen, als der Opel sich röhrend in Bewegung setzt.

Steine

Stabsfeldwebel von Rumpel wird in ein Lagerhaus außerhalb von Łódź gerufen. Es ist das erste Mal, dass er wieder reist, seit er seine Behandlungen in Stuttgart abgeschlossen hat, und es kommt ihm vor, als hätte die Dichte seiner Knochen abgenommen. Sechs Wachen mit Stahlhelmen warten hinter Stacheldraht. Es folgt ausführliches Hackenknallen und Salutieren. Er zieht seinen Mantel aus und steigt in einen taschenlosen Overall mit Reißverschlüssen. Drei Riegel werden zur Seite geschoben, und es geht durch eine Tür. Vier Gefreite in genau den gleichen Overalls stehen hinter mit jeweils einer Juwelierlampe ausgestatteten Tischen. Die Fenster sind mit Sperrholz vernagelt.

Ein dunkelhaariger Gefreiter erklärt den Ablauf: Ein erster Mann befreit die Steine aus ihren Fassungen, ein zweiter säubert sie in einem Reinigungsbad, ein dritter wiegt sie, verkündet ihr Gewicht und gibt sie an von Rumpel weiter, der sie unter die Lupe nimmt und ihre Klarheit bestimmt: *Einschlüsse, leichte Einschlüsse, fast lupenrein.* Ein fünfter Mann, der Gefreite selbst, wird alles dokumentieren.

«Wir arbeiten in Zehn-Stunden-Schichten, bis wir fertig sind.»

Von Rumpel nickt. Schon jetzt fühlt sich sein Rückgrat an, als könnte es zersplittern. Der Gefreite zieht einen mit einem Schloss versehenen Sack unter dem Tisch hervor, löst die Kette aus seinem oberen Rand und schüttet den Inhalt auf ein mit Samt ausgeschlagenes Tablett. Tausende Juwelen ergießen sich: Smaragde, Saphire, Rubine. Zitrine. Peridots. Chrysoberylle. Dazwischen glitzern Aberhunderte von kleinen Diamanten, die meisten immer noch in Halsbändern, Armbändern, Manschettenknöpfen oder Ohrringen.

Der erste Mann trägt das Tablett an seinen Platz, spannt einen Verlobungsring in seinen Schraubstock und biegt die Haltestifte mit einer Pinzette zurück. Schon macht sich der Diamant auf den Weg. Von Rumpel zählt die weiteren Säcke unter dem Tisch. Neun. «Woher», beginnt er zu fragen, «kommen die alle ...?»

Aber er weiß, woher.

Die Grotte

Noch Monate nach dem Tod Madame Manecs wartete Marie-Laure darauf, die alte Frau die Treppen heraufkommen zu hören, ihr mühsames Atmen, ihren Seemannston. *Heiligemuttergottes, Kind, ist das kalt!* Aber sie kommt nicht.

Die Schuhe am Fuß des Bettes, neben dem Modell. Der Stock in der Ecke. Hinunter ins Erdgeschoss, wo ihr Rucksack an seinem Haken hängt. Hinaus. Zweiundzwanzig Schritte die Rue Vauborel hinunter, rechts, und nach sechzehn Gullys links in die Rue Surcouf. Neun weitere Gullys bis zur Bäckerei.

Ein einfaches Brot, bitte.

Und wie geht es deinem Onkel?

Meinem Onkel geht es gut, danke.

Manchmal ist in dem Laib ein weißes Papierröllchen, manchmal nicht. Manchmal hat Madame Ruelle es geschafft, ein paar Lebensmittel und anderes für Marie-Laure zu besorgen: Kohl, rote Paprika, Seife. Zurück zur Kreuzung mit der Rue d'Estrées. Statt nach links in die Rue Vauborel zu biegen, geht Marie-Laure heute weiter geradeaus. Fünfzig Schritte bis zur Befestigungsmauer, etwa hundert unten an der Mauer entlang bis zur Einmündung in die Gasse, die immer noch enger wird.

Ihre Hände finden das Schloss. Sie zieht den eisernen Schlüssel, den ihr Hervé Bazin im Jahr zuvor gegeben hat, aus der Tasche. Das Wasser ist eisig und reicht ihr bis an die Schienbeine. Ihre Zehen fühlen sich sofort taub an. Aber die Grotte bildet ihr eigenes, in sich geschlossenes Universum, und in diesem Universum drehen sich zahllose Galaxien: Hier, in der umgedrehten Hälfte einer Muschel leben ein Rankenfußkrebs und eine winzige Spindelschnecke, auf der ein noch kleinerer Einsiedlerkrebs sitzt. Und auf dem Haus des Einsiedlerkrebses? Ein noch kleinerer Rankenfußkrebs. Und darauf?

In der Feuchte des alten Hundezwingers wäscht das Rauschen des Meeres alle anderen Geräusche weg. Sie fühlt sich zu den Schnecken wie zu den Pflanzen in einem Garten hingezogen. Von Gezeit zu Gezeit, Moment zu Moment. Sie kommt, um diesen Wesen zuzuhören, wie sie saugen, sich bewegen und knarren, um an ihren Vater in seiner Zelle zu denken, an Madame Manec auf ihrem Kerbelfeld und ihren Onkel, der seit zwei Jahrzehnten nicht aus dem Haus gegangen ist.

Dann tastet sie sich zurück zum Tor und schließt es hinter sich ab.

In diesem Winter ist der Strom öfter ab- als angestellt. Etienne hat zwei Marinebatterien an den Sender angeschlossen, sodass er auch Nachrichten durchgeben kann, wenn es keinen Strom gibt. Sie verbrennen Kisten, Papier und sogar alte Möbel, um es warm zu haben. Marie-Laure schleppt den schweren Teppich aus Madame Manecs Zimmer bis hoch in den fünften Stock, um ihn auf ihr Bett zu legen. Manchmal wird es in ihrem Zimmer nachts so kalt, dass sie fast glaubt, sie kann den Frost hören, wie er ihren Boden überzieht.

Jeder Schritt auf der Straße könnte der eines Polizisten sein, jedes Motorengeräusch ein Kommando ankündigen, das sie abholt.

Oben sendet Etienne wieder, und sie denkt: Ich sollte mich vor der Tür positionieren, für den Fall, dass sie kommen. So könnte ich ihm ein paar zusätzliche Minuten verschaffen. Aber es ist zu kalt. Es ist besser, im Bett zu bleiben, das Gewicht des Teppichs zu spüren und sich zurück ins Museum zu träumen, mit den Fingern über die erinnerten Wände zu streichen und durch die große Ausstellungshalle zum Schlüsselzimmer zu gehen. Sie muss einfach nur den gefliesten Boden überqueren und sich nach links wenden. Da steht Papa hinter der Theke an seinem Schlüsselschleifer.

Er sagt: *Wo warst du so lange, mein Täubchen?*

Er sagt: *Ich werde dich niemals verlassen, in einer Million Jahre nicht.*

Jagen

Im Januar 1943 findet Werner einen zweiten illegalen Sender in einem Obstgarten, in den eine Granate eingeschlagen ist und den Großteil der Bäume zerstört hat. Zwei Wochen später findet er einen dritten, dann einen vierten. Jeder neue Fund ist eine Variation des letzten, das Dreieck schließt sich, die Segmente werden kleiner, die Schnittpunkte kommen näher, bis sie vor einer Scheune stehen, einer Kate, einem Fabrikkeller oder einem fürchterlichen Lager im Eis.

«Sendet er gerade?»

«Ja.»

«In dem Schuppen?»

«Siehst du die Antenne an der östlichen Mauer?»

Wann immer er kann, nimmt Werner das, was die Partisanen sagen, auf ein Magnetband auf. Sie alle, das begreift er, hören sich gern selbst reden. Selbstüberschätzung, es ist die alte Geschichte. Sie richten die Antenne zu weit auf, senden zu lange und denken, die Welt bietet Sicherheit und Vernunft, obwohl sie es natürlich nicht tut.

Der Hauptmann schickt die Nachricht, dass er von ihren Fortschritten begeistert sei, und verspricht Urlaub, Fleisch und Schnaps. Den ganzen Winter über kreist der Opel durch besetztes Gebiet, Städte, die Jutta in ihr Senderverzeichnis aufgenommen hat, erwachen zum Leben. Prag, Minsk, Lubiana.

Manchmal begegnet der Wagen einer Gruppe Gefangener, und Volkheimer sagt Neumann Eins, er soll langsamer fahren. Dann sitzt er sehr aufrecht und sucht nach jemandem, der so groß wie er selbst ist. Wenn er einen entdeckt, klopft er auf das Armaturenbrett. Neumann Eins hält an, und Volkheimer steigt hinaus in den Schnee, spricht mit einem der Bewacher und tritt zwischen die Gefangenen, gewöhnlich nur im Hemd, trotz der Kälte.

«Sein Gewehr liegt im Wagen», sagt Neumann Eins dann. «Er hat sein verdammtes Gewehr hiergelassen.»

Manchmal ist er zu weit weg. Dann wieder kann Werner ihn genau hören. «Ausziehen!», sagt Volkheimer. Sein Atem bildet eine Wolke vor seinem Mund, und fast jedes Mal versteht ihn der große Russe sofort. *Zieh das aus!* Ein starker russischer Bursche, für den nichts auf der Welt mehr eine Überraschung ist. Außer vielleicht das: dass ein anderer Riese auf ihn zuwatet.

Da gehen die Fäustlinge, ein Wollhemd, ein alter Mantel. Erst wenn Volkheimer ihre Stiefel will, verändert sich ihr Ausdruck. Sie schütteln den Kopf, sehen zum Himmel oder in den Schnee und verdrehen die Augen. Wie verschreckte Pferde. Ihre Stiefel zu verlieren, das begreift Werner, heißt, dass sie sterben werden. Aber Volkheimer steht da und wartet, ein Riese vor einem anderen, und immer gibt der Gefangene nach. Steht in seinen zerrissenen Strümpfen im festgetretenen Schnee und versucht, Blickkontakt mit den anderen Gefangenen aufzunehmen, doch die weichen ihm aus. Volkheimer hält die Kleidungsstücke vor sich hin, probiert sie an, und wenn sie nicht passen, gibt er sie zurück. Anschließend kommt er zurück zum Wagen, und Neumann Eins schaltet in den ersten Gang.

Knarzendes Eis, brennende Dörfer, umgeben von Wäldern, Nächte, in denen es zu kalt wird für neuen Schnee. Der Winter ist eine merkwürdige, ruhelose Zeit, in der Werner das Rauschen durchstreift wie früher mit Jutta das Zechengelände, als er sie im Bollerwagen durch die Kolonien des Zollvereins zog. Eine Stimme taucht in den Störungen in seinem Kopfhörer auf, verblasst, und er spürt ihr nach. Da, denkt Werner, wenn er sie wiederfindet. Da. Es ist ein Gefühl, als schlösse er die Augen und führe mit den Händen an einem kilometerlangen Faden hinab, bis die Finger einen kleinen Knoten ausmachen.

Manchmal vergehen Tage, nachdem Werner ein erstes Signal aufgefangen hat, bevor er es erneut zu fassen bekommt. Es kann äußerst schwierig sein, etwas, auf das es sich ganz zu konzentrieren gilt. Was fraglos immer noch besser ist, als in einem stinkenden, eiskalten, verlausten Graben zu kämpfen, wie es die älteren Erzieher in Schulpforta im ersten Krieg getan haben. Es ist sauberer, mechanischer, ein Krieg in der Luft, unsichtbar, die Front ist überall. Liegt in der Jagd keine Faszination und Freude? Wenn der Funkwagen durch die Dunkelheit holpert und zwischen den Bäumen erste Anzeichen einer Antenne sichtbar werden?

Ich höre dich.

Nadeln im Heuhaufen. Dornen in der Pranke eines Löwen. Er findet sie, und Volkheimer holt sie heraus.

Den ganzen Winter über ziehen die Deutschen mit ihren Pferden, Schlitten, Panzern und Lastwagen über dieselben Straßen und verdichten den Schnee zu einem glatten, blutgetränkten Eiszement. Und als schließlich der April kommt und nach Sägemehl und Leichen riecht, schmilzt der Schnee dahin, aber das Eis auf den Straßen bleibt stur an seinem Platz, ein leuchtendes, mörderisches Netz der Invasion, ein Zeugnis der Kreuzigung Russlands.

Eines Abends überqueren sie eine Brücke über den Dnjepr und sehen die Kuppeln und blühenden Bäume Kiews vor sich aufscheinen. Asche weht durch die Stadt, und überall in den Gassen drängen sich Prostituierte. In einem Café sitzen sie zwei Tische von einem Infanteristen entfernt, der nicht viel älter als Werner sein kann. Der Junge starrt in eine Zeitung, verdreht die Augen, nippt an seinem Kaffee und scheint zutiefst überrascht. Erstaunt.

Werner kann den Blick nicht von ihm wenden, bis sich Neumann Eins zu ihm hinbeugt. «Weißt du, warum der so aussieht?»

Werner schüttelt den Kopf.

«Dem sind die Augenlider erfroren. Armer Kerl.»

Post erreicht sie keine. Monate vergehen, ohne dass Werner seiner Schwester schreibt.

Mitteilungen

Die Besatzungsbehörden verfügen, dass jedes Haus eine Liste seiner Bewohner an der Tür haben muss: *M. Etienne LeBlanc, 62 Jahre. Mlle. Marie-Laure LeBlanc, 15 Jahre.* Marie-Laure quält sich mit Tagträumen von Festessen auf langen Tischen voller Teller mit Schweinelende, Bratäpfeln, flambierten Bananen und Ananas mit Schlagsahne.

Eines Morgens im Sommer 1943 geht sie durch leichten Regen zur Bäckerei. Die Schlange reicht bis auf die Straße. Als Marie-Laure endlich an die Reihe kommt, fasst Madame Ruelle ihre Hände und sagt leise: «Frage ihn, ob er auch das lesen kann.» Unter dem Brot hält sie ein zusammengefaltetes Blatt Papier. Marie-Laure steckt den Laib in ihren Rucksack und knüllt das Papier in der Hand zusammen. Sie reicht ihre Lebensmittelkarte über die Theke, geht auf direktem Weg nach Hause und schiebt den Riegel der Tür hinter sich zu.

Etienne kommt nach unten.

«Was steht darauf, Onkel?»

«Da steht: *Monsieur Droguet will seine Tochter in Saint-Colomb wissen lassen, dass er sich gut erholt.*»

«Sie sagt, es ist wichtig.»

«Was bedeutet es?»

Marie-Laure nimmt den Rucksack vom Rücken, greift hinein und reißt ein Stück Brot ab. Sie sagt: «Ich denke, es bedeutet, dass Monsieur Droguet seine Tochter wissen lassen will, dass es ihm gut geht.»

Während der nächsten Wochen kommen mehr Mitteilungen. Über eine Geburt in Saint-Vincent, eine sterbende Großmutter in La Mare. Dass Madame Gardinier in La Rabinais ihrem Sohn mitteilen möchte, dass sie ihm vergibt. Ob in diesen Mitteilungen geheime Nachrichten lauern, ob *Monsieur Fayou hatte einen Herzanfall und ist sanft entschlafen* tatsächlich *Sprengt den Rangierbahnhof von Rennes in die Luft* heißt, kann Etienne nicht sagen. Worauf es ankommt, ist, dass ihm die Leute offenbar zuhören, dass die gewöhnlichen Bürger Radios haben und voneinander hören wollen. Etienne verlässt niemals das Haus, sieht niemanden außer Marie-Laure, und doch findet er sich im Herzen eines umfassenden Informationsnetzes wieder.

Er schaltet das Mikrofon ein und verliest die Zahlen, anschließend die Mitteilungen. Er sendet auf fünf verschiedenen Frequenzen, gibt Instruktionen für die nächste Sendung und spielt etwas von einer alten Schallplatte. Das Ganze dauert höchstens sechs Minuten.

Zu lange. Fast sicher zu lange.

Aber niemand kommt. Die beiden Klingeln läuten nicht. Keine deutschen Streifen kommen die Treppe heraufgepoltert und schießen ihnen in die Köpfe.

Obwohl sie ihre Worte auswendig kennt, bittet Marie-Laure ihren Onkel an den meisten Abenden, ihr die Briefe ihres Vaters vorzulesen. Heute sitzt er auf dem Rand ihres Betts.

Heute habe ich eine Eiche gesehen, die sich als Kastanie verkleidet hat.

Ich weiß, du wirst das Richtige tun.

Wenn du es je verstehen willst, sieh in Etiennes Haus nach, im Haus.

«Was denkst du, warum er zweimal *im Haus* schreibt?»

«Das haben wir schon so oft überlegt, Marie.»

«Was denkst du, tut er in diesem Moment?»

«Er schläft, Kind. Da bin ich sicher.»

Sie rollt auf die Seite, und er zieht ihr die Decke über die Schultern, bläst die Kerze aus und starrt auf die winzigen Dächer und Kamine des Modells am Fußende ihres Betts. Eine Erinnerung steigt in ihm auf: Etienne war mit seinem Bruder auf einem Feld östlich der Stadt. Es war der Sommer, in dem die Glühwürmchen nach Saint-Malo kamen. Ihr Vater war sehr aufgeregt, bastelte langstielige Netze für seine Jungen und gab ihnen Gläser mit einem Drahtgeflecht, das sich über den Öffnungen befestigen ließ. Etienne und Henri liefen durchs hohe Gras, doch die Glühwürmchen schwebten von ihnen weg, leuchteten auf, verlöschten und schienen immer gerade aus ihrer Reichweite zu bleiben. Es war, als schwelte die Erde und die kleinen Tierchen wären Funken, die unter ihren Schritten aufstoben und davontrieben.

Henri wollte so viele Käfer in sein Fenster stellen, dass Schiffe sie kilometerweit vom Meer aus sehen könnten.

Wenn auch in diesem Sommer Glühwürmchen da sind, kommen sie

zumindest nicht die Rue Vauborel herunter. Es scheint nur Stille und Schatten zu geben. Die Stille ist die Frucht der Besatzung, sie hängt an den Bäumen und rinnt durch die Gossen. Madame Guiboux, die Mutter des Schuhmachers, hat die Stadt verlassen, genau wie die alte Madame Blanchard. So viele Fenster bleiben dunkel. Als wäre die Stadt zu einer Bibliothek voller Bücher in einer unbekannten Sprache geworden, was auf den riesigen Regalen steht, unlesbar, das Licht verloschen.

Aber schon arbeitet die Maschine auf dem Dachboden wieder. Ein Funken in der Nacht.

Ein schwaches Klappern dringt aus der Straße herauf, und Etienne linst durch die Fensterläden von Marie-Laures Schlafzimmer. Fünf Stockwerke tiefer sieht er den Geist Madame Manecs im Mondlicht stehen. Sie streckt eine Hand aus, Spatzen landen einer nach dem anderen auf ihrem Arm, und sie steckt sie in ihren Mantel.

Loudenvielle

Die Pyrenäen schimmern. Ein schartiger Mond steht über ihrem Kamm, als hätte man ihn dort eingepflanzt. Stabsfeldwebel von Rumpel fährt mit einem Taxi durch das platinfarbene Mondlicht zum Kommissariat und steht einem Inspecteur principal gegenüber, der sich ständig mit Zeigefinger und Mittelfinger der linken Hand durch den mächtigen Schnauzbart fährt.

Die französische Polizei hat eine Verhaftung vorgenommen. Jemand ist in das Chalet eines prominenten Gönners mit Verbindungen zum Pariser Naturkundemuseum eingebrochen und mit einem Koffer voller Edelsteine gefasst worden.

Er wartet eine lange Zeit. Der Inspecteur studiert die Fingernägel der linken Hand, der rechten und wieder der linken. Von Rumpel fühlt sich schwach, ihm ist unwohl. Der Arzt sagt, die Behandlung ist vorüber, sie haben den Tumor angegriffen, und jetzt müssen sie abwarten. Aber manchmal morgens, wenn er sich die Schuhe zugebunden hat, vermag er sich nicht mehr aufzurichten.

Ein Wagen fährt vor. Der Inspecteur geht hinaus, um den Ankömmling zu begrüßen. Von Rumpel sieht durchs Fenster.

Zwei Polizisten holen einen gebrechlich wirkenden Mann in einem beigefarbenen Anzug hinten aus dem Auto. Der Mann hat links ein blaues Auge wie aus dem Bilderbuch. Die Hände stecken in Handschellen, auf dem Kragen sind Blutspritzer. Ein von der Leinwand gestiegener Bösewicht aus einem Film. Die Polizisten schieben den Gefangenen ins Kommissariat, während der Inspecteur eine Handtasche aus dem Kofferraum holt.

Von Rumpel zieht die weißen Handschuhe hervor. Der Inspecteur schließt seine Bürotür, stellt die Tasche auf den Tisch und lässt die Jalousien herunter. Kippt den Schirm seiner Schreibtischlampe. Anderswo im Gebäude kann von Rumpel eine Zellentür ins Schloss fallen hören. Der Inspecteur holt ein Adressbuch aus der Handtasche, ein Bund Briefe und das Schminkset einer Frau. Dann nimmt er den falschen Boden heraus, gefolgt von sechs samtenen Bündeln.

Er rollt sie eines nach dem anderen auf. Das erste enthält drei wunderbare Berylle, rosafarben, groß, sechseckig. Im zweiten ist ein einzelnes Stück Amazonit, sanft weiß gestreift, im dritten ein tropfenförmig geschliffener Diamant.

Ein Zucken geht durch von Rumpels Fingerspitzen. Der Inspecteur holt eine Lupe aus der Tasche, nackte Gier macht sich auf seinem Gesicht breit. Er untersucht den Diamanten ausgiebig und dreht ihn in alle Richtungen. In von Rumpels Kopf treiben Visionen des Führermuseums, glitzernder Vitrinen, Gemächer und hoher Säulen, Juwelen hinter Glas – und er spürt noch etwas anderes: eine schwache Kraft, wie eine niedrige Spannung, die von dem Stein ausgeht, flüsternd zu ihm spricht und sagt, sie werde seine Krankheit auslöschen.

Endlich hebt der Inspecteur den Blick, der Abdruck seiner Lupe ist ein fester rosafarbener Kreis um sein Auge, das Licht der Lampe hinterlässt ein Schimmern auf seinen nassen Lippen. Er legt den Stein zurück auf das Tuch, von Rumpel greift von der anderen Seite des Tisches danach. Er hat genau das richtige Gewicht. Liegt kalt in seinen Händen, selbst noch durch die Baumwolle seiner Handschuhe. An den Rändern tief mit Blau gesättigt.

Glaubt er es?

Dupont hat fast so etwas wie ein Feuer darin entzündet. Aber mit der Lupe im Auge kann von Rumpel erkennen, dass der Stein dem, den er vor zwei Jahren im Museum untersucht hat, aufs Haar gleicht. Er legt die Imitation zurück auf den Tisch.

«Sollten wir ihn nicht wenigstens röntgen?», sagt der Inspecteur auf Französisch. Seine Miene ist in sich zusammengefallen.

«Tun Sie, was immer Sie mögen. Ich nehme die Briefe.»

Noch vor Mitternacht ist er zurück im Hotel. Zwei Nachahmungen. Er kommt voran. Zwei Steine gefunden, zwei bleiben, und einer davon muss das echte Meer der Flammen sein. Er bestellt Wildschwein mit frischen Pilzen und eine Flasche Bordeaux. Besonders während des Krieges bleiben solche Dinge wichtig. Sie unterscheiden den zivilisierten Menschen vom Barbaren.

Das Hotel ist zugig und der Speisesaal leer, doch der Kellner ist ausgezeichnet. Er schenkt anmutig ein und tritt zurück. Im Glas, dunkel wie Blut, wirkt der Bordeaux fast wie ein lebendes Wesen. Von

Rumpel genießt den Gedanken, dass er der einzige Mensch auf dieser Welt ist, der das Privileg hat, diesen Wein zu probieren, bevor er nicht mehr ist.

Grau

Dezember 1943. Schluchten der Kälte breiten sich zwischen den Häusern aus. Das einzige Brennholz, das es noch gibt, ist grün, und die ganze Stadt riecht nach Rauch. Auf dem Weg zur Bäckerei ist der fünfzehnjährigen Marie-Laure so kalt wie nur je. Im Haus ist es ein wenig besser, auch wenn durch Ritzen in den Wänden einzelne Schneeflocken hereinwehen.

Sie hört die Schritte ihres Onkels über sich, und seine Stimme: *310, 1467, 507, 2222, 576881*, danach zieht das Lied ihres Großvaters, *Clair de Lune*, wie ein blauer Nebel über sie.

Flugzeuge queren niedrig und faul über die Stadt, manchmal klingen sie so nahe, dass Marie-Laure fürchtet, sie könnten über die Dächer schrammen und mit ihren Bäuchen Kamine umstoßen. Aber kein Flugzeug stürzt ab, kein Haus explodiert. Nichts scheint sich zu ändern, außer, dass Marie-Laure immer weiter wächst. Keines der Kleidungsstücke passt ihr mehr, die ihr Vater vor drei Jahren im Rucksack mit hergebracht hat. Und die Schuhe drücken. Also zieht sie jetzt drei Strümpfe übereinander und trägt ein Paar von Etiennes alten Slippern mit Quasten.

Es geht das Gerücht, dass nur wichtiges Personal und Leute, die aus medizinischen Gründen die Stadt nicht verlassen können, in Saint-Malo bleiben dürfen. «Wir gehen nicht weg», sagt Etienne. «Nicht, wo wir endlich etwas Gutes zu tun scheinen. Wenn der Arzt uns keine Atteste gibt, kaufen wir sie uns anderswo.»

Jeden Tag vermag sie sich in Erinnerungswelten zu verlieren, in schwache Impressionen der sichtbaren Welt aus der Zeit vor ihrem sechsten Lebensjahr, als Paris wie eine riesige Küche war, überall Kohlkopfpyramiden und Karotten, Bäckereien, aus denen das Gebäck quoll, Fisch, der wie Klafterholz auf den Theken der Fischhändler lag, die Abflussrinnen voller Schuppensilber, und alabasterfarbene Möwen stießen herab, um sich die Eingeweide zu holen. Jede Ecke, in die sie sah, quoll über von Farbe, grünem Lauch und dem tiefen Blaurot von Auberginen.

Jetzt ist die Welt grau. Graue Gesichter, graue Stille und eine nervöse graue Furcht durchsetzen die Schlange vor der Bäckerei. Die einzige Farbe in dieser Welt entzündet sich kurz, wenn Etienne mit krachenden Knien auf den Dachboden hinaufsteigt, eine weitere Zahlenfolge verliest, eine von Madame Ruelles Mitteilungen versendet und ein Musikstück spielt. Dann ist der kleine Dachboden fünf Minuten lang ein einziger Farbenquell, Purpur, Aquamarin und Gold strömen aus ihm hervor, bis ihr Onkel den Sender wieder ausschaltet, die Treppe hinunterstapft und das Grau zurückschwappt.

Fieber

Vielleicht war es der Eintopf aus einer namenlosen ukrainischen Küche, vielleicht haben die Partisanen das Wasser vergiftet. Vielleicht sitzt Werner mit seinem Kopfhörer über den Ohren aber auch nur zu lange an zu feuchten Orten. Ganz gleich, das Fieber kommt und mit ihm ein schrecklicher Durchfall, und wenn Werner hinter dem Opel hockt, hat er das Gefühl, auch noch den letzten Rest Zivilisiertheit aus sich herauszuscheißen. Ganze Stunden vergehen, in denen er zu nichts anderem fähig ist, als die Wange gegen die Wand des Aufbaus zu drücken und nach Kühlung zu suchen. Und dann plötzlich kommt das Zittern, schnell und unerbittlich, und er kann seinen Körper nicht wieder wärmen und würde am liebsten ins Feuer springen.

Volkheimer bietet ihm Kaffee an, Neumann Zwei von den Tabletten, die, wie Werner mittlerweile weiß, nicht gegen Rückenschmerzen sind. Er lehnt beides ab, und aus 1943 wird 1944. Seit einem Jahr fast hat Werner nicht mehr an Jutta geschrieben. Der letzte Brief von ihr ist sechs Monate alt und beginnt mit den Worten: *Warum schreibst du nicht?*

Immer noch findet er illegale Sender, etwa einen alle zwei Wochen, und birgt die billigen, stümperhaft zusammengelöteten russischen Geräte. Es ist alles so unsystematisch. Wie können sie mit einer so lausigen Ausrüstung Krieg führen? Der russische Widerstand wird ihnen als hoch organisiert präsentiert, die Aufständischen seien so gefährlich wie diszipliniert, kommandiert von grausamen, todbringenden Führern. Aber er sieht selbst, wie disparat sie sind und damit so gut wie wirkungslos. Die Widerständler sind erbärmliche, schmutzige, in wahren Löchern hausende Gestalten. Zerlumpte Verzweifelte, die nichts zu verlieren haben.

Aber es scheint, dass er dennoch nicht damit weiterkommt, zu entscheiden, welche Sicht denn nun näher an der Wahrheit ist. Denn tatsächlich, denkt Werner, sind alle, die ihnen begegnen, Aufständische, Partisanen, jede einzelne Person, die sie sehen. Alle Nicht-Deutschen wollen die Deutschen tot sehen, selbst noch die Kriecherischsten unter ihnen. Sie weichen vor ihrem Wagen zurück, wenn er in eine Stadt einfährt, verstecken ihre Gesichter, ihre Familien. Und ihre Läden sind voll mit Schuhen, die sie den Toten abgenommen haben.

Sieh sie dir an.

Was er an den schlimmsten Tagen dieses endlosen Winters empfindet, während alles zu rosten beginnt, der Wagen, die Gewehre, ihre Ausrüstung, und die deutschen Divisionen überall um sie herum den Rückzug antreten, ist eine tiefe Verachtung für alles menschliche Leben, dem sie begegnen. Der Rauch, die zerstörten Dörfer, die zerbrochenen Ziegel auf den Straßen, die steif gefrorenen Leichen, die zersprengten Mauern, die umgeworfenen Fahrzeuge, die bellenden Hunde, die Ratten und Läuse: Wie kann man so leben? Sie sollen hier draußen in den Wäldern, den Bergen, den Dörfern alle Unordnung ausmerzen. Die Gesamtentropie eines Systems, hat Dr. Hauptmann gesagt, nimmt nur dann ab, wenn die Entropie eines anderen Systems zunimmt. Die Natur verlangt Symmetrie.

Aber was für eine Ordnung schaffen sie? Die Koffer, die Kolonnen, die jammernden Babys, die Soldaten, die mit Ewigkeit in den Augen zurück in die Städte strömen – wo erhöht sich die Ordnung denn? Sicher nicht in Kiew, nicht in Lemberg oder Warschau. Das alles ist der Hades. Es gibt einfach so viele Menschen. Als stellten riesige russische Fabriken jeden Tag neue her. Töte tausend von unseren Soldaten, und wir produzieren zehntausend neue.

Im Februar sind sie in den Bergen. Werner sitzt zitternd hinten im Aufbau, während Neumann Eins Serpentinen hinunterschlittert. In einem endlosen Netz ziehen sich die Gräben unter ihnen hin, die deutschen Stellungen, dahinter die der Russen. Breite Rauchbänder streifen das Tal, gelegentliches Artilleriefeuer schickt Geschosse wie in einem Federballspiel hin und her.

Volkheimer wickelt ihm eine Decke um die Schultern. Das Blut schwappt wie Quecksilber in Werner herum. In einer Nebellücke draußen vor dem Fenster ist das Grabennetz deutlich zu erkennen, und Werner hat das Gefühl, er blickt auf den Schaltkreis eines enorm großen Radios. Jeder Soldat dort unten ist ein Elektron, das seinem eigenen elektrischen Pfad folgt, ohne mehr zu sagen zu haben, als es einem einzelnen Elektron eben zukommt. Dann folgt die nächste Kehre, und er spürt allein die Anwesenheit Volkheimers neben sich, die kalte Dämmerung draußen, Brücke um Brücke, Berg um Berg. Es geht stetig bergab. Metallisches, zerfasertes Mondlicht liegt auf der Straße, auf einem Stück Wiese steht kauend ein weißes Pferd. Ein Suchscheinwerfer furcht durch den Himmel, und im erleuchteten Fenster einer Berghütte sieht Werner in dem Bruchteil einer Sekunde, in dem sie daran vorbeifahren, Jutta an einem Tisch sitzen, die leuchtenden Gesichter der Kinder um sich. Frau Elenas Stickerei hängt über der Spüle, und im Mülleimer neben dem Ofen stapeln sich ein Dutzend tote Kleinkinder.

Der dritte Stein

Er steht in einem Château vor Amiens, nördlich von Paris. Das große alte Haus stöhnt in der Finsternis. Es gehört einem pensionierten Paläontologen, und von Rumpel glaubt, der Sicherheitsbeauftragte des Museums ist während des Durcheinanders nach der Invasion vor drei Jahren hierhergeflohen. Es ist ein friedlicher Ort, von Feldern und Hecken umgeben, und er steigt die Treppe in die Bibliothek hinauf. Sie haben den Tresor hinter einem Bücherregal gefunden. Der Tresorknacker der Gestapo ist gut, er benutzt ein Stethoskop, eine extra Lampe braucht er nicht. Nach ein paar Minuten schwingt die Tür auf.

Eine alte Pistole, eine Schachtel mit Papieren, ein Stapel angelaufener Silbermünzen. In einer mit Samt ausgeschlagenen Dose ein blauer, tropfenförmiger Diamant.

Das rote Herz des Steines ist in einer Sekunde sichtbar, in der nächsten gänzlich verschwunden. In von Rumpel verflicht sich Hoffnung mit Verzweiflung, er ist fast am Ziel. Die Chancen stehen gut, oder? Aber er weiß es, bevor er ihn unter die Lampe legt. Das Hochgefühl fällt in ihm zusammen. Der Diamant ist nicht echt. Auch er ist das Werk Duponts.

Er hat alle drei Imitationen gefunden. Ohne Glück. Der Arzt sagt, der Tumor wächst wieder. Die Kriegsaussichten befinden sich im Sturzflug. Deutschland zieht sich auf breiter Front aus Russland zurück, aus der Ukraine, den italienischen Stiefel herauf. Nicht mehr lange, und alle Mitglieder des Einsatzstabes Reichsleiter Rosenberg, all die Männer, die den Kontinent nach versteckten Bibliotheken, verborgenen Gebetsrollen, beiseitegeschafften impressionistischen Gemälden durchforsten, bekommen Gewehre in die Hand gedrückt und werden ins Feuer geschickt. Auch von Rumpel.

Wer immer den Stein besitzt, wird ewig leben.

Er kann nicht aufgeben. Und doch werden seine Hände so schwer. Sein Kopf ist ein Fels.

Einer im Museum, einer im Haus eines Gönners, einer beim Sicherheitschef. Was für ein Mann muss das sein, den sie als dritten Träger ausgewählt haben? Der Tresorknacker der Gestapo mustert von Rumpel, die ganze Aufmerksamkeit auf den Stein gerichtet, die linke Hand auf der Tür des Tresors. Nicht zum ersten Mal muss von Rumpel an den außergewöhnlichen Tresor des Museums denken. Wie eine Trickkiste. Auf all seinen Reisen ist ihm sonst nirgendwo so etwas begegnet. Wer kann sich den ausgedacht haben?

Die Brücke

In einem französischen Dorf weit südlich von Saint-Malo wird ein deutscher Laster beim Überqueren einer Brücke in die Luft gesprengt. Sechs deutsche Soldaten kommen dabei um. Saboteuren wird die Schuld gegeben. *Bei Nacht und Nebel*, flüstern die Frauen, die kommen, um nach Marie-Laure zu sehen. *Für jeden getöteten Boche erschießen sie zehn von uns.* Die Polizei geht von Tür zu Tür und verlangt, dass jeder dazu fähige Mann einen Tag Arbeit ableistet. Es gilt, Gräben auszuheben, Waggons zu entladen, Schubkarren mit Zementsäcken zu schieben und auf Feldern und Stränden Invasionshindernisse zu errichten. Jeder, der kann, muss an der Verstärkung des Atlantikwalls mitarbeiten. Etienne steht blinzelnd in der Tür und hält seine ärztlichen Atteste in der Hand. Kalte Luft bläst über ihn und bauscht die Angst hinter ihm in die Diele.

Madame Ruelle flüstert, die Besatzungsbehörden sehen die Schuld für den Anschlag bei einem kunstvollen Netz besatzerfeindlicher Sender. Sie sagt, sie blockieren die Strände mit Unmengen Stacheldrahtrollen und riesigen hölzernen Sperren, die *Chevaux de frise* genannt werden. Die Fußwege oben auf den Stadtmauern sind ebenfalls bereits gesperrt.

Sie gibt ihr das Brot, und Marie-Laure trägt es nach Hause. Als Etienne es aufbricht, ist wieder ein Stück Papier darin. Neun weitere Zahlen. «Ich dachte, sie würden vielleicht eine Pause einlegen», sagt er.

Marie-Laure denkt an ihren Vater. «Vielleicht», sagt sie, «ist es jetzt sogar noch wichtiger.»

Er wartet, bis es dunkel ist. Marie-Laure sitzt in der Öffnung des hinten offenen Schranks und hört zu, wie ihr Onkel über ihr Mikrofon und Sender einschaltet. Seine sanfte Stimme liest die Zahlen vor, dann ertönt Musik, leise, tief, heute Abend sind es Cellos, und schon werden sie mitten im Ton abgeschaltet.

«Onkel?»

Er braucht lange, um die Leiter herunterzusteigen. Er nimmt ihre

Hand und sagt: «Der Krieg, der deinen Großvater getötet hat, hat noch sechzehn Millionen weitere Menschen das Leben gekostet. Allein eine halbe Million junge Franzosen, die meisten davon nicht mal so alt wie ich. Zwei Millionen auf deutscher Seite. Wenn all die Toten in einer Reihe gingen, würden sie elf Tage und elf Nächte lang an unserer Tür vorbeigehen. Wir verdrehen hier nicht einfach ein paar Straßenschilder, Marie-Laure, oder lassen einen Brief im Postamt verschwinden. Diese Zahlen sind weit mehr als Zahlen. Verstehst du?»

«Aber wir sind die Guten, nicht wahr, Onkel?»

«Ich hoffe es. Ich hoffe, dass wir das sind.»

Rue de Patriarches

Von Rumpel betritt ein Wohnhaus im 5. Arrondissement. Die lächelnde Besitzerin im Erdgeschoss nimmt das Bündel Marken, das er ihr anbietet, und lässt es in ihrem Hausmantel verschwinden. Katzen streichen ihr um die Beine. Die vollgestopfte Wohnung hinter ihr riecht nach toten Apfelblüten, Verwirrung und Alter.

«Wann sind sie verschwunden, Madame?»

«Im Sommer 1940.» Sie sieht aus, als könnte sie im nächsten Moment zu fauchen beginnen.

«Wer zahlt die Miete?»

«Ich weiß es nicht, Monsieur.»

«Kommt das Geld vom Naturkundemuseum?»

«Das kann ich nicht sagen.»

«Wann war das letzte Mal jemand hier?»

«Die schicken niemanden. Die Schecks kommen mit der Post.»

«Woher?»

«Ich weiß es nicht.»

«Und niemand betritt die Wohnung?»

«Nicht seit dem Sommer '40», sagt sie und zieht sich mit ihrem Geiergesicht und ihren Geier-Fingernägeln in die stinkende Dunkelheit zurück.

Er geht nach oben. Ein einzelnes Schloss im dritten Stock versperrt den Zugang zur Wohnung LeBlancs. Die Fenster sind mit Holzfurnier verdunkelt, und ein luftloses, perliges Licht sickert durch die Astlöcher. Als wäre er in eine finstere Schachtel gestiegen, die in einer Säule reinen Lichts hängt. Schranktüren stehen offen, die Sofakissen sind zerknautscht, ein Küchenstuhl liegt auf der Seite. Alles spricht für einen hastigen Aufbruch, eine gründliche Suche oder beides. Ein schwarzer Algenring umrandet die Kloschüssel, wo das Wasser verdunstet ist. Er inspiziert das Schlafzimmer, das Bad, die Küche, und eine teuflische, unbezwingbare Hoffnung flammt in ihm auf: was, wenn …?

Auf einer Werkbank stehen winzige Bänke, winzige Laternen,

winzige Trapeze aus poliertem Holz. Eine kleine Schraubzwinge, eine Schachtel kleine Nägel, Leimflaschen, die längst ausgetrocknet sind. Neben der Werkbank, unter einem Tuch, eine Überraschung: ein detailliertes Modell des 5. Arrondissements. Die Häuser sind unbemalt, im Übrigen jedoch wunderschön ausgearbeitet. Mit Fensterläden, Türen, Fenstern, Regenrinnen. Keine Leute? Ein Spielzeug?

In einem Schrank hängen ein paar mottenzerfressene Mädchenkleider und ein Pullover, auf dem sich aufgestickte Ziegen an Blumen gütlich tun. Verstaubte Kiefernzapfen liegen auf der Fensterbank, nach Größe sortiert. In der Küche sind raue Streifen auf den Holzboden genagelt. Es ist ein Ort stiller Disziplin, von Ruhe und Ordnung. Ein einzelner Zwirnsfaden führt vom Tisch zum Bad, der Uhr fehlt das Glas vorm Zifferblatt, doch erst, als er drei große spiralgebundene Jules-Verne-Bücher in Blindenschrift findet, löst sich das Rätsel für ihn.

Ein Tresorbauer. Ein brillanter Schlosser. Wohnt in fußläufiger Entfernung vom Museum. Hat sein Leben lang dort gearbeitet. Bescheiden, kein sichtbares Streben nach Wohlstand. Eine blinde Tochter. Hat viele Gründe, seinem Arbeitgeber treu zu sein.

«Wo versteckst du dich?», sagt er laut ins Zimmer. Staub wirbelt durch das merkwürdige Licht.

In einer Tasche oder Dose. Hinter einer Fußleiste, in der Aushöhlung unter einer Bodendiele oder in ein Loch in der Wand gegipst. Er zieht die Küchenschubladen heraus und sieht dahinter nach. Aber wer vor ihm hier war, muss da überall schon gesucht haben. Langsam kehrt seine Aufmerksamkeit zum Modell des Viertels zurück. Zu den Hunderten winzigen Häusern mit ihren Dachböden und Balkonen. Es ist eine genaue Nachbildung des Viertels, unbemalt und ohne Menschen, eine maßstabsgetreue Miniaturausgabe. Ein winziges Geisterviertel. Ein Haus scheint ganz besonders glatt und abgegriffen: das Haus, in dem er sich befindet. Ihr Zuhause.

Er bringt ein Auge auf Straßenhöhe, wird ein über dem Quartier Latin schwebender Gott. Mit zwei Fingern könnte er jeden aus dem Viertel herausrupfen, könnte die halbe Stadt in Schatten tauchen. Sie auf den Kopf stellen. Er legt die Finger auf das Dach des Wohnhauses, in dem er kniet, biegt es vor und zurück. Es lässt sich so leicht aus dem Modell herausheben, als wäre es mit Absicht so konstruiert. Er dreht es vor seinen Augen: achtzehn kleine Fenster, sechs Balkone, eine winzige Eingangstür. Da unten, hinter dem Fenster dort, lauert die Hausbesitzerin mit ihren Katzen. Und da, im dritten Stock, er selbst. Unten findet er ein kleines Loch, eigentlich ganz ähnlich wie das Schlüsselloch des Museumstresors, den er vor drei Jahren gesehen hat. Das kleine Haus ist, wie er begreift, ein Behältnis. Ein Gefäß. Er spielt ein wenig damit herum und versucht dahinterzukommen, wie es sich öffnen lässt. Dreht es, schiebt am Boden, den Seiten.

Sein Herz schlägt schneller. Etwas Nasses, Fiebriges steigt ihm auf die Zunge.

Verbirgst du etwas in dir?

Von Rumpel stellt das kleine Haus auf den Boden, hebt den Fuß und zertritt es.

Die weiße Stadt

Im April 1944 klappert der Opel in eine weiße Stadt voller leerer Fenster. «Wien», sagt Volkheimer, und Neumann Zwei beginnt, von Habsburger Schlössern, Wiener Schnitzeln und Mädchen zu schwärmen, deren Scham wie Apfelstrudel schmeckt. Sie schlafen in einer ehedem prächtigen Suite im Stil der Alten Welt, deren Möbel vor die Wände geschoben sind, Hühnerfedern verstopfen die Marmorwaschbecken, und die Fenster sind unbeholfen mit Zeitungen verklebt. Unter ihnen präsentiert ein Rangierbahnhof einen wahren Schienendschungel. Werner denkt an Dr. Hauptmann mit seinen Locken und fellgefütterten Handschuhen, dessen Wiener Jugend er sich immer in überfüllten Cafés voller Leben vorgestellt hat, in denen künftige Wissenschaftler über Bohr und Schopenhauer diskutierten, während Marmorbüsten, netten Paten gleich, von den Simsen auf sie heruntersahen.

Hauptmann, der wohl noch in Berlin ist. Oder wie alle anderen an der Front.

Der Stadtkommandant hat keine Zeit für sie. Ein Untergebener erklärt Volkheimer, es heißt, aus der Leopoldstadt werden Widerstandsnachrichten gesendet. Wieder und wieder kreisen sie durch den Bezirk. Kalter Nebel hängt über den knospenden Bäumen, und Werner sitzt hinten im Aufbau und zittert. Die Stadt riecht für ihn nach einem Blutbad.

Fünf Tage lang hört Werner nichts als Hymnen, Propagandakonserven und Nachrichten von eingeschlossenen Obersten, die Nachschub brauchen. Benzin, Männer. Alles zerfällt, Werner kann es spüren. Das Kriegsgewebe zerreißt.

«Das ist die Staatsoper», sagt Neumann Zwei eines Abends. Die Fassade des herrschaftlichen Gebäudes wächst anmutig mit Pfeilern und Zinnen vor ihnen auf. Imposante Flügel ziehen sich zu beiden Seiten hin, gleichzeitig schwer und leicht. Werner kommt der Gedanke, wie wundersam nutzlos es doch ist, angesichts der seismischen, alles verschlingenden Gleichgültigkeit der Welt so großartige Gebäude zu errichten, Musik zu machen, Lieder zu singen und große Bücher voller bunter Vögel zu drucken. Was für Anmaßungen die Menschen sich doch erlauben! Warum Musik machen wollen, wenn das Schweigen und der Wind so viel größer sind? Warum Laternen entzünden, wenn die Dunkelheit sie am Ende doch unweigerlich verschlingen wird? Wenn russische Gefangene zu dritt oder viert an Zäune gebunden werden und ihnen deutsche Gefreite Handgranaten in die Taschen stecken und Fersengeld geben?

Opernhäuser? Städte auf dem Mond! Lächerlich. Sie alle würden besser daran tun, ihre Gesichter auf die Bordsteine zu senken und auf die Burschen zu warten, die durch die Stadt kommen und Schlitten voller Leichen hinter sich her ziehen.

Am Vormittag befiehlt Volkheimer, sie sollen im Augarten parken. Die Sonne löst den Nebel auf und lässt die ersten Blüten an den Bäumen erkennen. Werner fühlt das Fieber in sich flackern, einen Ofen mit geschlossener Klappe. Neumann Eins, der womöglich in seinem späteren Leben Friseur werden würde, sähe sein Lebensplan nicht bereits in zehn Wochen seinen Tod an der Invasionsfront in der Normandie vor, Neumann, der nach Talkum und Schnaps gerochen und seinen Zeigefinger in Männerohren gesteckt hätte, um ihren Kopf in Position zu bringen, dessen Hosen und Hemden immer voller Haare gewesen wären, in dessen Salon Ansichtskarten aus den Alpen um einen großen, billigen, wackligen Spiegel gehangen hätten und der seiner beleibten Frau wohl ein Leben lang treu geblieben wäre, dieser Neumann sagt jetzt: «Zeit zum Haareschneiden.»

Er stellt einen Hocker auf den Bürgersteig, legt ein fast sauberes Handtuch über Bernings Schultern und macht sich an die Arbeit. Werner findet einen staatlich geförderten Sender, der Walzer spielt, und stellt den Lautsprecher in die hintere Tür, damit alle etwas hören. Neumann Eins schneidet Berning die Haare, dann Werner, dann dem klapprigen, kaputten Neumann Zwei. Werner sieht zu, wie Volkheimer sich auf den Hocker setzt und die Augen schließt, als ein besonders klangvoller Walzer ertönt – Volkheimer, der mindestens hundert Männer getötet hat, wahrscheinlich mehr, der in seinen riesigen enteigneten Stiefeln in zahllose ärmliche Sendeschuppen getreten ist, sich hinter ausgemergelte Männer mit Kopfhörern über den Ohren und Mikrofonen an den Lippen geschlichen und ihnen den Kopf zerschossen hat, zurück zum Wagen gekommen ist und Werner gesagt hat, er soll die Sender einsammeln. Ruhig hat er das immer gesagt und etwas verschlafen, auch wenn Teile der Erschossenen auf den Sendern klebten.

Volkheimer, der immer dafür sorgt, dass Werner etwas zu essen bekommt. Der ihm Eier bringt, seine Brühe mit ihm teilt, und dessen Zuneigung zu Werner, wie es scheint, unerschütterlich ist.

Die Gegend um den Augarten erweist sich als heikles Terrain voller enger Gassen und hoher Wohnhäuser. Sendesignale dringen durch die Mauern und werden gleichzeitig reflektiert. Nachmittags, lange nachdem der Hocker weggeräumt ist und die Walzer verklungen sind, sitzt Werner vor seinem Peilgerät und hört immer noch nichts. Da tritt ein kleines rothaariges Mädchen mit einer kastanienbraunen Pelerine aus einem Hauseingang. Es ist vielleicht sechs, sieben Jahre alt, klein für sein Alter, und hat große, klare Augen, die Werner an Jutta erinnern. Die Kleine rennt über die Straße in den Park und spielt dort allein unter den knospenden Bäumen, während ihre Mutter am Rand steht und an den Fingerspitzen kaut. Das Mädchen klettert auf eine Schaukel, schwingt vor und zurück, pumpt mit den Beinen, und dem zuzusehen, öffnet ein Ventil in Werners Seele. Das ist das Leben, denkt er, das ist es, warum wir leben, an einem Tag wie diesem, wenn der Winter seinen Griff lockert, so zu spielen. Er wartet darauf, dass Neumann Zwei um den Wagen kommt und etwas Drastisches sagt, um sein Gefühl zu zerstören, doch er kommt nicht, und auch Berning nicht, vielleicht sehen sie das Mädchen nicht, vielleicht entgeht diese eine reine Sache ihrer Besudelung, und die Kleine singt beim Schaukeln, Reime, die Werner kennt, weil sie die Mädchen beim Seilspringen hinter dem Kinderhaus ebenfalls gesungen haben: *Eins, zwei, Polizei, drei, vier, Offizier.* Oh, wie gerne ginge er dort hinüber, gäbe dem Mädchen noch mehr Schwung und noch mehr Schwung und sänge: *Fünf, sechs, alte Hex, sieben, acht, gute Nacht!* Aber dann ruft die Mutter etwas, das er nicht versteht, und nimmt das Mädchen bei der Hand. Sie gehen um die Ecke, den kleinen samtenen Umhang hinter sich her ziehend, und sind verschwunden.

Keine Stunde später fängt er etwas aus dem Rauschen auf, eine einfache Mitteilung auf Schweizerdeutsch: *Schlag Neun, um 1600 sendend, hier ist KX46, empfangt ihr mich?* Er versteht nicht alles. Dann bricht es ab. Werner geht über den Platz und stellt den zweiten Empfänger selbst ein. Als sie sich wieder melden, bildet er sein Dreieck und setzt die Zahlen in die Gleichung ein. Er hebt den Blick, sieht in die errechnete Richtung und entdeckt mit bloßen Augen etwas, das wie eine Antenne aussieht, die an der Seite eines Hauses am Rand des Platzes herabhängt.

Es ist so einfach.

Volkheimers Augen erwachen zum Leben. Er ist ein Löwe, der Witterung aufnimmt. Als müssten er und Werner kaum reden, um zu kommunizieren.

«Siehst du den Draht da herunterhängen?», fragt Werner.

Volkheimer studiert das Gebäude mit seinem Fernglas. «Das Fenster?»

«Ja.»

«Ist hier nicht alles zu dicht beieinander? All die Wohnungen?»

«Das ist das Fenster», sagt Werner.

Sie gehen hinein. Er hört keine Schüsse. Fünf Minuten später rufen sie ihn in die Wohnung im vierten Stock. Die Tapete hat ein schwindelerregendes Blumenmuster, und er erwartet, dass er sich, wie gewöhnlich, die Sendeanlage ansehen soll, es gibt jedoch keine. Keine Leichen, keinen Sender, nicht mal ein Radio. Nur reich verzierte Lampen, ein besticktes Sofa und diese blumenbedeckte Rokokotapete.

«Reißt die Bodendielen heraus», befiehlt Volkheimer, aber nachdem Neumann einige hochgestemmt hat, wird klar, dass sich darunter nichts als jahrzehntealtes Rosshaar verbirgt, zur Dämmung.

«Vielleicht eine andere Wohnung, in einem anderen Stock?»

Werner geht ins Schlafzimmer, öffnet das Fenster und späht über den eisernen Balkon. Was er für eine Antenne gehalten hat, ist nichts als eine angemalte Stange entlang einer Säule, wahrscheinlich die Befestigungsmöglichkeit für eine Wäscheleine. Sicher keine Antenne. Aber er hat sie doch reden gehört. Oder etwa nicht?

Ein Schmerz sticht ihm von unten in den Schädel. Er legt die Hände hinter den Kopf, setzt sich auf den Rand eines ungemachten Bettes und betrachtet die Dinge um sich herum. Den Schlüpfer über der Lehne des Stuhls, die Haarbürste mit dem Zinnrücken auf der Kommode, die Reihe kleiner matter Fläschchen und Töpfchen auf dem Waschtisch. Alles unaussprechlich weiblich, geheimnisvoll und verwirrend, genau, wie ihn Frau Siedler auf Jahre verwirrte, als sie sich den Rock hochzog und vor das große Radio kniete.

Das Zimmer einer Frau. Zerknitterte Laken, der Geruch eines Hautbalsams in der Luft, die Fotografie eines jungen Mannes auf der Kommode. Der Neffe? Der Geliebte? Der Bruder? Vielleicht hat er sich verrechnet. Vielleicht ist das Signal von den Gebäuden abgelenkt worden. Vielleicht zerstört das Fieber seinen Verstand. Die Rosen auf der Tapete vor ihm scheinen dahinzutreiben, sich zu drehen, die Plätze zu tauschen.

«Nichts?», ruft Volkheimer aus dem anderen Zimmer, und Berning antwortet: «Nichts.»

In einer anderen Welt, überlegt Werner, könnten diese Frau und Frau Elena Freundinnen gewesen sein. Einer angenehmeren Welt und Wirklichkeit als dieser. Dann sieht er, an der Türklinke hängend, ein kastanienbraunes Stück Samt mit einer Kapuze, und in genau diesem Augenblick stößt Neumann Zwei im Nebenzimmer einen Schrei aus, ein hohes, überraschtes Gurgeln, es fällt ein Schuss, eine Frau schreit, es folgen weitere Schüsse, Volkheimer rennt vorbei, die anderen laufen ihm hinterher und finden Neumann Zwei vor einem Schrank, das Gewehr in beiden Händen, und die Luft hängt voller Pulvergeruch. Auf dem Boden liegt eine Frau, einen Arm nach hinten geworfen, als hätte man ihr einen Tanz abgeschlagen, und im Schrank ist kein Sender, sondern ein Kind sitzt darin, mit einer Kugel im Kopf. Seine großen Augen sind weit offen und feucht, der Mund bildet ein überraschtes Oval, und es ist das Mädchen von der Schaukel, das nicht älter als sieben Jahre sein kann.

Werner wartet darauf, dass das Kind blinzelt. Blinzele, denkt er. Blinzele, blinzele, blinzele. Volkheimer drückt die Schranktür zu, doch sie will sich nicht schließen, ein Fuß des Mädchens hängt heraus. Berning bedeckt die Frau auf dem Boden mit einer Decke, und wie kann Neumann es nicht erkannt haben, aber natürlich hat er es nicht, denn so ist es mit Neumann Zwei, mit allen in dieser Einheit, in dieser Wehrmacht, in dieser Welt, sie tun, was man ihnen sagt, sie bekommen Angst und haben nur sich im Kopf. *Nenne mir einen, bei dem es nicht so ist.*

Neumann Eins drängt nach draußen, mit einem Stich in den Augen. Neumann Zwei steht da mit seinem frischen Haarschnitt, und seine Finger trommeln sinnlos auf dem Schaft seines Gewehrs. «Warum haben sie sich versteckt?», sagt er.

Volkheimer schiebt den Kinderfuß sanft in den Schrank. «Hier gibt es keinen Sender», sagt er und schließt die Tür. Übelkeit legt sich um Werners Luftröhre.

Draußen zittern die Laternen im späten Wind. Wolken ziehen nach Westen über die Stadt.

Werner klettert in den Opel und hat das Gefühl, als drängten sich die Häuser um ihn, wüchsen auf und beugten sich vor. Er legt die Stirn zwischen die Apparate und übergibt sich zwischen seine Schuhe.

Und so ist alles Licht, Kinder, mathematisch am Ende unsichtbar.

Berning kommt herein, zieht die Tür zu, und der Opel erwacht zum Leben, neigt sich zur Seite, als er um eine Ecke biegt, und Werner spürt, wie die Straßen um sie aufsteigen und zu einer wirbelnden, alles umschließenden Spirale werden, in die der Wagen immer tiefer und tiefer und tiefer hineingezogen wird.

Zwanzigtausend Meilen unter dem Meer

Auf dem Flur vor Marie-Laures Schlafzimmertür wartet etwas Großes, mit einer Schnur in Zeitungspapier Verpacktes. Von der Treppe aus sagt Etienne: «Alles Gute zum sechzehnten Geburtstag.»

Sie reißt das Papier auf. Zwei Bücher, aufeinandergepackt.

Drei Jahre und vier Monate sind vergangen, seit ihr Vater Saint-Malo verlassen hat. Eintausendzweihundertvierundzwanzig Tage. Fast vier Jahre ist es her, dass sie Blindenschrift gefühlt hat, und doch erheben sich die Buchstaben aus ihrer Erinnerung, als hätte sie die Bücher gestern erst weggelegt.

Jules. Verne. Zwanzig. Tausend. Meilen. Unter. Dem. Meer. Teil. Eins. Teil. Zwei.

Sie läuft zu ihrem Großonkel und schlingt ihm die Arme um den Hals.

«Du hast erzählt, dass du es nicht zu Ende lesen konntest, und ich dachte, statt, dass ich es dir vorlese, könntest du es vielleicht mir vorlesen?»

«Aber wie …?»

«Monsieur Hébrard, der Buchhändler.»

«Wenn es nichts gibt? Und die sind so teuer …»

«Du hast dir eine Menge Freunde in dieser Stadt gemacht, Marie-Laure.»

Sie legt sich auf den Boden und schlägt die erste Seite auf. «Ich fange noch einmal neu an. Ganz von vorn.»

«Perfekt.»

Erstes Kapitel, liest sie. *Die schweifende Klippe. Im Jahr 1866 erregte ein seltsames Ereignis, eine unerklärte und unerklärliche Naturerscheinung, die fraglos unvergessen bleiben wird, erhebliches Aufsehen.* Sie galoppiert durch die ersten zehn Seiten, und die Geschichte kehrt zu ihr zurück. Die weltweite Neugier auf etwas, das ein mythisches Seeungeheuer sein muss, der berühmte Meeresbiologe Professor Pierre Aronnax, der sich aufmacht, die Wahrheit zu entdecken. Ist es ein Ungeheuer oder ein sich bewegendes Riff? Etwas anderes? Gleich muss die Seite kommen, auf der Aronnax über die Reling der Fregatte stürzt, und nicht lange danach werden er und der kanadische Harpunier Ned Land sich in Kapitän Nemos Untersee-boot wiederfinden.

Hinter den mit Pappe verdunkelten Fenstern siebt Regen von einem platinfarbenen Himmel herunter. Eine Taube scharrt in der Gosse und ruft: *Huh, huh, huh.* Im Hafen vollführt ein Stör einen Sprung wie ein silberner Hengst und ist verschwunden.

Das Telegramm

Ein neuer Garnisonskommandeur ist an die Smaragdküste versetzt worden, ein Oberst. Schlank, klug, tüchtig. Hat in Stalingrad Orden bekommen. Trägt ein Monokel. Ständig begleitet von einer hinreißenden französischen Sekretärin und Dolmetscherin, die womöglich einmal Verbindungen zum russischen Zarenhaus hatte.

Er ist von durchschnittlicher Größe, vor der Zeit ergraut, aber von einiger Findigkeit darin, wie er sich hält und hinstellt, was den Männern, die vor ihm stehen, das Gefühl gibt, kleiner zu sein. Das Gerücht geht, dass der Oberst vor dem Krieg eine Automobilfirma geleitet hat. Dass er ein Mann ist, der die Macht der deutschen Erde versteht und ihre dunkle prähistorische Kraft in seinen Adern pochen fühlt. Dass er sich niemals fügen wird.

Jeden Abend schickt er Telegramme aus dem Bezirksbüro in Saint-Malo. Unter den sechzehn amtlichen Verlautbarungen des 13. April 1944 findet sich eine Depesche nach Berlin.

Funkmeldungen der Saboteure in Côtes d'Armor stopp wir glauben aus Saint-Lunaire oder Dinard oder Saint-Malo oder Cancale stopp erbitten Hilfe bei Lokalisierung und Vernichtung

Kurz, kurz, lang, lang … Hinaus gehen die Worte in die Netze Europas.

Acht

9. August 1944

Fort National

Am dritten Nachmittag der Belagerung von Saint-Malo wird der Granatenbeschuss weniger, als wären die Artilleristen an ihren Kanonen plötzlich eingeschlafen. Bäume brennen, Autos brennen, Häuser brennen. Deutsche Soldaten sitzen in ihren Bunkern und trinken Wein. Im Schulkeller besprengt ein Priester die Wände mit Weihwasser. Zwei Pferde treten verrückt vor Angst die Tür der Garage ein, in die sie eingesperrt sind, und galoppieren zwischen den rauchenden Häusern über die Grand Rue.

Gegen vier Uhr feuert eine amerikanische Feldhaubitze aus drei Kilometern Entfernung eine einzelne, schlecht ausgerichtete Granate ab, die über die Stadtmauern fliegt und gegen die nördliche Brüstung des Fort National schlägt, wo immer noch dreihundertachtzig Franzosen mit minimalem Schutz gegen ihren Willen festgehalten werden. Neun sind sofort tot. Einer von ihnen hält noch die Bridge-Karten der Partie in der Hand, die er beim Einschlag gespielt hat.

Auf dem Dachboden

Während der gesamten vier Jahre Marie-Laures in Saint-Malo haben die Glocken von Saint-Vincent die Stunden verkündet. Jetzt sind sie still. Sie weiß nicht, wie lange sie schon auf dem Dachboden gefangen sitzt, und nicht einmal, ob es Tag oder Nacht ist. Die Zeit ist ein glitschiges Ding: Verliere sie einmal aus den Händen, und du bekommst sie womöglich nie wieder zu fassen.

Ihr Durst wird so schlimm, dass sie überlegt, ob sie sich in den Arm beißen und die Flüssigkeiten trinken soll, die darin fließen. Sie nimmt die beiden Dosen aus dem Mantel ihres Großonkels und legt die Lippen auf den Rand. Sie schmecken nach Blech. Ihr Inhalt ist nur Millimeter entfernt.

Riskiere es nicht, sagt die Stimme ihres Vaters. *Riskiere nicht den Lärm.*

Nur eine, Papa. Die andere bewahre ich auf. Der Deutsche ist weg. Es ist fast sicher, dass er weg ist.

Warum hat die Klingel dann nicht geläutet?

Weil er den Draht durchschnitten hat. Oder ich habe geschlafen. Oder aus einem anderen halben Dutzend Gründe.

Warum sollte er gehen, wenn das, was er sucht, noch hier ist?

Wer weiß, was er sucht?

Du weißt, was er sucht.

Ich bin so hungrig, Papa.

Versuche, an etwas anderes zu denken.

An dröhnende klare, kühle Wasserfälle.

Du wirst es überleben, ma chérie.

Wie kannst du das wissen?

Wegen des Diamanten in deiner Tasche. Weil ich ihn dagelassen habe, damit er dich beschützt.

Er hat mich nur in noch größere Gefahr gebracht.

Warum ist dann das Haus nicht getroffen worden? Warum ist es nicht in Flammen aufgegangen?

Es ist ein Stein, Papa. Ein Kiesel. Es gibt nur Glück oder Pech. Den Zufall und die Physik. Erinnerst du dich?

Du lebst.

Ich lebe nur, weil ich noch nicht gestorben bin.

Öffne die Dose nicht. Er wird dich hören. Er wird nicht zögern, dich umzubringen.

Wie kann er mich umbringen, wenn ich nicht sterben kann?

Wieder und wieder drehen sich die Fragen im Kreis. Marie-Laures Denken droht, außer Kontrolle zu geraten. Sie zieht sich auf die Klavierbank am Ende des Dachbodens und lässt die Hände über Etiennes Sender wandern, versucht, die Schalter und Knöpfe zu verstehen – der ist für das Grammofon, der für das Mikrofon, und das hier ist eines der vier Kabel, die zu den beiden Batterien führen. Da hört sie unter sich etwas.

Eine Stimme.

Sehr vorsichtig lässt sie sich von der Bank herabgleiten und drückt das Ohr auf den Boden.

Er ist direkt unter ihr. Uriniert in die Toilette im fünften Stock. Es ist ein trauriges, unterbrochenes Tröpfeln und Stöhnen, als bereite es ihm Schmerzen. Und zwischen dem Stöhnen ruft er etwas auf Deutsch: «*Das Häuschen fehlt, wo bist du, Häuschen?*»

Mit dem stimmt was nicht.

«*Das Häuschen fehlt, wo bist du, Häuschen?*»

Keine Antwort. Mit wem redet er?

Draußen ertönt das Krachen ferner Mörser, Granaten fliegen kreischend über sie hinweg. Sie lauscht, wie der Deutsche aus dem Bad in ihr Zimmer geht. Er lahmt immer noch so, murmelt vor sich hin, als hätte er den Verstand verloren. *Häuschen*: Was heißt das?

Die Federn ihrer Matratze quietschen. Sie würde das Geräusch überall heraushören. Hat er die ganze Zeit in ihrem Bett geschlafen? Sechs dumpfe Schläge, einer nach dem anderen, tiefer als das Wummern der Flak. Weiter weg. Schiffskanonen. Dann setzen Trommeln ein, Becken, Explosionen wie Paukenschläge ziehen ein purpurnes Gitter über das Dach. Mit der Ruhe ist es vorbei.

Ein Abgrund in ihrem Leib, eine Wüste in ihrer Kehle. Marie-Laure nimmt eine der Dosen aus ihrem Mantel. Ziegel und Messer sind in Griffweite.

Nicht!

Wenn ich weiter auf dich höre, Papa, verhungere ich mit Essen in den Händen.

In ihrem Zimmer unten ist es ruhig. Die Granaten kommen geduldig, jede Salve dauert eine voraussagbare Zeit, kratzt eine lange, scharlachrote Parabel über das Dach. Sie nutzt den Lärm, um die Dose zu öffnen. *IIIIIIIIIHHH*, kreischt die Granate, *ding*, schlägt der Ziegel auf das Messer. Dumpfe, schreckliche Explosionen. Splitter schlagen in die Wände eines Dutzends Häuser.

IIIIIIIIIIHHH, ding. IIIIIIIIHHH, ding. Mit jedem Schlag ein Gebet. Lass es ihn nicht hören.

Fünf Schläge, und Flüssigkeit dringt heraus. Nach einem sechsten gelingt es ihr, den Deckel mit der Klinge des Messers hochzudrücken.

Sie hebt die Dose und trinkt. Kühl, salzig: Es sind Bohnen. Gekochte grüne Bohnen. Das Wasser, in dem sie gekocht wurden, ist äußerst schmackhaft. Ihr ganzer Körper scheint sich danach zu recken, um es in sich aufzunehmen. Sie leert die Dose. Ihr Vater in ihrem Kopf ist verstummt.

Die Köpfe

Werner webt die Antenne durch die Geröllldecke und verbindet sie mit einem verbogenen Rohr. Nichts. Auf Händen und Knien zieht er die Antenne an den Kellerwänden entlang, als wollte er Volkheimer in den goldenen Sessel fesseln. Nichts. Er schaltet die sterbende Lampe aus, drückt den Kopfhörer gegen sein gutes Ohr, schließt die Augen vor der Finsternis, wendet sich dem reparierten Funkgerät zu und geht die Frequenzen durch, alle Sinne zu einem einzigen vereint.

Rauschen, Rauschen, Rauschen, Rauschen, Rauschen.

Vielleicht sind sie zu tief begraben. Vielleicht wirkt der Schutt des Hotels wie ein elektromagnetischer Schatten. Aber vielleicht ist auch etwas Zentrales im Funkgerät kaputt, ohne dass Werner den Fehler bisher identifiziert hätte. Oder die Superwissenschaftler des Führers haben eine Waffe entwickelt, die alle Waffen übertrifft, und dieser ganze Teil Europas ist nur noch eine einzige Trümmeröde mit Werner und Volkheimer als den einzigen Überlebenden.

Er nimmt den Kopfhörer ab und unterbricht die Verbindung. Die Rationen sind längst aufgebraucht, die Brühe unten im Eimer mit den Pinseln ist untrinkbar. Er und Volkheimer haben einige Schlucke davon genommen, und Werner ist nicht sicher, ob er es noch erträgt.

Die Batterie im Funkgerät ist fast leer. Wenn sie nichts mehr hergibt, haben sie noch die große amerikanische Elf-Volt-Batterie mit der aufgedruckten schwarzen Katze. Und dann?

Wie viel Sauerstoff verwandelt der Atmungsapparat eines Menschen pro Stunde in Kohlendioxid? Es hat Zeiten gegeben, da hätte sich Werner mit Freuden einer solchen Frage gewidmet. Jetzt sitzt er mit Volkheimers zwei Stielhandgranaten auf dem Schoß da und hat das Gefühl, die letzten hellen Dinge in ihm verlöschen. Er dreht den Stiel der einen, dann der anderen. Er würde sie zünden, nur um diesen Ort wieder zu erhellen, nur um wieder zu sehen.

Volkheimer schaltet seine Lampe hin und wieder ein und richtet den schwachen Lichtkegel seit einiger Zeit immer in die gegenüberliegende Ecke, wo acht, neun weiße Gipsköpfe auf zwei Regalbrettern stehen, einige davon sind umgefallen. Sie sehen wie die Köpfe von Schaufensterpuppen aus, nur weit gekonnter geformt, drei mit Schnauzbärten, zwei glatzköpfig, und einer trägt eine Soldatenmütze. Selbst im Dunkeln üben die Köpfe eine merkwürdige Kraft aus: rein weiß, nicht wirklich sichtbar, aber auch nicht völlig unsichtbar, ihr Bild hat sich in Werners Retinae gegraben, fast erglühen sie in der Schwärze.

Stumm, aufmerksam und ohne einen Lidschlag.

Streiche der Einbildung.

Gesichter, seht weg.

Durch die Schwärze kriecht er zu Volkheimer. Es ist ein Trost, die Knie seines Freundes in der Dunkelheit zu finden. Das Gewehr neben ihm. Bernings Leiche liegt weiter hinten.

Werner sagt: «Hast du je die Geschichten gehört, die sie über dich erzählt haben?»

«Wer?»

«Die Jungs in Schulpforta.»

«Ein paar schon.»

«Hat es dir gefallen? Der Riese zu sein? Dass alle vor dir Angst hatten?»

«Es ist nicht so komisch, ständig gefragt zu werden, wie groß man ist.»

Irgendwo an der Oberfläche detoniert eine Granate. Irgendwo da oben brennt die Stadt, brechen die Wellen, schwenken die Krebse ihre Scheren.

«Wie groß bist du?»

Volkheimer schnaubt einmal, ein bellendes Lachen.

«Glaubst du, Berning hatte mit den Granaten recht?»

«Nein», sagt Volkheimer, und seine Stimme wird wach. «Sie würden uns umbringen.»

«Selbst, wenn wir eine Barriere bauen würden?»

«Wir würden zerdrückt.»

Werner versucht, die Köpfe auf der anderen Seite des Kellers in der Finsternis zu erkennen. Wenn nicht die Granaten, was dann? Denkt Volkheimer ernsthaft, es wird jemand kommen und sie retten? Verdienen sie es?

«Wir warten also einfach?»

Volkheimer antwortet nicht.

«Wie lange?»

Wenn die Batterien des Funkgeräts leer sind, sollte die amerikanische Batterie es noch einen Tag in Betrieb halten. Oder er könnte die Birne von Volkheimers Lampe daran anschließen. Die Batterie wird ihnen noch einen Tag Rauschen verschaffen. Oder einen Tag Licht. Aber sie brauchen kein Licht für das Gewehr.

Delirium

Ein violetter Rand flattert um von Rumpels Blick. Etwas muss mit dem Morphium nicht in Ordnung sein, vielleicht hat er zu viel genommen. Oder die Krankheit ist so weit fortgeschritten, dass sie seine Sehkraft beeinflusst.

Asche treibt durchs Fenster, wie Schnee. Dämmert es? Das Leuchten am Himmel könnte auch von den Feuern stammen. Die Bettwäsche ist schweißnass, die Uniform so durchtränkt, als wäre er im Schlaf schwimmen gewesen. Sein Speichel schmeckt nach Blut.

Er kriecht ans Ende des Betts und betrachtet das Modell. Jeden Quadratzentimeter hat er genauestens untersucht, eine Ecke mit dem Boden einer Weinflasche eingeschlagen. Das Modell und die Häuser sind weitgehend hohl, das Château, die Kathedrale, der Markt. Aber warum alles zerschlagen, wenn das eine Haus, das er braucht, fehlt?

Draußen in der verlorenen Stadt, so scheint es, brennt alles oder fällt zusammen, aber hier hat er alles noch einmal im Kleinformat vor sich. Das Modell ist unversehrt, nur das Haus, in dem er sich befindet, dieses eine Haus fehlt.

Kann das Mädchen es mit sich genommen haben, als es geflohen ist? Möglich. Der Onkel hatte es nicht bei sich, als sie ihn ins Fort National gesteckt haben. Er ist gründlich durchsucht worden. Er hatte nur seine Papiere dabei, von Rumpel hat sich dessen versichert.

Draußen stürzt eine Mauer in sich zusammen, tausend Kilo Mauerwerk brechen in die Tiefe.

Dass dieses Haus noch steht, während so viele andere zerstört worden sind, ist Beweis genug. Der Stein muss in ihm sein. Er muss ihn einfach finden, solange noch Zeit ist. Ihn an sein Herz drücken und darauf warten, dass die Göttin ihre feurige Hand ausstreckt und seine Krankheit wegbrennt. Ihm den Weg aus dieser Zitadelle brennt, aus dieser Krankheit. Er wird gerettet werden. Er muss sich nur aus diesem Bett hochkämpfen und weitersuchen. Methodischer vorgehen. Solange es sein muss. Das Haus auseinandernehmen. Angefangen mit der Küche. Noch einmal von vorn.

Wasser

Marie-Laure hört die Federn ihres Betts ächzen. Hört den Deutschen aus ihrem Zimmer humpeln und die Treppe hinuntergehen. Verschwindet er? Gibt er auf?

Es beginnt zu regnen. Tausende kleine Tropfen trommeln aufs Dach. Marie-Laure stellt sich auf die Zehen und drückt das Ohr an das Holz unter den Schieferplatten. Lauscht den plätschernden Tropfen. Wie ging das Gebet noch? Das Gebet, das Madame vor sich hin murmelte, als sie besonders frustriert über Etienne war?

Gott, unser Herr, deine Gnade ist ein reinigendes Feuer.

Sie muss ihre Gedanken ordnen. Wahrnehmung und Vernunft gebrauchen. So, wie es ihr Vater tun würde, wie Jules Vernes großer Meeresbiologe Professor Pierre Aronnax es tun würde. Der Deutsche weiß nichts von der Existenz des Dachbodens. Sie hat den Stein in der Tasche, und sie hat noch eine Dose Essen. Das sind die Vorteile.

Der Regen ist ebenfalls gut: Er wird die Feuer eindämmen. Könnte sie etwas davon zum Trinken auffangen? Ein Loch ins Dach stoßen? Oder ihn auf eine andere Weise nutzen? Zum Beispiel, um ihre Geräusche zu überdecken?

Sie weiß genau, wo die beiden verzinkten Eimer stehen: Direkt hinter der Tür ihres Zimmers. Sie könnte sie erreichen, vielleicht sogar einen hier heraufholen.

Nein, ihn heraufzutragen, wäre unmöglich. Zu schwer, zu laut, und all das Wasser, das überschwappen würde. Aber sie könnte hinuntergehen und daraus trinken. Sie könnte ihre leere Bohnendose füllen.

Allein die Vorstellung, dass ihre Lippen das Wasser berühren, die Nasenspitze in die Wasseroberfläche taucht, ruft ein körperliches Verlangen in ihr hervor, wie sie es noch nie erlebt hat. Sie stellt sich vor, in einen See zu fallen, Wasser füllt Ohren und Mund, ihre Kehle öffnet sich. Ein Schluck, und sie könnte klarer denken. Sie wartet auf die Stimme ihres Vaters in ihrem Kopf, der einen Einwand vorbringt, aber er bleibt stumm.

Vom Schrank durch Henris Zimmer und über den Treppenabsatz bis zu ihrer Tür sind es ungefähr einundzwanzig Schritte. Sie nimmt das Messer und die leere Dose vom Boden und steckt beides in die Tasche. So leise wie nur möglich steigt sie die sieben Sprossen hinunter und bleibt lange reglos hinter dem Schrank stehen. Lauschen, lauschen, lauschen. Das kleine hölzerne Haus drückt ihr gegen die Rippen, als sie sich hinhockt. Sitzt oben in ihm ein winziges Abbild von Marie-Laure, so, wie sie hier sitzt und lauscht? Hat dieses winzige Abbild von ihr auch solch einen Durst?

Alles, was sie hören kann, ist der Regen, der Saint-Malo in Schlamm verwandelt.

Es könnte ein Trick sein. Vielleicht hat er gehört, wie sie die Dose geöffnet hat, ist laut nach unten gegangen und leise wieder heraufgeschlichen. Vielleicht steht er mit gezogener Pistole vorm Schrank.

Gott, unser Herr, deine Gnade ist ein reinigendes Feuer.

Sie legt die Hände auf die Rückseite des Schranks und schiebt die Geheimtür zur Seite. Die Hemden wischen ihr übers Gesicht, sie tastet sich nach vorn und drückt eine der Schranktüren einen Spalt auf.

Kein Schuss. Nichts. Der Regen, der vor den glaslosen Fenstern auf die brennenden Häuser fällt, klingt wie das Meer, das die Kiesel am Strand aufrührt. Marie-Laure stellt die Füße auf den Boden des alten Zimmers ihres Großvaters und ruft sein Bild vor sich wach, einen neugierigen Jungen mit schimmerndem Haar, der nach Meer riecht. Er ist verspielt, ein schneller Denker, voller Energie, nimmt eine ihrer Hände, Etienne die andere, und das Haus wird so, wie es vor fünfzig Jahren war: Unten lachen die gut gekleideten Eltern der beiden Jungen, in der Küche löst ein Koch Austern aus ihren Schalen, und Madame Manec, das junge Hausmädchen, das gerade vom Land hergekommen ist, steht auf einer Trittleiter und staubt den Kronleuchter ab ...

Papa, du hattest die Schlüssel zu allem.

Die Jungen führen sie in den Flur. Sie kommt am Bad vorbei.

Der Geruch des Deutschen hängt noch in ihrem Zimmer, fast wie Vanille, darunter etwas Fauliges. Sie kann nichts als den Regen draußen und ihren in den Schläfen pochenden Puls hören, kniet sich so geräuschlos wie möglich hin und fährt mit den Händen über die Rillen im Boden. Das Geräusch, mit dem ihre Fingerspitzen auf die Seite des Eimers treffen, scheint lauter als das Läuten einer der Kathedralenglocken.

Regen plätschert über Dach und Wände. Tropft vorm glaslosen Fenster her. Überall um sie herum warten ihre Kiesel, Muscheln und Schnecken. Das Modell ihres Vaters. Ihre Decke. Hier müssen auch ihre Schuhe sein.

Sie senkt das Gesicht und führt die Lippen an die Wasseroberfläche. Jeder Schluck kommt ihr so laut wie das Zerplatzen einer Muschel vor. Eins, drei, fünf, sie schluckt, atmet, schluckt, atmet. Ihr ganzer Kopf ist im Eimer.

Atmen. Sterben. Träumen.

Rührt sich da etwas? Ist er unten? Kommt er zurück?

Neun, elf, dreizehn, sie ist voll. Ihre Innereien dehnen sich, es schwappt in ihr. Sie hat zu viel getrunken. Sie senkt die Dose in den Eimer und lässt sie vollaufen. Jetzt zurück, ohne ein Geräusch. Ohne gegen die Wand zu stoßen, die Tür. Ohne zu stolpern, ohne etwas zu verschütten. Sie dreht sich um und kriecht los, die Dose in der linken Hand.

Marie-Laure erreicht die Tür zu ihrem Zimmer, bevor sie ihn hört. Er ist drei oder vier Stockwerke tiefer und durchwühlt eines der Zimmer. Es klingt, als würde eine Kiste Kugellager auf den Boden gekippt. Sie schlagen auf, poltern, rollen.

Sie streckt die rechte Hand aus und da, direkt vor der Tür, entdeckt sie etwas Großes, Rechteckiges, Hartes, mit Stoff Bedecktes. Ihr Buch! Der Roman! Er liegt da, als hätte ihr Vater ihn dort für sie deponiert. Der Deutsche muss ihn von ihrem Bett geworfen haben. Sie hebt ihn so leise, wie sie kann, auf und drückt ihn vorn gegen den Mantel ihres Onkels.

Kann sie es nach unten schaffen?

Kann sie an ihm vorbei auf die Straße gelangen?

Aber schon füllt ihr das Wasser die Kapillaren und verbessert den Fluss ihres Blutes. Schon denkt sie schärfer. Sie will nicht sterben, und sie hat schon zu viel riskiert. Selbst, wenn sie wie durch ein Wunder an dem Deutschen vorbeikäme, wäre es nicht gesagt, dass die Straßen sicherer als das Haus sind.

Sie gelangt auf den Treppenabsatz, schafft es zur Tür ihres Großvaters. Tastet sich zum Schrank vor, steigt durch die offenen Türen und schließt sie sanft hinter sich.

Die Balken

Granaten kreischen über sie hinweg und lassen den Keller erzittern wie durchfahrende Güterzüge. Werner stellt sich die amerikanischen Artilleristen vor: Späher mit Scherenfernrohren, die auf Felsen aufliegen, hinter Panzerketten oder Hotelgeländern aufragen, Feuerleitrechner, die Windgeschwindigkeit, Rohrneigung und Lufttemperatur berechnen, Fernmelder mit Telefonhörern am Ohr, die neue Ziele durchgeben.

Drei Grad rechts, Weite beibehalten. Ruhige, müde Stimmen, die das Feuer dirigieren. So wie die Stimme Gottes vielleicht, wenn Er Seelen zu Sich ruft. Hierher, bitte.

Nur Zahlen. Reine Mathematik. Du musst dich daran gewöhnen, so zu denken. Auf ihrer Seite ist es genauso.

«Mein Urgroßvater», sagt Volkheimer unversehens, «war ein Sägewerker, damals in der Zeit vor den Dampfschiffen, als alles noch mit Segeln fuhr.»

Werner kann es in der Finsternis nicht mit Sicherheit sagen, aber er denkt, dass Volkheimer steht und mit den Fingern über die drei zersplitterten Balken fährt, die den Rest der Decke halten. Seine Knie sind eingeknickt, um darunter zu passen. Wie Atlas, der das Himmelsgewölbe auf die Schultern nehmen will.

«Damals», sagt Volkheimer, «brauchte ganz Europa Masten für seine Flotten, doch die meisten Länder hatten ihre großen Bäume bereits gefällt. England, sagte Urgroßvater immer, hatte nicht einen Baum mehr auf der ganzen Insel, dessen Holz etwas wert war, und so kamen die Masten für die britischen und spanischen Flotten, und auch für die portugiesischen, aus den Wäldern Preußens, in denen ich aufgewachsen bin. Urgroßvater wusste, wo die Riesen standen. Manchmal brauchte eine Mannschaft von fünf Männern drei Tage, um sie zu fällen. Erst wurden die Keile hineingeschlagen, sagte er, wie Nadeln in die Haut eines Elefanten. Die größten Stämme konnten hundert Keile schlucken, bevor sie nachgaben.»

Die Artillerie kreischt, der Keller erbebt.

«Urgroßvater sagte, er liebte es, sich vorzustellen, wie die großen Bäume von Pferdegespannen durch Europa gezogen wurden, über Land und Flüsse, wie sie übers Meer nach England verschifft wurden, wo man Masten aus ihnen machte und sie neu aufrichtete. Dass sie jahrzehntelang in Schlachten fuhren, ein zweites Leben bekamen und über die großen Ozeane kreuzten, bis sie am Ende fielen und ein zweites Mal vom Tod ereilt wurden.»

Wieder schlägt oben eine Granate ein, und Werner glaubt, das Holz der schweren Balken über ihnen splittern zu hören. *Dieses Stück Kohle war einmal eine grüne Pflanze, ein Farn oder ein Schilfrohr, das vor einer Million Jahren auf unserer Erde wuchs, vielleicht auch vor zwei Millionen oder hundert Millionen Jahren. Könnt ihr euch hundert Millionen Jahre vorstellen?*

Werner sagt: «Wo ich herkomme, haben sie Bäume ausgegraben, prähistorische.»

Volkheimer sagt: «Ich wollte unbedingt weg.»

«Ich auch.»

«Und jetzt?»

Berning zerfällt in der Ecke. Jutta bewegt sich irgendwo durch diese Welt und sieht, wie sich die Schatten aus der Nacht lösen, die Bergmänner in der Morgendämmerung vorbeihumpeln. Das reichte doch, als Werner ein Junge war, oder? Wildblumen, die zwischen rostigen alten Eisenteilen blühten. Beeren und Möhrenschalen, Frau Elenas Märchen. Der scharfe Geruch von Teer, vorbeifahrende Züge, Bienen, die in den Blumenkästen summten. Schnur, Spucke und Draht und eine Stimme aus dem Radio, die einen Rahmen bot, auf dem man seine Träume weben konnte.

Der Sender

Sie wartet auf dem Tisch hinter dem Kamin. Die doppelte Marine-
batterie darunter. Eine merkwürdige Maschine, vor Jahren gebaut,
um zu einem Geist zu sprechen. So vorsichtig sie kann, kriecht Marie-Laure zur Klavierbank und zieht sich daran hoch. Jemand muss
noch ein Radio haben, die Feuerwehr, wenn es denn noch eine gibt,
die Résistance oder die amerikanische Armee, die immer noch die
Stadt beschießt. Die Deutschen in ihren unterirdischen Bunkern.
Vielleicht sogar Etienne selbst. Sie versucht, sich vorzustellen, wie er
irgendwo hockt und seine Finger den Senderwahlknopf eines Phan-
tomradios drehen. Vielleicht nimmt er an, dass sie tot ist. Vielleicht
reicht ihm schon ein Hoffnungsschimmer.

Sie streicht mit den Händen über die Steine des Kamins, bis sie den
Hebel findet, den ihr Onkel dort angebracht hat. Mit ihrem ganzen
Gewicht legt sie sich darauf, und die Antenne lässt ein kratzendes Ge-
räusch hören, als sie sich auf dem Dach aufrichtet.

Zu laut.

Sie wartet. Zählt bis einhundert. Kein Geräusch von unten.
Unter dem Tisch finden ihre Finger die Schalter, einen für das Mikrofon und einen für den Sender, sie kann sich nicht erinnern, wer welcher
ist. Schalte den einen ein, dann den anderen. Im Sender beginnen die
Röhren zu surren.

Ist es zu laut, Papa?

Nicht lauter als der Wind. Das Rauschen des Feuers.

Sie fährt die Kabel entlang, bis sie sicher ist, dass sie das Mikrofon
in der Hand hält.

Die Augen zu schließen, sagt dir kaum etwas über das Blindsein.
Unter der Welt des Himmels, der Gesichter und Häuser gibt es eine
rohere, ältere Wirklichkeit, einen Ort, an dem die Oberflächen zerfallen und die Geräusche in Schwärmen durch die Luft wehen. Marie-
Laure kann auf dem Dachboden hoch über der Straße sitzen und kilometerweit entfernte Lilien in den Marschen rascheln hören. Sie hört
Amerikaner über Felder hasten und ihre riesigen Kanonen auf den

Rauch Saint-Malos richten, hört Familien in Kellern um Sturmlaternen herum schniefen, Krähen von einem Schutthaufen zum nächsten springen, Fliegen auf Leichen in Gräben landen. Sie hört Tamarindenbäume erzittern, Tölpel schreien und Dünengras brennen. Sie spürt die große granitene Faust tief in der Erdschale, auf der Saint-Malo liegt, spürt, wie der Ozean daran knabbert und die vorgelagerten Inseln standhaft den wirbelnden Gezeiten widerstehen. Sie hört Krähen aus steinernen Trögen trinken und Delfine durch das grüne Wasser des Kanals steigen, hört, wie sich die Knochen toter Wale zwanzig Kilometer unter ihr bewegen und ein Jahrhundert lang Wesen mit ihrem Mark nähren, die niemals in ihrem Leben ein einziges von der Sonne ausgesandtes Photon sehen werden. Sie hört ihre Schnecken in der Grotte ihre Körper über den Fels ziehen.

Statt, dass ich es dir vorlese, könntest du es vielleicht mir vorlesen?

Mit ihrer freien Hand öffnet sie den Roman auf ihrem Schoß, findet die Zeilen mit ihren Fingern und führt das Mikrofon an die Lippen.

Die Stimme

Am Morgen ihres vierten Tages, gefangen unter dem, was vom Hôtel des Abeilles übrig sein mag, lauscht Werner dem reparierten Funkgerät und fährt mit der Frequenzwahl auf und ab, als ihm plötzlich eine Mädchenstimme in sein gutes Ohr dringt: *Um drei Uhr morgens wurde ich durch einen heftigen Stoß geweckt.* Er denkt: Das ist der Hunger, das Fieber, ich phantasiere, mein Denken zwingt das Rauschen, sich zu etwas zusammenzufügen ...

Sie sagt: *Ich richtete mich im Bett auf und lauschte in die Dunkelheit, doch plötzlich wurde ich mitten ins Zimmer geschleudert.*

Sie spricht ein leises, perfekt betontes Französisch, ihre Aussprache ist noch klarer als die von Frau Elena. Er drückt den Kopfhörer aufs Ohr. ... *Es war klar*, sagt sie, *die* Nautilus *war aufgefahren und hatte nun Schlagseite ...*

Sie rollt ihre Rs, und zieht die S auseinander. Mit jeder Silbe scheint sich ihre Stimme weiter in sein Hirn zu graben. Jung, hoch, kaum mehr als ein Flüstern. Wenn es eine Halluzination ist, dann sei es so.

Einer dieser Blöcke hat beim Kippen die Nautilus *getroffen, als sie unter Wasser fuhr. Dann glitt der Block unter ihren Rumpf und hob sie mit unwiderstehlicher Kraft ...*

Er kann hören, wie sie die Oberlippe mit der Zunge benetzt. *Aber wer weiß, ob wir in diesem Falle nicht die Eisbarriere gerammt hätten und zwischen den Eismassen eingeklemmt worden wären?* Das Rauschen wächst wieder an und droht sie wegzuwaschen. Werner kämpft verzweifelt dagegen an, er ist das Kind in seinem Schlafraum unter dem Dach und klammert sich an einen Traum, den er nicht verlassen will, aber Jutta legt ihm eine Hand auf die Schulter und weckt ihn flüsternd auf.

Wir waren noch unter Wasser, wie ich gesagt hatte; aber in einer Entfernung von zehn Metern erhoben sich rings um die Nautilus *blendend weiße Eismauern oben und unten, überall war Eis.*

Sie hört auf zu reden, und es rauscht nur noch. Als sie weiterspricht, ist ihre Stimme ein dringendes Zischen. *Er ist hier. Er ist direkt unter mir.*

Dann bricht das Signal ab. Er dreht am Regler, wechselt die Frequenzen: nichts. Er nimmt den Kopfhörer ab, bewegt sich durch die völlige Schwärze auf Volkheimer zu und packt etwas, das er für dessen Arm hält. «Ich habe etwas gehört. Bitte ...»

Volkheimer rührt sich nicht. Er wirkt wie aus Holz. Werner zieht mit aller Kraft an ihm, aber er ist zu klein, zu schwach. Die Energie verlässt ihn so schnell, wie sie gekommen ist.

«Genug», kommt Volkheimers Stimme aus der Dunkelheit. «Es hilft alles nichts.» Werner setzt sich auf den Boden. Über ihnen in den Ruinen heulen Katzen. Verhungern. So wie er. So wie Volkheimer.

Ein Junge in Schulpforta hat Werner einmal einen Aufmarsch in Nürnberg beschrieben. Ein Meer aus Bannern und Flaggen, sagte er. Unmengen von Jungen tanzen im Licht. Der Führer selbst steht auf einem fast einen Kilometer entfernten Altar. Strahler erleuchten die Säulen hinter ihm, die Atmosphäre quillt über mit Bedeutung, Wut und Selbstgerechtigkeit. Hans Schilzer ist außer sich, Herribert Pomsel ist außer sich, alle Jungen aus Schulpforta sind außer sich, und die einzige Person in Werners Leben, die das alles durchschaut hat, war seine jüngere Schwester. Wie? Warum wusste Jutta so viel mehr darüber, wie die Welt funktioniert? Während er kaum etwas begriff?

Aber wer weiß, ob wir in diesem Falle nicht die Eisbarriere gerammt hätten und zwischen den Eismassen eingeklemmt worden wären?

Er ist hier. Er ist direkt unter mir.

Tu etwas. Rette sie.

Aber Gott ist nur ein weißes, kaltes Auge, ein Viertelmond über dem Rauch, ein unstetes Licht, während die Stadt langsam zu Staub zerschossen wird.

Neun

Mai 1944

Am Rand der Welt

Hinten im Opel liest Volkheimer Werner laut vor. Das Blatt, auf dem Jutta geschrieben hat, scheint wenig mehr als ein Stück Seidenpapier in seinen riesigen Händen.

… oh, und Herr Siedler, der Zechenbeamte, hat eine Nachricht geschickt, um Dir für Deine Erfolge zu gratulieren. Er sagt, die Leute werden auf Dich aufmerksam. Heißt das, dass Du nach Hause kommen kannst? Hans Pfeffering sagt, ich soll Dir sagen, «eine Kugel fürchtet den Tapferen», obwohl ich das für einen schlechten Rat halte. Und Frau Elenas Zahnschmerzen sind besser, aber sie kann nicht rauchen, was sie unleidlich werden lässt. Hatte ich Dir erzählt, dass sie zu rauchen angefangen hat …

Durch das gesprungene Rückfenster der Lastwagenkarosserie sieht Werner ein rothaariges Kind mit einer samtenen Pelerine zwei Meter über der Straße schweben. Es fliegt zwischen Bäumen und Straßenschildern her und folgt allen Kurven. Ihm ist so wenig zu entkommen wie dem Mond.

Neumann Eins treibt den Opel weiter nach Westen, und Werner rollt sich unter der Bank zusammen und bewegt sich über Stunden nicht, eingepackt in eine Decke, Tee verweigernd, Dosenfleisch, während ihm das Kind weiter folgt. Totes Mädchen am Himmel, totes Mädchen vor dem Fenster, totes Mädchen, das nur eine Handbreit von mir entfernt ist. Zwei nasse Augen, und das dritte Auge des Einschusslochs, das niemals blinzelt.

Sie holpern durch eine Reihe grüner Kleinstädte mit gekappten Bäumen entlang schläfriger Kanäle. Zwei Frauen auf Fahrrädern weichen von der Straße und starren dem Funkwagen hinterher, einem Höllenwagen, der gekommen ist, ihre Stadt zu vernichten.

«Frankreich», sagt Berning.

Kirschbäume recken Baldachine über sie, blütenschwanger. Werner drückt die hintere Tür auf und lässt die Füße über die Stoßstange baumeln, die Sohlen knapp über der dahinfließenden Straße. Ein Pferd wälzt sich auf dem Rücken im Gras, fünf weiße Wolken schmücken den Himmel.

Sie halten in einer Stadt namens Épernay, und der Hotelier bringt Wein, Hühnerbeine und eine Brühe, die Werner im Magen behält. Die Leute an den Tischen um sie herum unterhalten sich in der Sprache, in der Frau Elena ihm Dinge zuflüsterte, als er ein Kind war. Neumann Eins wird losgeschickt, Diesel aufzutreiben, und Neumann Zwei verwickelt Berning in eine Debatte darüber, ob in den Zeppelinen des letzten Krieges Schweinedärme als Gaszellen benutzt wurden. Drei Jungen mit Baskenmützen linsen hinter einer Tür hervor und bestaunen Volkheimer mit großen Augen. Im Dämmerlicht hinter ihnen formen sechs blühende Ringelblumen die Gestalt des toten Mädchens und werden wieder zu Blumen.

Der Hotelier fragt: «Möchten Sie mehr?»

Werner kann den Kopf nicht schütteln. Er hat Angst, die Hände auf den Tisch zu legen, da sie womöglich einfach durch ihn hindurchgleiten würden.

Sie fahren die ganze Nacht und halten im Morgengrauen an einem Kontrollpunkt an der nördlichen Grenze der Bretagne. In der Ferne ragen die Mauern der Zitadelle von Saint-Malo auf. Die Wolken präsentieren diffuse Bänder aus sanften Grau- und Blautönen, und das Meer unter ihnen macht es genauso.

Volkheimer zeigt dem Posten ihre Marschbefehle. Ohne um Erlaubnis zu fragen, klettert Werner aus dem Wagen und rutscht über die niedrige Mauer auf den Strand. Er windet sich durch mehrere Sperren und geht zum Wasser hinunter. Zu seiner Rechten verläuft eine Barrikade aus Tschechenigel genannten Anti-Invasions-Sperren, jeweils drei gekreuzten Stahlträgern, die mit Stacheldraht umwunden sind und sicher zwei Kilometer den Strand hinunterreichen.

Es gibt keine Fußabdrücke im Sand. Kiesel und Algenreste bilden gewellte Linien. Auf drei der Küste vorgelagerten Inseln sind niedrige Steinfestungen zu erkennen, am Ende eines Stegs leuchtet eine grüne Laterne. Es kommt ihm passend vor, dass er den Rand des Kontinents erreicht und nur mehr dieses gehämmerte Meer vor sich hat. Als sei das hier der Endpunkt, auf den Werner sich seit Verlassen der Zeche Zollverein zubewegt hat.

Er hält eine Hand ins Wasser und steckt sich einen Finger in den Mund, um das Salz zu schmecken. Jemand ruft seinen Namen, aber Werner dreht sich nicht um. Er würde nichts lieber tun, als hier den ganzen Morgen stehen zu bleiben und die Wogen unter dem Licht zu betrachten. Sie schreien jetzt, Berning und Neumann Eins, und endlich dreht Werner sich um, sieht sie winken und geht über den Sand und durch die Sperren zum Opel zurück.

Ein Dutzend Leute sieht zu ihm hin. Posten, ein paar Leute aus der Stadt. Viele mit der Hand vor dem Mund.

«Sei vorsichtig, Junge!», schreit Berning. «Da liegen Minen! Hast du die Schilder nicht gesehen?»

Werner klettert in den Wagen und verschränkt die Arme.

«Hast du völlig den Verstand verloren?», fragt Neumann Zwei.

Die paar Seelen, die sie in der Altstadt sehen, drücken sich mit den Rücken an die Mauern, um den mitgenommenen Opel durchzulassen. Neumann Eins bleibt vor einem vierstöckigen Haus mit hellblauen Fensterläden stehen. «Die Kreiskommandatur», verkündet er. Volkheimer geht hinein und kommt mit einem Oberst in Felduniform heraus, mit Reichswehrmantel, Gürtel und hohen schwarzen Stiefeln. Ihm auf dem Fuße folgend: zwei Adjutanten.

«Wir glauben, es gibt ein Netzwerk», sagt der eine Adjutant. «Auf die Codenummern folgen Nachrichten über Geburten, Taufen, Verlobungen und Todesfälle.»

«Dann kommt Musik, immer etwas Musik», sagt der andere. «Was die bedeutet, können wir nicht sagen.»

Der Oberst fährt sich mit zwei Fingern über die perfekte Kieferpartie. Volkheimer sieht ihn eindringlich an und dann auch die beiden Adjutanten, als wollte er besorgten Kindern versichern, dass eine Ungerechtigkeit bereinigt werden wird. «Wir werden sie finden», sagt er. «Es wird nicht lange dauern.»

Zahlen

Reinhold von Rumpel sucht einen Arzt in Nürnberg auf. Der Tumor in der Kehle des Stabsfeldwebels, erklärt der Arzt, ist auf einen Durchmesser von vier Zentimetern angewachsen. Der andere im Dünndarm ist schwerer zu messen.

«Drei Monate», sagt der Arzt. «Vielleicht vier.»

Eine Stunde später sitzt von Rumpel bei einem festlichen Abendessen. Vier Monate, einhundertzwanzig Sonnenaufgänge. Noch einhundertzwanzig Mal muss er seinen kaputten Körper aus dem Bett hieven und in eine Uniform knöpfen. Die Offiziere am Tisch reden empört über andere Zahlen: In Italien ziehen sich die 8. und 5. Armee zurück, die 10. Armee könnte eingeschlossen sein. Vielleicht ist Rom verloren.

Wie viele Männer?

Hunderttausend.

Wie viele Fahrzeuge?

Zwanzigtausend.

Es gibt Leber. Gewürfelt, mit Salz und Pfeffer, und mit blauroter Soße übergossen. Als die Teller wieder abgeräumt werden, hat von Rumpel seinen nicht angerührt. Dreitausendvierhundert Reichsmark ist alles, was er noch hat. Dazu drei kleine Diamanten, die er in einem Umschlag mit den Geldscheinen aufbewahrt. Jeder vielleicht ein Karat.

Eine Frau am Tisch schwärmt von Windhundrennen, der Schnelligkeit und der *Energie*, die sie spürt, wenn sie ihnen zusieht. Von Rumpel greift nach dem geschwungenen Griff seiner Kaffeetasse und versucht, sein Zittern zu verbergen. Ein Kellner berührt seinen Arm. «Ein Anruf für Sie, Herr Stabsfeldwebel. Aus Frankreich.»

Auf wackligen Beinen geht von Rumpel durch eine Schwingtür. Der Kellner stellt ein Telefon auf den Tisch und zieht sich zurück.

«Herr Stabsfeldwebel? Hier ist Jean Brignon.» Der Name beschwört nichts in von Rumpels Gedächtnis herauf.

«Ich habe Informationen über den Schlosser. Nach dem Sie im letzten Jahr gefragt haben?»

«LeBlanc.»

«Ja, Daniel LeBlanc. Aber mein Cousin, Herr Stabsfeldwebel, Sie erinnern sich? Dass Sie Ihre Hilfe angeboten haben? Sie sagten, wenn ich etwas herausfände, könnten Sie ihm helfen?»

Drei Kuriere, zwei gefunden, ein letztes Rätsel, das es zu lösen gilt. Von Rumpel träumt fast jede Nacht von der Göttin, das Haar aus Flammen, die Finger aus Wurzeln. Irrsinn. Selbst, während er hier mit dem Telefon steht, wickelt sich die Ranke weiter um seinen Hals und klettert ihm in die Ohren.

«Ja, Ihr Cousin. Was haben Sie herausgefunden?»

«LeBlanc wurde wegen Verschwörung angeklagt, muss etwas mit einem Château in der Bretagne zu tun haben. Festgenommen wurde er im Januar 1941 auf den Hinweis eines Einheimischen hin. Sie fanden Zeichnungen bei ihm, Dietriche. Er wurde dabei fotografiert, wie er in Saint-Malo Verschiedenes vermessen hat.»

«Sitzt er in einem Lager?»

«Das konnte ich nicht herausfinden. Das System ist ziemlich kompliziert.»

«Was ist mit dem Informanten?»

«Jemand aus Saint-Malo namens Levitte. Claude Levitte.»

Von Rumpel denkt nach. Die blinde Tochter, die Wohnung in der Rue des Patriarches, die seit Juni 1940 leer steht, und das Naturkundemuseum zahlt die Miete. Wohin würdest du fliehen, wenn du fliehen müsstest? Wenn du etwas Wertvolles mitnehmen müsstest? Mit einer blinden Tochter? Warum nach Saint-Malo, wenn da nicht jemand lebt, dem du traust?

«Mein Cousin», sagt Jean Brignon. «Sie werden ihm helfen?»

«Vielen Dank», sagt von Rumpel und legt den Hörer auf die Gabel.

Mai

Die letzten Tage des Mai 1944 in Saint-Malo fühlen sich für Marie-Laure wie die letzten Tage des Juni 1940 in Paris an, riesig, geschwollen und stark duftend. Als suchten alle Lebewesen voller Hast nach einem sicheren Platz vor einer nahenden Katastrophe. Die Luft auf dem Weg zu Madame Ruelles Bäckerei riecht nach Myrte, Magnolien und Eisenkraut. Die Glyzinien scheinen zu explodieren, und Blüten und Grün bilden Vorhänge und ganze Arkaden.

Sie zählt die Gullys: Beim einundzwanzigsten passiert sie den Metzger, hört Wasser aus einem Schlauch auf Fliesen platschen, mit dem fünfundzwanzigsten erreicht sie die Bäckerei. Sie legt die Lebensmittelkarte auf die Theke. «Ein einfaches Brot, bitte.»

«Und wie geht es deinem Onkel?» Madame Ruelle sagt das Gleiche wie immer, doch ihre Stimme klingt anders. Aufgerüttelt.

«Meinem Onkel geht es gut, danke.»

Madame Ruelle tut etwas, was sie niemals tut: Sie langt über die Theke und fasst Marie-Laures Gesicht mit den mehligen Händen. «Du bist ein erstaunliches Kind.»

«Weinen Sie, Madame? Stimmt etwas nicht?»

«Alles ist bestens, Marie-Laure.» Ihre Hände ziehen sich zurück. Das Brot wird über die Theke gereicht. Schwer, warm, größer als sonst. «Sage deinem Onkel, die Stunde ist gekommen. Dass die Meerjungfrauen ihr Haar gebleicht haben.»

«Die Meerjungfrauen, Madame?»

«Sie kommen, mein Schatz. In dieser Woche. Strecke die Hände aus.» Über die Theke kommt ein nasser, kühler Kohlkopf, groß wie eine Kanonenkugel. Marie-Laure bekommt ihn kaum durch die Öffnung des Rucksacks.

«Danke, Madame.»

«Jetzt gehe nach Hause.»

«Ist der Weg frei?»

«So frei wie der Wind über dem Meer. Nichts steht dir im Weg. Heute ist ein schöner Tag, ein Tag, an den es sich zu erinnern lohnt.»

Die Stunde ist gekommen. *Les sirènes ont les cheveux décolorés.* Ihr Onkel hat im Radio gehört, dass auf der anderen Seite des Kanals, in England, eine riesige Armada zusammengestellt wird. Schiff um Schiff wird requiriert, Fischerboote und Fähren werden umgerüstet und mit Waffen bestückt: fünftausend Schiffe, elftausend Flugzeuge, fünfzigtausend Fahrzeuge.

An der Kreuzung mit der Rue d'Estrées wendet Marie-Laure sich nicht nach links, nach Hause, sondern nach rechts. Fünfzig Meter zur Befestigungsmauer und etwa hundert Meter weiter an ihr entlang. Sie zieht Hervé Bazins Schlüssel aus der Tasche. Seit Monaten sind die Strände gesperrt, vermint, mit Stacheldraht überzogen, aber hier im alten Hundezwinger, ungesehen von allen, kann Marie-Laure unter ihren Schnecken sitzen und sich in den Kopf des großen Meeresbiologen Aronnax hineinträumen, der gleichzeitig Ehrengast und Gefangener auf Kapitän Nemos großer Neugiermaschine war. Frei von Nationen und Politik fuhr er durch die kaleidoskopischen Wunder des Meeres. Oh, frei zu sein! Noch einmal mit Papa im Jardin des Plantes zu liegen. Seine Hände auf ihren zu fühlen und die Tulpenblätter im Wind zittern zu hören. Er hatte sie zum glühenden, heißen Zentrum seines Lebens gemacht. Er gab ihr das Gefühl, dass jeder Schritt, den sie tat, wichtig war.

Bist du noch da, Papa?

Sie kommen, mein Schatz. In dieser Woche.

Jagen (wieder)

Sie suchen Tag und Nacht. In Saint-Malo, Dinard, Saint-Servan, Saint-Vincent. Neumann Eins zwingt den ramponierten Opel durch so schmale Straßen, dass die Seiten des Aufbaus an den Mauern entlangkratzen. Sie kommen an kleinen grauen Crêperien mit eingeschlagenen Fenstern vorbei, an zugenagelten Bäckereien und leeren Bistros, grobknochigen Prostituierten, die Wasser aus Brunnen holen, und ganzen Hängen voller Beton gießender russischer Zwangsarbeiter. Nachrichten von der Art, wie sie der Adjutant des Obersts beschrieben hat, fangen sie nicht auf. Werner empfängt die BBC aus dem Norden und Propagandasender aus dem Süden und manchmal auch ein paar irrlichternde Morsecodes. Von Geburten, Hochzeiten oder Todesfällen hört er nichts, keine Zahlen, keine Musik.

Das Zimmer, das Werner und Berning im obersten Stock eines requirierten Hotels innerhalb der Stadtmauern bekommen, ist wie ein Ort, von dem die Zeit nichts wissen will. Dreihundert Jahre alter Stuck, Vierpässe, Palmenkapitelle und sich windende Füllhörner mit Früchten schmücken die Decke. Nachts wandert das tote Mädchen aus Wien über die Gänge. Es sieht nicht zu Werner hin, wenn es an seiner Tür vorbeikommt, aber er weiß, dass er es ist, den das Mädchen jagt.

Der Hotelbesitzer ringt die Hände, während Volkheimer in der Halle auf und ab läuft. Flugzeuge ziehen über den Himmel, unglaublich langsam, wie es Werner vorkommt. Als müsste jeden Moment eines anhalten und ins Meer stürzen.

«Unsere?», fragt Neumann Eins. «Oder ihre?»

«Sie fliegen zu hoch, um das sagen zu können.»

Werner geht über die Korridore. Im obersten Stock, im vielleicht schönsten Zimmer des Hotels, stellt er sich in eine achteckige Badewanne und wischt mit der Hand den Schmutz vom Fenster. Ein paar Samen wirbeln im Wind und fallen in die Schattenschlucht zwischen den Häusern. Über ihm, in der Düsternis, windet sich eine zwei, drei Meter lange vieläugige, goldflaumige Bienenkönigin über die Decke.

Liebe Jutta,

entschuldige, dass ich während der letzten Monate nicht geschrieben habe. Das Fieber ist so gut wie weg, und Du sollst dir keine Sorgen machen. Ich habe mich während der letzten Tage sehr klar gefühlt und möchte Dir heute über das Meer schreiben. Es hat so viele Farben. Bei Tagesanbruch ist es silbern, mittags grün und abends tiefblau. Manchmal sieht es auch fast rot aus. Oder es nimmt die Farbe alter Münzen an. Im Moment ziehen die Schatten der Wolken darüber, und überall sind Sonnenflecken zu sehen. Weiße Möwenreihen fliegen wie Perlenketten übers Wasser.

Ich glaube, ich habe nie etwas lieber betrachtet. Manchmal erwische ich mich dabei, wie ich es anstarre und darüber meine Arbeit vergesse. Es scheint groß genug, alles zu enthalten, was irgendwer je empfinden könnte.

Grüße Frau Elena und die Kinder, die noch da sind.

Clair de Lune

Heute Nacht haben sie in der Nähe der südlichen Befestigungsmauer Stellung bezogen. Der Regen, der fällt, ist so fein, dass er kaum von Nebel zu unterscheiden ist. Werner sitzt hinten im Opel, Volkheimer döst auf der Bank hinter ihm. Berning ist mit dem zweiten Peilgerät unter seinem Umhang draußen auf der Mauer. Er hat sich seit Stunden nicht gemeldet, was bedeutet, dass er schläft. Das einzige Licht kommt vom bernsteinfarbenen Glühfaden in Werners Signalanzeige.

Überall nur Rauschen und dann plötzlich: *Madame Labas gibt bekannt, dass ihre Tochter schwanger ist. Monsieur Ferey grüßt seine Cousinen und Cousins in Saint-Vincent.*

Ein starkes Rauschen weht vorbei. Die Stimme klingt wie etwas aus einem lange vergangenen Traum. Ein weiteres halbes Dutzend Worte flattert mit diesem bretonischen Akzent durch Werner: *Die nächste Durchsage folgt Donnerstag um 23:00. Fünfundsechzig, zweiundsiebzig ...,* und die Erinnerung trifft ihn wie ein aus der Finsternis heranrasender Zug. Die Übertragungsqualität, die Tenorstimme, genauso klangen die Sendungen des Franzosen, die er früher gehört hat, und dann spielt ein Klavier drei einzelne Noten, gefolgt von einem Notenpaar, und die Akkorde schweben friedlich dahin, jeder Einzelne eine Kerze, die ihn tiefer in einen Wald führt ... Das Wiedererkennen ist unmittelbar. Es ist, als ertränke er, seit er sich erinnern kann, und plötzlich holte ihn jemand zurück an die Luft.

Direkt hinter Werner hält Volkheimer seine Lider geschlossen. Durch die Trennscheibe zur Fahrerkabine kann er die reglosen Schultern beider Neumanns erkennen. Werner bedeckt den Signalanzeiger mit der Hand. Die Musik geht weiter, wird lauter, und er wartet, dass Berning sich meldet und sagt, er hat die Durchsage gehört.

Es kommt nichts. Alle schlafen. Aber steht der kleine Raum, in dem Volkheimer und er sitzen, nicht mit einem Mal unter Spannung?

Das Klavier lässt einen langen, vertrauten Lauf hören, der Pianist spielt parallele Tonfolgen, und es klingt, als besäße er drei, vier Hände. Die Harmonien sind wie ständig wachsende Perlen an einem

Strand, und Werner sieht, wie sich die sechsjährige Jutta zu ihm beugt und Frau Elena im Hintergrund Brotteig knetet. Er hält ein Radio auf dem Schoß, und die Saiten seiner Seele sind noch nicht durchtrennt.

Die Musik rinnt durch ihre letzten Takte, dann schwappt das Rauschen zurück.

Haben sie etwas gemerkt? Können sie hören, wie ihm das Herz gegen die Rippen hämmert? Der Regen fällt sanft zwischen die hohen Häuser. Volkheimers Kinn ruht auf seiner breiten Brust. Frederick hat gesagt, uns bleibt keine Wahl, uns gehört unser Leben nicht, aber am Ende war es Werner, der so tat, als ginge es nicht anders, Werner, der zusah, wie sich Frederick den Eimer Wasser vor die Füße schüttete – *nein, das werde ich nicht* –, der dabeistand, als die Folgen über ihm niedergingen, Werner, der zusah, wie Volkheimer in Haus um Haus stürmte. Den immer gleichen Albtraum wieder und wieder und wieder träumte.

Er nimmt den Kopfhörer ab und bewegt sich vorsichtig an Volkheimer vorbei, um die Tür zu öffnen. Volkheimer öffnet ein Auge, riesig, golden, löwenartig. Er fragt: «Nichts?»

Werner sieht zu den Wand an Wand stehenden Häusern auf, hoch und unnahbar, die Gesichter nass, die Fenster dunkel. Nirgends ein Licht. Nirgends eine Antenne. Der Regen fällt so sanft, fast geräuschlos, aber für Werner brüllt er.

Er dreht sich um. «Nichts», sagt er.

Die Antenne

Ein österreichischer Flugabwehr-Leutnant quartiert ein achtköpfiges Kommando im Hôtel des Abeilles ein. Einer kocht in der Hotelküche Haferflocken mit Speck, während die übrigen sieben im dritten Stock die Wände mit Vorschlaghämmern einschlagen und die Türen zur Befestigungsmauer vergrößern. Volkheimer kaut langsam und hebt hin und wieder den Blick, um Werner zu mustern.

Die nächste Durchsage folgt Donnerstag um 23:00.

Werner hat die Stimme gehört, auf die alle warten, und was hat er getan? Gelogen. Sich des Verrats schuldig gemacht. Wie viele Männer können dadurch in Gefahr geraten? Und doch, wenn Werner an die Stimme denkt, wenn er daran denkt, wie ihm die Musik durch den Kopf geflutet ist, zittert er vor Freude.

Der halbe Norden Frankreichs steht in Flammen. Die Strände verschlingen Männer – Amerikaner, Kanadier, Engländer, Deutsche, Russen –, und in der ganzen Normandie legen schwere Bomber Städte in Schutt und Asche. Nur hier draußen in Saint-Malo steht das Dünengras noch hoch und kräftig. Die deutsche Marine exerziert im Hafen, und in den Tunnels unter dem Fort de la Cité horten sie Munition.

Die Österreicher im Hôtel des Abeilles hieven eine 88-Millimeter-Kanone mit einem Kran in ihre Stellung halb im Hotel, halb auf der Mauer, schrauben sie auf eine Kreuzlafette und bedecken sie mit Tarnplanen. Volkheimers Mannschaft arbeitet zwei aufeinanderfolgende Nächte, und Werner spielt seine Erinnerung Streiche.

Madame Labas gibt bekannt, dass ihre Tochter schwanger ist.

Und wie, Kinder, schafft uns das Gehirn, das ohne einen Funken Licht lebt, diese helle, strahlende Welt?

Wenn der Franzose den gleichen Sender benutzt, mit dem er bis zum Zollverein gekommen ist, muss die Antenne groß sein. Oder es gibt Hunderte Meter Draht. Auf jeden Fall muss es etwas Hohes sein, etwas, das ganz gewiss sichtbar ist.

In der dritten Nacht, nachdem er die Nachricht gehört hat, am Donnerstag, steigt Werner wieder in die achteckige Badewanne unter der Bienenkönigin. Durch die offenen Fensterläden kann er nach links über ein Gewirr von Schieferdächern blicken. Sturmtaucher fliegen dicht über die Mauern, Nebelschwaden verschleiern den Turm der Kathedrale.

Wann immer Werner auf die Altstadt hinaussieht, faszinieren ihn die Kamine. Sie sind groß und ragen in Zwanziger- und Dreißiger-Reihen in jedem Häuserblock auf. Nicht einmal in Berlin gab es solche Schornsteine.

Natürlich, der Franzose benutzt einen Kamin.

Er eilt nach unten in die Hotelhalle, hinaus auf die Straße und die Rue des Forgeurs hinunter, dann die Rue de Dinan. Er sieht zu den Fensterläden hinauf, an Dachrinnen entlang und sucht nach Kabeln, die auf die Ziegel genagelt worden sind und die den Sender verraten. Er läuft auf und ab, bis ihm der Nacken schmerzt. Er ist schon zu lange weg, er wird gerügt werden. Volkheimer spürt bereits, dass etwas nicht stimmt. Aber dann, um genau 23 Uhr, sieht Werner es, kaum einen Häuserblock von der Stelle entfernt, wo sie den Opel geparkt haben: Eine Antenne schiebt sich an einem Kamin hoch, nicht viel dicker als ein Besenstiel.

Sie ragt vielleicht zwölf Meter in die Höhe und entfaltet sich wie durch ein Wunder zu einem einfachen T.

Es ist ein hohes Haus ganz am Rand. Eine ausnehmend gute Position, um einen Sender zu betreiben, und von der Straße aus ist die Antenne so gut wie unsichtbar. Er hört Juttas Stimme: *Ich wette, er sendet seine Programme aus einem riesigen Herrenhaus, so groß wie die ganze Zeche, einem Haus mit tausend Zimmern und tausend Bediensteten.* Das Haus ist groß und schmal, mit elf Fenstern zur Straße, das Mauerwerk ist mit orangefarbenen Flechten überzogen, der Sockel voller Moos. Die Nummer 4 in der Rue Vauborel.

Öffnet eure Augen und seht, was ihr könnt, mit ihnen, bevor sie sich für immer schließen.

Schnell geht er zum Hotel, den Kopf gesenkt, die Hände in den Taschen.

Der Dicke Claude

Levitte, der Parfümhändler, ist wabblig, fett und fürchterlich aufgeblasen. Während er redet, kämpft von Rumpel um sein Gleichgewicht, die vielen sich vermischenden Gerüche in diesem Laden überwältigen ihn. Während der ganzen letzten Woche hat er demonstrativ ein Dutzend verschiedene Anwesen entlang der bretonischen Küste besucht und sich Einlass in Sommerhäuser verschafft, um nach Gemälden und Skulpturen zu suchen, die es entweder nicht gibt oder die ihn nicht interessieren. Alles, um seine Anwesenheit hier zu rechtfertigen.

Ja, ja, sagt der Parfümhändler, und sein Blick huscht über von Rumpels Rangabzeichen, vor ein paar Jahren habe er den Behörden geholfen, einen nicht Ortsansässigen festzunehmen, der Häuser vermaß. Er habe nur getan, wovon er wusste, dass es richtig war.

«Wo hat er während jener Monate gewohnt, dieser Monsieur LeBlanc?»

Der Parfümhändler blinzelt und kalkuliert. Die Augen über den dunkelblauen Rändern verkünden eine einzige Nachricht: *Ich will etwas. Gib mir etwas.* All diese gequälten Kreaturen, denkt von Rumpel, die sich unter den verschiedensten Zwängen mühen. Aber von Rumpel ist hier das Raubtier. Er muss geduldig sein. Unermüdlich. Die Hindernisse eines nach dem anderen aus dem Weg räumen.

Als er sich zum Gehen wendet, zerspringt die Selbstgefälligkeit des Parfümhändlers. «Warten Sie, warten Sie, warten Sie.»

Von Rumpel lässt eine Hand auf der Türklinke liegen. «Wo hat Monsieur LeBlanc gewohnt?»

«Bei seinem Onkel, einem unbrauchbaren Kerl. Nicht ganz bei sich, wie die Leute sagen.»

«Wo?»

«Genau dort.» Er streckt den Arm aus. «In der Nummer 4.»

Boulangerie

Ein voller Tag vergeht, bis Werner eine freie Stunde findet, um zurückzukehren. Eine hölzerne Tür, davor ein eisernes Tor, die Fensterrahmen sind blau gestrichen. Der Morgennebel ist so dicht, dass er das Dach nicht sehen kann. Er ergeht sich in Hirngespinsten und stellt sich vor, dass der Franzose ihn ins Haus bittet. Sie trinken Kaffee und sprechen über seine alten Sendungen. Vielleicht befassen sie sich mit einem wichtigen technischen Problem, das den Mann schon seit Jahren beschäftigt. Vielleicht zeigt er Werner seinen Sender.

Lächerlich. Wenn Werner an der Tür klingelt, wird der alte Mann annehmen, dass er als Volksfeind verhaftet werden soll. Dass er auf der Stelle erschossen wird. Die Antenne am Kamin ist als solche schon Grund genug.

Werner könnte gegen die Tür schlagen und den alten Mann abführen. Dann wäre er ein Held.

Der Nebel beginnt sich mit Licht zu füllen. Irgendwo öffnet jemand eine Tür und schließt sie wieder. Werner muss daran denken, wie Jutta aufgeregt ihre Briefe schrieb. *An den Professor, Frankreich*, malte sie auf den Umschlag, warf ihn in den Briefkasten auf dem Platz und stellte sich vor, ihre Stimme könnte sein Ohr finden, so wie seine ihres gefunden hatte. Eines von zehn Millionen.

Die ganze Nacht hat er das Französisch im Kopf geübt: *Avant la guerre, je vous ai entendu à la radio.* Sein Gewehr wird er über der Schulter tragen, die Hände locker am Körper halten. Er wird klein, elfenhaft aussehen und keinerlei Bedrohung darstellen. Der alte Mann wird überrascht sein, doch seine Angst wird sich im Rahmen halten. Er wird zuhören. Aber während Werner noch im langsam sich auflösenden Nebel am Ende der Rue Vauborel steht und seine Worte einübt, öffnet sich die Tür von Nummer 4, und heraus tritt kein uralter Wissenschaftler, sondern ein junges Mädchen. Ein schlankes, hübsches Mädchen mit kastanienbraunem Haar und einer Unmenge Sommersprossen. Es trägt eine Brille, ein graues Kleid und einen Rucksack über einer Schulter. Das junge Mädchen wendet sich nach links und kommt direkt auf ihn zu. Werners Herz zuckt in seiner Brust.

Die Straße ist zu schmal, sie wird ihn dabei erwischt haben, wie er sie angestarrt hat. Aber sie hält den Kopf auf eine merkwürdige Weise, das Gesicht etwas zur Seite gewandt. Werner sieht den tastenden Stock und die dunklen Gläser in ihrer Brille und begreift, dass sie blind ist.

Ihr Stock klackert über das Pflaster, schon ist sie kaum noch zwanzig Schritte entfernt. Niemand scheint sie beide zu sehen, alle Vorhänge sind zugezogen. Fünfzehn Schritte. Ihre Strümpfe haben Laufmaschen, ihre Schuhe sind zu groß, und die wollenen Teile ihres Kleids sind voller Flecken. Zehn Schritte, fünf. Sie geht zum Greifen nahe an ihm vorbei und ist ein wenig größer als er selbst. Ohne nachzudenken, ohne dass ihm wirklich bewusst würde, was er da tut, folgt Werner ihr. Die Spitze ihres Stocks vibriert, während er die Gosse abtastet und jeden Gully findet. Sie geht wie eine Ballerina in Ballettschuhen, ihre Füße sind so gewandt wie ihre Hände, sie ist ein kleines Schiff der Anmut, das da durch den Nebel segelt, wendet sich nach rechts, nach links, geht ein Stück an einem Häuserblock entlang und tritt dann gezielt durch die offene Tür eines Ladens. Auf dem rechteckigen Schild darüber steht: *Boulangerie.*

Werner bleibt stehen. Der Nebel über ihm zerfällt in Fetzen, und ein tiefes Sommerblau tritt dahinter hervor. Eine Frau gießt Blumen, ein alter Mann in einem Gabardinemantel führt einen Pudel spazieren. Auf einer Bank sitzt ein blasser deutscher Stabsfeldwebel mit einem Kropf und tiefen Schatten unter den Augen. Er lässt seine Zeitung sinken und sieht Werner an, dann hebt er die Zeitung wieder.

Warum zittern Werners Hände? Warum kann er seinen Atem nicht zähmen?

Das Mädchen kommt aus der Bäckerei, tritt vom Bordstein und strebt erneut direkt auf ihn zu. Der Pudel geht in die Hocke, um sich aufs Pflaster zu erleichtern, und sie läuft links um ihn herum. Zum zweiten Mal nähert sie sich Werner, ihre Lippen sind sanft in Bewegung, sie scheint zu zählen – *deux, trois, quatre …* – und kommt ihm so nahe, dass er die Sommersprossen auf ihrer Nase unterscheiden kann und das Brot in ihrem Rucksack riecht. Zahllose Nebeltröpfchen perlen auf dem Flaum ihres Wollkleides und auf dem Rund ihres Haares. Das Licht umgibt sie mit einer silbernen Silhouette.

Gebannt steht er da. Ihr langer, bleicher Nacken kommt ihm unglaublich verletzlich vor, als sie an ihm vorbeigeht.

Sie nimmt keine Notiz von ihm und scheint nichts als den Morgen zu kennen. Das, denkt er, ist die Reinheit, von der ihnen in Schulpforta immer gepredigt wurde.

Er drückt sich mit dem Rücken an die Hauswand. Die Spitze ihres Stocks reicht knapp an seine Zehen heran. Dann ist sie vorbei, ihr Kleid weht leicht in der Brise, der Stock wandert hin und her, und er folgt ihr mit dem Blick, bis sie vom Nebel verschluckt wird.

Die Grotte

Eine deutsche Flugabwehrbatterie holt ein amerikanisches Flugzeug vom Himmel. Es stürzt vor Paramé ins Meer, und der amerikanische Pilot watet an Land, wo er gefangen genommen wird. Etienne betrachtet es als eine Katastrophe, aber Madame Ruelle strahlt vor Entzücken. «Gut aussehend wie ein Filmstar», flüstert sie, als sie Marie-Laure das Brot gibt. «Ich wette, die sehen alle so aus.»

Marie-Laure lächelt. Jeden Morgen ist es das Gleiche: Die Amerikaner kommen näher, die deutschen Linien zerfasern an den Säumen. Nachmittags liest Marie-Laure Onkel Etienne aus dem zweiten Band von *Zwanzigtausend Meilen unter dem Meer* vor. Beide bewegen sich jetzt auf neuem Territorium. *Er hatte in dreieinhalb Monaten an die zehntausend Meilen zurückgelegt, eine Strecke, länger als ein Meridian. Wohin fuhren wir jetzt, und was erwartete uns in der Zukunft?*

Marie-Laure steckt das Brot in ihren Rucksack, verlässt die Bäckerei, geht in Richtung Befestigungsmauer und weiter zu Hervé Bazins Grotte. Sie schließt das Tor hinter sich, hebt den Saum ihres Kleides, watet ins seichte Wasser und betet, dass sie auf keine Tiere tritt.

Die Flut kommt herein. Marie-Laure findet Krebse und eine Anemone, weich wie Seide. Sie legt ihre Finger, so leicht sie kann, auf das Haus eines *Nassarius*, einer Wellhornschnecke. Die Schnecke hält sofort inne und zieht Kopf und Fuß ins Haus. Dann bewegt sie sich wieder weiter, beide Hörner fahren aus, und sie trägt das gedrehte Haus auf dem Schlitten ihres Körpers mit sich.

Was suchst du, kleine Schnecke? Lebst du nur in diesem einen Moment, oder sorgst du dich wie Professor Aronnax um deine Zukunft? Als die Schnecke das Wasser durchquert hat und an der gegenüberliegenden Wand hochklettert, nimmt Marie-Laure ihren Stock und steigt in ihren übergroßen Slippern aus dem Wasser. Sie tritt durchs Tor und will es gerade hinter sich abschließen, als eine männliche Stimme sagt: «Guten Morgen, Mademoiselle.»

Sie stolpert und strauchelt fast, ihr Stock fällt lautstark zu Boden. «Was haben Sie da in Ihrem Rucksack?»

Er spricht richtiges Französisch, aber sie hört, dass er ein Deutscher ist. Sein Körper versperrt ihr den Weg. Der Saum ihres Kleides trieft, aus ihren Schuhen quillt das Wasser, links und rechts wachsen steile Mauern auf. Mit der rechten Hand hält sie eine Stange des offenen Tores gepackt.

«Was ist da drin? Ein Versteck?» Seine Stimme klingt schrecklich nahe, doch das ist schwer einzuschätzen an einem Ort so voller Echos. Sie kann Madame Ruelles Brotlaib in ihrem Rucksack pulsieren fühlen, als wäre er ein lebendiges Wesen. Darin versteckt ist, fast sicher, ein aufgerollter Streifen Papier. Auf dem Zahlen ein Todesurteil fällen. Für ihren Großonkel, für Madame Ruelle, für sie alle.

Sie sagt: «Mein Stock.»

«Er ist hinter Sie gerollt, meine Liebe.»

Hinter dem Mann liegt die Gasse, der Vorhang aus Efeu, die Stadt. Ein Ort, an dem sie schreien könnte und gehört werden würde.

«Darf ich vorbei, Monsieur?»

«Natürlich.»

Aber er scheint sich nicht zu bewegen. Das Tor quietscht leise.

«Was wollen Sie, Monsieur?» Es ist unmöglich, das Zittern ihrer Stimme zu unterdrücken. Wenn er noch einmal nach ihrem Rucksack fragt, platzt ihr das Herz.

«Was machen Sie da drin?»

«Wir dürfen nicht an den Strand.»

«Deshalb kommen Sie her?»

«Um Schnecken zu sammeln. Ich muss gehen, Monsieur. Darf ich Sie bitten, meinen Stock aufzuheben?»

«Aber Sie haben keine Schnecken gesammelt, Mademoiselle.»

«Darf ich vorbei?»

«Beantworten Sie erst eine Frage zu Ihrem Vater?»

«Papa?» Etwas Kaltes in ihr wird noch kälter. «Papa muss jeden Moment hier sein.»

Jetzt lacht der Mann, und sein Lachen hallt zwischen den Mauern. «Jeden Moment, sagen Sie? Ihr Papa, der fünfhundert Kilometer entfernt im Gefängnis sitzt?»

Panik erfüllt ihre Brust. Ich hätte auf dich hören sollen, Papa. Ich hätte niemals aus dem Haus gehen dürfen.

«Komm schon, *ma petite cachottière*», sagt der Mann, «schau nicht so verängstigt drein», und sie kann hören, wie er nach ihr greift. Sie riecht Fäulnis in seinem Atem, hört Vergessenheit in seiner Stimme, und etwas – eine Fingerspitze? – streifte sie am Handgelenk, als sie sich ihm mit einem Ruck entzieht und ihm das Tor vor der Nase zuschlägt.

Er rutscht aus und braucht länger, als sie erwartet hätte, um wieder auf die Beine zu kommen. Marie-Laure dreht den Schlüssel im Schloss, steckt ihn in die Tasche und zieht sich in den niedrigen Raum des Zwingers zurück. Die trostlose Stimme des Mannes folgt ihr, auch wenn sein Körper auf der anderen Seite des Tores bleibt.

«Mademoiselle, jetzt haben Sie dafür gesorgt, dass mir meine Zeitung hingefallen ist. Ich bin doch nur ein einfacher Stabsfeldwebel, der Ihnen eine Frage stellen möchte. Eine einfache Frage, und dann gehe ich.»

Die Flut murmelt, die Schnecken wimmeln um sie herum. Ist das Gitter zu eng für ihn, um sich hindurchzudrücken? Sind die Angeln fest genug? Sie betet darum. Die massige Befestigungsmauer hält sie geborgen in ihrer Breite. Etwa alle zehn Sekunden fließt eine neue Schicht kaltes Meerwasser herein. Marie-Laure kann den Mann draußen auf und ab gehen hören, eins-Pause-zwei, eins-Pause-zwei, eine Art taumelndes Humpeln. Sie versucht, sich die Wachhunde vorzustellen, die hier, wie Hervé Bazin gesagt hat, über Jahrhunderte gelebt haben. Hunde, so groß wie Pferde. Hunde, die Männern ihre Waden wegbissen. Sie kauert sich hin. Sie ist eine Wellhornschnecke. Gepanzert. Unzugänglich.

Platzangst

Dreißig Minuten. Marie-Laure sollte einundzwanzig brauchen. Etienne hat so oft mitgezählt. Einmal waren es dreiundzwanzig. Oft weniger. Niemals mehr.

Einunddreißig.

Vier Minuten sind es zur Bäckerei. Vier hin, vier zurück, und irgendwo unterwegs verschwinden die übrigen dreizehn oder vierzehn Minuten. Er weiß, sie geht für gewöhnlich ans Meer – wenn sie zurückkommt, riecht sie nach Meeresgrün, hat nasse Schuhe, Algenreste an den Ärmeln, Seefenchel oder das Kraut, das Madame Manec *Pioka* nannte. Er weiß nicht, wo genau sie hingeht, aber er hat sich immer versichert, dass sie auf sich aufpasst. Dass ihre Neugier ihr Kraft gibt. Dass sie in tausenderlei Hinsicht fähiger ist als er.

Zweiunddreißig Minuten. Aus seinem Fenster im vierten Stock kann er niemanden sehen. Sie könnte sich verlaufen haben, am Stadtrand mit den Händen an unbekannten Mauern entlangtasten und mit jeder Sekunde weiter vom Weg abkommen. Sie könnte vor einen Lastwagen gelaufen, in einem Tümpel zwischen den Felsen ertrunken sein, oder ein Soldat mit verdorbenen Gedanken hat sie gepackt. Vielleicht ist die Sache mit dem Brot aufgeflogen, den Nummern, dem Sender.

Die Bäckerei steht in Flammen.

Er läuft nach unten und sieht aus dem Küchenfenster hinaus auf die Gasse. Eine schlafende Katze. Ein Trapez aus Sonnenlicht auf der Mauer gegenüber. Das alles ist sein Fehler.

Etienne schnappt nach Luft. Als es nach seiner Armbanduhr vierunddreißig Minuten sind, zieht er seine Schuhe an und setzt einen Hut auf, der seinem Vater gehört hat. Steht in der Diele und sammelt all seine Kräfte. Als er das letzte Mal aus dem Haus gegangen war, vor fast vierundzwanzig Jahren, hatte er versucht, Blickkontakt mit den Leuten aufzunehmen, um ein normales Erscheinungsbild zu bieten. Aber die Angriffe waren hinterhältig gewesen, unvorhersehbar, vernichtend. Wie Banditen schlichen sie sich an. Erst füllte eine schreckliche Bedrohlichkeit die Luft, und dann wurde das Licht, jedes Licht, selbst durch seine geschlossenen Lider, unerträglich hell. Er konnte nicht weitergehen, weil seine Schritte so laut hallten. Kleine Augäpfel blinzelten von den Pflastersteinen zu ihm auf, Leichen regten sich in den Schatten. Nachdem Madame Manec ihm nach Hause geholfen hatte, verkroch er sich in der dunkelsten Ecke seines Bettes und presste sich die Kissen auf die Ohren. Er brauchte alle Energie, um das Pochen seines Herzens zu ignorieren.

Eisig schlägt es jetzt in einem fernen Käfig. Da kommen Kopfschmerzen, denkt er. Fürchterliche, ganz fürchterliche Kopfschmerzen.

Zwanzig Herzschläge. Fünfunddreißig Minuten. Er öffnet den Riegel, das Tor, tritt hinaus.

Nichts

Marie-Laure versucht, sich an alles zu erinnern, was sie über das Schloss und den Riegel des Tores weiß, alles, was sie mit ihren Fingern erfühlt hat, alles, was ihr Vater ihr gesagt haben würde. Ein eiserner Stab, der durch drei rostige Schellen führt, ein altes Steckschloss mit rostigen Nocken. Würde ein Schuss es öffnen? Der Mann ruft hin und wieder etwas, während er mit der Zeitung über die Gitterstäbe streicht: «Im Juni hier angekommen und im Januar verhaftet. Was hat er die ganze Zeit gemacht? Warum hat er die Häuser vermessen?»

Sie hockt sich an die Grottenwand, den Rucksack auf dem Schoß. Das Wasser steigt ihr bis an die Knie. Es ist kalt, selbst noch im Juli. Kann er sie sehen? Vorsichtig öffnet Marie-Laure den Rucksack und bricht das Brot darin auf. Mit den Fingern fischt sie nach dem Papierröllchen. Da. Sie zählt bis drei und steckt das Papier in den Mund.

«Sag mir nur», ruft der Deutsche, «ob dein Vater dir etwas gegeben oder über etwas gesprochen hat, das er für das Museum aufbewahrt, in dem er gearbeitet hat. Dann gehe ich. Und ich werde niemandem von diesem Ort erzählen. So wahr mir Gott helfe.»

Das Papier zerfällt zwischen ihren Zähnen zu Brei. Zu ihren Füßen tun die Schnecken ihre Arbeit, kauen, stöbern, schlafen. Ein Schneckenmund, hat Etienne ihr erklärt, enthält etwa dreißig Zähne pro Reihe, und davon gleich achtzig. Achtzig Zahnreihen, zweieinhalbtausend Zähne pro Schnecke, grasend, kratzend, raspelnd. Hoch über den Mauern kreisen Möwen am offenen Himmel. So wahr ihm Gott helfe? Wie lange dauern diese unerträglichen Momente für Gott? Ein Billionstel einer Sekunde? Das Leben jedes Wesens ist ein schnell verlöschender Funke in einer unergründlichen Dunkelheit. Das ist die Wahrheit Gottes.

«Sie lassen mich all diesen Unsinn machen», sagt der Deutsche. «Ein Jean Jouvenet in Saint-Brieuc, sechs Monets in der Gegend ringsum, ein Fabergé-Ei in einem Herrenhaus in Rennes. Es macht mich so müde. Weißt du nicht, wie lange ich schon suche?»

Warum konnte Papa nicht bleiben? War sie denn nicht das Allerwichtigste? Sie verschluckt das zerkaute Papier. Dann wiegt sie sich auf ihren Fersen. «Er hat mir *nichts* dagelassen.» Sie ist überrascht darüber, wie wütend sie ist. «Nichts! Nur ein blödes Modell dieser Stadt und ein gebrochenes Versprechen. Nur Madame, die gestorben ist. Und meinen Großonkel, der noch vor jeder Ameise Angst hat.»

Der Deutsche draußen vor dem Tor verstummt. Vielleicht bedenkt er ihre Antwort. Vielleicht überzeugt ihn ihre Verzweiflung.

«Und jetzt», ruft sie, «halten Sie Ihr Wort und gehen Sie weg.»

Vierzig Minuten

Der Nebel weicht Sonnenschein. Er überfällt die Pflastersteine, die Häuser, die Fenster. Etienne schafft es, in kalten Schweiß gebadet, zur Bäckerei und geht an der Schlange vorbei zur Theke vor. Madame Ruelles Gesicht taucht vor ihm auf, mondbleich.

«Etienne? Aber …?»

Zinnoberrote Flecken öffnen und schließen sich in seinem Blick.

«Marie-Laure …»

«Sie ist nicht …?»

Bevor er den Kopf schütteln kann, hebt Madame Ruelle die Klappe in der Theke und schiebt ihn auf die Straße. Sie hat einen Arm um ihn gelegt. Die Frauen in der Schlange murmeln, fasziniert, schockiert oder beides. Madame Ruelle hilft ihm auf die Rue Surcouf. Das Zifferblatt seiner Uhr scheint sich zu blähen. Einundvierzig Minuten? Er kann kaum mehr rechnen. Ihre Hand fasst seine Schulter.

«Wohin könnte sie gegangen sein?»

Die Zunge so trocken, die Gedanken so träge. «Manchmal … geht sie … ans Meer. Bevor sie zurückkommt.»

«Aber die Strände sind geschlossen. Die Mauer auch.» Sie sieht über seinen Kopf. «Es muss etwas anderes sein.»

Sie stehen mitten auf der Straße. Irgendwo wird ein Hammer geschwungen. Der Krieg, denkt Etienne vage, ist wie ein Markt, auf dem Leben wie eine Ware gehandelt wird, wie Schokolade, Patronen, Fallschirmseide. Hat er all die Nummern gegen Marie-Laures Leben eingetauscht?

«Nein», flüstert er, «sie geht ans Meer.»

«Wenn sie das Brot finden», flüstert Madame Ruelle, «werden wir alle sterben.»

Wieder sieht er auf seine Uhr, aber es ist eine Sonne, die ihm die Netzhaut versengt. Ein einzelnes Stück gesalzener Speck windet sich im sonst leeren Fenster des Metzgers, drei Schuljungen stehen auf einer Bank und beobachten ihn, warten darauf, dass er fällt, und gerade, als Etienne sicher ist, der Morgen wird zerspringen, taucht in seiner Erinnerung ein verrostetes Tor auf, das zu einem zerfallenden Hundezwinger unter der Mauer führt. Ein Ort, an dem er mit seinem Bruder Henri und Hervé Bazin gespielt hat. Eine kleine tropfende Höhle, in der ein Junge schreien und träumen konnte.

Spindeldürr, alabasterbleich rennt Etienne LeBlanc die Rue de Dinan hinunter, Madame Ruelle, die Bäckersfrau, direkt hinter ihm, die schwächste Rettungsmannschaft, die je zusammengestellt wurde. Die Glocken der Kathedrale läuten eins, zwei, drei, vier … bis acht. Etienne biegt in die Rue du Boyer und erreicht das leicht schräge Fundament der Stadtmauer, folgt den Pfaden seiner Jugend und seinem Instinkt, wendet sich nach rechts, läuft durch den Vorhang hin- und herschwingenden Efeus, und vor ihm, hinter dem alten verschlossenen Tor, hockt Marie-Laure in der Grotte, zitternd, nass bis an die Schenkel, aber gesund, mit den Resten eines Brotlaibs auf dem Schoß. «Du bist gekommen», sagt sie, als sie die beiden hereinlässt und er ihr Gesicht mit den Händen umfasst. «Du bist gekommen …»

Das Mädchen

Werner denkt viel an sie, ob er möchte oder nicht. Das Mädchen mit dem Stock, das Mädchen im grauen Kleid, das Mädchen aus Nebel. Den Hauch Andersweltlichkeit im Gewirr ihrer Haare, die Furchtlosigkeit ihres Ganges. Sie nistet sich in ihm ein, eine lebende Doppelgängerin, um dem toten Wiener Mädchen zu widerstehen, das ihn Nacht für Nacht verfolgt.

Wer ist sie? Die Tochter des Franzosen, der den Sender betreibt? Seine Enkelin? Wer würde sie so in Gefahr bringen?

Volkheimer beschäftigt sie draußen auf dem Land. Sie fahren durch die Dörfer entlang der Rance. Es scheint sicher, dass den Nachrichten die Schuld an etwas zugeschoben werden und Werner auffliegen wird. Er denkt an den Oberst mit der perfekten Kieferpartie und der weiten Hose. Er denkt an den bleichen Stabsfeldwebel, der ihn über seine Zeitung hinweg gemustert hat. Wissen sie es schon? Weiß Volkheimer Bescheid? Was kann ihn noch retten? Es gab Abende, an denen er mit Jutta oben aus dem Fenster des Kinderhauses starrte und sie dafür beteten, dass das Eis aus den Kanälen herauskriechen, dass es sich über die Felder schieben und ihre kleinen Häuser umschließen, alle Maschinerien zerdrücken und unter sich begraben würde. Am Morgen dann sollten sie aufwachen und feststellen, dass alles, was sie kannten, verschwunden war. Diese Art Wunder braucht er jetzt.

Am ersten August kommt ein Leutnant zu Volkheimer. Der Bedarf an Männern für die Front ist überwältigend, sagt er. Alle, die nicht notwendig für die Verteidigung von Saint-Malo gebraucht werden, müssen gehen. Wenigstens zwei fehlen ihm noch. Volkheimer sieht sie alle an, einen nach dem anderen. Berning ist zu alt, Werner der Einzige, der die Ausrüstung reparieren kann.

Neumann Eins. Neumann Zwei.

Eine Stunde später sitzen die beiden mit ihren Gewehren zwischen den Beinen hinten auf einem Lastwagen. Der Ausdruck von Neumann Zwei hat sich völlig gewandelt: als sähe er nicht seine ehemaligen Kameraden an, sondern seinen letzten Stunden auf dieser Erde entgegen.

Als stünde er kurz davor, mit einer schwarzen Kutsche in einem Fünfundvierzig-Grad-Winkel in einen Abgrund zu fahren.

Neumann Eins hebt eine ruhige Hand. Sein Mund ist ausdruckslos, doch in den Sorgenfalten rund um seine Augen kann Werner die Verzweiflung erkennen.

«Am Ende», murmelt Volkheimer, als der Lastwagen anfährt, «kommen wir alle nicht daran vorbei.»

Abends fährt Volkheimer den Opel über die Küstenstraße östlich nach Cancale, und Berning nimmt das erste Peilgerät mit auf die Anhöhe in einem Feld. Werner arbeitet wie immer hinten aus dem Wagen, Volkheimer bleibt auf dem Fahrersitz hocken, die mächtigen Knie unter das Lenkrad gequetscht. Weit draußen auf dem Meer brennen Feuer, vielleicht Schiffe, und die Sterne schillern in ihren Sternbildern. Um Mitternacht, weiß Werner, wird der Franzose wieder senden, und Werner wird seinen Empfänger ausstellen oder so tun müssen, als hörte er nur Rauschen.

Eine Hand über dem Signalanzeiger. Das Gesicht völlig unbewegt.

Das kleine Haus

Etienne sagt, er hätte ihr nie so viel aufladen dürfen. Niemals hätte er sie so in Gefahr bringen dürfen. Er sagt, sie darf nicht länger hinaus. Tatsächlich ist Marie-Laure erleichtert. Der Deutsche macht ihr Angst, in ihren Albträumen ist er eine drei Meter hohe Riesenkrabbe, klackt mit den Kiefern und flüstert ihr *Eine einfache Frage* ins Ohr.

«Was ist mit dem Brot, Onkel?»

«Ich werde es holen. Ich hätte es die ganze Zeit schon tun sollen.»

Am vierten und fünften August steht Etienne morgens murmelnd in der Diele, drückt die Tür auf und geht hinaus. Bald darauf läutet die Glocke unter dem Tisch im zweiten Stock, und er kommt wieder herein, schiebt beide Riegel vor und steht keuchend da, als wäre er durch ein Fegefeuer mit tausend Gefahren gelaufen.

Außer dem Brot haben sie kaum etwas zu essen. Getrocknete Erbsen. Gerste. Milchpulver. Und ein paar letzte Gläser mit Madame Manecs Eingemachtem. Marie-Laures Gedanken jagen wie Bluthunde den immer selben Fragen nach: erst die beiden Polizisten vor zwei Jahren: *Mademoiselle, hat er nicht von einer speziellen Sache geredet?* Dann dieser hinkende Stabsfeldwebel mit seiner toten Stimme: *Sag mir nur, ob dein Vater dir etwas gegeben oder über etwas gesprochen hat, das er für das Museum aufbewahrt.*

Papa geht. Madame Manec geht. Sie erinnert sich noch an die Stimmen ihrer Nachbarn in Paris, als sie erblindet ist: *Als läge ein Fluch auf ihnen.*

Sie versucht, die Angst zu vergessen, den Hunger, die Fragen. Sie muss wie die Schnecken leben, Moment für Moment, Zentimeter für Zentimeter, doch am Nachmittag des sechsten August liest sie Etienne die folgenden Zeilen vor, das Buch vor sich auf dem Davenport: *Verließ Kapitän Nemo die* Nautilus *wirklich nie? Oft waren Wochen verstrichen, bis ich ihm wieder begegnet war. Was trieb er in dieser Zeit? War es nicht möglich, dass er, während ich ihn für eine Beute misanthropischer Anfälle hielt, fern von uns in aller Heimlichkeit etwas unternahm, von dem ich keine Ahnung hatte?*

Sie klappt das Buch zu, und Etienne sagt: «Willst du nicht wissen, ob es ihnen diesmal gelingt zu entkommen?» Aber Marie-Laure rezitiert in ihrem Kopf einige Sätze des merkwürdigen dritten Briefes ihres Vaters, des letzten, den sie bekommen hat.

Erinnerst Du Dich an Deine Geburtstage? Wie nach dem Aufwachen immer zwei Dinge für Dich auf dem Tisch standen? Es tut mir leid, dass es so gekommen ist. Wenn Du es je verstehen willst, sieh in Etiennes Haus nach, im Haus. Ich weiß, du wirst das Richtige tun. Obwohl ich wünschte, ich hätte ein besseres Geschenk.

Mademoiselle, hat er nicht von einer speziellen Sache geredet?

Könnten wir sehen, was er mit hergebracht hat?

Im Museum hatte er viele Schlüssel.

Es ist nicht der Sender. Etienne täuscht sich. Dem Deutschen ging es nicht um die Nachrichten. Es war etwas anderes, etwas, von dem er glaubte, dass womöglich allein sie davon wusste, und er hat gehört, was er hören wollte. Am Ende hat sie ihm diese eine Frage beantwortet.

Nur ein blödes Modell dieser Stadt.

Daraufhin ist er weggegangen.

Sieh in Etiennes Haus nach.

«Was ist?», fragt Etienne.

Im Haus.

«Ich muss mich ausruhen», verkündet Marie-Laure, steigt die Treppe hinauf, nimmt dabei immer zwei Stufen auf einmal, schließt die Tür hinter sich und steckt die Finger in die Miniaturausgabe der Stadt. Achthundertfünfundsechzig Häuser, und hier, bei einer Ecke, steht das hohe, schmale Haus Nummer 4 der Rue Vauborel. Ihre Finger bewegen sich an der Fassade hinab und finden die Vertiefung in der Eingangstür. Sie drückt, und das Haus gleitet hoch und löst sich aus dem Modell. Sie schüttelt es, hört jedoch nichts. Aber die Häuser haben nie ein Geräusch gemacht, wenn Marie-Laure sie geschüttelt hat, oder?

Selbst mit zitternden Fingern braucht sie nicht lange, um das Rätsel zu lösen. Dreh den Kamin um neunzig Grad und schiebe die Dachflächen herunter. Eins, zwei, drei.

Eine vierte Tür, und eine fünfte, und so geht es immer weiter, bis zur dreizehnten, die ebenfalls verschlossen und nicht größer als ein Schuh ist.

Woher wissen Sie dann, fragten die Kinder, *dass er wirklich da drinnen ist?*

Ihr müsst die Geschichte glauben.

Sie dreht das Haus um. Ein tropfenförmiger Stein fällt ihr in die Hand.

Zahlen

Alliierte Bomben zerstören den Bahnhof. Die Deutschen machen den Hafen unbrauchbar. Flugzeuge tauchen aus den Wolken auf und verschwinden wieder in ihnen. Etienne hört, dass verwundete Deutsche nach Saint-Servan hineinströmen, die Amerikaner den nur vierzig Kilometer entfernten Mont Saint-Michel eingenommen haben und die Befreiung eine Sache von Tagen sein wird. Er kommt zur Bäckerei, als Madame Ruelle gerade die Tür aufschließt. Sie zieht ihn herein. «Sie wollen die Stellungen der Flak. Die Koordinaten. Schaffen Sie das?»

Etienne ächzt. «Ich habe Marie-Laure. Warum nicht Sie, Madame?»

«Ich kann keine Karten lesen, Etienne. Minuten, Sekunden, Abweichungsberichtungen? Sie kennen sich damit aus. Sie müssen sie nur finden, aufschreiben und die Koordinaten durchgeben.»

«Dazu muss ich mit einem Kompass und einem Block durch die Stadt laufen. Anders geht es nicht. Sie werden mich erschießen.»

«Es ist entscheidend, dass sie die genauen Stellungen erfahren. Denken Sie nur, wie viele Menschenleben das retten kann. Und Sie müssen es heute Nacht tun. Es heißt, morgen werden sie alle Männer der Stadt zwischen achtzehn und sechzig internieren. Sie überprüfen sämtliche Papiere, und alle Männer in kampffähigem Alter, alle, die sich der Résistance anschließen könnten, werden ins Fort National gesperrt.»

Die Bäckerei dreht sich, er ist in Spinnweben gefangen. Sie wickeln sich um seine Hände und Schenkel und knistern wie brennendes Papier, wenn er sich bewegt. Mit jeder Sekunde verfängt er sich mehr. Die Türglocke der Bäckerei läutet, jemand kommt herein. Madame Ruelles Gesicht verschließt sich, als falle das Visier eines Ritters herunter.

Er nickt.

«Gut», sagt sie und steckt ihm sein Brot unter den Arm.

Das Meer der Flammen

Seine Oberfläche besteht aus hundert Facetten. Wieder und wieder nimmt sie ihn in die Hand, nur, um ihn gleich wieder wegzulegen, als verbrenne er sie. Die Verhaftung ihres Vaters, das Verschwinden von Hervé Bazin, der Tod Madame Manecs: Kann dieser eine Stein so viel Leid gebracht haben? Sie hört die schnaufende Stimme des leicht nach Wein riechenden Dr. Geffard: *Königinnen können Nächte mit ihm durchtanzt haben. Womöglich sind Kriege um ihn geführt worden.*

Wer immer den Stein besitzt, wird ewig leben, aber solange er ihn besitzt, wird die, die er liebt, das Unglück in einer nicht endenden Folge treffen.

Dinge sind nichts als Dinge. Geschichten nichts als Geschichten.

Ganz bestimmt ist es dieser Stein, was der Deutsche sucht. Sie sollte die Fensterläden aufstoßen und ihn auf die Straße werfen. Ihn jemand anderem geben, irgendeinem anderen. Sich aus dem Haus schleichen und ihn ins Meer schleudern.

Etienne klettert die Leiter auf den Dachboden hinauf. Sie kann hören, wie er über die Dielen geht und den Sender einstellt. Sie steckt den Stein in die Tasche, nimmt das kleine Haus und geht über den Flur. Aber bevor sie den Schrank erreicht, bleibt sie stehen. Ihr Vater muss geglaubt haben, dass er echt ist. Warum sonst hätte er die komplizierte Trickkiste bauen sollen? Warum sonst hätte er ihn in Saint-Malo zurücklassen sollen, wenn nicht aus Angst, dass der Stein auf seiner Fahrt zurück nach Paris konfisziert werden könnte? Warum sonst hätte er sie zurücklassen sollen?

Er muss wenigstens so aussehen wie ein Diamant, der zwanzig Millionen Francs wert ist. Echt genug, um Papa zu überzeugen. Und wenn er so echt aussieht, was wird ihr Onkel tun, wenn sie ihn ihm zeigt? Wenn sie ihm sagt, sie sollen ihn ins Meer werfen?

Sie kann die Stimme des Jungen im Museum noch hören: *Wann hast du das letzte Mal jemanden fünf Eiffeltürme ins Meer werfen sehen?*

Wer würde ihn freiwillig abgeben? Und der Fluch? Wenn das mit dem Fluch stimmt, und sie gibt ihn ihm?

Flüche sind Unsinn. Die Erde besteht aus Magma, Kontinentalplatten und Ozeanen. Schwerkraft und Zeit. Oder? Sie schließt die Faust, geht zurück in ihr Zimmer und legt den Stein zurück in das kleine Haus. Schiebt die drei Dachstücke wieder an ihren Platz. Dreht den Schornstein um neunzig Grad. Lässt das Häuschen in ihre Tasche gleiten.

Eine Weile nach Mitternacht erreicht eine überwältigende Flut ihren Höhepunkt. Die größten Wellen schlagen bis an die Befestigungsmauern, das Meer ist grün, voller Luft und mit siedenden Flößen aus mondbeleuchtetem Schaum bedeckt. Marie-Laure wacht aus ihren Träumen auf und hört Etienne an ihre Tür klopfen.

«Ich gehe hinaus.»

«Wie viel Uhr ist es?»

«Fast Tagesanbruch. Ich bin nur eine Stunde weg.»

«Warum musst du weg?»

«Es ist besser für dich, wenn du es nicht weißt.»

«Was ist mit der Ausgangssperre?»

«Ich bin schnell wieder da.» Ihr Großonkel. Der in den vier Jahren, seitdem sie ihn kennt, niemals schnell war.

«Was, wenn sie mit dem Bombardieren anfangen?»

«Es wird bald hell, Marie. Ich sollte gehen, solange es noch dunkel ist.»

«Werden sie die Häuser treffen, Onkel? Wenn sie kommen?»

«Sie werden keine Häuser treffen.»

«Wird es schnell vorbeigehen?»

«So schnell, wie eine Schwalbe ums Haus fliegt. Schlaf weiter, Marie. Wenn du aufwachst, bin ich zurück. Du wirst sehen.»

«Ich könnte dir vorlesen? Jetzt, wo ich wach bin? Wir sind dem Ende so nahe.»

«Wenn ich zurück bin, lesen wir. Wir beenden das Buch zusammen.»

Sie versucht, sich zu beruhigen und langsamer zu atmen, versucht, nicht an das kleine Haus unter ihrem Kissen und die schreckliche Last darin zu denken.

«Etienne», flüstert Marie-Laure, «hast du es je bedauert, dass wir hergekommen sind? Dass ich dir in den Schoß gefallen bin und du und Madame Manec für mich sorgen musstet? Hast du je gedacht, dass ich einen Fluch in dein Leben getragen habe?»

«Marie-Laure», sagt er, ohne zu zögern. Er drückt mit beiden Händen ihre Hand. «Du bist das Beste, was mir in meinem ganzen Leben widerfahren ist.»

Etwas scheint sich in der Stille aufzutürmen, eine Flutwelle, ein Brecher, doch Etienne sagt nur ein zweites Mal: «Schlaf weiter, und wenn du aufwachst, bin ich wieder da», und sie zählt seine Schritte auf der Treppe.

Die Verhaftung Etienne LeBlancs

Etienne fühlt sich seltsam wohl, als er aus dem Haus tritt, voller Kraft. Er ist froh, dass Madame Ruelle ihm diese letzte Aufgabe übertragen hat. Er hat bereits die Position einer Flugabwehrbatterie durchgegeben: eine Kanone auf einem Mauerteil direkt beim Hôtel des Abeilles, in das sie ein Loch gerissen haben. Er muss nur noch die Stellungen von zwei anderen bestimmen. Nimm zwei bekannte Punkte – er wird den Turm der Kathedrale und die äußere Insel Le Petit Bé wählen – und berechne von ihnen aus den dritten, unbekannten Punkt. Ein einfaches Dreieck. Etwas Besseres als Geister, um sich darauf zu konzentrieren.

Er biegt in die Rue d'Estrées, geht hinter der Schule her und steuert auf die Gasse hinter dem Hôtel-Dieu zu. Seine Beine fühlen sich jung an, seine Füße leicht. Niemand ist unterwegs. Weit hinter dem Nebel hebt sich die Sonne. Schon bei Tagesanbruch ist die Stadt warm, sie schläft noch, duftet, und die Häuser links und rechts scheinen fast körperlos. Einen Moment lang hat er das Gefühl, den Gang eines riesigen Zugwaggons entlangzugehen, alle anderen Passagiere schlafen, und der Zug gleitet durch die Dunkelheit auf eine lichtdurchflutete Stadt zu, auf leuchtende Torbögen, strahlende Türme und aufsteigende Feuerwerke.

Aber als er sich dem dunklen Bollwerk der Befestigungsmauer nähert, humpelt ein Mann in Uniform aus der Schwärze auf ihn zu.

7. August 1944

Marie-Laure wacht von schwerem Kanonenfeuer auf. Sie überquert den Treppenabsatz, öffnet den Kleiderschrank, fährt mit dem Stock zwischen den Hemden durch und klopft dreimal gegen die Rückwand. Nichts. Sie schüttelt den Kopf, geht in den vierten Stock hinunter und klopft an Etiennes Tür. Sein Bett ist leer und kühl.

Er ist auch nicht im ersten Stock oder in der Küche. Der Nagel neben der Tür, an den Madame Manec immer das Schlüsselbund gehängt hat, ist leer. Seine Schuhe sind nicht da.

Ich bin nur eine Stunde weg.

Sie zähmt ihre Panik. Es ist wichtig, nicht das Schlimmste anzunehmen. Sie überprüft den Trittkontakt in der Diele, er funktioniert, reißt ein Stück vom gestrigen Brot Madame Ruelles ab und steht kauend in der Küche. Das Wasser ist wunderbarerweise wieder angestellt worden, und so füllt sie zwei verzinkte Eimer, trägt sie nach oben und stellt sie in die Ecke ihres Zimmers. Sie überlegt eine Weile, geht hinunter in den zweiten Stock und füllt auch die Badewanne bis an den Rand.

Dann schlägt sie ihren Roman auf. Kapitän Nemo hat seine Fahne auf dem Südpol errichtet, aber wenn er nicht bald mit dem Unterseeboot nach Norden aufbricht, werden sie im Eis stecken bleiben. Die Frühjahrssonnenwende ist eben vorüber, sie sehen sechs Monaten fortwährender Nacht entgegen.

Marie-Laure zählt die verbliebenen Kapitel. Neun. Sie ist versucht weiterzulesen, aber sie reisen gemeinsam auf die *Nautilus*, Etienne und sie, und sobald er zurückkehrt, geht es weiter. Jeden Moment jetzt.

Sie sieht noch einmal nach dem kleinen Haus unter ihrem Kissen und kämpft gegen die Versuchung an, den Stein herauszuholen. Stattdessen fügt sie das Haus wieder in das Modell am Fuß ihres Bettes ein. Draußen erwacht der Motor eines Lastwagens zum Leben, Möwen fliegen vorbei und schreien wie Esel. In der Ferne wummern wieder Kanonen, und der Lärm des Lastwagens verklingt langsam.

Marie-Laure versucht, sich darauf zu konzentrieren, ein früheres Kapitel noch einmal zu lesen, aus den erhabenen Punkten Buchstaben werden zu lassen, aus den Buchstaben Worte und daraus eine Welt.

Nachmittags erzittert der Trittkontakt, und die Glocke unter dem Tisch im zweiten Stock läutet kurz. Ein gedämpftes Klingeln oben auf dem Dachboden ergänzt es, und Marie-Laure hebt den Finger von der Seite und denkt: Endlich, aber als sie nach unten geht, ihre Hand auf den Riegel legt und «Wer ist da?» ruft, antwortet ihr nicht Etienne, sondern die ölige Stimme des Parfümhändlers Claude Levitte.

«Lassen Sie mich bitte herein.»

Selbst durch die geschlossene Tür kann sie ihn riechen: Pfefferminz, Moschus, Aldehyd. Und darunter: Schweiß. Angst.

Sie schiebt beide Riegel zurück und öffnet die Tür ein Stück.

Er spricht durch das halb offene Tor: «Sie müssen mit mir kommen.»

«Ich warte auf meinen Großonkel.»

«Ich habe mit ihm gesprochen.»

«Sie haben mit ihm gesprochen? Wo?»

Marie-Laure hört, wie Monsieur Levitte einen Knöchel nach dem anderen knacken lässt. Die Lunge arbeitet in seiner Brust. «Wenn Sie sehen könnten, Mademoiselle, hätten Sie den Evakuierungsbefehl gelesen. Sie haben die Stadttore geschlossen.»

Sie antwortet nicht.

«Sie internieren jeden Mann zwischen sechzehn und sechzig. Sie mussten sich beim Turm des Châteaus versammeln. Bei Ebbe werden sie ins Fort National hinübergebracht. Gott sei mit ihnen.»

Auf der Rue Vauborel scheint alles ruhig. Schwalben schwingen zwischen den Häusern durch, zwei Tauben streiten, und ein Fahrradfahrer klappert vorbei. Dann wieder Ruhe. Haben sie tatsächlich die Stadttore geschlossen? Hat der Mann wirklich mit Etienne gesprochen?

«Werden Sie mit ihnen gehen, Monsieur Levitte?»

«Ich habe es nicht vor. Aber Sie müssen sofort in einen Luftschutzkeller.» Monsieur Levitte schnieft. «Oder in die Krypta unter der Kirche Notre-Dame in Rocabey. Wohin ich auch Madame geschickt habe. Darum hat Ihr Onkel mich gebeten. Lassen Sie wirklich alles zurück und kommen Sie mit mir.»

«Warum?»

«Ihr Onkel weiß, warum. Alle wissen es. Es ist hier nicht mehr sicher. Kommen Sie schon.»

«Aber Sie haben gesagt, die Tore der Stadt sind geschlossen.»

«Ja, das habe ich, Mädchen, genug mit der Fragerei.» Er seufzt. «Du bist hier nicht sicher. Ich bin gekommen, um dir zu helfen.»

«Der Onkel sagt, unser Keller ist sicher. Er sagt, er hat fünfhundert Jahre gehalten, da wird er es auch noch ein paar mehr Nächte tun.»

Der Parfümhändler räuspert sich. Sie stellt sich vor, wie er seinen dicken Hals reckt, um ins Haus zu sehen, auf den Mantel am Haken, die Krümel auf dem Küchentisch. Alle sind neugierig, was die anderen haben. Ihr Onkel kann den Parfümhändler nicht gebeten haben, sie in einen Schutzraum zu bringen. Wann hat Etienne das letzte Mal mit Claude Levitte gesprochen? Wieder denkt sie an das Modell oben und den Stein darin. Sie hört Dr. Geffards Stimme: *Dass etwas so Kleines so schön sein kann. So viel wert.*

«In Paramé brennen die Häuser, Mademoiselle. Sie versenken die Schiffe im Hafen, zerschießen die Kathedrale, und das Krankenhaus hat kein Wasser. Die Ärzte waschen ihre Hände mit Wein. Wein!» Monsieur Levittes Stimme droht zu kippen. Sie muss daran denken, wie Madame Manec einmal gesagt hat, immer, wenn ein Diebstahl in der Stadt bekannt würde, ginge Monsieur Levitte mit seinen Geldscheinen zwischen den Hinterbacken ins Bett.

Marie-Laure sagt: «Ich bleibe.»

«Himmel, Mädchen, muss ich dich zwingen?»

Sie denkt daran, wie der Deutsche vor Hervé Bazins Tor auf und ab gelaufen ist und seine Zeitung gegen die Gitterstäbe geschlagen hat, und sie schließt die Tür etwas weiter. Jemand muss den Parfümeur auf sie angesetzt haben. «Sicher», sagt sie, «sind mein Großonkel und ich nicht die einzigen Leute, die heute Nacht unter ihrem eigenen Dach schlafen.»

Sie tut ihr Bestes, um gelassen zu erscheinen. Monsieur Levittes Geruch ist überwältigend.

«Mademoiselle.» Er bettelt jetzt. «Seien Sie doch vernünftig. Kommen Sie mit mir und lassen Sie alles zurück.»

«Sprechen Sie mit meinem Großonkel, wenn er zurückkommt.» Damit verschließt sie die Tür.

Sie kann ihn draußen stehen hören. Bei einer Art Kosten-Nutzen-Analyse. Endlich dreht er sich um und verschwindet die Straße hinunter, seine Angst wie einen Karren hinter sich her ziehend. Marie-Laure beugt sich neben den Dielentisch und sieht nach der Klingel. Was kann er gesehen haben? Einen Mantel, einen halben Laib Brot? Etienne wird erfreut sein. Vorm Küchenfenster jagen Mauerschwalben Insekten, und die Fäden eines Spinnennetzes fangen das Licht ein, leuchten kurz auf und verschwinden wieder.

Und doch: Was, wenn der Parfümhändler die Wahrheit gesagt hat?

Das Tageslicht verblasst zu Gold. Ein paar Grillen unten im Keller beginnen zu singen, ein rhythmisches *Krikri*. Es ist ein Abend im August, Marie-Laure zieht sich die zerrissenen Strümpfe hoch, geht in die Küche und reißt noch ein Stück von Madame Ruelles Brot ab.

Flugblätter

Bevor es dunkel wird, servieren die Österreicher auf dem Hotelgeschirr Schweinenieren mit ganzen Tomaten. In den Rand eines jeden Tellers ist eine silberne Biene geätzt. Alle sitzen auf Sandsäcken oder Munitionskisten, und Berning schläft über seinem Teller ein. Volkheimer spricht in der Ecke mit dem Leutnant über das Funkgerät im Keller, die Österreicher sitzen entlang der Wände, ihre Helme auf dem Kopf und wacker kauend. Forsche, erfahrene Männer. Männer, die nicht an ihrer Aufgabe zweifeln.

Nachdem Werner gegessen hat, geht er hinauf in die Suite im obersten Stock und stellt sich in die achteckige Badewanne. Er drückt gegen den Fensterladen und öffnet ihn ein paar Zentimeter. Die Abendluft ist eine Wohltat. Unter dem Fenster, auf einer der Befestigungen auf der zum Meer hin gelegenen Seite des Hotels, wartet die große 88-Millimeter-Kanone. Auf der anderen Seite der Mauer, hinter den Schießscharten, geht es zehn, fünfzehn Meter hinab zu den grünweißen Schaumkronen der Brandung. Links wartet die Stadt, grau und dicht. Weit im Osten glüht rot eine Schlacht, die selbst nicht zu sehen ist. Die Amerikaner haben die Deutschen vorm Meer gestellt.

Werner fühlt sich wie in einem unbekannten Grenzland zwischen dem, was schon geschehen ist, und dem, was kommen wird, wie immer es aussehen mag. Auf der einen Seite liegt das Bekannte, auf der anderen das Unbekannte. Er denkt an das Mädchen, das vielleicht noch in der Stadt ist, und stellt sich vor, wie es sich mit seinem Stock an den Gossen entlangbewegt. Wie es mit seinen nutzlosen Augen, seinem wilden Haar und dem klaren Gesicht der Welt entgegentritt.

Wenigstens hat er das Geheimnis ihres Hauses gehütet. Wenigstens sie hat er beschützt.

Neue Befehle, vom Garnisonskommandeur selbst unterzeichnet, sind an Türen, Marktständen und Laternenpfählen angeschlagen worden. *Niemand darf versuchen, die Altstadt zu verlassen. Niemand darf ohne spezielle Erlaubnis auf die Straße gehen.*

Gerade, als Werner den Fensterladen schließen will, taucht ein einzelnes Flugzeug aus der Dämmerung auf. Aus seinem Bauch entlässt es einen weißen Schwarm, der langsam größer wird.

Vögel?

Der Schwarm zerteilt sich, flattert auseinander. Es ist Papier. Tausende Flugblätter wirbeln über die Häuser, rutschen die Dächer herunter, jagen über die Mauern, strudeln flach auf den Strand.

Werner geht in die Hotelhalle hinunter, wo ein Österreicher eines der Flugblätter ins Licht hält. «Das ist Französisch», sagt er.

Werner nimmt es. Die Druckerschwärze ist noch so frisch, dass sie unter seinen Fingern verschmiert.

Message urgent aux habitants de cette ville, steht da. *Il faut sans délai vous éloigner de la zone de danger où vous vous trouvez. N'encombrez pas les routes, dispersez vous dans la campagne autant que possible.*

Zehn

12. August 1944

Begraben

Sie liest es wieder: *Wer konnte voraussagen, wie lange wir mindestens brauchten, um uns zu befreien? Würden wir nicht ersticken, bevor die Nautilus an die Wasseroberfläche zurückgelangte? War es ihm vorausbestimmt, in diesem Eisgrab zugrunde zu gehen, mit Mann und Maus? Die Lage schien entsetzlich. Aber jeder von uns schaute ihr ins Gesicht, und alle waren entschlossen, ihre Pflicht zu tun bis zum Ende.*

Werner hört zu. Die Mannschaft arbeitet sich durch die Eisberge, die ihr Unterseeboot einschließen, fährt in nördlicher Richtung an der südamerikanischen Küste entlang, an der Mündung des Amazonas vorbei und wird im Atlantik von einem riesigen Kraken gejagt. Der Propeller dreht sich nicht mehr. Kapitän Nemo taucht seit Wochen zum ersten Mal wieder aus seiner Kabine auf und macht ein grimmiges Gesicht.

Werner steht vom Boden auf, trägt den Empfänger in der einen Hand, die Batterie in der anderen. Er durchquert den Keller und findet Volkheimer in seinem goldenen Sessel. Er stellt die Batterie ab, streicht mit der Hand über den Arm des großen Mannes und lokalisiert seinen Kopf, stülpt den Kopfhörer über Volkheimers Ohren.

«Kannst du sie hören?», sagt Werner. «Es ist eine merkwürdige, wunderbare Geschichte. Ich wünschte, du verstündest Französisch. Ein Riesenkrake hat mit seinem Kiefer den Propeller des U-Boots gestoppt, und der Kapitän sagt, sie müssen auftauchen und das Ungeheuer massakrieren.»

Volkheimer atmet langsam ein. Er bewegt sich nicht.

«Sie benutzt den Sender, den wir gesucht haben. Ich habe ihn gefunden. Vor Wochen schon. Sie meinten, es sei ein Netzwerk von Saboteuren, aber es waren nur ein alter Mann und ein Mädchen.»

Volkheimer sagt nichts.

«Du wusstest es die ganze Zeit, stimmt's? Dass ich sie gefunden habe?»

Volkheimer hört Werner durch die Kopfhörer wahrscheinlich nicht.

«Sie sagt immer wieder: ‹Hilf mir.› Sie bittet ihren Vater und ihren Großonkel. Sie sagt: ‹Er ist hier. Er wird mich umbringen.›»

Ein Ächzen lässt den Schutt über ihnen erzittern. In der Dunkelheit fühlt sich Werner, als wäre er in der *Nautilus* eingeschlossen, zwanzig Meter unter der Wasseroberfläche, und ein Dutzend wütende Kraken schlügen mit ihren Tentakeln auf das Boot ein. Er weiß, der Sender muss hoch oben im Haus stehen. Offen für den Granatenbeschuss. Er sagt: «Ich habe sie nur gerettet, um sie sterben zu hören.»

Volkheimer zeigt keinerlei Anzeichen, dass er etwas verstanden hat. Er hat sich bereits vom Leben verabschiedet oder ist dazu entschlossen: Ist das ein großer Unterschied? Werner nimmt den Kopfhörer zurück und setzt sich neben die Batterie.

Sein erster Offizier, las sie, *kämpfte wütend gegen die anderen Monstren an, die sich auf die Flanken der* Nautilus *schlängelten. Die ganze Mannschaft schlug mit Beilen drein. Der Kanadier, Conseil und ich hieben mit unseren Waffen in die fleischigen Massen. Heftiger Moschusgeruch verpestete die Luft.*

Fort National

Etienne bettelte seine Wärter an, den Leiter des Forts, Dutzende seiner Mitinhaftierten. «Meine Nichte, meine Großnichte, sie ist blind, sie ist allein ...» Er sagte ihnen, er sei dreiundsechzig, nicht sechzig, wie sie behaupteten, dass man ihm seine Papiere unfairerweise abgenommen habe und er kein Volksfeind sei. Schwankend stand er vor dem diensthabenden Feldwebel und stolperte durch die wenigen deutschen Ausdrücke, die er zusammenzustoppeln vermochte – *«Sie müssen mich helfen!»* *«Meine Nichte ist herein dort!»* –, aber der Feldwebel zuckte wie alle anderen nur mit den Schultern und sah zu der brennenden Stadt jenseits des Wassers hinüber, als wollte er sagen: Was kann ich da tun?

Dann traf die verirrte amerikanische Granate das Fort. Die Verwundeten wurden hinunter in den Munitionskeller geschafft, die Toten an der Flutlinie unter den Felsen begraben, und Etienne verstummte.

Das Wasser geht zurück und steigt wieder. Was noch an Kraft in Etienne ist, braucht er, um den Lärm in seinem Kopf zu beruhigen. Manchmal vermag er sich fast einzureden, dass er durch die schwelenden Skelette der Häuser an der nordwestlichen Ecke der Stadt hindurchsehen und das Dach seines Hauses erkennen kann. Fast vermag er sich einzureden, dass es noch steht, doch schon verschwindet es wieder hinter einem Vorhang aus Rauch.

Kein Kissen, keine Decke. Die Latrine ist apokalyptisch, Essen gibt es unregelmäßig. Die Frau des Leiters trägt es bei Ebbe Hunderte von Metern über die Felsen, während hinter ihr in der Stadt die Granaten einschlagen. Es gibt nie genug. Etienne lenkt sich mit Fluchtphantasien ab. Gleitet über die Mauer, schwimmt mehrere Hundert Meter, kämpft sich durch die Brandung, hetzt ungeschützt über den verminten Strand zu einem der verschlossenen Tore. Absurd.

Hier draußen sehen die Inhaftierten die Granaten in die Stadt einschlagen, bevor sie sie hören können. Im letzten Krieg kannte Etienne Kanoniere, die durch ihre Feldstecher sahen und anhand der zum Himmel aufsteigenden Farben sagen konnten, was für einen Schaden ihre Granaten angerichtet hatten. Grau war Stein. Braun war die Erde. Rosa das Fleisch.

Er schließt die Augen und denkt an die Stunden im Lampenlicht von Monsieur Hébrards Buchladen, als er zum ersten Mal ein Radio hörte. Er erinnert sich, wie er auf die Empore der Kathedrale stieg, um Henris Stimme zur Decke aufsteigen zu hören, erinnert sich an die vollen Restaurants mit den bleiverglasten Fenstern und schön verzierten Holzvertäfelungen, in denen sie mit ihren Eltern essen gingen, an die Villen der Korsaren mit ihren gebogenen Friesen, dorischen Säulen und in die Wände geputzten Goldmünzen, an die Häuserfronten mit den Läden von Büchsenmachern und Schiffseignern, an die Geldwechsler und Herbergsgäste und die Sätze, die Henri in die Steine der Befestigungsmauern kratzte: *Ich will hier weg! Zur Hölle mit dieser Stadt!* Er erinnert sich an das Haus der LeBlancs, sein Haus! Hoch und schmal, mit der sich in der Mitte hinaufwindenden Treppe, die sich wie eine Turmdeckelschnecke in die Höhe reckte. Das Haus, in dem der Geist seines Bruders gelegentlich durch die Wände schwebte, in dem Madame Manec lebte und starb und wo er selbst jüngst noch mit Marie-Laure an einem Davenport saß und sie so taten, als flögen sie über die Vulkane von Hawaii und die vernebelten Wälder Perus, wo Marie-Laure vor gerade einer Woche noch im Schneidersitz auf dem Boden saß und ihm von den Perlenfischern vor der Küste Ceylons vorlas, von Kapitän Nemo und Aronnax in ihren Tauchanzügen und von dem impulsiven Kanadier Ned Land, der mit seiner Harpune auf die Flanke eines Hais zielte … Alles das brennt jetzt. Jede Erinnerung, die sich ihm je eingeprägt hat.

Die Morgendämmerung über dem Fort National klart tief und mörderisch auf. Die Milchstraße ist ein verbleichender Fluss. Er sieht zu den Feuern hinüber und denkt: Das Universum ist voller Brennstoff.

Kapitän Nemos letzte Worte

Bis zum Mittag des zwölften August hat Marie-Laure sieben der letzten neun Kapitel ins Mikrofon gelesen. Kapitän Nemo hat sein Schiff vor dem Riesenkraken gerettet, um bald darauf einem Orkan ins Auge zu sehen. Seiten später rammt er ein Kriegsschiff voller Männer und sticht durch dessen Bordwand, schreibt Verne, wie die Nadel des Segelmachers durch Leinwand. Es bleiben nur noch wenige Seiten. Ob Marie-Laure jemandem mit dem Vorlesen der Geschichte Trost gespendet hat, ob ihr Etienne, mit Hunderten anderen Männern in einem feuchtkalten Keller hockend, zuhören konnte, ob ihr ein paar Amerikaner in ihrem Nachtlager auf dem Schlachtfeld beim Reinigen ihrer Gewehre über die dunklen Planken der *Nautilus* gefolgt sind, das alles kann sie nicht sagen.

Aber sie ist froh, dem Ende so nahe zu sein.

Der Deutsche unten hat zweimal frustriert geschrien und ist anschließend verstummt. Warum, überlegt sie, soll sie nicht einfach durch den Schrank schlüpfen, ihm das kleine Haus geben und sehen, ob er sie verschont?

Erst liest sie zu Ende. Dann entscheidet sie sich.

Wieder öffnet sie das Häuschen und lässt den Stein in ihre Hand fallen. Was würde geschehen, wenn die Göttin den Fluch von ihm nähme? Würden die Feuer verlöschen, würde die Erde heilen, und kämen die Tauben zurück auf die Fensterbänke geflogen? Käme Papa zurück?

Fülle dich, Lunge. Schlage weiter, mein Herz. Sie behält das Messer neben sich. Der kanadische Harpunier Ned Land sieht die Möglichkeit zur Flucht. *«Die See geht hoch»*, sagte er zu Professor Aronnax, *«es weht ein heftiger Wind …»*

«Ich werden Ihnen folgen.»

«Wohl gemerkt», fügte der Kanadier hinzu, *«wenn ich überrascht werde, will ich mich verteidigen und mich töten lassen.»*

«Wir werden zusammen sterben, Freund Ned.»

Marie-Laure schaltet den Sender ein. Sie denkt an die Wellhornschnecken in Hervé Bazins Zwinger, es sind Zehntausende. Wie sie sich festsaugen. Wie sie sich in die Spiralen ihrer Häuser heraufziehen. Dort unten in der Grotte können die Möwen sie nicht holen, hinauf in den Himmel tragen und auf die Felsen werfen, damit ihre Häuser zerschellen.

Der Besucher

Von Rumpel trinkt verdorbenen Wein, den er in der Küche gefunden hat. Vier Tage in diesem Haus, und wie viele Fehler er gemacht hat! Vielleicht war das Meer der Flammen die ganze Zeit im Museum in Paris, und der alberne Mineraloge und der stellvertretende Direktor haben ihn ausgelacht, als er sich davonschlich, übertölpelt, hereingelegt, verführt. Oder der Parfümhändler hat ihn betrogen und dem Mädchen den Stein abgenommen, als er sie weggebracht hat. Vielleicht hat ihn die Kleine aber auch in ihrem schäbigen Rucksack aus der Stadt getragen. Oder der alte Mann hat ihn sich in den Hintern geschoben und scheißt ihn gerade wieder heraus. Zwanzig Millionen Francs in einem Haufen Fäkalien.

Vielleicht gibt es den Stein aber auch gar nicht. Vielleicht ist alles ein Schwindel, nichts als eine Geschichte.

Er war so sicher. Sicher, das richtige Versteck gefunden, das Rätsel gelöst zu haben. Sicher, dass der Stein ihn retten würde. Das Mädchen hatte keine Ahnung, der alte Mann war aus dem Weg, alles war perfekt eingefädelt. Was ist jetzt noch sicher? Nur das tödliche Wuchern in seinem Körper, nur die Zerstörung, die es in jede Zelle trägt. In seinen Ohren erklingt die Stimme seines Vaters: *Du wirst nur auf die Probe gestellt.*

Jemand ruft auf Deutsch: «*Ist da wer?*»

Vater?

«Sie da drin!»

Von Rumpel lauscht. Geräusche nähern sich durch den Rauch. Er kriecht ans Fenster. Setzt seinen Helm auf, reckt den Kopf über die kaputte Fensterbank.

Ein deutscher Infanterie-Obergefreiter sieht von der Straße zu ihm hoch. «Herr …? Ich hatte nicht erwartet … Ist das Haus leer, Herr … Stabsfeldwebel?»

«Leer, ja. Wo wollen Sie hin, Obergefreiter?»

«In die Festung La Cité, Herr Stabsfeldwebel. Wir evakuieren die Stadt. Lassen alles zurück. Das Château und die Bastion de la Hollande halten wir noch. Alles andere Personal zieht sich zurück.»

Von Rumpel stützt sich den Kopf, die Ellbogen auf der Fensterbank. Er hat das Gefühl, sein Kopf könnte sich vom Hals lösen, in die Tiefe stürzen und aufs Pflaster schlagen.

«Die gesamte Stadt kommt in den Bombardierungsbereich», sagt der Obergefreite.

«Wie lange?»

«Morgen soll es einen Waffenstillstand geben. Ab Mittag, sagen sie. Um die Zivilisten herauszuholen. Dann geht es weiter.»

Von Rumpel sagt: «Geben wir die Stadt auf?»

Nicht weit entfernt explodiert eine Granate, das Echo der Explosion hallt zwischen den zerstörten Häusern wider, und der Soldat auf der Straße legt eine Hand auf den Helm. Steinsplitter fegen über das Pflaster.

Er ruft: «Zu welcher Einheit gehören Sie, Herr Stabsfeldwebel?»

«Machen Sie weiter, Obergefreiter. Ich bin hier fast fertig.»

Das letzte Urteil

Volkheimer rührt sich nicht. Die Flüssigkeit aus dem Farbeimer, wie giftig sie auch gewesen sein mag, ist weg. Wie lange hat Werner nichts mehr von dem Mädchen gehört, ganz gleich, auf welcher Frequenz? Seit einer Stunde nicht? Länger? Sie hat noch vorgelesen, wie die *Nautilus* in einen Strudel gesaugt wurde, die Wellen höher als Häuser, das Unterseeboot stand aufrecht, seine stählernen Rippen krachten, und dann kam, was Werner für den Schluss des Buches hielt: *Auf die Frage, die vor sechstausend Jahren der weise Salomo stellte, «wer hat je die Tiefen ergründen können?», haben von allen Menschen nur zwei das Recht, jetzt zu antworten. Kapitän Nemo und ich.*

Dann schaltete sich der Sender aus, und absolute Finsternis hüllte Werner ein. Während der letzten Tage, wie viele sind es?, hat sich der Hunger wie eine Hand in ihm angefühlt, eine Hand, die ihm in die Brusthöhle fuhr, hinauf zu den Schulterblättern und hinunter zum Becken. Die ihm über die Knochen kratzte. Mittlerweile jedoch, ist es Tag?, ist es Nacht?, verliert er sich wie eine Flamme, die keinen Brennstoff mehr hat. Leere und Fülle sind am Ende irgendwie gleich.

Werner blinzelt nach oben und sieht das Wiener Mädchen mit seiner Pelerine durch die Decke herabsinken, als wäre es nicht mehr als ein Schatten. Seine Verfolgerin trägt eine Papiertüte voll mit vertrocknetem Gemüse und setzt sich zwischen die Trümmer. Um sie herum wirbelt eine Bienenwolke.

Er kann nichts sehen, nur sie.

Sie zählt etwas an den Fingern ab. *Für das Stolpern im Glied*, sagt sie. *Für zu langsames Arbeiten. Für das Streiten um Brot. Für das zu lange Verbleiben auf der Lagertoilette. Für ihr Schluchzen. Dafür, dass sie ihre Sachen nicht vorschriftsmäßig geordnet hat.*

Das ist eindeutig Unsinn, und doch steckt etwas darin, eine Wahrheit, die er nicht zulassen will, nicht begreifen will, und während das Mädchen noch spricht, wird es älter, silbernes Haar legt sich auf seinen Kopf, der Kragen zerfasert, Werner sieht eine alte Frau. Das Wissen darum, wer sie ist, schwebt am Rand seines Bewusstseins.

Für mein Klagen über Kopfschmerzen.

Für mein Singen.

Für das nächtliche Reden im Bett.

Für das Vergessen meines Geburtsdatums beim abendlichen Appell.

Für das zu langsame Entladen der Sendung.

Für das widerrechtliche Einbehalten meiner Schlüssel.

Für das ausgebliebene Informieren des Wärters.

Für das zu späte Aufstehen.

Frau Schwartzenberger, es ist Frau Schwartzenberger. Die Jüdin aus dem Aufzug in Fredericks Haus.

Sie hat keine Finger mehr, um weiterzuzählen.

Für das Schließen meiner Augen, während mir etwas gesagt wurde.

Für das Horten von Krusten.

Für den Versuch, den Park zu betreten.

Für meine entzündeten Hände.

Für die Bitte um eine Zigarette.

Für das Fehlen von Vorstellungskraft ... und in der Dunkelheit hat Werner das Gefühl, auf dem Grund angekommen zu sein: Als wäre er die ganze Zeit immer tiefer gezogen worden, so, wie die *Nautilus* unter den Mahlstrom gezogen wurde, wie sein Vater in die Grube einfuhr. Vom Zollverein durch Schulpforta, durch die Schrecken Russlands und der Ukraine, vorbei an Mutter und Tochter in Wien hier an den Tiefpunkt in diesem Keller am Rande des Kontinents, wo eine Erscheinung Unsinn singt: Frau Schwartzenberger kommt auf ihn zu und wird im Näherkommen wieder zu einem Mädchen, ihr Haar wird rot, die Haut glättet sich, und eine Siebenjährige presst ihr Gesicht gegen Werners. Mitten auf ihrer Stirn kann er ein Loch sehen, schwärzer als die Schwärze um ihn herum, und auf seinem Grund liegt eine dunkle Stadt voller Seelen, zehntausend, fünfhunderttausend Seelen, und all die Gesichter starren aus den Gassen, aus Fenstern und schwelenden Parks zu ihm hoch, und er hört Donnern.

Blitze.

Artillerie. Das Mädchen verpufft.

Die Erde bebt. Die Organe in seinem Körper erzittern. Die Balken ächzen. Langsam rieselt es auf ihn herab. Volkheimers geschlagener Atem, einen Meter entfernt.

Musik (Nr. 1)

Am dreizehnten August, irgendwann nach Mitternacht, nachdem sie auf dem Dachboden ihres Großonkels fünf Tage überlebt hat, hält Marie-Laure eine Schallplatte vor sich hin, fährt mit den Fingern der rechten Hand sanft über die Rillen und lässt die Musik in ihrem Kopf entstehen. Spürt Höhen und Tiefen und legt die Platte schließlich auf den Teller von Etiennes Grammofon.

Seit anderthalb Tagen kein Wasser. Seit zwei Tagen kein Essen. Der Dachboden riecht nach Hitze und Staub, Eingesperrtsein und ihrem Urin in der Rasierschüssel hinten in der Ecke.

Wir werden zusammen sterben, Freund Ned.

Die Belagerung, so scheint es, wird niemals aufhören. Mauerwerk fällt in die Straßen, die Stadt bricht in Stücke. Doch immer noch stürzt dieses eine Haus nicht ein.

Sie nimmt die ungeöffnete Dose aus der Manteltasche und stellt sie auf den Boden. So lange hat Marie-Laure sie aufgespart, vielleicht, weil sie eine letzte Verbindung zu Madame Manec darstellt. Vielleicht, weil sie Angst hat, ihr Inhalt könnte verdorben sein. Der Verlust würde sie umbringen.

Sie legt Dose und Ziegel neben die Klavierbank, wo sie beides wiederfinden wird, und überprüft die Platte auf dem Grammofon. Senkt den Arm und setzt die Nadel auf den äußeren Rand. Findet den Schalter des Mikrofons mit der linken Hand, den für den Sender mit der rechten.

Sie wird die Musik so laut aufdrehen, wie es geht. Wenn der Deutsche noch im Haus ist, wird er sie hören. Er wird Klaviermusik durch die oberen Stockwerke dringen hören, den Kopf zur Seite neigen, und dann wird er den fünften Stock durchsuchen, wie ein sabbernder Dämon. Am Ende wird er sein Ohr an den Schrank legen, in dem die Musik besonders laut zu sein scheint.

Was für Labyrinthe es auf dieser Welt gibt. Das Geäst von Bäumen, ihr feines Wurzelwerk, die Struktur von Kristallen, das Straßennetz, das ihr Vater in das Modell übertragen hat. Das Labyrinth in den Knötchen der *Murex*-Schnecken, in der Textur der Ahornrinde und den hohlen Knochen von Adlern. Keines ist komplizierter als das menschliche Gehirn, würde Etienne sagen, das könnte das komplexeste Objekt überhaupt sein. Ein nasses Kilogramm, in dem sich Universen bewegen.

Sie stellt das Mikrofon in den Tontrichter, schaltet das Grammofon ein, und die Platte beginnt, sich zu drehen. Der Dachboden knistert, in ihrer Vorstellung geht sie über einen Weg im Jardin des Plantes, die Luft ist golden, der Wind grün, und die langen Finger der Weiden wehen ihr über die Schultern. Vor ihr geht ihr Vater, streckt eine Hand aus und wartet.

Das Klavier beginnt sein Spiel.

Marie-Laure greift unter die Bank und findet das Messer, kriecht über den Boden zur siebensprossigen Leiter, und lässt die Füße nach unten baumeln. Im Haus in ihrer Tasche ist der Diamant, das Messer hält sie in der Faust.

Sie sagt: «Komm und hol mich.»

Musik (Nr. 2)

Unter den Sternen über der Stadt schläft alles. Kanoniere schlafen in ihren Stellungen, Nonnen in der Krypta unter der Kathedrale, Kinder in alten Korsarenkellern auf den Schößen schlafender Mütter, verwundete Deutsche in den Gängen unter der Festung von La Cité. Der Arzt schläft im Keller des Hôtel-Dieu, und hinter den Mauern des Fort National schläft Etienne. Alles schläft, nur die Schnecken auf den Felsen nicht und die Ratten, die durch den Schutt huschen.

In einem Loch unter den Ruinen des Hôtel des Abeilles schläft auch Werner. Nur Volkheimer ist wach. Er sitzt mit dem großen Empfänger und der sterbenden Batterie zwischen den Füßen da, und das Rauschen flüstert ihm nicht in beide Ohren, weil er glaubt, er wird etwas hören, sondern weil Werner ihm den Kopfhörer aufgesetzt hat. Weil er nicht den Willen aufbringt, ihn abzusetzen. Weil er seit einer Stunde davon überzeugt ist, dass ihn die Gipsköpfe auf der anderen Seite des Kellers töten werden, wenn er sich bewegt.

Es ist unmöglich, aber aus dem Rauschen wird Musik.

Volkheimers Augen öffnen sich, so weit es geht. Durchforsten die Schwärze nach jedem verirrten Photon. Ein einzelnes Klavier spielt eine Tonleiter, höher und höher und wieder zurück. Er lauscht den Tönen und der Stille zwischen ihnen, und dann sieht er sich im Morgengrauen Pferde durch einen Wald führen, tritt den Schnee hinter seinem Urgroßvater fest, der eine Säge auf den mächtigen Schultern trägt, der Schnee knirscht unter Füßen und Hufen, und die Bäume über ihnen flüstern und knarzen. Sie kommen an einen zugefrorenen Teich, neben dem die Kiefern kathedralenhoch wachsen. Sein Urgroßvater geht auf die Knie wie ein Büßer, legt die Säge in eine Rinne der Rinde und fängt an zu sägen.

Volkheimer steht auf. Findet Werner in der Dunkelheit und setzt ihm den Kopfhörer auf. «Hör doch», sagt er, «hör, hör …»

Werner wacht auf. Akkorde treiben wie durchsichtige Stromschnellen vorbei. *Clair de Lune*: Claire, ein Mädchen so klar, dass du durch es hindurchsehen kannst.

Volkheimer sagt: «Schließ das Licht an die Batterie.»

«Warum?»

«Tu's.»

Noch bevor das Stück endet, klemmt Werner den Empfänger von der Batterie ab, schraubt Fassung und Birne aus der Feldlampe, hält sie an die Kontakte und lässt einen Lichtkreis entstehen. In der hinteren Ecke des Kellers wuchtet Volkheimer Steine, Holz und Mauerstücke aus dem Schutt und hält zwischendurch nur kurz inne, um sich über die Knie zu beugen und Luft zu schöpfen. Er baut eine Barriere, holt Werner in seinen provisorischen Bunker, schraubt die Kappe vom Stiel einer Granate, zieht die Abreißschnur und setzt den Fünf-Sekunden-Zünder in Gang. Werner drückt sich eine Hand auf den Helm, und Volkheimer wirft die Granate an die Stelle, wo einmal die Treppe war.

Musik (Nr. 3)

Von Rumpels Töchter waren dicke, Unruhe stiftende kleine Babys, oder? Ständig verloren sie ihre Rasseln und Schnuller oder verfingen sich in ihren Decken. Warum so gequält, ihr kleinen Engel? Aber sie wuchsen! Obwohl er so oft nicht da war. Und sie konnten singen, besonders Veronika. Vielleicht würden sie nicht berühmt werden, aber sie sangen gut genug, um ihren Vater zu erfreuen. Sie trugen ihre dicken Filzstiefel und die schrecklichen, formlosen Kleider, die ihre Mutter ihnen schneiderte, die Krägen mit Primeln und Gänseblümchen bestickt, legten die Hände auf den Rücken und sangen Worte, für die sie noch zu jung waren, um sie zu verstehen.

Männer umschwirren mich wie Motten das Licht,
Und wenn sie verbrennen, ja, dafür kann ich nichts.

In seiner Erinnerung oder vielleicht in einem Traum sieht von Rumpel, wie Veronika, die Frühaufsteherin, in der Dunkelheit vor Morgengrauen auf dem Boden von Marie-Laures Zimmer kniet und eine Puppe in einem weißen Kleid und eine zweite in einem grauen Anzug durch die Straßen des Modells von Saint-Malo marschieren lässt. Sie biegen nach links, nach rechts und erreichen die Stufen der Kathedrale, wo eine dritte Puppe wartet, ganz in Schwarz, einen Arm erhoben. Ob es eine Hochzeit oder ein Opfer ist, vermag er nicht zu sagen. Veronika singt so leise, dass er die Worte nicht verstehen kann, aber die Melodie erkennt er, und es ist weniger der Klang einer menschlichen Stimme als der eines Klaviers, und die Puppen tanzen und wiegen sich von einem Bein aufs andere.

Die Musik verklingt, und Veronika verschwindet. Er setzt sich auf. Die kleine Stadt am Fußende des Bettes verblasst und braucht lange, um wieder aufzutauchen. Irgendwo über ihm beginnt die Stimme eines jungen Mannes über Kohle zu sprechen.

Hinaus

Für den Bruchteil einer Sekunde zerreißt der Raum um Werner, als würden die letzten Sauerstoffatome aus ihm gerissen. Stein-, Holz- und Metallsplitter schießen vorbei, schlagen auf seinen Helm und zischen in die Wand hinter ihm. Volkheimers Barrikade stürzt um, überall in der Dunkelheit bewegen sich Dinge und rutschen, und er findet keine Luft zum Atmen. Aber die Explosion schafft eine tektonische Verschiebung der Trümmer, etwas gibt nach, gefolgt von verschiedenen Einstürzen in der Schwärze um ihn herum. Als Werner zu husten aufhört und den Schutt von seiner Brust schiebt, sieht er Volkheimer zu einem in die Decke gerissenen lilafarbenen Loch hinaufstarren.

Himmel. Nachthimmel.

Sternenlicht schneidet durch den Staub und erleuchtet den Rand eines Schutthaufens. Einen Moment lang atmet Werner es ein. Dann zwingt Volkheimer ihn zurück, steigt die kaputte Treppe halbwegs hinauf und beginnt, die Ränder des Lochs mit einem Stück Bewehrungseisen zu bearbeiten. Das Eisen klirrt, seine Hände reißen auf, und der Sechs-Tage-Bart schimmert staubweiß, aber Werner sieht, dass sein Freund schnelle Fortschritte erzielt: Der Lichtspalt wird zu einem violetten Keil, breiter als zwei von Werners Händen.

Mit einem weiteren Schlag gelingt es Volkheimer, ein großes Trümmerstück zu zerschlagen, etliches davon kracht ihm auf Schultern und Helm, und dann ist es nur noch eine Frage von Wühlen und Klettern. Er quetscht den Oberkörper durch das Loch, die Schultern schürfen über die Ränder, die Jacke reißt, er windet die Hüften hin und her – und ist durch. Schon greift er nach Werner, seinem Beutel, dem Gewehr und zieht alles nach oben.

Sie knien in dem, was einmal eine Gasse war. Sternenlicht liegt über allem. Den Mond kann Werner nicht sehen. Volkheimer hebt die blutenden Hände, als wollte er die Luft einfangen und sie wie Regenwasser in seine Haut sickern lassen.

Nur zwei Mauern des Hotels stehen noch, in einer Ecke miteinander verbunden, innen hängt loser Putz. Dahinter bieten andere Häuser ihr Inneres der Nacht dar. Die Befestigungsmauer hinter dem Hotel steht noch, wenn viele der Schießscharten auf ihr auch zertrümmert sind. Das Meer wartet dahinter mit einem kaum hörbaren Wellenschlag auf. Schutt, Trümmer, Stille. Sternenlicht regnet über die Zacken. Wie viele Männer verwesen in den Steinhaufen vor ihnen? Neun. Vielleicht mehr.

Sie streben auf den Schutz der Befestigungsmauer zu, torkeln wie zwei Betrunkene. Als sie die Mauer erreichen, sieht Volkheimer Werner an, dann hinaus in die Nacht. Sein Gesicht ist so voller Staub, dass er wie ein aus Steinmehl gemachter Koloss aussieht.

Fünf Straßen weiter südlich, spielt das Mädchen dort noch seine Aufnahme?

Volkheimer sagt: «Nimm das Gewehr. Geh.»

«Und du?»

«Essen.»

Werner reibt sich die Augen vor der Glorie des Sternenlichts. Er verspürt keinen Hunger: Als hätte er sich für immer vom Ärgernis des Essens befreit. «Aber werden wir …?»

«Geh», sagt Volkheimer wieder. Werner sieht ihn ein letztes Mal an, seine zerrissene Jacke, das breite Kinn. Die Zartheit seiner großen Hände. *Was du sein könntest.*

Wusste er es? Die ganze Zeit?

Werner bewegt sich von Deckung zu Deckung. Seinen Stoffbeutel in der linken, das Gewehr in der rechten Hand. Fünf Schuss hat er noch. In seinem Kopf hört er das Mädchen flüstern: *Er ist hier. Er wird mich töten.* Westlich durch eine Trümmerschlucht, über Ziegel, Drähte, Schieferstücke. Viele Ziegel sind noch heiß, die Straßen sind offensichtlich verlassen, doch welche Blicke ihm aus den Fensterhöhlen folgen mögen, von Deutschen, Franzosen, Amerikanern oder Engländern, kann er nicht sagen. Vielleicht richtet sich gerade das Fadenkreuz eines Scharfschützen auf ihn.

Da liegt ein einzelner Frauenschuh, dort ein Kochaufsteller aus Holz mit der Tafel, auf der immer noch mit Kreide die Tagessuppe steht. Wild verschlungene Rollen Stacheldraht. Und über allem Leichengeruch.

Werner hockt sich in den Schutz eines ehemaligen Souvenirladens. Ein paar Plaketten hängen noch an einem Ständer, jede mit einem anderen Namen, alphabetisch geordnet. Er versucht, sich zu orientieren. Auf der anderen Straßenseite ein *Coiffeur Dames*. Eine Bank ohne Fenster. Ein totes Pferd vor einem Karren. Hier und da gibt es auch noch intakte Häuser, aber ohne Fensterscheiben. Rauchspuren wachsen aus Fenstern wie die Schatten von Efeu, das von den Mauern gerissen wurde.

Welch ein Licht die Nacht erfüllt! Es ist ihm nie aufgefallen. Der Tag wird ihn blenden.

Werner wendet sich nach rechts, das muss die Rue d'Estrées sein. Das Haus Nummer 4 in der Rue Vauborel steht noch. Die Fenster sind zerschlagen, die Mauern jedoch kaum verrußt. Zwei hölzerne Blumenkästen hängen sogar noch.

Er ist direkt unter mir.

Sie haben ihnen gesagt, dass sie Entschlossenheit fühlen müssten. Ein Ziel. Klarheit. Der taubenbrüstige Anstaltsleiter Bastian mit seinem Großmutter-Gang. Er sagte, er würde ihnen alles Zögern aus den Körpern hämmern.

Haben wir die Brut vernichtet, pflanzt nach gutem deutschen Brauch, auf das Grab der Kameraden, einen grünen Lorbeerstrauch.

Wer ist der Schwächste?

Der Schrank

Von Rumpel wankt zu dem mächtigen Kleiderschrank. Betrachtet die alten Kleider darin. Westen, gestreifte Hosen, mottenzerfressene Chambray-Hemden mit großen Krägen und ulkig langen Ärmeln. Die Kleider eines jungen Mannes, Jahrzehnte alt.

Was ist das für ein Zimmer? Die großen Spiegel in den Schranktüren sind voller schwarzer Flecken, alte Lederstiefel stehen neben dem kleinen Tisch, ein Handbesen hängt an einem Haken. Auf dem Tisch steht das Foto eines Jungen in Kniebundhosen, offenbar im Abendlicht auf einem Strand.

Hinter dem zerschlagenen Fenster hängt die windstille Nacht. Asche wirbelt durchs Sternenlicht. Die Stimme, die durch die Decke über ihm dringt, wiederholt sich ... *Das Gehirn ist natürlich in völlige Dunkelheit eingeschlossen, Kinder ... Und doch ist die Welt, die es in unseren Gedanken erschafft ...* wird leiser und verzerrt sich langsam, da scheinen Batterien schwächer zu werden. Die Lektion wird langsamer, als wäre der junge Mann erschöpft, bricht ab.

Das Herz schlägt ihm bis zum Hals, der Kopf versagt, die Kerze in der einen Hand, die Pistole in der anderen, wendet sich von Rumpel erneut dem Kleiderschrank zu. Das Ding ist so groß, dass man hineinsteigen kann. Wie ist dieser monströs große Kasten hier herauf in den fünften Stock gekommen?

Er bringt die Kerze näher heran und sieht im Schatten der Hemden etwas, das ihm bei seinen früheren Inspektionen entgangen ist: Da sind Spuren im Staub. Von Händen, von Knien. Mit dem Pistolenlauf schiebt er die Hemden zur Seite. Wie tief geht es da hinein?

Er beugt sich in den Schrank vor, und als er es tut, hört er ein Läuten, gleich von zwei Klingeln, über und unter ihm. Bei dem Geräusch fährt er zurück, und er schlägt mit dem Kopf gegen den oberen Rand der Türöffnung, die Kerze fällt ihm aus der Hand, von Rumpel landet auf dem Rücken.

Er sieht die Kerze davonrollen, die Flamme zeigt nach oben. Warum? Welches seltsame Prinzip verlangt danach, dass die Flamme einer Kerze immer zum Himmel gerichtet ist?

Fünf Tage in diesem Haus und kein Diamant, der letzte von den Deutschen kontrollierte Hafen der Bretagne ist fast verloren und damit auch der Atlantikwall. Er lebt bereits länger, als der Arzt es vorausgesagt hat. Und jetzt plötzlich dieses Läuten? Kommt so der Tod?

Die Kerze rollt langsam weiter. Auf das Fenster zu. Die Vorhänge.

Unten öffnet sich knarzend eine Tür. Jemand kommt herein.

Kameraden

Zerschlagenes Geschirr liegt in der Diele verstreut. Es ist unmöglich, hier geräuschlos hereinzukommen. Weiter hinten wartet eine Küche voller Trümmer. Asche auf dem Weg dorthin. Ein Stuhl liegt auf dem Boden. Direkt voraus die Treppe. Wenn sie sich zuletzt nicht von dort wegbewegt hat, muss sie oben im Haus sein, in der Nähe des Senders.

Das Gewehr in beiden Händen, den Beutel über die Schulter gehängt, macht sich Werner an den Aufstieg. Von den Treppenabsätzen wallt ihm Schwärze entgegen, hier und da öffnen sich dämmrige Flecken zu seinen Füßen. Jemand hat Bücher die Treppe hinuntergeworfen, Papiere, Schnüre, Flaschen und womöglich die Teile alter Puppenhäuser. Erster, zweiter, dritter Stock, alles ist im gleichen Zustand. Er hat kein Gespür dafür, wie viel Lärm er macht oder ob das wichtig ist.

Im fünften Stock scheint die Treppe zu enden. Drei halb offene Türen führen vom Treppenabsatz weg, eine links, eine nach vorn, eine rechts. Er geht nach rechts, das Gewehr im Anschlag, rechnet mit aufblitzenden Läufen, den sich öffnenden Kiefern eines Dämonen. Stattdessen erleuchtet ein zerschlagenes Fenster ein durchhängendes Bett. In einem Schrank hängt ein Kleid. Hunderte winziger Dinge, Kiesel?, liegen entlang der Fußleisten. In einer Ecke stehen zwei Eimer, halb voll, vielleicht mit Wasser.

Kommt er zu spät? Er lehnt Volkheimers Gewehr ans Bett, nimmt einen Eimer und trinkt. Einmal, zweimal. Vor dem Fenster, weit hinter den Nachbarhäusern, hinter der Stadtmauer, erscheint das einzelne Licht eines Schiffes, verschwindet und hebt sich mit dem Auf und Ab ferner Wogen.

Eine Stimme hinter ihm sagt: «Ah.»

Werner fährt herum. Vor ihm steht schwankend ein deutscher Offizier in Felduniform. Die fünf Streifen und drei Sterne eines Stabsfeldwebels. Bleich, blutunterlaufen, krankhaft mager, schlurft er zum Bett. Die rechte Seite seines Halses wächst merkwürdig über den engen Kragen. «Ich rate davon ab», sagt der Mann, «Morphium mit Beaujolais zu vermischen.»

«Ich habe Sie schon gesehen», sagt Werner. «Vor der Bäckerei, mit einer Zeitung.»

«Und ich habe Sie gesehen, kleiner Gefreiter.» In seinem Lächeln erkennt Werner die Annahme, dass sie auf einer Seite stehen, Kameraden sind. Komplizen. Dass sie beide hier dasselbe suchen.

Hinter dem Stabsfeldwebel, auf der anderen Seite des Treppenabsatzes, unmöglich: Flammen. Ein Vorhang im Zimmer gegenüber hat Feuer gefangen, die Flammen lecken zur Decke hinauf. Der Stabsfeldwebel schiebt mühsam einen Finger unter den Kragen und zerrt gegen die Enge an. Das Gesicht gelblich, die Zähne wie wahnsinnig gebleckt. Er setzt sich aufs Bett. Sternenlicht blinkt auf dem Lauf seiner Pistole.

Am Fuß des Bettes kann Werner einen niedrigen Tisch erkennen, auf dem kleine Holzhäuser eine Stadt bilden. Ist das Saint-Malo? Sein Blick flackert vom Modell zu den Flammen hinüber, dann zu Volkheimers am Bett lehnenden Gewehr. Der Offizier beugt sich über die kleine Stadt und hängt da wie ein gequälter Wasserspender.

Schwarze Rauchtentakel winden sich in den Flur draußen. «Der Vorhang, Herr Stabsfeldwebel. Es brennt.»

«Die Feuerpause ist auf morgen Mittag angesetzt, wie ich höre», sagt von Rumpel mit leerer Stimme. «Kein Grund zur Eile. Da ist noch reichlich Zeit.» Er lässt die Finger einer Hand über eine der kleinen Straßen wandern. «Wir wollen das Gleiche, Sie und ich, Gefreiter. Aber nur einer von uns kann es bekommen. Und ich allein weiß, wo es ist. Was ein Problem für Sie ist. Ist es hier oder hier oder hier?»

Er reibt sich die Hände, lässt sich zurück aufs Bett sinken und deutet mit der Pistole zur Decke. «Oder ist es da oben?»

Der brennende Vorhang im Raum gegenüber fällt von der Stange. Vielleicht geht er aus, denkt Werner. Vielleicht geht das Feuer von alleine aus.

Werner denkt an die Männer in den Sonnenblumen und an hundert andere. Tot liegen sie in ihren Hütten, Lastwagen und Bunkern, mit einem Ausdruck auf dem Gesicht, als hätten sie kurz vorher noch eine bekannte Melodie gehört. Mit einer Falte zwischen den Augen, einem erstaunten Erschlaffen des Mundes. Einem Ausdruck, der sagt: So früh? Aber erklingt die Melodie nicht für jeden zu früh?

Flammenlicht spielt über den Treppenabsatz. Immer noch auf dem Rücken, nimmt der Stabsfeldwebel die Pistole in beide Hände, öffnet und schließt den Verschluss. «Trinken Sie noch etwas», sagt er und macht eine Geste zum Eimer in Werners Händen. «Ich sehe doch, wie durstig Sie sind. Ich habe nicht hineingepinkelt. Versprochen.»

Werner stellt den Eimer ab. Der Stabsfeldwebel setzt sich auf und bewegt den Kopf vor und zurück, als wollte er Verspannungen in seinem Hals lösen. Dann zielt er auf Werners Brust. Aus Richtung des brennenden Vorhangs kommt ein gedämpftes Klappern, jemand stürmt eine Leiter herab und landet auf dem Boden. Die Aufmerksamkeit des Stabsfeldwebels schwenkt zu dem Geräusch hinüber, und der Lauf seiner Pistole senkt sich.

Werner stürzt zu Volkheimers Gewehr. Dein ganzes Leben wartest du, und endlich ist es so weit. Bist du bereit?

Die Gleichzeitigkeit der Augenblicke

Der Ziegel schlägt auf den Boden. Die Stimmen halten inne. Sie kann ein Handgemenge hören, und der Schuss ist wie das Hervorbrechen eines purpurnen Lichts. Der Ausbruch des Krakatau. Das Haus wird kurz entzweigerissen.

Marie-Laure rutscht und fällt halb die Leiter hinunter und presst das Ohr gegen die Rückwand des Schranks. Schritte eilen über den Treppenabsatz und kommen in Henris Zimmer. Etwas platscht und zischt, und es riecht nach Rauch und Dampf.

Jetzt werden die Schritte zögerlich. Es sind nicht die des Stabsfeldwebels. Leichter. Vorwärts, halt. Wer immer es ist, öffnet die Schranktür. Überlegt. Versucht zu verstehen.

Sie kann ein leicht reibendes Geräusch hören, als er mit den Fingern über die Rückwand des Schranks streicht, und schließt die Hand fester um den Messergriff.

Drei Straßen weiter östlich sitzt Volkheimer blinzelnd in einer zerstörten Wohnung an der Ecke Rue des Lauriers und Rue Thévenard und fischt mit den Fingern Süßkartoffeln aus einer Dose. Auf der anderen Seite der Flussmündung, unter meterdickem Beton, hilft ein Adjutant dem Garnisonskommandanten in seine Jacke, der erst mit dem einen, dann mit dem anderen Arm in die Ärmel fährt, und in genau diesem Augenblick klettert auch ein neunzehnjähriger amerikanischen Späher die Anhöhe zu den Unterständen hinauf, hält inne, dreht sich um und hilft dem Soldaten hinter sich weiter, während Etienne LeBlanc im Fort National den Wangenknochen gegen eine Granitplatte presst und beschließt, dass Marie-Laure, sollten er und sie das hier überleben, sich einen Ort am Äquator aussuchen darf, zu dem sie reisen werden, mit dem Schiff, mit dem Flugzeug, sie werden sich Fahrkarten kaufen, und dann stehen sie im Regenwald und riechen Blumen, die sie noch nie gerochen haben, lauschen Vögeln, die sie noch nie gehört haben. Fünfhundert Kilometer vom Fort National entfernt weckt Reinhold von Rumpels Frau ihre Töchter auf, damit sie in die Messe gehen, sinnt über das gute Aussehen ihres Nachbarn nach, der mit nur einem Fuß aus dem Krieg zurückgekommen ist, und gar nicht weit von ihr schläft Jutta Hausner in den ultramarinblauen Schatten des Mädchenschlafraums und träumt von Licht, das zu etwas Festem wird und sich wie Schnee über ein Feld legt. Wiederum nicht zu weit von ihr hebt der Führer ein Glas warme Milch (nie gekocht) an die Lippen, vor sich auf dem Teller eine Scheibe Oldenburger Schwarzbrot und einen Apfel, sein tägliches Frühstück. Gleichzeitig hüpft in einem Hof in Berlin eine Bachstelze von Stein zu Stein und sucht nach Schnecken, und in der Napola in Schulpforta stehen einhundertneunzehn Zwölf- und Dreizehnjährige in einer Schlange hinter einem Lastwagen und warten darauf, dass man ihnen kiloschwere Panzerabwehrminen aushändigt, Jungen, denen man in fast genau acht Monaten, dem russischen Vormarsch überlassen, die Schule wie eine Insel abgeschnitten, eine Kiste mit der letzten bitteren Schokolade des Reiches und die Stahlhelme getöteter Soldaten geben wird, damit diese letzte Ernte der Jugend des Landes mit schmelzendem Kakao in den Bäuchen, den viel zu großen Helmen auf den Köpfen und sechzig Panzerbüchsen in Händen in einem letzten sinnlosen Aufbäumen eine Brücke verteidigt, die längst nicht mehr verteidigt werden muss: Weißrussische T-34-Panzer werden auf sie zupoltern und sie allesamt töten, jedes einzelne Kind. Es dämmert in Saint-Malo, und etwas ruckt hinter dem Kleiderschrank ... Werner hört Marie-Laure einatmen, Marie-Laure hört Werner mit den Fingernägeln über das Holz schrammen, was etwa so klingt wie eine Nadel, die durch die Rille einer Schallplatte fährt. Ihre Gesichter sind kaum eine Armlänge voneinander entfernt.

Er sagt: «*Es-tu là?*»

Bist du da?

Er ist ein Geist. Er kommt aus einer anderen Welt. Er ist Papa, Madame Manec und Etienne. Mit ihm kommen alle, die sie verlassen haben, endlich zu ihr zurück. Durch die Rückwand ruft er: «Je ne veux pas te tuer. Je t'entends. À la radio. C'est pour cela que je viens.» Er macht eine Pause und übersetzt. «Das Lied. Licht vom Mond?» Fast lächelt sie.

Wir alle entstehen aus einer einzigen Zelle, kleiner als ein Staubkorn. Viel kleiner. Dividiere. Multipliziere. Addiere und substrahiere. Materie wechselt den Besitzer, Atome verbinden und lösen sich, Moleküle drehen sich, Proteine fügen sich zusammen, Mitochondrien senden ihre oxidativen Weisungen aus. Wir beginnen als mikroskopischer elektrischer Schwarm. Die Lunge, das Gehirn, das Herz. Vierzig Wochen später werden sechs Billionen Zellen durch den Geburtskanal der Mutter gepresst, und wir stoßen unseren ersten Schrei aus. Die Welt nimmt uns auf.

Marie-Laure schiebt die Geheimtür auf. Werner nimmt ihre Hand und hilft ihr heraus. Ihre Füße finden den Boden des Zimmers ihres Großvaters.

«Mes souliers», sagt sie. «Ich konnte meine Schuhe nicht finden.»

Die zweite Dose

Das Mädchen sitzt ganz still in der Ecke und wickelt den Mantel um seine Knie. So wie sie die Füße an sich heranzieht. So, wie ihre Finger durch den Raum vor ihr flattern. Alles das hofft er nie zu vergessen.

Kanonen dröhnen im Osten: Die Zitadelle wird wieder beschossen, und die Zitadelle schießt zurück.

Erschöpfung überkommt ihn. Auf Französisch sagt er: «Es wird eine *Waffenruhe* geben. Eine Pause mit dem Kämpfen. Am Mittag. Damit die Leute aus der Stadt können. Ich kann dich hinausbringen.»

«Und du weißt, dass das stimmt?»

«Nein», sagt er. «Ich weiß nicht, ob es stimmt.» Schweigen. Er betrachtet seine Hose und die verdreckte Jacke. Seine Uniform macht ihn zum Komplizen von allem, was das Mädchen hasst. «Es gibt Wasser», sagt er, geht in den anderen Raum hinüber, sieht nicht zu von Rumpels Leiche auf dem Bett und holt den zweiten Eimer. Ihr ganzer Kopf verschwindet darin. Ihre stockdünnen Arme halten die Seiten gefasst, während sie trinkt.

Er sagt: «Du bist sehr tapfer.»

Sie senkt den Eimer. «Wie heißt du?»

Er sagt es ihr. Sie sagt: «Als ich blind wurde, Werner, haben die Leute gesagt, ich sei tapfer. Als mein Vater verschwand, sagten sie, ich sei tapfer. Aber es ist keine Tapferkeit. Ich habe keine Wahl. Ich wache auf und lebe mein Leben. Tust du nicht das Gleiche?»

Er sagt: «Seit Jahren nicht mehr. Aber heute. Heute vielleicht.»

Sie hat keine Brille auf, und ihre Augen sehen aus, als wären sie voller Milch, aber seltsamerweise verunsichern sie ihn nicht. Er erinnert sich an einen Ausdruck von Frau Elena: *belle laide.* Schöne Hässlichkeit.

«Welchen Tag haben wir?»

Er sieht sich um. Verbrannte Vorhänge, die Decke verrußt, Pappe pellt von den verbliebenen Fensterscherben, und das erste frühe Morgenlicht leckt herein. «Ich weiß nicht. Es wird Morgen.»

Eine Granate kreischt über das Haus. Er denkt: Ich will nur mit ihr hier sitzen, tausend Stunden lang. Aber die Granate schlägt irgendwo ein, das Haus ächzt, und Werner sagt: «Es gab einmal einen Mann, der deinen Sender benutzt hat. Mit Sendungen über Wissenschaft. Als ich ein Junge war. Ich habe ihm immer mit meiner Schwester zugehört.»

«Das war die Stimme meines Großvaters. Du hast ihm zugehört?»

«Oft. Wir mochten seine Sendungen sehr.»

Das Fenster leuchtet. Das frühe, sandige Licht der Dämmerung durchdringt den Raum. Alles ist flüchtig und schmerzt, alles vorläufig. Hier zu sein, in diesem Zimmer, in diesem Haus, aus dem Keller heraus, mit ihr. Es ist wie eine Medizin.

«Ich könnte Speck essen», sagt sie.

«Was?»

«Ich könnte ein ganzes Schwein essen.»

Er lächelt. «Ich eine ganze Kuh.»

«Die Frau, die hier im Haus gelebt hat, die Haushälterin, sie hat die besten Omeletts der Welt gemacht.»

«Als ich klein war», sagt er oder hofft, dass er es sagt, «haben wir an der Ruhr Beeren gepflückt. Meine Schwester und ich. Manche waren so dick wie unsere Daumen.»

Das Mädchen kriecht zum Schrank, klettert eine Leiter hinauf und kommt mit einer eingedellten Dose herunter. «Kannst du sehen, was das ist?»

«Es gibt kein Schild.»

«Das habe ich mir gedacht.»

«Ist es was zu essen?»

«Machen wir sie auf und sehen nach.»

Mit dem Ziegel schlägt er das Messer durch den Deckel und kann es gleich riechen: Der Duft ist so süß, so unerhört süß, dass ihm fast schwindelig wird. Wie heißt das Wort? *Pêches. Les pêches.*

Das Mädchen beugt sich vor. Die Sommersprossen auf ihren Wangen scheinen aufzublühen, als sie den Duft einatmet. «Wir teilen sie uns», sagt sie. «Für das, was du getan hast.»

Er hämmert ein weiteres Mal durch den Deckel, durchschneidet das Metall und biegt den Deckel hoch. «Vorsicht», sagt er, als er ihr die Dose gibt. Sie steckt zwei Finger hinein und holt ein nasses, weiches, glitschiges Stück heraus. Dann er. Das erste Stück Pfirsich ist ein Rausch. Ein Sonnenaufgang in seinem Mund.

Sie essen. Sie trinken den Saft. Sie fahren mit den Fingern an der Innenwand der Dose entlang.

Birds of America

Was für Wunder es in diesem Haus gibt! Sie zeigt ihm den Sender auf dem Dachboden: die doppelte Batterie, das alte Grammofon und den altmodischen Phonographen, die Antenne, die durch ein geniales Hebelsystem per Hand entlang des Kamins ausgefahren und wieder eingeholt werden kann. Die Platten, auf denen, wie sie sagt, die Stimme ihres Großvaters konserviert ist, mit ihren Wissenschaftslektionen für Kinder. Und die Bücher! Die unteren Etagen sind voll mit ihnen – Becquerel, Lavoisier, Fischer –, genug für eine lebenslange Lektüre. Wie das wäre, zehn Jahre in diesem großen, schmalen Haus zu verbringen und abgeschottet von der Welt Geheimnisse zu studieren, diese Bücher zu lesen und dieses Mädchen anzusehen.

«Glaubst du», fragt er, «dass Kapitän Nemo den Strudel überlebt hat?»

Marie-Laure sitzt auf dem Treppenabsatz im vierten Stock und wirkt in ihrem übergroßen Mantel, als wartete sie auf einen Zug. «Nein», sagt sie. «Ja. Ich weiß es nicht. Aber ich nehme an, darum geht es, oder? Dass wir uns das fragen?» Sie legt den Kopf zur Seite. «Er war ein Verrückter. Und doch wollte ich nicht, dass er starb.»

In einer Ecke des Zimmers ihres Großonkels findet er in einem Durcheinander von Büchern eine Ausgabe der *Birds of America*. Einen Nachdruck, nicht annähernd so groß wie die Bücher in Fredericks Wohnzimmer, aber dennoch umwerfend: vierhundertfünfunddreißig Stiche. Er trägt es auf den Treppenabsatz. «Hat dein Onkel dir das hier gezeigt?»

«Was ist es?»

«Ein Vogelbuch. Vögel über Vögel über Vögel.»

Immer wieder fliegen Granaten über sie hin. «Wir müssen weiter nach unten gehen», sagt sie, doch einen Moment lang bewegen sich beide nicht.

California partridge.
Common ganet.
Frigate pelican.

Werner kann Frederick an seinem Fenster knien sehen, die Nase an der Scheibe. Ein kleiner grauer Vogel hüpft in den Ästen herum. *Sieht nicht nach viel aus, oder?*

«Könnte ich eine Seite daraus mitnehmen?»

«Warum nicht? Wir gehen bald, nicht wahr? Wann ist es sicher?»

«Um zwölf.»

«Wie wissen wir, wann es so weit ist?»

«Wenn sie aufhören zu schießen.»

Flugzeuge kommen heran. Dutzende und Aberdutzende. Werner zittert unkontrollierbar. Marie-Laure führt ihn nach unten, wo alles zentimeterdick mit Asche und Ruß bedeckt ist, er schiebt umgefallene Möbel zur Seite und öffnet eine Klappe im Boden. Sie steigen nach unten. Hoch über ihnen werfen dreißig Bomber ihre Last ab, und Werner und Marie-Laure fühlen die Erde beben und hören die Detonationen jenseits des Hafens.

Könnte er, durch ein Wunder, dafür sorgen, dass es immer so weitergeht? Könnten sie sich hier verstecken, bis der Krieg vorbei ist? Bis die Armeen aufhören, über ihren Köpfen vor- und zurückzumarschieren, bis sie nur noch die Klappe aufdrücken und ein paar Steine beiseiteschieben müssen und das Haus zu einer Ruine am Meer geworden ist? Bis er ihre Hände in seinen halten und sie hinaus in den Sonnenschein führen kann? Er würde überallhin gehen, um das geschehen zu lassen, alles ertragen. In einem Jahr, in drei oder zehn Jahren werden Frankreich und Deutschland nicht mehr bedeuten, was sie heute bedeuten. Sie könnten hinausgehen, in ein Touristenrestaurant, etwas Einfaches bestellen und schweigend essen. In dem angenehmen Schweigen, wie es Liebende miteinander teilen sollen.

«Weißt du», fragt ihn Marie-Laure mit sanfter Stimme, «warum er hier war? Der Mann oben?»

«Wegen des Senders?» Er sagt es, ist sich aber nicht sicher.

«Vielleicht», sagt sie. «Vielleicht war es das.»

Eine Minute später schlafen sie ein.

Waffenruhe

Grobkörniges Sommerlicht dringt durch die offene Falltür in den Keller. Es könnte bereits Nachmittag sein. Keine Explosionen mehr, keine Schüsse. Ein paar Herzschläge lang sieht Werner zu, wie sie schläft.

Dann beeilen sie sich. Er kann die Schuhe nicht finden, nach denen sie gefragt hat, dafür aber in einem Schrank ein Paar Männerhalbschuhe, und er hilft ihr, sie anzuziehen. Er selbst nimmt sich eine von Etiennes Tweedhosen, dazu ein Hemd, dessen Ärmel ihm zu lang sind. Wenn sie auf Deutsche treffen, wird er nur Französisch sprechen und sagen, er hilft ihr aus der Stadt. Sind es Amerikaner, sagt er, er sei desertiert.

«Es wird einen Sammelpunkt geben», sagt er, «irgendwo versammeln sie die Flüchtlinge», obwohl er sich nicht sicher ist, ob er es richtig ausdrückt. In einem umgestürzten Schrank findet er einen weißen Kissenbezug und steckt ihn ihr zusammengefaltet in die Manteltasche. «Wenn die Zeit kommt, halte ihn so hoch, wie du kannst.»

«Ich werde es versuchen. Und mein Stock?»

«Hier.»

In der Diele zögern sie. Beide sind sich nicht sicher, was sie auf der anderen Seite der Tür erwartet. Er muss an die überhitzte Halle der Aufnahmeprüfung vor vier Jahren denken, sieht die an die Wand genagelte Leiter vor sich, die rote Fahne mit dem weißen Kreis und dem schwarzen Kreuz tief unten. Tritt vor und spring.

Draußen liegt alles voller Trümmerhaufen. Kamine stehen nackt im Licht, Rauch zieht über den Himmel. Er weiß, die Granaten sind aus dem Osten gekommen. Vor sechs Tagen waren die Amerikaner fast in Paramé, und so geht er mit Marie-Laure in diese Richtung.

Jeden Moment werden sie gesehen werden, entweder von den Amerikanern oder von seinen eigenen Leuten, und etwas tun müssen. Arbeiten, sich anschließen, gestehen, sterben. Feuer knistert, als zerdrückte jemand getrocknete Rosen in seiner Hand. Keine anderen Geräusche. Keine Motoren, keine Flugzeuge, kein fernes Gewehrfeuer. Kein Jammern verwundeter Männer und kein Hundegekläff. Er nimmt ihre Hand und hilft ihr über die Haufen hinweg. Keine Granate, kein Schuss. Das Licht ist weich und mit Asche durchsetzt.

Jutta, denkt er, endlich höre ich auf dich.

Zwei Häuserblocks weit sehen sie keine Menschenseele. Vielleicht isst Volkheimer gerade. Das möchte sich Werner gerne vorstellen: Wie der mächtige Volkheimer ganz für sich an einem kleinen Tisch mit Meeresblick sitzt und isst.

«Es ist so still.»

Ihre Stimme ist wie ein helles, klares Himmelsfenster, ihr Gesicht ein Sommersprossenfeld. Er denkt: Ich will dich nicht gehen lassen.

«Beobachten sie uns?»

«Ich weiß nicht. Ich glaube nicht.»

Eine Straße weiter bewegt sich etwas: drei Frauen mit Bündeln. Marie-Laure zieht an seinem Ärmel. «Wie heißt diese Querstraße?»

«Rue des Lauriers.»

«Komm», sagt sie und geht voran, den Stock mit der rechten Hand vor sich her führend. Sie gehen nach rechts, nach links, an einem Walnussbaum vorbei, der wie ein riesiger, verkohlter, in den Boden gerammter Zahnstocher aussieht, vorbei an zwei Krähen, die in etwas Undefinierbarem herumpicken, und erreichen schließlich die Befestigungsmauer. Efeuranken hängen von einem Bogen über eine schmale Gasse. Weit rechts kann Werner eine in blauen Taft gekleidete Frau sehen, die einen großen, übervollen Koffer über den Bordstein zieht. Ein Junge in einer Hose, die sicher für ein kleineres Kind gedacht ist, folgt ihr. Er trägt eine Baskenmütze und eine komische glänzende Jacke.

«Da gehen Zivilisten, Mademoiselle. Soll ich sie rufen?»

«Ich brauche nur einen Moment.» Sie führt ihn tiefer in die Gasse. Süße Meeresluft dringt ungehindert durch eine Öffnung in der Mauer, die er nicht sehen kann. Die Luft pulsiert vor Frische.

Am Ende der Gasse erreichen sie ein schmales Tor. Sie fasst in ihren Mantel und holt einen Schlüssel hervor. «Haben wir Flut?»

Er kann durch das Tor in einen niedrigen Raum sehen, der am Ende von einem Gitter begrenzt wird. «Da unten ist Wasser. Wir müssen uns beeilen.»

Aber sie geht in ihren großen Schuhen bereits durch das Tor hinunter in die Grotte, bewegt sich selbstbewusst und streicht mit den Händen über die Wände, als wären es alte Freunde, die sie womöglich nie wiedersieht. Die Flut kräuselt leicht das Wasser, und es steigt bis über ihre Schienbeine und durchnässt den Saum ihres Kleides. Sie holt etwas Kleines, Hölzernes aus dem Mantel und setzt es ins Wasser. Ihre Stimme ist hell und hallt von den Wänden wider. «Sag mir, ist es im Meer? Es muss ins Meer hinaus.»

«Es ist drin. Wir müssen gehen, Mademoiselle.»

«Bist du sicher, dass es im Wasser ist?»

«Ja.»

Sie kommt zurück, atemlos. Schiebt ihn durchs Tor und schließt hinter ihnen ab. Er gibt ihr den Stock, und sie gehen durch die Gasse. In ihren Schuhen schmatzt das Wasser. Hinaus durch das herunterhängende Efeu. Nach links. Direkt vor ihnen überquert ein zerlumpter Strom von Menschen eine Kreuzung: eine Frau, ein Kind, zwei Männer tragen einen dritten auf einer Bahre, alle drei mit Zigaretten im Mund.

Die Dunkelheit kehrt in Werners Augen zurück, er fühlt sich fürchterlich matt, bald werden ihm seine Beine den Dienst versagen. Eine Katze sitzt an der Straße, leckt sich eine Pfote, wischt sich damit über die Ohren und sieht ihn an. Er denkt an die alten, gebrochenen Bergleute im Zollverein, wie sie auf Stühlen und Kisten saßen und sich stundenlang nicht bewegten. Sie warteten auf den Tod. Für Männer wie sie war die Zeit ein Übermaß, ein Fass, dem sie beim Leerlaufen zusahen. Wobei sie wirklich, denkt er, eine schimmernde Pfütze ist, die du in den Händen mit dir trägst. All deine Kraft solltest du dafür aufwenden, sie zu schützen. Dafür kämpfen. Dich so sehr bemühen, keinen Tropfen zu verschütten.

«Nun», sagt er im klarsten Französisch, dessen er fähig ist, «hier ist der Kissenbezug. Streich mit der Hand an der Mauer entlang. Fühlst du sie? Bald kommst du an eine Kreuzung, geh geradeaus weiter. Die Straße scheint weitgehend frei zu sein. Halte den Kissenbezug hoch, direkt so vor dich hin, verstehst du?»

Sie wendet sich ihm zu und kaut auf ihrer Unterlippe. «Sie werden mich erschießen.»

«Nicht mit der weißen Fahne. Kein Mädchen. Da vorne sind noch andere. Folge der Mauer.» Er legt ihre Hand ein zweites Mal darauf. Beeil dich. Und vergiss das Kissen nicht.»

«Und du?»

«Ich gehe in die andere Richtung.»

Sie wendet ihr Gesicht ihm zu, und wenn sie ihn auch nicht sehen kann, spürt er doch, dass er ihren Blick nicht erträgt. «Kommst du nicht mit mir?»

«Es ist besser für dich, wenn dich niemand mit mir sieht.»

«Aber wie werde ich dich wiederfinden?»

«Ich weiß es nicht.»

Sie greift nach seiner Hand, legt etwas hinein und drückt sie zu einer Faust zusammen. «Auf Wiedersehen, Werner.»

«Auf Wiedersehen, Marie-Laure.»

Dann geht sie. Alle paar Schritte stößt ihr Stock gegen ein Trümmerstück, und sie braucht eine Weile, um es zu umgehen. Schritt, Schritt, Pause. Schritt, Schritt. Der Stock spürt voraus, der nasse Saum ihres Kleides schwingt hin und her, der weiße Kissenbezug ragt in die Höhe. Er sieht erst weg, als sie die Kreuzung hinter sich hat, den nächsten Häuserblock entlanggeht und aus dem Blick gerät.

Er wartet darauf, Stimmen zu hören. Gewehre.

Sie werden ihr helfen. Das müssen sie.

Als er die Hand öffnet, liegt ein kleiner Eisenschlüssel darin.

Schokolade

Madame Ruelle findet Marie-Laure an diesem Abend in einer beschlagnahmten Schule. Sie fasst ihre Hand und lässt sie nicht wieder los. Die für die Zivilbevölkerung Zuständigen haben Unmengen konfiszierter deutscher Schokolade in rechteckigen Schachteln, und Marie-Laure und Madame Ruelle essen viel zu viel davon.

Am Morgen nehmen die Amerikaner das Château ein, die letzte Flugabwehrbatterie und befreien die Gefangenen aus dem Fort National. Madame Ruelle zieht Etienne aus der Schlange, und er schließt Marie-Laure in die Arme. Der Oberst in seiner unterirdischen Festung auf der anderen Seite des Hafens hält noch drei Tage aus, bis ein amerikanisches Flugzeug, eine Lightning, Napalm in einen Luftschacht wirft, es ist ein absoluter Ausnahmetreffer. Fünf Minuten später wird ein weißes Tuch an einem Stock herausgehalten, und die Belagerung von Saint-Malo ist vorbei. Säuberungseinheiten schaffen alle Brandsätze weg, die sie finden können, Armeefotografen kommen mit ihren Stativen in die Stadt, und eine Handvoll Bürger kehren von Bauernhöfen, Feldern und aus Kellern zurück und streifen durch die zerstörten Straßen. Am 25. August darf Madame Ruelle zurück in die Stadt, um nach dem Zustand der Bäckerei zu sehen, aber Etienne und Marie-Laure reisen in die andere Richtung, nach Rennes, wo sie sich ein Zimmer in einem Hotel mit dem Namen L'Univers nehmen. Das Bad hat einen funktionierenden Boiler, und beide legen sich jeweils zwei Stunden lang in die Wanne. Als es Nacht wird, sieht er im Fenster, wie sich ihr Spiegelbild zum Bett vortastet. Sie presst die Hände ans Gesicht und lässt sie wieder sinken.

«Wir fahren nach Paris», sagt er. «Ich war noch nie dort. Du kannst es mir zeigen.»

Licht

Werner wird zwei Kilometer südlich von Saint-Malo von drei französischen Résistance-Kämpfern aufgegriffen, die mit einem Lastwagen durch die Straßen kreuzen. Erst denken sie, sie haben einen kleinen, alten weißhaarigen Mann gerettet, doch dann hören sie seinen Akzent, entdecken die deutsche Uniformjacke unter dem Hemd und beschließen, einen Spion erwischt zu haben. Ein fabelhafter Fang. Als sie jedoch feststellen, wie jung Werner noch ist, übergeben sie ihn einem amerikanischen Beamten in einem requirierten Hotel, das zu einem Entwaffnungszentrum umfunktioniert worden ist. Erst hat Werner Angst, dass sie ihn in den Keller stecken werden – bitte, denkt er, nicht wieder in eine Grube –, doch sie bringen ihn in den zweiten Stock, wo ein erschöpfter Dolmetscher, der seit Monaten deutsche Gefangene registriert, seinen Namen und seinen Rang aufnimmt und ihm ein paar Routinefragen stellt, während ein anderer Werners Beutel durchsucht und ihn ihm zurückgibt.

«Ein Mädchen», sagt Werner auf Französisch, «haben Sie ein Mädchen gesehen …?», aber der Dolmetscher grient nur und sagt dem Beamten etwas auf Englisch, als hätte bisher jeder deutsche Soldat hier nach einem Mädchen gefragt.

Er wird in einen mit Stacheldraht umgebenen Hof geführt, in dem acht, neun andere deutsche Soldaten mit ihren hohen Stiefeln sitzen, zerdellte Feldflaschen in den Händen. Einer trägt Frauenkleider, wahrscheinlich wollte er darin desertieren. Zwei Unteroffiziere, drei Gefreite und kein Volkheimer.

Am Abend gibt es Suppe aus einem großen Kessel, und er schluckt vier Portionen aus einer Blechtasse. Fünf Minuten später muss er sich in einer Ecke übergeben. Auch am Morgen vermag er nichts bei sich zu behalten. Wolkenschwärme schwimmen über den Himmel. Auf seinem linken Ohr hört er nichts. Er ruft sich Bilder von Marie-Laure vor Augen, ihre Hände, ihre Haare, auch wenn er sich sorgt, dass er, wenn er sich zu lange darauf konzentriert, riskiert, die Erinnerung abzunutzen. Am Tag nach seiner Verhaftung wird er mit etwa zwanzig anderen weiter nach Osten zu einer größeren Gruppe gebracht und in ein Lagerhaus gesperrt. Durch die offenen Türen kann er Saint-Malo nicht sehen, hört aber die Flugzeuge, zu Hunderten kommen sie, und über dem Horizont hängt Tag und Nacht eine große Rauchglocke. Zwei Sanitäter geben Werner Haferschleim, aber auch der bleibt nicht drin. Seit den Pfirsichen hat er nichts mehr bei sich behalten können.

Vielleicht kommt sein Fieber zurück, vielleicht hat ihn die Brühe unten im Hotelkeller vergiftet. Vielleicht gibt sein Körper auf. Wenn er nichts isst, das begreift er, wird er sterben. Aber wenn er etwas isst, fühlt er sich, als wäre es bereits so weit.

Vom Lagerhaus werden sie nach Dinan gebracht, zu Fuß. Die meisten Gefangenen sind Jungen oder mittelalte Männer, die zerstreuten Überbleibsel irgendwelcher Kompanien. Sie tragen Umhänge, haben Beutel und Kisten dabei. Ein paar schleppen hellbunte Koffer mit sich, die sie von weiß Gott wo haben. Einige unter ihnen haben Seite an Seite gekämpft, der Großteil kennt sich jedoch nicht, und alle haben etwas, das sie vergessen wollen, haben das ständige Gefühl einer sich hinter ihnen aufbauenden Flut, einer sich sammelnden Masse, die eine langsame, nach Rache gierende Wut in sich birgt.

Werner trägt die Tweedhose von Marie-Laures Großonkel, über der Schulter hängt sein Beutel. Er ist achtzehn Jahre alt. Sein ganzes Leben lang haben seine Lehrer, sein Radio, seine Vorgesetzten von der Zukunft geredet. Und was für eine Zukunft bleibt ihm jetzt? Die Straße vor ihm ist leer, und die Fluchtlinien seiner Gedanken sind alle nach innen gerichtet. Er sieht Marie-Laure mit ihrem Stock die Straße hinunter verschwinden, wie Asche, die aus einem Feuer geblasen wird, und ein Gefühl von Sehnsucht prallt ihm von innen gegen die Rippen.

Am ersten September kann Werner morgens nicht aufstehen. Zwei seiner Mitgefangenen helfen ihm zum Klo und zurück, dann legen sie ihn ins Gras. Ein junger Kanadier mit dem Helm eines Sanitäters leuchtet ihm mit einer kleinen Taschenlampe in die Augen und lädt ihn auf einen Lastwagen. Er wird ein Stück gefahren und in ein Zelt voller sterbender Männer gelegt. Eine Krankenschwester spritzt ihm eine Flüssigkeit in den Arm und löffelt ihm eine Lösung in den Mund.

Eine Woche lang lebt er im seltsam grünlichen Licht unter der Plane des riesigen Zeltes, seinen Beutel in der einen Hand, die harten Ecken des kleinen hölzernen Hauses in der anderen. Wenn er die Kraft dazu hat, spielt er damit herum. Dreht den Kamin, schiebt die drei Dachteile herunter und sieht hinein. Es ist so klug konstruiert.

Jeden Tag flüchtet links und rechts von ihm eine andere Seele Richtung Himmel, und es klingt für ihn, als könne er ferne Musik hören, als sei eine Tür vor einem großen, alten Radio geschlossen worden, dem er aber noch lauschen kann, wenn er sein gutes Ohr aufs Bett drückt. Die Musik ist leise, und es gibt Augenblicke, da ist er nicht sicher, ob es sie überhaupt gibt.

Auf jeden Fall ist da etwas, worauf er zornig sein sollte, das weiß Werner, aber er kann nicht sagen, was es ist.

«Er isst nicht», sagt die Schwester auf Englisch.

Das Armband eines Sanitäters. «Fieber?»

«Hoch.»

Es fallen mehr Worte. Zahlen werden genannt. Im Traum sieht er eine helle, kristallene Nacht, alle Kanäle sind zugefroren, die Lampen in den Bergarbeiterhäusern brennen, und die Bauern fahren auf Schlittschuhen zwischen ihren Feldern her. Er sieht ein schlafendes U-Boot in der lichtlosen Tiefe des Atlantiks, Jutta presst ihr Gesicht an ein Bullauge und atmet gegen das Glas. Halb rechnet er damit, dass Volkheimers riesige Hand erscheint, ihm aufhilft und ihn in den Opel sperrt.

Und Marie-Laure? Kann sie noch den Druck seiner Hand auf der Haut zwischen ihren Fingern fühlen wie er ihren?

Eines Nachts setzt er sich auf. Auf den Pritschen um ihn herum liegen ein paar Dutzend Kranke und Verwundete. Ein warmer Septemberwind weht über das Land und lässt die Zeltwände flattern.

Werners Kopf dreht sich leicht auf seinem Hals. Der Wind ist stürmisch und wird stärker, die Zeltecken zerren an ihren Schnüren, und dort, wo die Planen hochgeweht werden, kann er sehen, wie Bäume buckeln und sich biegen. Alles rauscht. Werner verstaut sein altes Notizbuch und das kleine Haus in seinem Beutel, während sich der Mann neben ihm murmelnd Fragen stellt und der Rest der Kranken und Verwundeten zu schlafen scheint. Selbst Werners Durst ist verschwunden. Er spürt nur das raue, teilnahmslose Anbranden des Mondlichts, das auf das Zelt über ihm schlägt und zerspringt. Da draußen, hinter den hochwehenden Zeltbahnen rasen Wolken über die Baumwipfel. Nach Deutschland, nach Hause.

Silbern und blau, blau und silbern.

Papier weht zwischen den Pritschen her, und in Werners Brust beschleunigt sich etwas. Er sieht Frau Elena neben dem Kohlenofen knien und das Feuer anfachen. Kinder in ihren Betten. Baby Jutta schläft in seiner Wiege. Sein Vater zündet eine Laterne an, tritt in einen Aufzug und verschwindet.

Die Stimme von Volkheimer: *Was du sein könntest.*

Werners Körper unter der Decke scheint schwerelos geworden, hinter der flatternden Zeltöffnung tanzen die Bäume, die Wolken folgen einem großen, wogenden Marsch, und er schwingt erst das eine, dann das andere Bein über den Rand seines Betts.

«Ernst», sagt der Mann neben ihm. «Ernst.» Aber da ist kein Ernst. Die Männer auf ihren Pritschen antworten nicht. Der amerikanische Soldat am Zelteingang schläft. Werner geht an ihm vorbei auf die Wiese hinaus.

Der Wind greift in sein Unterhemd. Er ist ein Drachen, ein Ballon.

Einmal haben Jutta und er ein kleines Segelboot aus Holzstücken gebastelt und es zum Fluss getragen. Jutta hatte das Boot begeistert lilafarben und grün angemalt und setzte es mit großem Ernst aufs Wasser. Aber das Boot sackte ab, sobald die Strömung es erfasste. Es trieb flussabwärts, außer Reichweite, und das glatte schwarze Wasser schluckte es. Jutta blinzelte mit nassen Augen zu Werner auf und zog an den abgetragenen, losen Fäden ihres Pullovers.

«Ist schon gut», sagte er. «Beim ersten Versuch funktioniert kaum etwas. Wir bauen ein anderes, ein besseres.»

Haben sie? Er hofft es. Er scheint sich an ein kleines Boot zu erinnern, ein seetauglicheres, das den Fluss hinunterglitt. Es fuhr um eine Biegung und ließ sie zurück. Oder?

Das Mondlicht scheint und wabert, die zerrissenen Wolken jagen über die Bäume. Überall fliegen Blätter. Aber dem Mondlicht kann der Wind nichts anhaben, es dringt durch die Wolken, dringt durch die Luft, und seine Strahlen kommen Werner unglaublich langsam und unbeirrbar vor. Sie hängen auf das buckelnde Gras herab.

Warum bewegt der Wind das Licht nicht?

Von der anderen Seite des Feldes sieht ein Amerikaner einen Jungen, der aus dem Krankenzelt kommt und sich vor dem Hintergrund der Bäume voranbewegt. Er setzt sich auf. Er hebt eine Hand.

«*Stop!*», ruft er.

«Halt!», ruft er.

Aber Werner hat bereits den Rand des Feldes überschritten, tritt auf eine Mine, die von der eigenen Wehrmacht vor drei Monaten dort gelegt wurde, und verschwindet in einer Erdfontäne.

Elf

1945

Berlin

Im Januar 1945 werden Frau Elena und die letzten vier im Kinderhaus lebenden Mädchen, die Zwillinge Hanna und Susanne Gerlach,
Claudia Förster und die fünfzehnjährige Jutta Hausner von Essen
nach Berlin gebracht, um in einer Fabrik für Maschinenteile zu arbeiten.

Zehn Stunden am Tag, sechs Tage in der Woche nehmen sie massive Schmiedepressen auseinander und packen das brauchbare Metall
in Kisten, die auf Bahnwaggons geladen werden. Schrauben lösen,
Teile zertrennen und weghieven. An den meisten Tagen arbeitet Frau
Elena in der Nähe. Sie trägt eine zerrissene Skijacke, die sie gefunden
hat, führt auf Französisch Selbstgespräche und singt Lieder aus ihrer
Kindheit.

Sie wohnen über einer Druckerei, die seit einem Monat leer steht.
Hunderte Kisten mit verdruckten Bögen für Wörterbücher stapeln
sich in den Lagerräumen, und die Mädchen verbrennen sie Seite für
Seite im dicken Kanonenofen.

Gestern *Dankeswort, Dankgebet, Dankopfer.*

Heute *Frauenverband, Frauenverein, Frauenvorsteher, Frauen-
wahlrecht.*

Mittags gibt es in der Kantine der Fabrik Kohl und Gerstenbrei,
abends stehen sie in endlosen Schlangen an: Butter wird in winzige
Portionen geschnitten. Dreimal in der Woche erhält jeder ein Stück,
das etwa halb so groß wie ein Zuckerwürfel ist. Das Wasser kommt
aus einem Zapfhahn zwei Straßen weiter. Mütter mit Kleinkindern
haben keine Babykleider, keine Kinderwagen, und es gibt nur sehr
wenig Kuhmilch. Einige zerreißen Bettlaken, um daraus Windeln zu
machen, andere nehmen Zeitungen, falten sie zu Dreiecken und befestigen sie mit Sicherheitsnadeln zwischen den Beinchen der Babys.

Wenigstens die Hälfte der Mädchen in der Fabrik kann nicht lesen,
und so liest Jutta ihnen die Briefe vor, die sie von Freunden, Brüdern
und Vätern an der Front bekommen. Manchmal schreibt sie auch
Antwortbriefe für sie: *Und weißt du noch, die Pistazien, die wir ge-*

gessen haben? Oder das Zitroneneis, das die Form von Blumen hatte? Erinnerst du dich noch ...?

Das ganze Frühjahr über kommen die Bomber, jede einzelne Nacht, und ihr einziges Ziel scheint zu sein, die Stadt bis auf die Grundmauern herunterzubrennen. In den meisten Nächten rennen die Mädchen ans Ende der Straße in einen überfüllten Schutzraum, wo sie das Krachen und Knirschen des Mauerwerks wach hält.

Manchmal sehen sie auf dem Weg zur Arbeit Tote, verkohlte Leichen, bis zur Unkenntlichkeit verbrannt. Andere sehen aus wie unverletzt, und besonders die sind es, die Jutta mit Schrecken erfüllen. Tote, die jeden Moment wieder aufstehen und sich mit all den anderen zur Arbeit schleppen könnten.

Aber sie wachen nicht wieder auf.

Einmal sieht sie drei Kinder in einer Reihe liegen, auf dem Bauch, Tornister auf dem Rücken, und ihr erster Gedanke ist: Wacht auf, geht zur Schule. Dann denkt sie: In den Tornistern könnte etwas zu essen sein.

Claudia Förster hört auf zu sprechen. Ganze Tage vergehen, ohne dass sie ein Wort sagt. Der Fabrik geht der Rohstoff aus. Es gibt Gerüchte, dass sich niemand mehr um den Betrieb kümmert und das Kupfer, das Zinn und der rostfreie Stahl, den sie mit ihren letzten Kräften gesammelt haben, in Waggons auf irgendwelchen Abstellgleisen stehen, ohne Verwendung zu finden.

Es gibt keine Post mehr. Ende März wird die Fabrik geschlossen, und Frau Elena und die Mädchen kommen zu einer zivilen Firma, deren Aufgabe es ist, die Straßen nach den Bombenangriffen zu säubern. Sie schaffen Mauerwerk beiseite und sieben Glasscherben aus dem Schutt. Jutta hört von Jungen, Sechzehn- und Siebzehnjährigen, die, außer sich vor Angst und Heimweh, mit zitternden Augen bei ihren Müttern auftauchen, nur um zwei Tage später vom Dachboden geholt und auf der Straße als Deserteure erschossen zu werden. Bilder aus ihrer Kindheit scheinen vor ihr auf: Wie sie im Bollerwagen von ihrem Bruder gezogen wurde und sie sich durch den Müll wühlten. Um das eine schöne Ding aus dem Schmutz zu retten.

«Werner», flüstert sie.

Im Herbst bekam sie im Zollverein zwei verschiedene Briefe, die ihr seinen Tod mitteilten. Es war von unterschiedlichen Begräbnisorten die Rede: La Fresnais und Cherbourg. Sie musste beides auf der Karte nachsehen. Städte in Frankreich. Manchmal steht sie in ihren Träumen mit ihm an einem Tisch voller Getriebe, Riemen und Motoren. *Ich baue etwas*, sagt er. *Ich arbeite daran.* Mehr sagt er nicht.

Im April sprechen die Frauen nur noch von den Russen und den Dingen, die sie tun werden, der Rache, auf die sie aus sind. Barbaren, sagen sie. Tartaren, Russkis, Wilde, Schweine. Die Ungeheuer lauern bereits in den Ausläufern der Stadt.

Hanna, Susanne, Claudia und Jutta schlafen eng beieinander. Gibt es noch Güte in dieser letzten schäbigen Festung? Ein wenig. Jutta kommt eines Nachmittags völlig verdreckt zurück nach Hause, wo die große Claudia Förster eine mit einem goldenen Band verschlossene Schachtel einer Bäckerei präsentiert, auf die sie zufällig gestoßen ist. Fettflecken sind durch den Karton sichtbar. Gemeinsam starren die Mädchen die Schachtel an. Ein Relikt aus einer anderen Welt.

Drinnen sind fünfzehn Gebäckstücke, durch Wachspapier voneinander getrennt und voller Erdbeermarmelade. Die vier Mädchen und Frau Elena sitzen in ihrer tropfenden Wohnung – ein Frühlingsregen geht auf die Stadt nieder, wäscht die Asche von den Ruinen und scheucht die Ratten unter dem Geröll auf –, und eine jede isst ihre drei trockenen Stücke, spart nichts für später auf. Sie haben Puderzucker auf der Nase, klebrige Erdbeermarmelade zwischen den Zähnen, und in ihrem Blut steigt ein prickelndes Schwindelgefühl auf.

Dass diese arme Kuh, diese apathische Claudia solch ein Wunder vollbringen konnte. Dass sie es fertigbrachte, den Kuchen mit den anderen zu teilen.

Die jungen Frauen, die noch übrig sind, kleiden sich in Lumpen und verstecken sich in Kellern. Jutta hört, dass Großmütter ihre Enkelinnen mit Fäkalien beschmieren und ihnen die Haare mit Brotmessern abschneiden. Dass sie alles tun, um sie weniger anziehend für die Russen zu machen.

Sie hört, dass Mütter ihre Töchter ertränken.

Sie hört, dass man das Blut an ihren Händen kilometerweit riechen kann.

«Jetzt dauert es nicht mehr lange», sagt Frau Elena und hält die Hände vor den Ofen, auf dem das Wasser einfach nicht kochen will.

Die Russen kommen an einem wolkenlosen Maitag. Es sind nur drei, und sie kommen nur dieses eine Mal. Sie brechen in die Druckerei unter ihnen ein, suchen nach Schnaps, finden aber keinen und schlagen bald darauf Löcher in die Wände. Es kracht, die Mauern beben, und ein Schuss prallt von einer alten, zerlegten Druckmaschine ab. Oben in der Wohnung sitzt Frau Elena in ihrer gestreiften Skijacke, eine Kurzfassung des Neuen Testaments in der Tasche, hält die Hände der Mädchen und bewegt die Lippen in einem stummen Gebet.

Jutta gestattet es sich, zu glauben, dass sie nicht nach oben kommen werden. Einige Minuten lang behält sie recht, doch schon poltern die Stiefel die Treppe herauf.

«Bleibt ruhig», sagt Frau Elena zu den Mädchen. Hanna, Susanne, Claudia, Jutta, keine von ihnen ist älter als sechzehn. Frau Elenas Stimme ist leise und kraftlos, doch sie scheint keine Angst zu haben. Sie wirkt eher enttäuscht. «Bleibt ruhig, dann schießen sie nicht. Ich sorge dafür, dass ich als Erste gehe. Danach sind sie sanfter.»

Jutta verschränkt die Hände hinter dem Kopf, damit sie nicht mehr zittern. Claudia scheint stumm, taub.

«Und schließt die Augen», sagt Frau Elena.

Hanna schluchzt.

Jutta sagt: «Ich will sie sehen.»

«Dann lass sie offen.»

Die Schritte halten oben an der Treppe inne. Die Russen gehen in den Vorratsraum, und die Mädchen hören, wie Besenstiele betrunken herumgetreten werden, eine Kiste Druckbögen donnert die Treppe hinunter. Dann rüttelt jemand an der Klinke, sagt etwas zu einem anderen, die Türlaibung splittert, und die Tür schlägt auf.

Einer ist ein Offizier. Zwei können keinen Tag älter als siebzehn sein. Alle sind unglaublich verdreckt, müssen sich jedoch irgendwo in den letzten Stunden mit Frauenparfüm übergossen haben. Besonders die beiden Jungen riechen übertrieben danach. Sie wirken wie verlegene Schuljungen, aber auch wie Verrückte, die nur noch eine Stunde zu leben haben. Der Erste hat einen Strick als Gürtel und ist so dünn, dass er ihn nicht aufknoten muss, um die Hose herunterzulassen. Der Zweite lacht, und es ist ein seltsames, verwirrtes Lachen, als könnte er nicht ganz glauben, dass die Deutschen in sein Land einfallen und eine Stadt wie diese einfach so hinter sich lassen. Der Offizier setzt sich neben die Tür, streckt die Beine aus und späht auf die Straße hinunter. Hanna schreit kurz auf, bringt sich aber schnell mit der eigenen Hand zum Schweigen. Frau Elena führt die Jungen ins angrenzende Zimmer. Sie lässt einen einzigen Laut hören, ein Husten, als steckte ihr etwas in der Kehle.

Claudia geht als Nächste. Jutta erlaubt sich kein einziges Geräusch. Es läuft alles seltsam geordnet ab. Der Offizier kommt als Letzter, probiert jede von ihnen und spricht einzelne Worte, während er auf Jutta liegt, die Augen offen, aber blind. Sein verkniffenes, schmerzerfülltes Gesicht lässt keinen Rückschluss darauf zu, ob seine Worte Zärtlichkeiten oder Beleidigungen sind. Unter dem Parfüm riecht er wie ein Pferd.

Jahre später wird Jutta seine Worte in der Erinnerung erneut hören – *Kirill, Pawel, Afanasi, Walentin* – und sich sagen, dass es die Namen getöteter Soldaten waren. Aber sie könnte sich täuschen.

Bevor die Russen wieder gehen, feuert der Jüngste mit seinem Gewehr zweimal in die Decke. Putz regnet sanft auf Jutta herab, und im lauten Widerhall kann sie Susanne auf dem Boden neben sich hören, die nicht schluchzt, sondern kaum atmet und dem Offizier lauscht, der seinen Gürtel wieder verschließt. Endlich verschwinden die drei Männer zurück auf die Straße, und Frau Elena schließt ihre Skijacke. Sie ist barfuß und reibt sich den linken Arm mit der rechten Hand, als versuchte sie gerade diesen kleinen Teil von sich zu wärmen.

Paris

Etienne mietet die Wohnung in der Rue des Patriarches, in der Marie-Laure aufgewachsen ist. Jeden Tag kauft er Zeitungen, um die Listen der freigelassenen Gefangenen durchzusehen, und lauscht unablässig einem von drei Radios. De Gaulle hin, Nordafrika her. Hitler, Roosevelt, Danzig, Bratislava … Nachrichten über Nachrichten, aber nichts von ihrem Vater.

Jeden Morgen gehen sie zu der Gare d'Austerlitz und warten. Die große Bahnhofsuhr folgt dem unablässigen Verrinnen der Zeit, und Marie-Laure sitzt neben ihrem Großonkel und lauscht den abgemagerten, erbärmlichen Gestalten, die aus den Zügen quellen.

Etienne sieht Soldaten mit eingefallenen Wangen wie umgedrehte Tassen. Dreißigjährige, die wie achtzig aussehen. Männer in verschlissenen Anzügen, die sich mit den Händen an die Köpfe fassen, um Mützen und Hüte abzunehmen, die nicht mehr da sind. Marie-Laure zieht, so gut sie kann, Schlüsse aus dem Geräusch ihrer Schuhe: Die da sind klein, der dort wiegt sehr viel, der scheint kaum zu existieren.

Abends, während Etienne telefoniert, bei den Rückführungsbehörden nachfragt und Briefe schreibt, liest sie. Sie kann nur noch zwei, drei Stunden am Stück schlafen. Eingebildete Granaten wecken sie auf.

«Es ist nur der Bus», sagte Etienne, der es sich angewöhnt hat, auf dem Boden neben ihrem Bett zu schlafen.

«Es sind nur die Vögel.»

«Es ist nichts, Marie.»

An den meisten Tagen wartet der knarrende alte Malakologe Dr. Geffard mit ihnen an der Gare d'Austerlitz, sitzt mit seinem Bart und seiner Fliege aufrecht da und riecht nach Rosmarin, nach Minze und Wein. Er nennt sie Laurette und erzählt, dass er sie ungeheuer vermisst und jeden Tag an sie gedacht hat. Sie wiederzusehen, sagt er, habe seinen Glauben daran erneuert, dass Güte das ist, was mehr als alles andere überdauert.

Marie-Laure sitzt da, die Schulter gegen Etiennes oder Dr. Geffards gepresst. Ihr Vater kann überall sein. Er könnte die Stimme sein, die dort näher kommt. Die Schritte rechts könnten seine sein. Er kann in einer Zelle sitzen, in einem Graben liegen, tausend Kilometer weit entfernt. Vielleicht ist er schon lange tot.

Sie geht an Etiennes Arm ins Museum, um mit verschiedenen Angestellten zu reden, von denen sich viele an sie erinnern. Der Direktor selbst erklärt ihr, dass sie so intensiv wie nur möglich nach ihrem Vater suchen und ihr auch weiter mit der Miete und ihrer Ausbildung helfen wollen. Über das Meer der Flammen fällt kein Wort.

Der Frühling schreitet voran. Bekanntmachungen fluten den Äther. Berlin kapituliert. Göring kapituliert. Das große, geheimnisvolle Gewölbe des Nazismus bricht auf. Es kommt zu spontanen Jubelparaden, und die, die an der Gare d'Austerlitz warten, flüstern sich zu, dass einer von Hundert zurückkommen wird. Dass man mit Daumen und Zeigefinger ihren Hals umfassen kann, und wenn sie ihr Hemd ausziehen, kann man die Lunge in ihrer Brust atmen sehen.

Jeder Bissen, den sie herunterschluckt, ist ein Verrat.

Selbst die, die zurückkommen, das erkennt sie, sind nicht mehr die, die sie einmal waren, sind älter, als sie sein sollten. Als wären sie auf einem anderen Planeten gewesen, auf dem die Jahre schneller vergehen.

«Es kann sein», sagt Etienne, «dass wir nie herausfinden werden, was geschehen ist. Darauf müssen wir vorbereitet sein.» Marie-Laure hört Madame Manec: *Du darfst nie den Glauben verlieren.*

Den ganzen Sommer über warten sie, Etienne auf der einen, Dr. Geffard auf der anderen Seite von ihr, und dann, eines Mittags im August, führt Marie-Laure ihren Großonkel und Dr. Geffard die lange Treppe hinauf in die Sonne und fragt, ob die Straße frei sei. Die beiden sagen ja, das ist sie, und sie geht mit ihnen den Quay entlang in den Jardin des Plantes.

Entlang der Kieswege rufen Jungen. Jemand spielt ganz in der Nähe auf einem Saxofon. Sie bleibt neben einer Laube stehen, in der Bienen summen. Der Himmel scheint hoch und weit weg. Irgendwo versucht jemand, den Schleier der Trauer abzustreifen, aber Marie-Laure kann das nicht. Noch nicht. Die Wahrheit ist, dass sie ein behindertes Mädchen ohne Zuhause und ohne Eltern ist.

«Was jetzt?», fragt Etienne. «Wollen wir etwas essen?»

«Zur Schule», sagt sie. «Ich würde gern zur Schule gehen.»

Zwölf

1974 ·

Volkheimer

Frank Volkheimers Wohnung im zweiten Stock am Rand von Pforzheim hat drei Fenster. Eine Reklametafel ist am Gesims des Hauses gegenüber angebracht und beherrscht den Blick. Ihre Oberfläche schimmert, zeigt Fleisch- und Wurstwaren so groß wie er selbst, rot und rosafarben, am Rand eher grau, mit buschgroßen Petersiliensträußchen garniert. Nachts tauchen die vier trostlosen Strahler der Tafel seine Wohnung in ein merkwürdig indirektes Licht.

Er ist einundfünfzig Jahre alt.

Der Aprilregen fällt schrägt durch das Licht der Strahler, Volkheimers Fernseher flackert bläulich, und er duckt sich, wenn er durch die Tür zwischen Küche und Wohnzimmer geht. Keine Kinder, keine Haustiere, keine Pflanzen, ein paar Bücher im Regal. Ein Tisch, eine Matratze und ein einzelner Sessel, in dem er mit einer Dose Butterkekse auf dem Schoß sitzt und fernsieht. Er isst sie einen nach dem anderen, erst die blütenförmigen, dann die in Brezelform und schließlich den Klee.

Im Fernsehen hilft ein schwarzes Pferd dabei, einen Mann zu befreien, der unter einem umgestürzten Baum gefangen ist.

Volkheimer installiert und repariert Fernsehantennen. Jeden Morgen zieht er seinen blauen, auf den breiten Schultern stark ausgeblichenen Overall mit den zu kurzen Beinen an und geht in seinen großen schwarzen Stiefeln zur Arbeit. Weil er stark genug ist, die große Auszugsleiter allein zu tragen und aufzustellen, und vielleicht auch, weil er kaum einmal etwas sagt, erledigt Volkheimer die meisten Aufträge allein. Die Leute rufen in seiner Filiale an, wollen eine Antenne oder beklagen sich wegen Geisterbildern, Interferenzen und manchmal auch wegen Staren auf den Kabeln, und schon ist Volkheimer unterwegs. Er repariert unterbrochene Verbindungen, holt Vogelnester aus Antennenbäumen und richtet die Anlagen neu aus.

Nur an den windigsten, kältesten Tagen fühlt sich Pforzheim wie Zuhause an. Volkheimer mag es, wenn die Luft unter den Kragen seines Overalls fährt, er mag es, wenn das Licht vom Wind sauber geblasen wird, die fernen Berge schneegepudert sind und die Bäume der Stadt (alle in den Jahren nach dem Krieg gepflanzt, alle gleich alt) mit Eis überzogen glitzern. An Winternachmittagen bewegt er sich zwischen den Antennen wie ein Seemann durch die Takelage eines Windjammers. Im späten blauen Licht sieht er die Menschen auf der Straße unter sich, wie sie nach Hause eilen, und manchmal fliegen Möwen vorbei, weiß vor der aufkommenden Dunkelheit. Das kleine, sichere Gewicht der Werkzeuge an seinem Gürtel, der Geruch des zwischenzeitlichen Regens und das kristalline Leuchten der Wolken in der Dämmerung – allein in diesen Momenten fühlt sich Volkheimer mehr oder weniger vollständig.

An den meisten Tagen, besonders den warmen, erschöpft ihn das Leben. Der immer schlimmer werdende Verkehr, die Schmierereien auf den Mauern und das allgemeine Geschäftsgebaren. Alle murren über Prämien, Zusatzleistungen, Überstunden. Manchmal, in der trägen Hitze des Sommers, lange vor der Morgendämmerung, tritt Volkheimer ins harte Licht der Reklametafel und spürt die Einsamkeit wie eine Krankheit. Er sieht sich im Wind biegende, hochgewachsene Tannen und hört ihre Stämme ächzen. Er sieht den Lehmboden seines Geburtshauses und das erste Licht des Morgens, das durch das Netz der Nadelbäume bricht. Zu anderen Zeiten verfolgen ihn die Augen kurz vor dem Tod stehender Männer, und er tötet sie alle noch einmal. Ein toter Mann in Łódź. Ein toter Mann in Lublin. Ein toter Mann in Radom. Ein toter Mann in Krakau.

Regen auf dem Fenster, Regen auf dem Dach. Bevor er ins Bett geht, steigt Volkheimer die Treppe hinunter, um nach seiner Post zu sehen. Er hat seit über einer Woche nicht mehr in den Briefkasten geguckt, und zwischen zwei Reklamezetteln, einem Gehaltsscheck und einer Nebenkostenabrechnung liegt ein dünnes Päckchen von einer Veteranenorganisation in Westberlin. Er trägt alles nach oben und öffnet das Päckchen.

Drei verschiedene Dinge sind vor weißem Hintergrund fotografiert worden, sorgfältig mit danebengeklebten Karten nummeriert.

14–6962: eine Soldatentasche aus Stoff, mausgrau, mit Trageriemen.

14–6963: ein kleines Spielzeughaus aus Holz, leicht eingedrückt.

14–6964: ein rechteckiges Notizbuch mit flexiblem Einband, auf dem ein einzelnes Wort steht: *Fragen.*

Das Häuschen kennt er nicht, und der Beutel könnte von jedem Soldaten stammen. Aber das Notizbuch erkennt er sofort wieder. *W. H.* steht mit Tinte auf die untere Ecke geschrieben. Volkheimer legt zwei Finger auf das Foto, als könnte er das Notizbuch so aufheben und durch die Seiten blättern.

Er war noch ein Junge. Sie alle waren noch Jungen. Auch die Größten von ihnen.

Der beiliegende Brief erklärt, dass die Organisation versucht, den nächsten Verwandten namenloser toter Soldaten deren persönliche Besitztümer zukommen zu lassen. Da steht, dass er, der Oberfeldwebel Frank Volkheimer, der Vorgesetzte einer Einheit war, zu der der Besitzer dieses Beutels gehörte, eines Beutels, der 1944 in einem Kriegsgefangenenlager der Armee der Vereinigten Staaten im französischen Bernay gelandet sei.

Weiß er, wem die Dinge gehören?

Er legt die Fotos auf den Tisch und steht mit herabhängenden Armen da. Er spürt das Rütteln der Achsen, hört das Dröhnen der Auspuffrohre, den Regen auf dem Dach des Lastwagens. Das Summen der Mückenschwärme. Das Marschieren der Knobelbecher und die lauten Rufe der Jungen.

Rauschen, das Feuer.

Aber war es anständig, ihn da so hängen zu lassen? Als er tot war?
Was du sein könntest.

Er war klein. Er hatte weißes Haar und abstehende Ohren. Er knöpfte sich die Jacke bis oben am Hals zu, wenn ihm kalt war, und steckte sich die Hände in die Ärmel. Volkheimer weiß, wem diese Sachen gehören.

Jutta

Jutta Wette ist Gymnasiallehrerin für Mathematik in Essen, erklärt Integrale, Wahrscheinlichkeiten, Parabeln. Jeden Tag trägt sie die gleichen Sachen, eine schwarze Hose mit einer Nylonbluse, entweder beige, dunkelgrau oder hellblau. Gelegentlich zieht sie auch eine kanariengelbe an. Wenn sie sich locker fühlt. Ihre Haut ist milchig blass und ihr Haar immer noch papierweiß.

Juttas Mann Albert ist ein liebenswürdiger, bedächtiger Buchhalter, dessen große Leidenschaft seiner Modelleisenbahn unten im Keller gehört. Lange Zeit glaubte Jutta, keine Kinder bekommen zu können, und dann, mit siebenunddreißig, wurde sie plötzlich schwanger. Ihr Sohn Max ist jetzt sechs, und er mag Matsch, Hunde und Fragen, die niemand beantworten kann. Ganz besonders gefällt es ihm seit einiger Zeit, komplizierte Papierflieger zu falten. Er kommt aus der Schule, kniet sich auf den Küchenboden und faltet mit unbeirrbarer, fast schon beängstigender Hingabe Flugzeug um Flugzeug, entwickelt verschiedene Flügelspitzen, Heck- und Bugformen. Am meisten scheint ihm die Konstruktion zu gefallen: dass da aus einem glatten Stück Papier ein flugfähiges Objekt wird.

Es ist ein Donnerstagnachmittag Anfang Juni, das Schuljahr ist fast vorbei, und sie sind im örtlichen Schwimmbad. Schieferfarbene Wolken verschleiern den Himmel, im flachen Ende des Beckens schreien die Kinder, ihre Eltern unterhalten sich, lesen Zeitschriften oder dösen vor sich hin. Alles ist normal. Albert steht in seiner Badehose am kleinen Kiosk, ein kleines Handtuch um die breiten Schultern gelegt, und studiert das Eisangebot.

Max schwimmt etwas unbeholfen, wirbelt einen Arm nach vorn, dann den anderen und blickt zwischendurch auf, um sich zu versichern, dass seine Mutter zusieht. Als er fertig ist, wickelt er sich in ein Handtuch und klettert auf den Stuhl neben ihr. Max ist klein, gedrungen und hat abstehende Ohren. Wassertropfen blitzen auf seinen Lidern. Dämmerlicht sickert durch die Wolkendecke, eine leichte Kühle macht sich in der Luft breit, und eine nach der anderen brechen die Familien nach Hause auf, zu Fuß, mit dem Rad oder dem Bus. Max nimmt ein paar Kekse aus einer Pappschachtel und zerbeißt sie genussvoll. «Ich mag Leibniz-Zoo-Kekse, Mutti», sagt er.

«Ich weiß, Max.»

Albert fährt sie mit bockender Kupplung in ihrem kleinen NSU Prinz 4 nach Hause. Jutta setzt sich an den Küchentisch, holt die letzten Schulaufgaben aus der Tasche und korrigiert sie. Die Spitze ihres Bleistifts schwebt über den Seiten, dann klingelt es an der Tür. Es könnte ein Nachbar oder ein Freund sein, vielleicht auch die kleine Anna weiter unten aus der Straße, die manchmal oben bei Max sitzt und ihm Anweisungen gibt, wenn er mit seinen Plastikbausteinen komplizierte Städte baut. Aber irgendwie klingt dieses Klingeln anders.

Max läuft zur Tür, ein Flugzeug in der Hand.

«Wer ist da, Liebling?»

Max antwortet nicht, was bedeutet, dass es jemand ist, den er nicht kennt. Sie geht in die Diele, und in der Tür steht ein Riese.

Max verschränkt die Arme, fasziniert und beeindruckt. Das Flugzeug liegt vor ihm auf dem Boden. Der Riese nimmt seine Mütze ab. Sein mächtiger Schädel glänzt. «Frau Wette?» Er trägt einen zeltgroßen silbergrauen Trainingsanzug mit rötlich braunen Spritzern seitlich, den Reißverschluss bis oben zugezogen. Vorsichtig streckt er einen ausgeblichenen Stoffbeutel vor sich hin.

Die Schläger Hans und Herribert. Seine Größe ruft das Bild der beiden in ihr wach. Dieser Mann, denkt sie, war auch schon an anderen Türen und hat sich nicht die Mühe gemacht anzuklopfen.

«Ja?»

«Ist Ihr Mädchenname Hausner?»

Noch bevor sie nickt, bevor er sagt: «Ich habe etwas für Sie», und sie ihn hereinbittet, weiß sie, es geht um Werner.

Die Nylonhose des Riesen knistert, als er ihr durch die Diele folgt. Albert sieht vom Herd auf, schreckt leicht zusammen, sagt aber nur: «Hallo», und: «Stoßen Sie sich nicht», und wedelt mit dem Kochlöffel, während der Riese einem Lichtschalter ausweicht.

Als sie ihm zu essen anbieten, sagt der Riese Ja. Albert zieht den Tisch von der Wand ab und legt ein viertes Gedeck auf. Auf seinem Stuhl erinnert Volkheimer Jutta an ein Bild aus einem von Max' Bilderbüchern: an einen Elefanten, der auf einen Flugzeugsitz gequetscht dahockt. Der Stoffbeutel, den er mitgebracht hat, liegt auf dem Tisch in der Diele.

Das Gespräch beginnt langsam.

Er war mehrere Stunden mit dem Zug unterwegs, um herzukommen.

Vom Bahnhof ist er zu Fuß gegangen.

Nein, er möchte keinen Sherry, danke.

Max isst schnell, Albert langsam. Jutta steckt die Hände zwischen die Schenkel, um ihr Zittern zu verbergen.

«Als sie die Adresse hatten», sagt Volkheimer, «habe ich gefragt, ob ich die Sachen selbst bringen könnte. Sie haben mir einen Brief mitgegeben, sehen Sie?» Er holt ein zusammengefaltetes Blatt Papier aus der Tasche.

Draußen fahren Autos vorbei, ein Zaunkönig trillert.

Ein Teil von Jutta will den Brief nicht nehmen. Will nicht hören, was dieser riesige Kerl ihnen sagen möchte. Warum er diese lange Reise auf sich genommen hat. Es vergehen ganze Wochen, während derer Jutta sich nicht gestattet, an den Krieg zu denken, oder an Frau Elena und die schrecklichen letzten Wochen in Berlin. Heute kann sie jeden Tag der Woche Schweinefleisch kaufen. Wird es heute kalt im Haus, dreht sie an einem kleinen Rad in der Küche, *et voilà*. Sie will keine dieser mittelalten Frauen sein, die an nichts als ihre schmerzvolle Geschichte denken. Dennoch sieht sie manchmal ihren älteren Kollegen in die Augen und fragt sich, was sie wohl getan haben, als es keinen Strom gab, keine Kerzen mehr, und als es durchs Dach regnete. Was sie gesehen haben. Nur selten lockert sie die Siegel etwas und erlaubt sich, an Werner zu denken. In vielerlei Hinsicht sind die Erinnerungen an ihren Bruder zu etwas geworden, was es wegzuschließen gilt. Als Mathematiklehrerin am Helmholtz-Gymnasium kommt man 1974 nicht auf einen Bruder zu sprechen, der auf der Napola in Schulpforta war.

Albert sagt: «Im Osten also?»

Volkheimer sagt: «Ich war mit ihm in der Schule, dann draußen im Feld. Wir waren in Russland. In Polen, der Ukraine und in Österreich. Zuletzt in Frankreich.»

Max zerbeißt ein Stück Apfel. Er sagt. «Wie groß sind Sie?»

«Max», sagt Jutta.

Volkheimer lächelt.

Albert sagt: «Er war sehr intelligent, nicht wahr? Juttas Bruder?»

Volkheimer sagt: «Sehr.»

Albert bietet einen Nachschlag an, Salz und noch einmal einen Sherry. Albert ist jünger als Jutta. Im Krieg wurde er in Hamburg als Kurier zwischen Schutzräumen hin- und hergeschickt. 1945 war er neun Jahre alt, noch ein Kind.

«Zuletzt», sagt Volkheimer, «habe ich ihn in einer Stadt an der französischen Nordküste gesehen, in Saint-Malo.»

Aus dem Lehm ihres Gedächtnisses steigt ein Satz in Jutta auf: *Ich möchte dir heute über das Meer schreiben.*

«Wir waren einen Monat lang dort, und ich glaube, er hat sich verliebt.»

Jutta setzt sich aufrechter hin. Es ist so beschämend klar, wie unangemessen Sprache ist. Eine Stadt im Norden von Frankreich? Liebe? Nichts wird in dieser Küche heilen. Manches Leid lässt sich nie wiedergutmachen.

Volkheimer rückt vom Tisch ab. «Ich wollte Sie nicht verletzen.» Er schwebt über ihnen und macht sie zu Zwergen.

«Ist schon gut», sagt Albert. «Max, kannst du mit unserem Gast in den Garten gehen? Ich bringe Kuchen hinaus.»

Max schiebt für Volkheimer die Glastür auf, der sich nach draußen duckt. Jutta stellt die Teller in die Spüle, sie ist mit einem Mal sehr müde. Sie will nur, dass dieser Mann geht und am besten auch den Beutel wieder mit sich nimmt. Sie will nur, dass eine Welle der Normalität über sie hinwegrollt und alles wieder bedeckt.

Albert berührt ihren Ellbogen. «Ist alles in Ordnung mit dir?»

Sie nickt nicht und schüttelt auch nicht den Kopf, sondern fährt sich nur langsam mit einer Hand über die Brauen.

«Ich liebe dich, Jutta.»

Als sie aus dem Fenster sieht, kniet Volkheimer neben Max auf der Terrasse. Max legt zwei Blatt Papier vor sie hin, und auch wenn sie die beiden nicht hören kann, sieht sie doch, dass der Mann Max einen Papierflieger erklärt. Max sieht ihm konzentriert zu, dreht das Blatt um, als Volkheimer es umdreht, faltet es so, wie er es faltet, befeuchtet den Finger wie er und fährt damit über einen langen Knick.

Bald darauf haben beide ein breitflügeliges Flugzeug mit gegabeltem Heck in der Hand. Volkheimers segelt gleichmäßig durch den Garten, geradeaus, und stößt hinten gegen den Zaun. Max klatscht in die Hände.

Max kniet sich wieder hin, geht sein Flugzeug noch einmal durch und überprüft den Winkel der Flügel. Volkheimer kniet sich neben ihn und nickt geduldig.

Jutta sagt: «Ich liebe dich auch.»

Der Beutel

Volkheimer hat sich verabschiedet. Der Beutel wartet auf dem Dielentisch. Sie kann ihn kaum ansehen.

Jutta hilft Max in den Schlafanzug und gibt ihm einen Gutenachtkuss. Sie putzt sich die Zähne, vermeidet es, sich im Spiegel anzusehen, geht zurück nach unten und sieht durch das kleine Fenster in der Eingangstür. Albert ist im Keller und lässt seine Züge durch die akribisch genau bemalte Welt fahren, durch die Unterführung, über die elektrisch betriebene Zugbrücke. Das Geräusch dringt nur leise bis nach hier oben, aber es ist unerbittlich, ein Geräusch, das das Gebälk des Hauses durchdringt.

Jutta trägt den Beutel hinauf in ihr Zimmer, legt ihn neben den Schreibtisch und korrigiert eine weitere Schulaufgabe. Noch eine. Sie hört, wie die Züge anhalten und kurz darauf ihr monotones Summen wieder aufnehmen.

Sie versucht, ein drittes Heft zu korrigieren, kann sich jedoch nicht konzentrieren, die Zahlen trudeln über die Seite und sammeln sich unten auf unverständlichen Haufen. Sie legt sich den Beutel auf den Schoß.

Als sie frisch verheiratet waren und Albert auf Dienstreise ging, wachte Jutta in den Stunden vor Sonnenaufgang auf, erinnerte sich an die ersten Nächte, nachdem Werner nach Schulpforta gegangen war, und spürte erneut den sengenden Schmerz seiner Abwesenheit.

Im Beutel ist ein dicker Umschlag und ein in Zeitungspapier eingeschlagenes Päckchen. Sie wickelt das Zeitungspapier auf und findet ein kleines Haus aus Holz, hoch und schmal, nicht größer als ihre Faust.

Im Umschlag steckt das Notizbuch, das sie ihm vor vierzig Jahren geschickt hat. Sein Buch der Fragen. Seine enge, winzige Schrift, deren Buchstaben sich zum Ende hin immer weiter strecken. Zeichnungen, Pläne, Seiten voller Listen.

Etwas, das wie ein Küchenmixer aussieht und mit Fahrradpedalen betrieben wird.

Ein Motor für ein Modellflugzeug.

Warum haben einige Fische Barthaare?

Stimmt es, dass alle Katzen grau sind, wenn die Kerzen erloschen sind?

Wenn ein Blitz ins Meer einschlägt, warum sterben dann nicht alle Fische?

Nach drei Seiten muss sie das Notizbuch schließen. Die Erinnerungen überschlagen sich und nehmen Gestalt an. Werners Bett oben unter dem Dach, die Wand darüber, tapeziert mit ihren Zeichnungen imaginärer Städte. Das Erste-Hilfe-Schränkchen, das Radio und der Draht, der aus dem Fenster bis unter die Dachtraufe reichte. Unten im Keller fahren die Züge durch Alberts auf drei Ebenen angelegte Schienenlandschaft, nebenan schlägt ihr Sohn im Schlaf Schlachten, seine Lippen murmeln einzelne Worte, die Augenlider zucken, und Jutta konzentriert sich auf die Zahlen im Heft ihres Schülers, die zurück auf ihre Plätze gleiten.

Erneut öffnet sie das Notizbuch.

Warum hält ein Knoten?

Wenn fünf Katzen in fünf Minuten fünf Ratten fangen, wie viele Katzen sind dann nötig, um hundert Ratten in hundert Minuten zu fangen?

Warum flattert eine Fahne im Wind und zeigt nicht stur in eine Richtung?

Zwischen den beiden letzten Seiten findet sie einen weiteren Umschlag. *Für Frederick*, steht darauf. Frederick, der Junge, der über ihm schlief und von dem Werner immer wieder geschrieben hat. Der Junge, der verrückt nach Vögeln war.

Er sieht, was andere nicht sehen.

Was der Krieg mit Träumern gemacht hat.

Als Albert endlich nach oben kommt, hält sie den Kopf gesenkt und tut so, als korrigierte sie immer noch Schulaufgaben. Er zieht sich aus, seufzt leise, als er sich ins Bett legt, schaltet sein Licht aus und sagt Gute Nacht. Sie sitzt noch da.

Saint-Malo

Juttas Schuljahr ist zu Ende, Max hat Ferien, und was würde er schon anderes tun, als jeden Tag ins Schwimmbad zu gehen, seinen Vater mit Rätseln zu drangsalieren und dreihundert von den Papierfliegern zu falten, die ihm der Riese beigebracht hat? Wäre es nicht gut für ihn, in ein anderes Land zu fahren, etwas Französisch zu lernen und das Meer zu sehen? Sie stellt Albert diese Fragen, aber beide wissen, dass sie diejenige ist, die sich die Erlaubnis erteilen muss. Um hinzufahren und ihren Sohn mitzunehmen.

Am sechsundzwanzigsten Juni, eine Stunde vor Tagesanbruch, schmiert Albert sechs Schinkenbrote und wickelt sie in Butterbrotpapier, fährt Jutta und Max in ihrem Prinz zum Bahnhof und küsst seine Frau auf die Lippen. Jutta steigt mit Werners Notizbuch und dem kleinen Haus in ihrer Handtasche in den Zug.

Die Reise dauert den ganzen Tag. Hinter Rennes neigt sich die Sonne bereits dem Horizont zu, der Geruch warmen Düngers weht durch die Fenster, und Reihen beschnittener Bäume rasen vorbei. Ungefähr die gleiche Anzahl Möwen und Krähen folgen einem Traktor, der eine Staubfahne hinter sich her zieht. Max isst sein letztes Schinkenbrot und fängt seinen Comic noch einmal von vorne an, gelbe Blüten leuchten auf den Feldern, und Jutta fragt sich, ob einige von ihnen über den Knochen ihres Bruders wachsen.

Bevor es dunkel wird, steigt ein gut angezogener Mann mit Beinprothese in den Zug. Er setzt sich neben sie und zündet sich eine Zigarette an. Jutta hält ihre Tasche fest zwischen die Knie geklemmt, sie ist sicher, dass er im Krieg verwundet wurde, dass er versuchen wird, ein Gespräch anzufangen und ihr schlechtes Französisch sie verraten wird. Oder dass Max etwas sagt. Vielleicht weiß es der Mann auch schon. Vielleicht kann er das Deutsche riechen.

Er wird sagen: *Das haben Sie mir angetan.*

Bitte. Nicht vor meinem Sohn.

Aber der Zug setzt sich in Bewegung, der Mann drückt seine Zigarette aus, lächelt ihr zerstreut zu und schläft ein. Sie dreht das kleine

Haus in ihren Händen. Gegen Mitternacht erreichen sie Saint-Malo, und der Taxifahrer setzt sie vor einem Hotel auf der Place Chateaubriand ab. Der Angestellte nimmt das Geld, das Albert für sie gewechselt hat, Max lehnt sich an Juttas Seite und schläft schon halb, und sie hat solche Angst, ihr Französisch auszuprobieren, dass sie hungrig zu Bett geht.

Am Morgen zieht Max sie durch eine Öffnung in der alten Stadtmauer auf den Strand hinaus, rennt, so schnell er kann, über den Sand, bleibt unversehens stehen und sieht zu den vor ihm aufragenden Befestigungen auf, als stellte er sich darauf Wimpel und Kanonen vor, dazu mittelalterliche Bogenschützen, die entlang der Brüstung Aufstellung genommen haben.

Jutta kann den Blick nicht vom Meer wenden. Es ist smaragdgrün und unbegreiflich weit. Ein einzelnes weißes Segel steuert aus dem Hafen, am Horizont tauchen zwei Kutter zwischen den Wellen auf und verschwinden wieder.

Manchmal erwische ich mich dabei, wie ich es anstarre und darüber meine Arbeit vergesse. Es scheint groß genug, alles zu enthalten, was irgendwer je empfinden könnte.

Sie zahlen mit einer Münze, um auf den Turm des Châteaus steigen zu dürfen. «Komm schon», sagt Max und rennt die enge Wendeltreppe hinauf. Jutta schnauft ihm hinterher, nach jeder Vierteldrehung präsentiert ein schmales Fenster ein Stück blauen Himmels. Max zieht sie praktisch die Stufen hoch.

Von oben sehen sie die kleinen Gestalten der Touristen, die an den Schaufenstern vorbeibummeln. Sie hat von der Belagerung gelesen, hat Fotos der alten Stadt vor dem Krieg studiert, doch wenn sie jetzt über die großen, würdevollen Häuser hinwegsieht, über Hunderte von Dächern, kann sie keine Bombenspuren, Krater oder Ruinen erkennen. Die Stadt scheint völlig wiederaufgebaut zu sein.

Zum Mittagessen bestellen sie Galettes. Jutta rechnet damit, angestarrt zu werden, doch niemand nimmt Notiz von ihnen. Dem Kellner scheint es nicht aufzufallen, dass sie Deutsche sind, und es interessiert ihn offenbar auch nicht. Am Nachmittag führt sie Max durch einen hohen Bogen am unteren Rand der Stadt namens Porte de Dinan. Sie überqueren eine Kaimauer und betreten ein Stück Land jenseits des Hafens. In einem Park steht die überwucherte Ruine einer Festung.

Max bleibt an den steilen Rändern des Weges stehen und wirft Steine ins Meer.

Alle hundert Schritte entlang des Weges kommen sie an einer großen Stahlkappe vorbei, unter der ein Soldat eine Kanone auf jeden richten kann, der den Hügel erklimmen will. Einige davon sind so gezeichnet, dass sich Jutta kaum das Ausmaß und den Schrecken der Geschosse vorstellen kann, die darauf niedergegangen sein müssen. Dickster Stahl sieht aus, als wäre er zu warmer Butter geschmolzen und als hätten die Finger eines Kindes darin herumgestochert.

Der Lärm, in dem sie dort gestanden haben müssen.

Jetzt liegen Chipstüten, Zigarettenstummel und Papierfetzen darin herum. Amerikanische und französische Flaggen flattern auf dem Hügel in der Mitte des Parks. Hier, so steht es auf einem Schild, haben sich die Deutschen in unterirdischen Tunnels verschanzt, um bis zum letzten Mann zu kämpfen.

Drei Jugendliche gehen lachend vorbei, und Max sieht ihnen interessiert hinterher. An einer pockennarbigen und mit Flechten überzogenen Mauer hängt eine kleine Steintafel: *Ici a été tué Guy Gaston Michel agé de 18 ans, mort pour la France le 11 août 1944*. Jutta setzt sich auf die Erde. Das Meer geht schwer und ist schiefergrau. Für deutsche Tote gibt es hier keine Gedenktafeln.

Warum ist sie hergekommen? Auf welche Antworten hat sie gehofft? Am zweiten Morgen sitzen sie auf der Place Chateaubriand gegenüber vom historischen Museum, wo robuste Bänke vor Blumenbeeten stehen, die von schienbeinhohen Metallschleifen eingefasst sind. Unter Markisen begutachten Touristen blau-weiß gestreifte Pullover und gerahmte Aquarelle von Seeräuberschiffen. Ein Vater singt und legt den Arm um seine Tochter.

Max sieht von seinem Buch auf und sagt: «Mutti, was reist um die Welt und bleibt doch in seiner Ecke?»

«Ich weiß es nicht, Max.»

«Eine Briefmarke.»

Er lächelt ihr zu.

Sie sagt: «Ich bin gleich wieder da.»

Der Mann hinter der Museumstheke hat einen Bart und ist vielleicht fünfzig. Alt genug, um sich zu erinnern. Sie öffnet ihre Handtasche, packt das teilweise eingedrückte hölzerne Häuschen aus und sagt in ihrem besten Französisch: «Mein Bruder hatte das hier bei sich. Ich glaube, er hat es hier gefunden. Während des Krieges.»

Der Mann schüttelt den Kopf, und sie steckt das Häuschen wieder in ihre Handtasche, doch dann bittet er sie, es ihr noch einmal zu zeigen. Er hält es unter die Lampe und dreht es so, dass die zurückgesetzte Eingangstür erkennbar wird.

«*Oui*», sagt er endlich, bedeutet ihr mit einer Geste, draußen zu warten, schließt einen Moment später die Tür hinter sich ab und führt sie und Max über enge, abschüssige Straßen. Nachdem sie ein dutzendmal links und rechts abgebogen sind, bleiben sie vor einem Haus stehen, dem tatsächlichen Gegenstück des kleinen Modells, das Max gerade in seinen Händen dreht.

«4, Rue Vauborel», sagt der Mann. «Das LeBlanc-Haus. Es ist seit Jahren in Ferienwohnungen unterteilt.»

Flechten wuchern auf den Steinen, ausgelaugte Minerale haben filigrane Fleckenmuster auf den Mauern hinterlassen. Blumenkästen, die von Geranien überquellen, schmücken die Fenster. Kann Werner das kleine Haus gebaut haben? Hat er es gekauft?

Sie sagt: «Gab es hier ein Mädchen? Wissen Sie etwas über ein Mädchen?»

«Ja, während des Krieges hat ein blindes Mädchen in diesem Haus gewohnt. Meine Mutter hat Geschichten über sie erzählt. Gleich nach dem Ende des Krieges sind sie weggezogen.»

Grüne Punkte tanzen durch Juttas Blickfeld. Es ist, als hätte sie direkt in die Sonne gesehen.

Max zieht an ihrer Hand. «Mutti, Mutti.»

«Warum nur», sagt sie, durchs Französische taumelnd, «hatte mein Bruder ein kleines Modell dieses Hauses bei sich?»

«Vielleicht weiß es das Mädchen, das hier gewohnt hat? Ich kann die Adresse für Sie herausfinden.»

«Mutti, Mutti, sieh doch», sagt Max. «Ich glaube, das kleine Haus lässt sich öffnen. Ich glaube, man kann es aufmachen.»

Das Labor

Marie-Laure LeBlanc leitet ein kleines Labor im Pariser Naturkunde-museum und hat in bedeutender Weise zum Wissen und zur Literatur über Mollusken beigetragen, unter anderem mit einer Monografie über die evolutionäre Logik der Rillen in der westafrikanischen *Bivetiella cancellata* und mit einem viel zitierten Beitrag über die sexuelle Dimorphie karibischer Walzenschnecken. Sie hat zwei neue Unterarten der *Polyplacophora*, der Käferschnecken, entdeckt, war als Doktorandin auf Bora-Bora und Bimini, ist mit einem Sonnenhut und einem Eimer auf Riffe gewatet und hat auf insgesamt drei Kontinenten Schnecken gesammelt.

Marie-Laure ist kein Sammler, so wie Dr. Geffard einer war, keine Anhäuferin, die ständig alles in die Systematiken einzuordnen versucht: Ordnung, Familie, Gattung, Art, Unterart. Sie studiert lieber die lebenden Exemplare, ob auf Riffen oder in ihren Aquarien. Über Felsen kriechende Schnecken zu finden, diese kleinen nassen Wesen, die dem Wasser Calcium entziehen, um es in die glatten, glänzenden Träume auf ihren Rücken zu verwandeln, das ist genug. Mehr als genug.

Solange er konnte, sind sie und Etienne viel gereist. Sie waren auf Sardinien, in Schottland und sind auf dem oberen Deck eines Londoner Flughafenbuses gefahren, dessen Dach unter den Bäumen entlangstrich. Er kaufte sich zwei schöne Transistorradios, starb im Alter von zweiundachtzig Jahren friedlich in der Badewanne und hinterließ ihr viel Geld.

Obwohl sie einen Detektiv engagierten, Tausende Francs ausgaben und Unmengen deutscher Dokumentationen durchforsteten, haben Marie-Laure und Etienne nie herausgefunden, was genau mit ihrem Vater geschehen ist. Sie fanden bestätigt, dass er 1942 im Lager Breitenau interniert war, und dann gab es einen Vermerk von einem Lagerarzt im dazugehörigen Arbeitslager Kassel, dass Daniel LeBlanc Anfang 1943 an einer Grippe erkrankte. Mehr haben sie nicht in Erfahrung bringen können.

Marie-Laure wohnt immer noch in der Wohnung, in der sie aufgewachsen ist, und geht zu Fuß ins Museum. Sie hat zwei Liebhaber gehabt. Der erste war ein Gastwissenschaftler am Museum, der nie wieder zurückkehrte, der zweite ein Kanadier namens John. John verstreute überall seine Sachen und ließ in sämtlichen Räumen, die er betrat, etwas von sich liegen. Krawatten, Münzen, Socken, Pfefferminzbonbons. Sie lernten sich während ihrer Promotion kennen. John wechselte mit außerordentlicher Neugier, jedoch ohne großes Durchhaltevermögen, von einem Labor ins andere, liebte Ozeanströmungen, Architektur und Charles Dickens, und seine Vielseitigkeit gab ihr das Gefühl, beschränkt und überspezialisiert zu sein. Als Marie-Laure schwanger wurde, trennten sie sich friedlich und ohne großes Aufheben.

Hélène, ihre Tochter, ist jetzt neunzehn. Sie hat kurze Haare, ist eine kleine, zarte Person und angehende Violinistin. Selbstbeherrscht, wie es Kinder blinder Eltern oft sind. Hélène lebt bei ihrer Mutter, aber jeden Freitag gehen sie zu dritt, Hélène, Marie-Laure und John, essen.

Es war schwer, den Krieg in Frankreich miterlebt zu haben, ohne dass sich für den Rest des Lebens alles um ihn dreht. Marie-Laure kann immer noch keine Schuhe tragen, die ihr zu groß sind, oder gekochte Steckrüben riechen, ohne dass ihr schlecht wird. Und sie erträgt es auch nicht, Namenslisten zu hören: Die Aufstellungen von Fußballmannschaften, Zitatnachweise am Ende von Zeitschriftenartikeln oder die Vorstellung der Anwesenden bei Fakultätssitzungen, das alles erinnert sie zu sehr an die Gefangenenlisten, die nie den Namen ihres Vaters enthielten.

Die Gullys zählt sie immer noch, achtunddreißig sind es auf dem Heimweg vom Labor, und auf ihrem kleinen schmiedeeisernen Balkon grünt und sprießt es. Im Sommer kann sie die Tageszeit daran ablesen, wie weit sich die Blüten der Schlüsselblumen geöffnet haben. Wenn Hélène mit ihren Freundinnen unterwegs ist und es Marie-Laure in der Wohnung zu still wird, geht sie immer in dieselbe Brasserie, Le Village Monge, direkt am Rande des Jardin des Plantes, und bestellt zu Ehren von Dr. Geffard gebratene Ente.

Ist sie glücklich? Jeden Tag gibt es Momente des Glücks. Wenn sie unter einem Baum steht zum Beispiel, und dem Zittern der Blätter im

Wind lauscht, oder wenn sie das Päckchen eines Sammlers öffnet und daraus der altvertraute Meeres- und Muschelgeruch hervorströmt. Wenn sie sich daran erinnert, wie sie ihrer Tochter Jules Verne vorgelesen hat und Hélène neben ihr einschlief, den warmen, harten Kopf an ihre Rippen gelehnt.

Es gibt aber auch andere Zeiten. Wenn sich Hélène verspätet und Marie-Laure die Angst über den Rücken kriecht, wenn sie sich über ihren Tisch beugt und sich all der anderen Räume im Museum um sich herum bewusst wird, der Kabinette voller konservierter Frösche, Aale und Würmer, der Schränke voller aufgespießter Käfer und gepresster Farne, der Keller voller Knochen, dann hat sie plötzlich das Gefühl, dass sie in einem Mausoleum arbeitet, dass die Abteilungen Friedhöfe sind und dass sich all die Menschen, die Wissenschaftler, Wärter, Aufseher und Besucher, durch Totenhallen bewegen.

Aber das kommt nur selten vor. Sechs Meerwasseraquarien gluckern beruhigend um sie herum, und an der hinteren Wand stehen drei Schränke mit jeweils vierhundert Schubladen, die sie vor Jahren aus den Räumen von Dr. Geffard gerettet hat. Jeden Herbst gibt sie ein Seminar, und ihre Studenten kommen und gehen, riechen nach Rindfleisch, Kölnischwasser oder dem Benzin ihrer Motorroller, und sie liebt es, sie nach ihrem Leben zu fragen und sich vorzustellen, was für Abenteuer sie erleben, welche Lüste und welche geheimen Verrücktheiten sie in ihren Herzen tragen.

Eines Mittwochs im Juli klopft ihr Assistent leise an die offene Tür des Labors. Es blubbert in den Aquarien, Filter summen, und die Wasserheizungen schalten sich klickend ein und aus. Er sagt, eine Frau möchte sie sprechen. Marie-Laure behält beide Hände auf den Tasten ihrer Braille-Schreibmaschine. «Eine Sammlerin?»

«Ich glaube nicht, Frau Doktor. Sie sagt, sie hat ihre Adresse von einem Museum in der Bretagne.»

Der erste Hauch eines Schwindels.

«Sie hat einen Jungen bei sich. Sie warten am Ende des Flurs. Soll ich ihr sagen, sie soll es morgen noch einmal versuchen?»

«Wie sieht sie aus?»

«Weißes Haar.» Er beugt sich näher zu ihr vor. «Schlecht gekleidet, und eine Haut wie ein Huhn. Sie sagt, sie möchte Sie wegen eines kleinen hölzernen Häuschens sprechen?»

Irgendwo hinter sich hört Marie-Laure zehntausend Schlüssel an zehntausend Haken klimpern.

«Dr. LeBlanc?»

Das Zimmer ist zur Seite gekippt. Sie wird jeden Moment vom Rand fallen.

Die Besucherin

«Sie haben als Kind Französisch gelernt», sagt Marie-Laure, wobei sie nicht sicher ist, wie es ihr gelingt, die Worte zu artikulieren.

«Ja. Das ist mein Sohn Max.»

«*Guten Tag*», murmelt Max. Seine Hand ist warm und klein.

«Er hat als Kind kein Französisch gelernt», sagt Marie-Laure, und beide Frauen lachen kurz, bevor sie verstummen.

Die Frau sagt: «Ich habe etwas mitgebracht ...» Obwohl es in Papier gewickelt ist, weiß Marie-Laure, es ist das kleine Haus, und sie hat das Gefühl, diese Frau hat ihr einen geschmolzenen Erinnerungskern in die Hand gelegt.

Sie vermag kaum aufzustehen. «François», sagt sie zu ihrem Assistenten, «könnten Sie Max etwas im Museum zeigen? Vielleicht die Käfer?»

«Aber natürlich, Madame.»

Die Frau sagt etwas auf Deutsch zu ihrem Sohn.

François sagt: «Soll ich die Tür schließen?»

«Bitte.»

Die Tür wird zugezogen. Marie-Laure hört die Aquarien blubbern, hört, wie die Frau einatmet und die Gummipfropfen unter den Beinen des Hockers quietschen, als sie ihr Gewicht verlagert. Mit dem Finger findet sie die Kerben in den Seiten des Hauses, die Neigung des Dachs. Wie oft sie es in der Hand gehalten hat.

«Mein Vater hat es gebaut», sagt sie.

«Wissen Sie, wie mein Bruder es bekommen hat?»

Alles wirbelt durch den Raum, dreht eine Runde und kehrt zurück in Marie-Laures Verstand. Der Junge. Das Modell. Ist es je geöffnet worden? Sie legt das Haus abrupt zur Seite, als wäre es sehr heiß.

Die Frau, Jutta, beobachtet sie offenbar sehr genau. Sie sagt entschuldigend: «Hat er es Ihnen weggenommen?»

Mit der Zeit, denkt Marie-Laure, verwirren sich die Geschehnisse immer mehr, oder sie klären sich nach und nach. Der Junge hat ihr gleich drei Mal das Leben gerettet. Zunächst, indem er Etienne nicht verraten hat, obwohl es seine Aufgabe gewesen wäre. Dann, indem er den Stabsfeldwebel aus dem Weg geräumt hat. Und schließlich hat er ihr aus der Stadt geholfen.

«Nein», sagt sie.

«Es war damals», sagt Jutta und stößt damit an die Grenzen ihrer Französischkenntnisse, «nicht sehr leicht, ein guter Mensch zu sein.»

«Ich habe einen Tag mit ihm verbracht. Weniger als einen Tag.»

Jutta sagt: «Wie alt waren Sie?»

«Sechzehn während der Belagerung. Und Sie?»

«Fünfzehn. Am Ende.»

«Wir wurden alle vor der Zeit erwachsen. Ist er …»

Jutta sagt: «Er ist umgekommen.»

Natürlich. In den Geschichten nach dem Krieg waren alle Kämpfer der Résistance gut aussehende, durchtrainierte Burschen, die aus Büroklammern Maschinengewehre bauen konnten, und die Deutschen streckten entweder ihre gottgleichen blonden Köpfe aus Panzerluken, um die von ihnen zerstörten Städte vorbeiziehen zu sehen, oder es waren Psychopathen, sexbesessene Folterer schöner Jüdinnen. Wo passte der Junge da hinein? Er wirkte so wenig vorhanden. Als wäre sie mit einer Feder in einem Raum gewesen. Aber tief in seiner Seele glomm Güte, oder?

Wir haben an der Ruhr Beeren gepflückt. Meine Schwester und ich.

Sie sagt: «Seine Hände waren kleiner als meine.»

Die Frau räuspert sich. «Er war immer zu klein für sein Alter, aber er hat sich um mich gekümmert. Es war schwer für ihn, nicht zu tun, was von ihm erwartet wurde. Habe ich das richtig gesagt?»

«Absolut.»

Die Aquarien gluckern. Die Schnecken fressen. Welche Qualen diese Frau durchlebt hat, kann Marie-Laure nicht erahnen. Und das kleine Haus? Ist Werner zurück in die Grotte gegangen, um es zu holen? Hat er den Stein drinnen gelassen? Sie sagt: «Er hat mir erzählt, Sie und er hätten sich die Sendungen meines Großonkels angehört. Dass Sie ihn sogar in Deutschland gehört haben.»

«Ihres Großonkels …?»

Marie-Laure fragt sich, was für Erinnerungen diese Frau ihr gegenüber jetzt wohl befallen. Sie will gerade noch etwas sagen, als sich

Schritte der Tür nähern. Max versucht sich holprig an etwas Französischem, François lacht und sagt: «Nein, nein, *hinter* wie in *hinter uns*, nicht *Hintern* wie in *derrière*.»

Jutta sagt: «Entschuldigen Sie.»

Marie-Laure lacht: «Es ist die Weltvergessenheit unserer Kinder, die uns rettet.»

Die Tür öffnet sich, und François sagt: «Ist alles in Ordnung, Madame?»

«Ja, François, Sie können jetzt gehen.»

«Wir gehen auch», sagt Jutta und schiebt den Hocker unter den Labortisch. «Ich wollte Ihnen das kleine Haus geben. Bei Ihnen ist es besser aufgehoben als bei mir.»

Marie-Laure lässt die Hände flach auf dem Tisch liegen. Sie stellt sich Mutter und Sohn vor, wie sie sich zur Tür begeben, eine kleine Hand in einer großen, und ihr steigt ein Kloß in die Kehle. «Warten Sie», sagt sie. «Als mein Großonkel das Haus verkauft hat, nach dem Krieg, fuhr er zurück nach Saint-Malo und rettete die eine verbliebene Aufnahme meines Großvaters. Die Sendung über den Mond.»

«Ich erinnere mich. Und das Licht? Auf der anderen Seite?»

Der knarzende Boden, das gurgelnde Wasser. Über das Glas gleiten Schnecken. Das kleine Haus auf dem Tisch zwischen ihren Händen.

«Lassen Sie François Ihre Adresse da. Die Platte ist sehr alt, aber ich schicke sie Ihnen. Vielleicht mag Max sie.»

Papierflugzeug

«… und François sagte, es gibt zweiundvierzigtausend Schubladen mit getrockneten Pflanzen, und er hat mir den Schnabel eines Riesentintenfischs gezeigt und einen Plesiosaurier …» Der Kies knirscht unter ihren Schuhen, und Jutta muss sich an einen Baum lehnen.

«Mutti?»

Lichter schwenken zu ihnen und wieder weg. «Ich bin müde, Max. Das ist alles.»

Sie entfaltet einen Stadtplan und sucht nach dem Weg zurück zum Hotel. Es sind nicht viele Autos unterwegs, und hinter den meisten Fenstern, an denen sie vorbeikommen, flackert das bläuliche Licht eines Fernsehapparats. Es ist das Fehlen all der Leichen, denkt sie, das es uns erlaubt zu vergessen. Dass das Gras sie bedeckt und verbirgt.

Im Aufzug drückt Max auf die Sechs, und es geht nach oben. Der Läufer auf dem Flur ist ein rötlich brauner Fluss mit goldenen Trapezen. Sie gibt Max den Schlüssel, und er fummelt damit im Schloss herum, bis sich die Tür öffnet.

«Hast du der Frau gezeigt, wie das Haus aufgeht, Mutti?»

«Ich glaube, das wusste sie bereits.»

Jutta schaltet den Fernseher ein und zieht die Schuhe aus. Max öffnet die Balkontür und faltet aus dem Briefpapier des Hotels einen Flieger. Das Stück Straße, das sie sehen kann, erinnert sie an die Städte, die sie als Mädchen gemalt hat. Im Fernsehen laufen Spieler in blauen Trikots über ein dreitausend Kilometer entferntes Feld. Es steht drei zu zwei. Aber der Torwart ist gestürzt, und ein Flügelspieler hat dem Ball gerade genug Fahrt gegeben, dass er langsam auf die Torlinie zurollt. Niemand ist da, um ihn wegzutreten. Jutta greift nach dem Telefon neben dem Bett und wählt eine lange Ziffernfolge. Max lässt das Flugzeug auf die Straße hinaussegeln. Nach einer Weile verharrt es einen Moment in der Luft, dann meldet sich die Stimme ihres Mannes.

Der Schlüssel

Sie sitzt in ihrem Labor und streicht mit den Fingern über die *Dosinia*-Muscheln in ihrem Korb, über eine nach der anderen. Erinnerungen gleiten vorbei: Wie sich der Stoff des Hosenbeins ihres Vaters anfühlte, an dem sie sich festhielt. Wie ihr die Sandflöhe um die Knie schwirrten. Wie das traurige Klagelied Kapitän Nemos Unterseeboot erzittern ließ, während es durch die Schwärze trieb.

Sie schüttelt das kleine Haus, obwohl sie weiß, dass es sich nicht verraten wird.

Er ist es holen gegangen. Hat es aus der Stadt getragen. Ist damit gestorben. Was für ein Junge war das? Sie erinnert sich, wie er dasaß und dieses Buch von Etienne durchblätterte.

Ein Vogelbuch, sagte er. *Vögel über Vögel über Vögel.*

Sie sieht sich durch die rauchende Stadt gehen, hinter einem weißen Kissenbezug her. Kaum, dass sie außer Sicht ist, läuft er zurück und schließt Hervé Bazins Tor auf, die Festungsmauer ein riesiges, zerbombtes Bollwerk über ihm. Das Meer zieht sich hinter das Gitter zurück. Sie sieht, wie er das Rätsel des kleinen Hauses löst. Vielleicht wirft er den Diamanten ins Wasser zu den Tausenden von Schnecken. Dann schließt er das Häuschen wieder, dreht den Schlüssel im Tor und trottet davon.

Oder er legt den Stein zurück ins Haus.

Oder er lässt ihn in seine Tasche gleiten.

In ihrer Erinnerung flüstert Dr. Geffard: *Dass etwas so Kleines so schön sein kann. So viel wert. Nur die stärksten Menschen können sich von solchen Gefühlen befreien.*

Sie dreht den Schornstein um neunzig Grad. Er lässt sich so problemlos bewegen, als hätte ihr Vater ihn eben erst konstruiert. Als sie die erste der drei hölzernen Dachschrägen aufschieben will, stellt sie fest, dass sie klemmt. Aber mit dem Ende eines Stifts vermag sie, Teile aufzuhebeln. Eins, zwei, drei.

Etwas fällt in ihre Hand.

Ein eiserner Schlüssel.

Das Meer der Flammen

Aus den flüssigen Fundamenten der Welt steigt es auf, aus dreihundert Kilometern Tiefe. Ein Kristall umsäumt von anderen. Reiner Kohlenstoff, jedes Atom mit vier gleich weit entfernten Nachbarn verbunden, perfekt verknüpft, vierflächig, unübertroffen in seiner Härte. Er ist bereits alt, unergründlich alt. Unzählige Äonen taumeln vorbei. Die Erde verschiebt sich, zuckt und reckt sich, und in einem Jahr, an einem Tag, in einer Stunde sammelt ein großer Magmastrom die Kristalle und treibt sie an die Oberfläche, Kilometer um brennenden Kilometer, und der Stein kühlt in einem rauchenden Einschluss aus vulkanischem Tuff ab. Dort wartet er. Jahrhundert um Jahrhundert. Regen, Wind, Kubikkilometer Eis. Das Eis zieht sich zurück, ein See bildet sich, und Galaxien von Süßwassermuscheln halten ihre Millionen Schalen in die Sonne, öffnen sich und sterben, und der See sickert weg. Bis in einem anderen Jahr, an einem anderen Tag, in einer anderen Stunde ein Sturm diesen ganz besonderen Stein aus einer Schlucht trägt und in einem dröhnenden, polternden Gesteinsfluss an einem Ufer ablagert, wo er eines Abends die Aufmerksamkeit eines Prinzen erregt, der weiß, wonach er sucht.

Er wird geschliffen, poliert. Einen Atemzug lang reichen ihn Menschen von Hand zu Hand.

Eine andere Stunde, ein anderer Tag, ein anderes Jahr. Ein Kohlenstoffklumpen nicht größer als eine Kastanie. Überzogen mit Algen und Seepocken. Schnecken kriechen über ihn hin. Er rührt sich zwischen den Kieseln.

Frederick

Er wohnt mit seiner Mutter am Rand von Westberlin im Mittelteil eines Dreier-Reihenhauses. Ihre einzigen Fenster gehen auf ein paar Ahornbäume hinaus, den riesigen, kaum je ausgelasteten Parkplatz eines Supermarkts und die Schnellstraße dahinter.

Meist sitzt Frederick auf der Terrasse und sieht zu, wie der Wind weggeworfene Plastiktüten über den Parkplatz weht. Manchmal wirbeln sie hoch in die Luft, ziehen unvorhersehbare Kreise, bleiben in den Ästen der Bäume hängen oder verschwinden aus dem Blick. Er zeichnet Spiralen, vertrackte, verwischte, dicke Korkenzieher. Auf ein Blatt folgt ein zweites, ein drittes, dann dreht er sie um und füllt die Rückseiten. Das Haus ist vollgestopft mit ihnen, zu Tausenden liegen sie auf Schränken, Kommoden, in Schubladen und auf dem Wassertank der Toilette. Früher hat seine Mutter die Blätter weggeworfen, wenn Frederick nicht hinsah, in letzter Zeit hat sie es aufgegeben.

«Er ist wie eine Fabrik, dieser Junge», sagt sie zu ihren Freunden und lächelt ein verzweifeltes Lächeln, das sie tapfer aussehen lassen soll.

Nur wenige Freunde besuchen sie noch. Nur wenige sind noch übrig.

Eines Mittwochs, aber was bedeutet es für Frederick schon, dass es ein Mittwoch ist?, eines Mittwochs kommt Fredericks Mutter mit der Post herein. «Da ist ein Brief», sagt sie, «für dich.»

Ihr Instinkt hat ihr in den Jahrzehnten nach dem Krieg geraten, sich zu verstecken. Sich selbst, und was mit dem Jungen geschehen ist. Sie war nicht die einzige Witwe, der das Gefühl gegeben wurde, an einem unaussprechlichen Verbrechen mitgewirkt zu haben. In dem großen Umschlag stecken ein Brief und ein kleinerer Umschlag. Der Brief stammt von einer Frau in Essen, die darin den Weg des kleineren Umschlags von ihrem Bruder in einem Kriegsgefangenenlager in Frankreich zu einem Militärlager in New Jersey und schließlich zu einer Veteranenorganisation in Westberlin beschreibt. Von dort hat ihn ihr ein ehemaliger Oberfeldwebel gebracht.

Werner. Sie kann sich das Bild des Jungen immer noch vor Augen rufen: das weiße Haar, die scheuen Hände, das dahinschmelzende Lächeln. Fredericks einziger Freund. Laut sagt sie: «Er war sehr klein.»

Fredericks Mutter zeigt ihm den ungeöffneten Umschlag. Er ist zerknittert, sepiafarben und alt. Fredericks Name steht in kleiner Sütterlinschrift darauf. Frederick scheint nicht interessiert. Es dämmert, sie legt den Brief auf die Anrichte, misst eine Tasse Reis ab, gibt ihn in einen Topf und schaltet alle verfügbaren Lichter des Hauses an, wie sie es immer tut, nicht, um besser sehen zu können, sondern weil sie allein ist, die Häuser links und rechts leer stehen und ihr all das Licht das Gefühl gibt, jemanden zu erwarten.

Sie püriert das Gemüse, löffelt es in Fredericks Mund, und er summt, während er schluckt. Er ist glücklich. Sie wischt ihm das Kinn ab, legt ein Blatt Papier vor ihn hin, und er nimmt seinen Bleistift und beginnt zu zeichnen.

Sie lässt die Spüle volllaufen, gibt Spülmittel hinein und öffnet den Umschlag.

Drinnen liegt ein zusammengefalteter Farbdruck von zwei Vögeln. *Aquatic wood wagtail. Male 1. Female 2.* Zwei Vögel auf dem Stängel eines dreiblättrigen Feuerkolbens. Sie sieht nach, ob eine Nachricht mit im Umschlag steckt. Nichts.

Der Tag, an dem sie das Buch für Freddi gekauft hat, der Buchhändler brauchte ewig, um es zu verpacken. Sie verstand nicht ganz, was das Besondere daran war, wusste aber, dass es ihrem Sohn gefallen würde.

Die Ärzte behaupten, dass Frederick keinerlei Erinnerungen hat und sein Gehirn nur die Grundfunktionen ausübt, doch es gibt Augenblicke des Zweifels. Sie glättet die Falten, so gut sie kann, zieht die Stehlampe heran und legt den Druck vor ihren Sohn hin. Er neigt den Kopf leicht zur Seite, und sie versucht, sich davon zu überzeugen, dass er die Abbildung studiert. Aber seine Augen sind graue, geistlose Kammern, und einen Moment später kehrt er zu seinen Spiralen zurück.

Als sie abgewaschen hat, führt sie Frederick hinaus auf die etwas erhöhte Terrasse, wie sie es immer tut, und er sitzt da, den Latz noch um den Hals, und starrt in die Vergessenheit. Morgen will sie es mit dem Druck noch einmal versuchen.

Es ist Herbst, und die Stare fliegen in großen pulsierenden Schwärmen über die Stadt. Manchmal denkt sie, es belebt ihn, sie zu sehen und all die Flügel rauschen zu hören, rauschen und rauschen.

Als sie sich zu ihm setzt und zwischen den Bäumen hinaus auf den großen leeren Parkplatz sieht, bewegt sich ein dunkler Umriss durch den Schein der Straßenlaterne, verschwindet, taucht wieder auf und landet plötzlich völlig geräuschlos auf dem Terrassengeländer, keine zwei Meter von ihnen entfernt.

Es ist eine Eule. Groß wie ein Kind. Sie dreht den Hals, schließt und öffnet die gelben Augen, und im Kopf von Fredericks Mutter dröhnt nur ein Gedanke: *Du bist gekommen, um mich zu holen.*

Frederick drückt den Rücken durch.

Die Eule hört etwas, bleibt reglos sitzen und lauscht so angestrengt, wie Fredericks Mutter je jemanden hat lauschen sehen. Frederick starrt und starrt.

Dann fliegt sie davon, drei hörbare Flügelschläge, und die Dunkelheit verschluckt das Tier.

«Hast du das gesehen?», flüstert Fredericks Mutter. «Hast du das gesehen, Freddi?»

Er hält den Blick auf die Schatten gerichtet, doch da zerren nur Plastiktüten an den Ästen, und auf dem Parkplatz hinter den Bäumen schimmern Dutzende Sphären künstlichen Lichts.

«Mutter?», sagt Frederick. «Mutter?»

«Ich bin hier, Freddi.»

Sie legt ihm eine Hand auf sein Knie. Seine Hände umschließen die Lehnen seines Stuhls. Sein ganzer Körper versteift sich, und an seinem Hals treten Adern hervor.

«Frederick? Was ist?»

Er sieht sie an. Seine Augen sind weit aufgerissen. «Was machen wir, Mutter?»

«Oh, Freddi. Wir sitzen hier nur. Wir sitzen hier nur und sehen hinaus in die Nacht.»

Dreizehn

2014

Sie erlebt den Beginn des neuen Jahrhunderts. Sie lebt immer noch.

Es ist ein Samstagmorgen Anfang März, und ihr Enkel Michel holt sie aus ihrer Wohnung ab und spaziert mit ihr durch den Jardin des Plantes. Frost glitzert in der Luft, und Marie-Laure schiebt den Ball ihres Stocks vor sich her, ihr dünnes Haar weht zur Seite, und die blattlosen Baumkronen treiben über sie hin, wie sie sich Schwärme Portugiesischer Galeeren vorstellt, die ihre Fangfäden hinter sich herziehen.

Dünnes Eis hat sich auf den Pfützen des Kieswegs gebildet. Wann immer sie mit ihrem Stock auf eine stößt, bleibt sie stehen, geht in die Knie und versucht, die dünne Platte anzuheben, ohne sie zu zerbrechen. Als würde sie eine Linse an ihre Augen heben. Dann legt sie das Eis vorsichtig zurück.

Der Junge ist geduldig und fasst ihren Ellbogen nur, wenn er denkt, sie braucht ihn.

Sie gehen zum Irrgarten in der nordwestlichen Ecke des Jardins. Der Weg dorthin beginnt anzusteigen und windet sich stetig nach links. Aufsteigen, Pause, zu Atem kommen. Weiter. Als sie den alten stählernen Pavillon ganz oben erreichen, führt er sie zu einer schmalen Bank, und sie setzen sich.

Niemand sonst ist hier, entweder ist es zu kalt oder zu früh oder beides. Sie lauscht dem Wind, der durch das feine Muster in der Krone des Pavillons streicht. Die Hecken des Irrgartens stehen fest um sie herum, Paris murmelt hinter den Zäunen des Parks, es ist das schläfrige Schnurren eines Samstagmorgens.

«Am nächsten Samstag wirst du vierzehn, nicht wahr, Michel?»

«Endlich.»

«Hast du es eilig mit dem Vierzehnwerden?»

«Mutter sagt, ich darf Moped fahren, wenn ich vierzehn bin.»

«Ah.» Marie-Laure lacht. «Das Moped.»

Unter ihren Fingernägeln formt der Frost Milliarden winziger Diademe und Aureolen auf den Latten der Bank, ein Gitterwerk verblüffender Komplexität.

Michel drückt sich an ihre Seite und wird ganz ruhig. Nur seine Hände bewegen sich. Leises Klicken steigt auf, Knöpfe werden gedrückt.

«Was spielst du da?»

«Warlords.»

«Spielst du gegen einen Computer?»

«Gegen Jacques.»

«Wer ist Jacques?»

Der Junge bleibt auf das Spiel konzentriert. Es ist egal, wer Jacques ist: Er ist im Spiel. Marie-Laure sitzt da, ihr Stock streicht über die Kiesel, und der Junge drückt stoßweise die Knöpfe. Er wirkt gehetzt, ruft nach einer Weile: «Ah!», und das Spiel lässt ein abschließendes Zirpen hören.

«Ist alles in Ordnung?»

«Er hat mich umgebracht.» Wachheit kehrt in Michels Stimme zurück. Er sieht auf. «Jacques, meine ich. Ich bin tot.»

«Im Spiel?»

«Ja, aber ich kann immer wieder neu anfangen.»

Unter ihnen wäscht der Wind den Frost von den Bäumen. Sie konzentriert sich auf das Gefühl, wie die Sonne auf ihre Handrücken fällt. Auf die Wärme ihres Enkels neben sich.

«Oma? Hast du dir etwas zu deinem vierzehnten Geburtstag gewünscht?»

«Ja. Ein Buch von Jules Verne.»

«Das gleiche, das Mama mir vorgelesen hat? Hast du es bekommen?»

«Ja. Auf eine Weise.»

«Da gab es viele komplizierte Fischnamen in dem Buch.»

Sie lacht. «Auch von Korallen und Weichtieren.»

«Ganz besonders von Weichtieren. Es ist ein schöner Morgen, meinst du nicht auch, Oma?»

«Ein sehr schöner.»

Leute spazieren über die Wege des Jardin unter ihnen, und der Wind in den Hecken singt Hymnen. Die großen alten Zedern am Eingang zum Irrgarten knarzen. Marie-Laure stellt sich die elektromagnetischen Schwingungen vor, die in und aus Michels kleiner Maschine dringen und sich genau, wie Etienne es ihr beschrieben hat, um sie winden, nur dass heute tausendmal mehr durch die Luft kreuzen als zu seiner Zeit, vielleicht sind es auch millionenmal mehr. Lawinen von Textnachrichten, Fluten von Handygesprächen, Fernsehprogrammen, E-Mails – riesige Fiberglas- und Drahtnetze verbinden sich über und unter der Stadt, dringen durch Häuser, nutzen Sender in Métro-Tunneln, Antennen auf Häuserdächern, schicken Handysignale von Laternenmasten. Werbespots für Carrefour, Evian und vorgebackenes Toastergebäck blitzen in den Raum und zurück zur Erde. *Ich komme etwas später*, oder: *Vielleicht sollten wir reservieren?*, *Bring Avocados mit!*, und: *Was hat er gesagt?*, dazu zehntausend *Ich-vermisse-Dichs* und fünfzigtausend *Ich-liebe-Dichs*, Hassmails und Erinnerungen an Termine, Market-Updates, Schmuckreklamen, Kaffeereklamen und Möbelhäuser-Spots fliegen unsichtbar durch das Straßengewirr von Paris, über Schlachtfelder und Gräber, die Ardennen, den Rhein, Belgien und Dänemark und die vernarbten, sich ständig verschiebenden Landschaften, die wir Nationen nennen. Ist es da so schwer, zu glauben, dass sich auch Seelen über diese Wege bewegen? Dass ihr Vater und Etienne, Madame Manec und der deutsche Junge namens Werner Hausner den Himmel in Schwärmen bevölkern, wie Reiher, Seeschwalben und Stare? Große Seelentransporter könnten da hin- und herfliegen, ausgeblichen, aber noch hörbar, wenn du nur aufmerksam genug lauschst. Sie treiben über die Schornsteine, reiten auf den Bürgersteigen, schlüpfen dir durch Jacke und Hemd, durch Brustbein und Lunge und kommen auf der anderen Seite wieder hervor, die Luft eine Bibliothek und ein Archiv jedes gelebten Lebens, jedes gesprochenen Satzes, jedes übermittelten Wortes, das noch in dir nachhallt.

Jede Stunde, denkt sie, fällt jemand aus dieser Welt, für den der Krieg eine Erinnerung war.

Im Gras, in den Blumen und in Liedern stehen wir wieder auf.

Michel nimmt sie am Arm, und sie wandern den Weg zurück nach unten, durchs Tor und auf die Rue Cuvier. Sie kommt am ersten Gully vorbei, am zweiten, dritten, vierten, fünften, und als sie ihr Haus erreichen, sagt sie: «Den Rest gehe ich allein, Michel. Du findest den Weg?»

«Natürlich.»

«Bis zur nächsten Woche dann.»

Er küsst sie auf beide Wangen. «Bis nächste Woche, Oma.»

Sie lauscht, bis seine Schritte nicht mehr zu vernehmen sind. Bis sie nur noch das Rauschen der Autos, das Rumpeln der Züge und die durch die Kälte hastenden Leute hören kann.

Dank

Ich bin der American Academy in Rom zu Dank verpflichtet, der Idaho Commission on the Arts und der John Simon Guggenheim Memorial Foundation. Dank an Francis Geffard, der mich zum ersten Mal nach Saint-Malo gebracht hat, Dank an Binky Urban und Clare Reihill für ihre Begeisterung und ihr Vertrauen. Und Dank auch ganz besonders an Nan Graham, die zehn Jahre auf dieses Buch gewartet und ihm dann ihr Herz, ihren Bleistift und so viele Stunden geschenkt hat.

Dank schulde ich auch Jacques Lusseyrans *Das wiedergefundene Licht*, Curzio Malapartes *Kaputt*, Michel Tourniers *Der Erlkönig* und Richard Feynmans *Sie belieben wohl zu scherzen, Mr. Feynman!* («Er repariert Radios durch bloßes Nachdenken!»). Dank an Cort Conley, der mich mit einem ständigen Strom kuratierten Materials versorgt hat, meinen frühen Lesern Hal und Jacques Eastman, Matt Crosby, Jessica Sachse, Megan Tweedy, Jon Silverman, Steve Smith, Stefani Nellen, Chris Doerr, Mark Doerr, Dick Doerr, Michèle Mourembles, Kara Watson, Cheston Knapp, Meg Storey und Emily Forland, und besonders meiner Mutter Marilyn Doerr, die mein Dr. Geffard und mein Jules Verne war.

Der größte Dank geht an Owen und Henry, die ihr ganzes Leben mit diesem Buch verbracht haben, und an Shauna, ohne die es dieses Buch nicht geben würde und von der dies alles abhängt.

Edith Wharton

Traumtänzer
Roman

432 Seiten, btb 74465

Eine Villa am Comer See, ein Palazzo in Venedig, die exklusiven Salons in London und Paris – hier gibt sich die High Society der goldenen 20er Jahren des letzten Jahrhunderts ein Stelldichein. Mittendrin das frisch verheiratete, aber mittellose Paar Susy und Nick Lansing, die sich fröhlich von einer Sommerfrische zur nächsten schmarotzen und mit Esprit ihre Gönner unterhalten. Doch für ihr Luxusleben zahlen sie einen hohen Preis, denn die Abhängigkeit von ihren reichen Freunden hat ungeahnte Folgen für das junge Paar.

Ein altes Haus am Hudson River
Roman

624 Seiten, btb 74606

Für Vance Weston, Sohn eines Immobilienspekulanten, hält die Zukunft ein komfortables Leben in der amerikanischen Provinz bereit. Doch der 19-Jährige hat eigene Pläne: Vance will nach New York und dort Schriftsteller werden. Tatsächlich gelingt ihm in der pulsierenden Metropole der kometenhafte Aufstieg zum Liebling der Society. Doch allzu rasch folgt die große Ernüchterung, und Vance muss sich zwischen kommerziellem Erfolg und seinen literarischen Grundsätzen entscheiden. Der einzige Mensch, der ihm Orientierung bietet, ist Héloïse, die kluge und schöne Frau seines Verlegers.

btb

Claudie Gallay
Die Liebe ist eine Insel
Roman

416 Seiten, Broschur
btb 74471

Ein Sommer voller Geheimnisse

Avignon im Sommer: Zum weltberühmten Theaterfestival
im Schatten des Papstpalastes reisen Tausende von Besuchern
an. Unter ihnen ist die junge Marie. Auf dem Festival soll das
Stück ihres Bruders Paul, der unter mysteriösen Umständen
ums Leben kam, aufgeführt werden. Nur ein einziges Mal will
sie sein Vermächtnis auf der Bühne sehen. Auch die gefeierte
Schauspielerin Mathilde kommt in die Stadt. Niemand
ahnt, dass Pauls Theaterstück für sie eine ganz besondere
Bedeutung hat. Und während die sommerliche Hitze die Stadt
fest im Griff hat, zeigt sich, dass sie alle Teil eines tragischen
Geheimnisses sind, das sich um dieses letzte Werk des
unglückseligen Autors rankt.

»Liebe, Leidenschaft und das Theater – eine explosive
Mischung.«
Le Point

Benjamin Moser

Clarice Lispector
Eine Biographie

576 Seiten, btb 74904
Aus dem Englischen von Bernd Rullkötter

Sie ist eine Ikone der brasilianischen Literatur. Mit ihrer
Schönheit, ihrem Geist und ihrer einzigartigen Stimme
faszinierte Clarice Lispector, mit ihren eigenwilligen, modernen
Romanen und Erzählungen ging sie bisweilen an die Grenzen
des Sagbaren. Der amerikanische Literaturwissenschaftler
Benjamin Moser hat sich auf ihre Spuren begeben und
einzigartige Dokumente ihrer Herkunft gefunden. Daraus
hat er ein ebenso spannendes wie einfühlsames Porträt
einer widersprüchlichen, von ihren jüdischen Wurzeln stark
geprägten Persönlichkeit geschaffen. Anschaulich und fesselnd
beschreibt Benjamin Moser die Stationen ihres wechselvollen
Schicksals und erhellt die Grundmotive ihres Schreibens.

»Das kluge, leidenschaftliche Porträt einer wirklich
außergewöhnlichen Schriftstellerin.«
Jonathan Franzen

btb